GERSTENBERG VERLAG

50 Klassiker PAARE

Die berühmtesten Liebespaare

dargestellt von BARBARA SICHTERMANN
unter Mitarbeit von Guntram Schwotzer

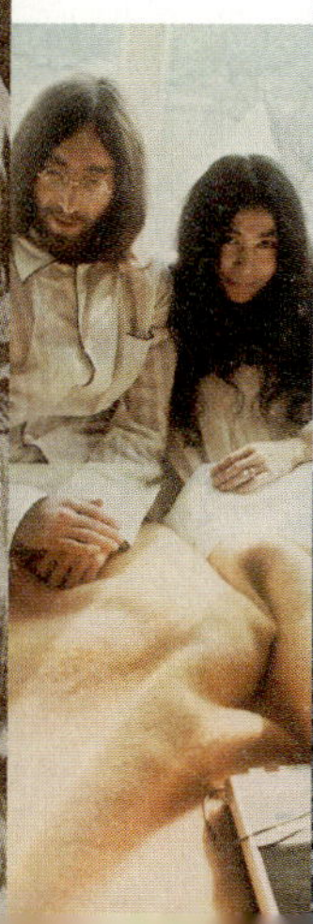

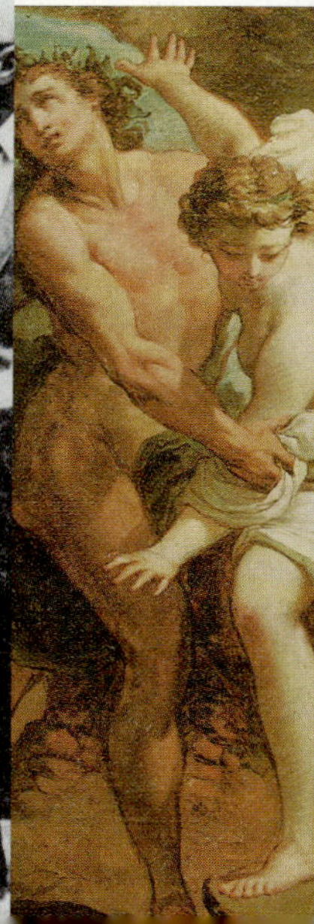

All you need is love

Menschen machen Geschichte – in der Politik, in den Künsten, in den Wissenschaften, in den Moden. Sie sind dabei selten allein. Die Frau an seiner Seite, der Mann, der sie begleitet – Partner spielen wichtige Rollen, wenn historische Entscheidungen fallen, sie üben nicht nur Einfluss aus, sie gestalten mit – manchmal direkt und deutlich, öfter diskret und leise, aber immer wirkungsvoll. Vielleicht wird man irgendwann die Geschichte noch einmal schreiben – nicht als Entwurf großer Einzeltäter, sondern als Resultat des Wirkens von einander verbundenen Menschen – wobei von allen sozialen Bindungen, die wir kennen, die des Paares die stärkste und fruchtbarste ist.

■ Edward VIII. und Wallis Simpson

Wenn man in die Geschichte hineinleuchtet, kommen Paare zum Vorschein. Paare machen Geschichte, auch wenn sie es gar nicht wissen und wollen, einfach aufgrund ihrer Entscheidung füreinander. Ein Prinz lehnt den Thron ab, weil er ihn nicht gemeinsam mit der Frau seines Herzens besteigen kann. So ein Mann sagt der Welt: Liebe ist größer als Macht, lasst fahren Glanz und Ruhm und folgt eurem Herzen. Und die Welt hört fasziniert zu: Sie hat ja immer geahnt, dass kein Reichtum die Fülle des Gefühls ersetzt, und jetzt hat sie den lebenden Beweis …

Oder eine brave Familienmutter gibt alles auf, um einem verrückten erotomanen Schriftsteller oder einem experimentellen Filmemacher nachzufolgen. Und was sagt sie der Welt? Liebe ist wichtiger als Ordnung und Geborgenheit, Erotik lebendiger als Sicherheit und Frieden; lasst fahren die »family values« und stürzt euch ins Abenteuer. Wieder hört die Welt fasziniert zu. Sie hat ja immer geahnt, dass Leben nicht in der Treue zur Ordnung liegt, sondern in dem Mut, sie zu brechen. Aber die

■ Ingrid Bergman und Roberto Rossellini

Welt fürchtet die Anarchie. Deshalb verurteilt sie die Ehebrecherin, während sie sie zugleich bewundert und um ihre verbotenen Freuden beneidet.

Paare setzen Normen, zerstören Moralen und etablieren neue, zeigen, wie reich, wild, zart und konfliktgeladen die Gefühle sind, die Menschen aufeinander zu- und voneinander wegtreiben. Paare demonstrieren die Macht der Leidenschaft, die Gewalt des Begehrens, die Sehnsucht nach Vereinbarkeit des Feuers der Liebe mit dem Wasser des Alltags. Sie beweisen äußersten Mut beim Kampf umeinander, unglaubliche Grausamkeit beim Sich-Lösen, große List, Kraft, Geduld und Phantasie beim Versuch, miteinander auszukommen. Alle Gefühlsregungen, Charaktereigenschaften und Begabungen erfahren ihre äußerste Steigerung, wenn es darum geht, eine Frau zu erobern, einen Mann zu verführen, eine Geliebte zu halten, einen Freund zu binden, eine Gattin loszuwerden, einen Bewerber abzuschütteln. Die Taktik und Strategie der Liebe, egal ob im ersten Stadium der Verliebtheit, im Rausch der Liebe, im Glück

■ Marilyn Monroe und Arthur Miller

■ Virginia Woolf

der erfüllten Zweisamkeit, in den Qualen des Zweifels und im Drama der Trennung, erfordern den ganzen Mann, die ganze Frau.

Das macht Paare so interessant. Ein voyeuristisches Interesse am Innenleben berühmter Menschen, die Schlüssellochperspektive, spielt auch eine Rolle, das ist nicht zu leugnen. Dazu kommt der Wunsch, in einer gelungenen oder augenscheinlich gelungenen Paarbeziehung eine Orientierung für den eigenen erotischen Lebensentwurf zu finden. Jede Epoche hat ihr Traumpaar und jede soziale Gruppe ihre Musterbeziehung. Und der Blick auf diese Paare eröffnet stets mehr, als der neugierige Zeitgenosse erwartet hat, mehr und anderes, denn es sind jedes Mal zwei Menschen, auf die er schaut, und das heißt: Er sieht nicht nur Arthur Miller, einen bekannten Schriftsteller, mit seinem Ehrgeiz und seinen Träumen, er sieht nicht nur Marilyn Monroe, eine prominente Schauspielerin, mit ihren Sehnsüchten und Hoffnungen, sondern er sieht das Gelände, das die beiden für ein gemeinsames Leben abstecken, erkennt Widerstände und Unvereinbarkeiten, Magnetismen und Wärmezonen, er gerät in ein Kraftfeld, dessen Dynamik er nicht voll ermessen kann und das ihn zugleich fasziniert, erschreckt und begeistert. Anteilnahme am Leben eines Paares ist immer auch Blick auf ein Drama, das jedes Paar, einfach weil da zwei Individuen zusammenkommen, aufführt: Mal ist es heftig, mal gedämpft, mal tragisch, mal kurios. Aber es ist immer urmenschlich und im Grunde tiefernst.

Gesellschaftliche Ordnungen haben ein starkes Bedürfnis nach Homogenität: Sie wollen, dass sich Gleich zu Gleich gesellt, und zimmern die entsprechenden Gesetze. Männer und Frauen sollen innerhalb ihrer eigenen sozialen Klasse heiraten, sie sollen etwa gleich alt, von gleichem Status und gleicher Rasse, und sie sollen verschiedenerlei Geschlechtes sein. Diese Regeln gelten mit Variationen von der Antike bis heute. Sie sind manchmal in Gesetzesform gegossen, manchmal nur als Faustregeln gültig, aber Verstöße werden stets sanktioniert, sei es durch Gefängnis, sei es durch Ächtung. Die Leidenschaft zeigt nun, wie wenig sie sich um das Homogenitätsverlangen der Ordnung schert, wie egal ihr die Gesetze sind und wie stark sie nach der Einheit der Gegensätze strebt: Sie treibt Arm und Reich aufeinander zu, Alt und Jung, Hoch und Niedrig, Kopf und Körper, Weiß und Schwarz. Und sie zögert auch nicht, ihre Flamme zwischen Gleichen anzuzünden, die sich nun wieder ihrer Gleichheit wegen nicht lieben sollen: Bruder und Schwester, Mutter und Sohn, Frau und Frau, Mann und Mann. Die Leidenschaft nimmt keine Rücksicht auf die Ordnung. Deshalb ist sie der Ordnung ein Dorn im Auge.

Und was sagt die Welt dazu? Sie weiß, dass sie sich ohne Leidenschaft nicht drehen würde, dass es der Sex ist, der ihr die Menschen, dass es die Liebe ist, die ihr die Wärme gibt. Sie ist weise

■ Vita Sackville-West

■ Lord Douglas und Oscar Wilde

■ Romeo und Julia

und hat begriffen, dass der Konflikt zwischen Ordnung und Leidenschaft unlösbar ist und dass sie mit ihm leben muss. Je nach Reifegrad zerschlägt sie die exzentrischen Inszenierungen der Leidenschaft mit Gewalt – oder räumt ihnen Nischen ein, in denen sie sich austoben können. Oscar Wilde wäre heute nicht ins Zuchthaus gewandert und Lord Douglas nicht ins Exil gezwungen worden – aber scheele Blicke hätten sie immer noch geerntet, vielleicht ein wenig Talk-Show-Ruhm, aber keine volle bürgerliche Anerkennung. Verheiratete Frauen, die ihre Familie im Stich lassen, sind immer noch ein Skandal. Der Treuebruch ist nach wie vor unerträglich – nicht weil er selten ist, sondern weil er eine Utopie blamiert.

Nun sind es nicht nur starke Gefühle, die Paare produzieren. Die arrangierte Ehe, die mit Blick auf die Mehrung des Vermögens zustande kommt und mit der sich die Kinder der Aristokratie allezeit abfinden mussten, bringt manchmal Zweisamkei-

■ Richard und Cosima Wagner

Adam und Eva

ten zustande, die gleichberechtigt neben Romeo und Julia und Richard und Cosima Wagner bestehen können: John F. und Jackie Kennedy kamen zusammen, weil es ihren Karrieren nützte – und dann wurde mehr daraus. Der Marquis de Sade heiratete eine reiche Frau, weil das Familienvermögen zerronnen war, und dann geschah es, dass sein sexueller Furor sogar dieses schlichte Weib ergriff und ihm sehr nahe brachte. Vernunftehen und Zweckbündnisse können Liebe entbinden. So war es bei Gertrude Stein und ihrer »Ada«, bei Juan Perón und Evita, und selbst Adam und Eva waren im Grunde ein Paar ohne verliebte Vorgeschichte.

Leidenschaft ist wunderbar, aber auch zerstörerisch. An diesem Punkt hebt die Ordnung triumphierend ihr Haupt. Sie tut das nicht unberechtigt. Denn so, wie leidenschaftslos arrangierte Bindungen liebevollen Bestand haben können, vermögen lei-

Jack und Jackie Kennedy

denschaftlich geknüpfte Bande schmerzhaft zu zerreißen, wenn die Klugheit zu ihrer Hege und Pflege fehlt oder die Umstände sie nicht zulassen. Verführt, beglückt und hingerissen von Wollust und Neuanfang flog Ingrid Bergman an die Brust Rossellinis, Bonnie an den Hals von Clyde, Abaelard in den Schoß von Heloïse, Gert Bastian an die Seite Petra Kellys, Romeo ins Bett von Julia, Verlaine ans Lager Rimbauds, Tristan an den Busen Isoldes. Und die Bündnisse der Liebe zerbrachen und hinterließen Trümmerfelder der Gefühle und Lebensgeschichten. Hätte die Leidenschaft nur segensreiche Wirkung, wäre die Ordnung ihr guter Freund. Leider ist es nicht so. Wenn das Paar die Gesetze bricht, Dritte täuscht, sich selbst auseinandersprengt, weil es nicht gelernt hat, seine Gefühle im Alltag zu verankern, oder weil es mangels gesellschaftlicher Akzeptanz keinen Alltag gibt: dann zeigt die Leidenschaft ihre destruktive Seite. Manchmal rettet die Ordnung ein Paar wenigstens über eine gewisse Strecke. Elizabeth Taylor und Richard Burton heirateten immerhin zweimal, ehe die Anteile von Hass und Gewalt, die in ihrer Liebe steckten, die Oberhand gewannen und sie auseinander stießen. Für Antoni-

■ Bonnie und Clyde

■ Elizabeth Taylor und Richard Burton

us und Kleopatra stand diese Lösung nicht zur Verfügung: Sie mussten von ihrer eigenen Hand sterben, als sie nicht mehr miteinander leben konnten – und durften.

Welche Richtung schlägt die westliche Zivilisation ein? Deutlich ist, dass Abweichungen vom Homogenitätsmodell immer öfter und immer weiträumiger zugelassen werden – es wird Homosexuellen-Ehen geben, ältere Frauen mit sehr jungen Männern werden nicht mehr, wie Lou Andreas-Salomé und Rilke, als Skandalpaar empfunden werden, und auch Verbindungen zwischen verschiedenen Rassen und Hautfarben werden zunehmend als normal gelten. Die internationale Familie gibt es längst, und sie wird bald ihren Ausnahmecharakter verlieren. Bei Bindungen quer durch die Klassen und Statusgruppen wird die Toleranz langsamer wachsen: über Mesalliancen wie die zwischen Goethe und Christiane Vulpius oder Edward VIII. und Wallis Simpson wird die Gesellschaft noch lange die Stirn runzeln.

Die Liebe ist ein Abenteuer mit ungewissem Ausgang. Das zeigen sie uns alle: die historischen Paare, die in der Antike, im Mittelalter, in der Neu- und Jetztzeit ihre Wirkung entfalteten, von Perikles und Aspasia bis zu John Lennon und Yoko Ono, und die fiktiven Paare, die Schöpfungen von Literaten, Dichtern, Opernkomponisten und Filmemachern, deren magische Ausstrahlung uns einst wie jetzt entzückt und bewegt: von Orpheus und Eurydike über Quasimodo und Esmeralda bis zu Jack und Rose auf der Titanic.

■ Orpheus und Eurydike

Adam und Eva

> *»Gott der Herr sprach: Es ist nicht gut, daß der Mensch allein sei.«*

■ Adam mit der verbotenen Frucht, gemalt von Albrecht Dürer (1471–1528).

Nackt liegt Adam unter einem Baum, neben ihm Rehe und Löwen, die friedlich aus einer klaren Quelle trinken. Leise rauscht das Laub. Vögel zwitschern. Adam leidet weder Hunger noch Durst, er blinzelt durch die Blätter in die Sonne. Auf einmal steigt eine kalte Unruhe in ihm auf, die ihn zittern lässt. Er vermisst etwas, ohne zu wissen, was es ist. Er beginnt zu weinen. Gott weiß, warum. Adam hat den ganzen Garten Eden, das Paradies mit Feigenbaum und Lamm und Wolf für sich. Aber er hat niemanden, der ihm ähnlich genug wäre, um sich mit ihm auszutauschen. Adam ist einsam. Darunter leidet er, und auch Gott hält diesen Zustand für ungut.

Also versenkt er Adam in einen tiefen Schlaf, entnimmt ihm eine Rippe und formt daraus einen zweiten Menschen, eine Frau, Eva. Mit ihr zusammen ist der erste Mensch nicht mehr alleine. Die Überwindung der Einsamkeit war das wichtigste Motiv für Gott, einen anderen Menschen zu schaffen. Und es ist auch für den Menschen das Hauptmotiv, wenn er einen Flirt beginnt. Die Sache mit der Fortpflanzung kommt später.

Am Anfang lebte das erste Paar wie Bruder und Schwester zusammen. Ob sie glücklich waren – wer vermag es zu sagen? Ob sie einander gern mochten, wer hat sie gefragt? Es gab ja niemanden sonst. Fängt man an, sich zu lieben, wenn man allein miteinander ist? Oder: Wie liebt man sich, wenn man einfach nur da ist?

Es gab ein Verbot: Adam und Eva durften nicht vom Baum der Erkenntnis essen, der mitten im Paradies stand. Gott drohte ihnen, dass sie sterben müssten, wenn sie das Verbot missachteten. Anfangs machen sie einen großen Bogen um den Baum, schüchtern beäugen sie ihn von weitem. Doch jeden Tag wagen sie sich ein bisschen näher an ihn heran. Seine Früchte sehen ganz und gar nicht gefährlich aus. Sie zweifeln an Gottes Warnung, und sie zweifeln an Gottes Verbot. Die Schlange bemerkt ihre Verwirrung. Sie kennt sich aus: »Ihr werdet mitnichten des Todes sterben«, sagt sie, »wenn ihr davon esst, sondern werdet sein wie Gott.« »Und Eva nahm von der Frucht und aß und gab ihrem Mann, der bei ihr war, auch davon, und er aß.« Und sie sehen einander an, voll Freude, denn sie leben. Aber auf einmal erlischt ihr Lächeln. Denn sie merken, dass sich alles verändert hat. Sie beginnen zu erkennen. Sie erkennen, dass sie nackt sind, begreifen, dass sie sich voneinander unterscheiden, auch wenn sie ursprünglich eins waren. Sie schämen sich, und sie bedecken ihre Blöße.

Und sie sehen nicht nur, dass es einen Unterschied zwischen ihnen beiden gibt, sondern auch einen Unterschied zwischen Gut und Böse, zwischen Liebe und Hass, zwischen Leben und Tod. Sie erschauern. Und als Gott im Garten erscheint, verstecken sie sich, weil ihr Gewissen schlägt. Gott merkt sofort, was sie getan haben, und um zu verhindern, dass sie auch noch vom Baum des ewigen Lebens essen und dann nicht nur wissend wie er, sondern auch noch unsterblich werden, wirft er sie kurzerhand aus dem Paradies.

Er schickt ihnen seinen Fluch hinterher. »Zum Weib sprach er: ich will dir viel Schmerzen schaffen, wenn du schwanger wirst; unter Schmerzen sollst du Kinder gebären. Und dein Verlangen soll nach deinem Manne sein, aber er soll dein Herr sein. – Und zum Manne sprach er: Verflucht sei der Acker um deinetwillen! Im Schweiße deines Angesichts sollst du dein Brot essen, bis du wieder zu Erde werdest, davon du genommen bist.«

Eigentlich beginnt erst jetzt die Liebesgeschichte zwischen Adam und Eva. In der Bibel heißt es: Adam erkennt Eva, womit gemeint ist, dass sie sich körperlich vereinigen, dass sie miteinander schlafen. Für Augenblicke wird aus den beiden wieder ein

■ Eva mit der Schlange, die sie nicht nur zum Apfelgenuss verführt, gemalt von Albrecht Dürer.

■ *Die Erschaffung Evas*, anonymer Künstler aus Antwerpen, um 1530. Damit Adam im Paradies nicht mehr so allein ist, entnimmt Gott dem Einsamen, während er schläft, eine Rippe und formt daraus Eva. Für das, was danach geschieht, will der alte Herr dann nicht mehr verantwortlich sein.

Leib, der eine erste Mensch, der sie ganz zu Anfang waren. Ihr Zusammensein ist aber jetzt ein anderes als vorher im Paradies. Sie fühlen Lust und eine fast unheimliche Anziehung Und sie müssen arbeiten. Nichts wächst ihnen mehr in den Mund.

Von der Liebe zwischen Adam und Eva erfährt man nicht mehr viel. Sie haben drei Söhne. Kain, der Älteste, wird seinen Bruder Abel totschlagen, Kriege, Hungersnöte und die Sintflut folgen. Eine Schreckenszeit. Aber am Anfang, so lehrt die Bibel, waren zwei unschuldige Menschen. Unschuldig heißt: Sie wussten noch nichts vom Begehren ihrer Sinne und ihrer Herzen, von Sex und Liebe. Das heißt aber auch, dass sie, sobald sie sich ineinander verliebt haben und miteinander schlafen, schuldig sind. Das ist der so genannte Sündenfall, zwar nicht in der offiziellen Lehrmeinung der Kirche – die sich freilich schwer tut mit der Erklärung, worin er sonst bestanden haben sollte –, aber doch im Verständnis der meisten Gläubigen. So wurde schon die Lust auf Sex allein kirchlicherseits zur Sünde erklärt. Sex lenkte ab

■ *Großvater zeigt Adam das Paradies*, Arnold Böcklin, um 1884. Paradies hin, Paradies her – der Junge wird sich bald alleine langweilen.

vom ursprünglichen Zusammensein des Menschen mit Gott. Deshalb sollen die Geistlichen der katholischen Kirche, Priester, Mönche und Nonnen enthaltsam leben. Was nicht so einfach ist. Denn das Paradies, in dem die Menschen von all dem noch nichts wussten, ist auch für die Priester verloren. Und es ist zweifelhaft, ob der Verzicht auf Sex den Rückweg ebnet. Denn wir alle, auch die Geistlichen, haben ja vom Baum der Erkenntnis gegessen und kennen die Lust.

■ Adam entdeckt seine Gefährtin und streckt die Hand nach ihr aus. Michael Parks und Ulla Bergryd in dem Film *Die Bibel* von John Huston aus dem Jahre 1966.

Man kann die Geschichte von Adam und Eva auch als Allegorie auf die menschliche Entwicklung lesen. Die ersten Menschen sind das am häufigsten gemalte Liebespaar aller Zeiten. Die Bilder in den Museen mit den schönen Nackten erzählen meist nicht vom Ungehorsam und vom Sündenfall. Rechts und links eines Baumes stehend, Eva mit einem Apfel in der Hand, blickt das Paar verträumt auf den Betrachter. Es lässt an zwei Nachbarskinder denken, die sich von klein auf kennen. Sie spielen im Garten miteinander, erzählen sich Geschichten und freuen sich

■ Im Paradies sind Adam und Eva zunächst unschuldige Kinder. Erst nachdem sie von der verbotenen Frucht gegessen haben, entdecken sie sich. Da müssen sie das Paradies verlassen. Die Love-Story muss sich außerparadiesisch ereignen. Ausschnitt aus dem Film *Die Bibel*.

■ Deutschordenbibel, Prachthandschrift auf Pergament mit farbigem und vergoldetem Buchschmuck, um 1338/59.

■ *Der Sündenfall*, linke Tafel des Diptychons von Sündenfall und Erlösung, Hugo van der Goes (um 1440–1482). So nachteilig war die Sünde des Apfelessens denn doch nicht. Schließlich haben Adam und Eva die Erkenntnis gefunden – und die Lust. Wer wollte auch schon ewig Kind bleiben?

■ Aber ungern gehen sie doch. *Die Vertreibung aus dem Paradies*, Fresko von Masaccio, 1426/27.

auf morgen. Dann merken sie, dass da etwas zwischen ihn ist, was reizvoll ist, aber auch Angst macht. Mit diesem Wissen beginnt die Pubertät. Die beiden fangen an, sich voreinander zu schämen. Schließlich verlassen sie ihr Elternhaus und werden erwachsen. Sie arbeiten, richten sich einen eigenen Alltag ein – und lieben sich. Schamvoll, wissend und verlangend, aus dem Paradies (der Kindheit) vertrieben, stehen sie jetzt voreinander. Bis heute macht jedes Liebespaar wie Adam und Eva einen Anfang. Und der Ausdruck »Erkenntnis« oder »einander erkennen« für den Liebesakt steht für die fortwährende Verführung, wie Gott zu werden, oder für die Hoffnung, das Paradies auf Erden zu finden.

ADAM UND EVA

LEBEN UND WERK

Über lange Zeit wurde die Aufzeichnung über die Erschaffung des Menschen in der Genesis 1,26–29 und in der Genesis 2,4–4,2 der Bibel für einen authentischen Bericht gehalten. Die Wurzeln des aufgezeichneten Mythos reichen tief in die Geschichte der jüdisch-christlichen wie auch die der islamischen Religion und weisen in allen drei Religionen ähnliche Züge auf. Adam, von dem hebräischen »adama«, Mensch (aus Erde), war im jüdischen ursprünglich der Gattungsname für die Menschheit, bevor er zum Eigennamen wurde. Im Islam war Adam gleichzeitig der Stammvater der Menschheit wie der erste Prophet Allahs. Sowohl in jüdisch-christlicher wie in islamischer Überlieferung wurde seine Frau Eva, vom hebräischen »chajim«, Leben, aus der Rippe Adams geschaffen und von der Schlange zur »Ursünde« verführt, die zur Vertreibung aus dem Paradies führte. Die erste lateinische Übertragung aus dem 4. Jh. n. Chr. berichtet vom Leben des Paares außerhalb des Paradieses. Immerhin noch 930 Jahre waren ihnen dort gemeinsam beschieden, bevor sie mit dem Versprechen Gottes, sein Sohn würde ihnen ihre Sünden vergeben werden, im Abstand von sechs Tagen nacheinander starben. Nicht in der Bibel nachzulesen ist, dass Eva nach jüdischem Mythos die zweite Frau Adams war. Lilith, seine erste Frau, war wie er aus Lehm geschaffen. Da sie ihm nicht gefügig sein wollte, wurde sie von Gott in eine Dämonin verwandelt und verbannt. Im Mittelalter bis in die frühe Neuzeit findet die Verknüpfung von Sündenfall und Erlösungsgedanken weite Verbreitung und zieht sich durch die meisten literarischen Bearbeitungen bis hin zum berühmten Epos von John Milton *Paradise Lost* (1667), das als Vorlage für Haydns Oratorium *Die Schöpfung* (1778) diente. Zunehmend mischen sich nun humoristische Adaptionen mit solchen, die den Sündenfall als notwendige Krise auf dem Weg zur Menschwerdung betonen. Amerikanische Autoren wie Thornton Wilder (*Wir sind noch einmal davongekommen*, 1942) und J. F. Cooper ließen Adam in ihren Werken als Symbol des unschuldigen, alle Hemmnisse überwindenden, optimistischen Helden wiederauferstehen.

EMPFEHLUNG

Lesenswert:
John Milton: *Das verlorene Paradies (Paradise Lost)*. Übertragen und hrsg. von Hans H. Meier. Stuttgart 1990.

Genesis 1,26 bis 29 und 2,4 bis 4,2.

Hörenswert:
Joseph Haydn: *Die Schöpfung*, H 21 : 2 / Oratorium. Audio-CD.

WERTUNG

Der erste Mensch und seine Gefährtin – die Liebe begann nach dem Sündenfall und kostete beide das Paradies.

Liebe: ✪✪✪✪✪
Sex: ✪✪✪✪✪
Gefahr: ✪✪✪✪✪
Familienfreuden: ✪✪

Orpheus und Eurydike

»Ihr Götter der Welt, die unter der Erde gelegen,
Hier in der düsteren Tiefe voll ewigen Schweigens
Fleh ich euch an: Knüpft neu mir Eurydikes Schicksal …«

Orpheus hat nicht flehentlich gerufen, als er mit diesen Worten Persephone, die Göttin der Unterwelt, zu rühren suchte – er hat gesungen. Er hatte seine Leier dabei. Und er hatte Erfolg. Denn er war der wundervollste und berühmteste Sänger der antiken Urzeit; mit seinem Saitenspiel bezauberte er sogar die wilden Tiere Thrakiens, selbst Bäume und Steine hat er zum Schluchzen gebracht. Wie sollte ihm da die Herrin des Hades widerstehen?

■ Da Orpheus sie anblickt, muss Eurydike sich abwenden – dem Orkus entgegen.

Eurydike war Orpheus' Frau. Sie war eine Dryade, eine Baumnymphe, und standesgemäß vermählt mit dem Sohn der Muse Kalliope und des Apoll. Orpheus wird sie mit seinen Gesängen betört haben, während sie ihn durch ihre elfenhaften Reize bezauberte. Wie oft wohl gingen die beiden Hand in Hand durch das Gehölz, bis sie einen Baumstumpf fanden, auf dem Orpheus sich niedersetzen konnte. Und er spielte und sang, und Reh und Hase hielten auf ihrer Flucht inne und lauschten. Aber auch Schlangen und Ratten hörten zu, und die Pinien, Zypressen und Ölbäume vertrauten Eurydike an, wie tief der Gesang sie rührte.

Und dann, eines verfluchten Tages, schoss eine Natter aus dem Gebüsch hervor und biss Eurydi-

ke in die Ferse ihres bloßen Fußes. Die Ärmste erbleichte, sank zu Boden und rührte sich nicht mehr. Das Gift dieser Natter war tödlich. Hatte die Schlange Orpheus' Gesang so sehr geliebt, dass sie aus Eifersucht zubiss? Wir werden es nie erfahren. Vielleicht hatte Eurydike sie einfach nur erschreckt.

Orpheus konnte den Tod seiner jungen Frau nicht fassen. Er trug sie nach Hause, bahrte sie auf und weinte und weinte und weinte. Er versuchte es sogar mit einem Trauergesang, aber die Tränen erstickten seine Stimme. Er forschte in seiner Erinnerung, ob er wohl irgendeine Schuld auf sich geladen, die den Unmut der Götter erregt habe. Er fand nichts. Also beschloss er, geradewegs in den Orkus aufzubrechen, um seine geliebte Frau, die dort bereits weilte, dem Reich der Schatten zu entreißen. Er griff nach seiner Leier, schnallte sich seine Sandalen um und zog los. Wo immer er auf ein Hindernis stieß, spielte er, und die Pforten öffneten sich ihm – sogar die zur Unterwelt selbst. Und als Persephone seinen Gesang vernahm, trat sie vor ihn hin und horchte auf sein Lied. Und es »weinten die blutlosen Schatten ringsum«, berichtet Ovid in seinen *Metamorphosen*.

Persephone lässt sich erweichen. Eurydike wird gerufen. »Jüngst zu den Schatten war sie gekommen und nahte nur zö-

■ Die Gestalten der Unterwelt greifen schon nach ihr, während das Paar noch in freudiger Erwartung dem Reich der Lebenden entgegenstrebt. *Orpheus und Eurydike*, Gaetano Gandolfi (1734–1802).

■ *Orpheus und Eurydike*, Plakette aus Bronze von Peter Vischer d. J. (1487–1528).

■ Warum hat er sich auch umgeschaut? War es übergroße Sehnsucht nach der Geliebten, oder hat der Dichter und Sänger Eurydike seiner Kunst zum Opfer gebracht? Denn ist die schönste Dichtung nicht immer Erinnerungsgesang an das Verlorene? *Orpheus und Eurydike*, Jacopo Vignali (1592–1664).

gernd wegen der Wunde.« Die große Ausnahme wird gemacht: Eurydike darf zurück ins Reich der Lebenden; Orpheus soll sie führen, sie muss ihm folgen, und die Bedingung ist, dass ihr Mann »niemals zurückwende den Blick«, bis beide in der Oberwelt angekommen sind. »Aufwärts steigen sie nun durch ewiges Schweigen den Fußpfad, / Schroff und umschattet der Weg, umhüllt von dichtestem Dunkel. / Nicht mehr waren sie fern dem obersten Rande der Erde. / Ängstlich, sie könnte versagen, von Lust sie zu sehen, ergriffen, / Schaut er voll Liebe sich um: und sofort sinkt jene hinunter, / Streckt ihre Arme nach ihm, zu umfangen, umfangen zu werden, / nichts aber fasst sie im Schmerz als die Lüfte, die wanken und weichen.« Orpheus verliert Eurydike ein zweites Mal, und diesmal für immer.

Er versucht noch einmal, in die Unterwelt vorzudringen, aber der Fährmann weigert sich, ihn über den Styx zu setzen. Orpheus kehrt heim, einsam und verzweifelt, und die Sage erzählt, dass er später, als er sich einer Weisung des Dionysos widersetzte, von dessen Gefolge, den wilden Bacchantinnen, zerrissen wurde.

Warum hat Orpheus sich umgeschaut? Wirklich nur, wie Ovid glauben macht, aus Sorge und Liebe? Brannte die Sehnsucht so heiß, dass er Persephones Bedingung einfach vergaß? Oder war

Wo immer es um Musik und die Kunst des Saitenspiels geht, fällt Orpheus' Name. Die erste Oper, Monteverdis *Orfeo*, ist ihm gewidmet, auch Gluck schrieb eine Orpheus-Oper und Offenbach eine Operette. Jean Cocteau, Jean Anouilh, Tennessee Williams und Oskar Kokoschka schrieben Orpheus-Dramen, und Rilke widmete dem thrakischen Sänger seine bekanntesten Sonette.

er ein Rebell, der sich gegen die Weisungen der Götter stellte – worauf ja auch sein grausames Ende hindeutet? In der griechischen Mythologie ist Orpheus ein Wesen zwischen Mensch und Gott, sterblich zwar, doch göttlich genug, um den Tod furchtlos herauszufordern. Vielleicht hat er, als er mit Eurydike allein war, der Macht des Hades trotzen wollen und die Kraft des Lebens so beglückend nah gefühlt, dass er glaubte, selbst entscheiden zu können, wohin er seinen Blick wendete. Vielleicht aber war die Drehung seines Kopfes auch nur ein Reflex: Er spürte sie hinter sich, und sein übergroßes Verlangen, Eurydike zu sehen und zu berühren, ließ ihn alles andere vergessen. Womöglich auch hat Persephone ihn genarrt und ihm seine Frau nur zum Schein zurückgegeben, wohl wissend, dass er es nicht über sich bringen würde, das Tageslicht abzuwarten, ehe er sie ansah …

■ Jetzt ist er auf ewig allein und hat nur noch die Kunst. *Der Schmerz des Orpheus*, Pascal Adolphe Jean Dagnan-Bouveret, 1876.

Es gibt noch andere Deutungen. Eine hebt darauf ab, dass Orpheus ein Sänger war, der Inspirationen für seine Kunst suchte. Er habe sich absichtlich nach ihr umgesehen und sie so geopfert, dadurch aber sich selbst ein Reservoir an traurigen Einfällen für herzerweichende Lieder geschaffen. Eine andere Deutung meint, dass Eurydike, einmal im Reich der Schatten heimisch geworden, gar nicht zurück an die Sonne wollte und so Orpheus etwas zurief, worauf er den Kopf wandte.

Die mythische Qualität der Legende von Orpheus und Eurydike beruht wahrscheinlich auf ihrer Analogie zu dem Traum, der von allen Menschen geträumt wird, denen ein nahestehender Mitmensch, sei es Gatte oder Geliebte, Freund oder Frau, Kind oder Mutter, durch den Tod entrissen worden ist. Diese Träume verlaufen immer gleich. Wie Orpheus will der Hinterbliebene sich in die Einsamkeit nicht schicken. Er gönnt dem Tod seine Beute nicht, und er fordert den geliebten Menschen zurück. Und, o Wunder, im Traum geht der Wunsch in Erfüllung. Die tote Frau ist plötzlich wieder da – sie wird wieder leben. Und der Träumende kann sein Glück noch nicht ganz fassen, er traut sich nicht genau hinzusehen – in der Sage heißt es: Er darf nicht. Und so ist denn auch in dem Moment, in dem er die Augen aufschlägt, um die Liebste zu erblicken, also in dem er erwacht, der Schmerz um den Verlust und das Wissen: sie kommt nicht zurück, wieder da. Manchmal dauert es ein paar Sekunden, denn das Glück der Wiederbegegnung, das der Traum gewährt hat, weicht nur allmählich aus dem Bewusstsein. Aber dann ist alles wie gestern. Der Tod hat seine Macht behauptet. »Sorgen und Schmerz in der Seele und Tränen waren ihm Nahrung.« Bis zum nächsten Traum.

■ Da hilft alles Zerren nicht. Eurydike muss in der Unterwelt bleiben. Jacopo del Sellaio (1442–1493): *Orpheus und Eurydike*, Ausschnitt aus einem Truhenbild *Geschichte des Orpheus.*

ORPHEUS UND EURYDIKE

LEBEN UND WERK

Die unglückliche Liebesgeschichte von Orpheus und Eurydike ist schon seit dem 6. vorchristlichen Jahrhundert bekannt. Sie soll beheimatet sein im Landstrich Thrakien, seit alters her Bindeglied zwischen Orient und Okzident im äußersten Nordosten des heutigen Griechenland. Von Orpheus' hoher Sangeskunst zeugen etwa 100 in hellenistischer Zeit aufgeschriebene Hymnen, die das Wesen und die Inhalte eines im 6. Jhd. v. Chr. verbreiteten religiösen Kultes, des Orphismus, beschreiben. Die ältesten überlieferten Fassungen des Stoffes stammen aus Vergils *Georgica* und Ovids *Metamorphosen*. Bereits in diesen beiden Fassungen differiert die Erzählung leicht, Vergil fügt die Figur des Hirten Aristeus hinzu, vor dessen Zudringlichkeit Eurydike flieht, bevor sie von der Schlange gebissen wird. Ovids Fassung ist jedoch die ausführlichere, inhaltlich tiefer ausgestaltete Überlieferung. Der tragische Mythos vom zweimaligen Verlust der Geliebten hat über die Jahrhunderte zahllose Künstler, Musiker, Literaten und Dramaturgen zu immer neuen Fassungen und Bearbeitungen angeregt. Schon aus der Zeit um 400 v. Chr. ist ein Wandrelief mit dem entscheidenden Blick zurück erhalten, eine Kopie steht im Pariser Louvre. Berühmt auch das Fresko von Luca Signorelli *Orpheus in der Unterwelt* im Dom von Orvieto und das romantisch-schaurige Bildnis *Das thrakische Mädchen*, das den Kopf des Orpheus trägt, von G. Moreau (1865), ebenfalls im Louvre zu sehen. Zu den ältesten Opernbearbeitungen gehört neben Monteverdis *Orfeo* (1607) auch Jacopo Peris *Euridice* (1600). Die bekannteste Orpheus-Oper *Orpheus und Eurydike* von Christoph W. Gluck (1762) ermöglicht den beiden Liebenden unter Beihilfe Amors eine Rückkehr ins Leben. Jean Cocteaus Einakter *Orphée* wird 1950 Grundlage des in Venedig preisgekrönten gleichnamigen Films. In Cannes preisgekrönt wurde der zweite, beim Karneval in Rio spielende Film *Orfeu Negro* von Marcel Camus, 1958 mit farbigen Schauspielern gedreht. Die Faszination des Mythos und seine Wandlungsfähigkeit wird auch an den zahlreichen lyrischen Bearbeitungen bei Novalis, Goethe oder Rilke deutlich. Den schönsten Beleg für die Unsterblichkeit des Orpheus-Mythos bietet bei klarer Sicht am nördlichen Sternhimmel das Sternbild Lyra, das Instrument des Orpheus, das nach seinem Tod, so will es die Überlieferung, an den Himmel aufgestiegen sein soll.

EMPFEHLUNG

Lesenswert:
Mythos Orpheus. Texte von Vergil bis Ingeborg Bachmann, hrsg. von Wolfgang Storch. Leipzig 1997.

Sehenswert:
Orfeu Negro. Regie: Marcel Camus. Brasilien/Frankreich/Italien 1958.

Orphée. Regie: Jean Cocteau, mit Jean Marais. Frankreich 1949.

Hörenswert:
Christoph Willibald Gluck: *Orpheus und Eurydike* (Wiener Fassung 1762 in italienischer Sprache); mit Fischer-Dieskau, Söderström, Pütz, Cappella Coloniensis, Leitner. 2 Audio-CDs.

Rainer M. Rilke: *Die Sonette an Orpheus*. Eingeführt und gelesen von Bert Hellinger, 1999, 2 Audio-CDs.

WERTUNG

Es gibt vielleicht kein größeres Unglück für ein liebendes Paar als die gewaltsame Trennung kurz nach der Eheschließung. Aber mit der Tragik steigt auch die Chance für den Nachruhm.

Liebe:	✪✪✪✪✪
Tragik:	✪✪✪✪✪
Gefahr:	✪✪✪✪✪
Glück:	✪✪
Ruhm:	✪✪✪✪✪

Ödipus und Jokaste

»O Unglückseliger, daß niemals du erkenntest, wer du bist!«

Zu Beginn liegt Theben darnieder. Eine Seuche fordert täglich neue Opfer, ganz offenbar zürnen die Götter der Stadt. Das Orakel wird befragt, was zu tun sei. Ödipus, Regent Thebens, ein stolzer König in der Blüte seiner Jahre, verheiratet mit der viel älteren, aber immer noch anmutigen Königin Jokaste, verzweifelt am Schicksal seiner Untertanen. Einst führte er die Stadt zum Wohlstand, jetzt ist er Zeuge ihres Niedergangs. Sein Priester mahnt: »Daß es von deiner Herrschaft niemals heißen möge: Wir standen auf durch sie und fielen wieder. Errichte neu die Stadt auf sicherem Grund!«

Das Orakel ist eindeutig: König Laios, Ödipus' Vorgänger auf Thebens Thron, starb durch Mörderhand und ward nie gesühnt. Jetzt ist es den Thebanern aufgegeben, die Freveltat zu rächen, indem sie den Schuldigen ächten. Dann wird der Zorn der Götter besänftigt und Theben vom Fluch der Seuche befreit sein.

Zum Tod des Laios, des ersten Ehemannes seiner Jokaste, sagt er: »Ich weiß es wohl, vom Hören, denn ich sah ihn nie ...«. Danach beginnt die Auflösung eines Rätsels, die Entschleierung eines Geheimnisses, von denen ein alter Seher und ein Hirte vieles, Jokaste und der Priester manches wissen – Ödipus aber nichts weiß. Gerade er, der Hauptakteur jener Tragödie, die jetzt aus dem Dunkel des Vergessens, der Lüge und der Fehldeutung herausgerissen wird, ist der Ahnungsloseste.

Ödipus und Jokaste trafen sich vor langen Jahren, als Thebens Thron verwaist war; Ödipus hatte sein Vater-

■ Tilla Durieux als Königin Jokaste in einer Aufführung des Deutschen Theaters in Berlin unter der Regie von Max Reinhardt.

Der Ödipus-Mythos ist sehr alt. Es gibt viele Überlieferungen in epischer Form, nicht alle sind erhalten. Am berühmtesten wurde die Tragödie des Sophokles, uraufgeführt um 425 v. Chr., die als ältestes Kriminalstück der europäischen Literatur gelten kann. Wer war der Mörder des Laios? Zu ersten Spuren kommen weitere Indizien hinzu, und sie alle weisen auf den, der forscht und fragt, um die Wahrheit freizulegen, auf Ödipus selbst.

haus, den Korinthischen Königshof, verlassen, weil eine Prophezeiung ihn seinen Vater töten und seine Mutter freien hieß. Um der Erfüllung zu entgehen, flüchtet er nach Theben. Den alten Mann, den er unterwegs nach einem Streit erschlägt, vergisst er bald. Er löst das Rätsel der Sphinx, ehelicht die thebanische Königin, zeugt Kinder mit ihr und regiert die Stadt zur Zufriedenheit seiner Untertanen. Bis jene Seuche ausbricht. Jetzt gibt es nur eine Lösung: die Wahrheit.

Ein Bote bringt Kunde vom Tod des korinthischen Herrschers Polybos. Er meldet auch dies: Ödipus war nicht das leibliche Kind des Polybos, er war ein Findling und Ziehkind des Königs. Wer also war sein Erzeuger? Warum wurde er ausgesetzt? An dieser Stelle erschrickt Jokaste zutiefst.

Sie hatte einen Sohn mit Laios. Und diesem Knaben wurde die nämliche Prophezeiung zuteil wie ihrem Manne Ödipus. Also schickte das Königspaar einen Hirten mit dem Kinde, dem man die Füße zusammenband, hinaus in die Wildnis, damit man es dort seinem Schicksal überlasse … Jokaste sieht klar. Ihr schwindelt. Sie spricht: »Nicht, bei den Göttern, wenn du um dein eigen Leben irgend besorgt bist, forsche mehr nach …« Doch Ödipus ist schon zu nah an der Wahrheit, er kann nicht mehr innehalten.

Was tat der Hirte, der den Sohn des Laios aussetzen sollte? Er brachte es nicht übers Herz. Er übergab das Kind einem korinthischen Hirten, und dieser trug es schnur-

■ Variationen zum jahrtausendealten Thema. *Ödipus und die Sphinx*, griechische Vasenmalerei aus dem frühen 5. Jahrhundert v. Chr., und *Ödipus erklärt der Sphinx das Rätsel* von Jean-Auguste-Dominique Ingres aus dem Jahre 1808.

■ Die Suche nach der schrecklichen Wahrheit. Ödipus fragt den alten Schafhirten nach seiner Vergangenheit (oben), und Ödipus macht sich Gedanken über seine Herkunft. Römische Plastik aus dem 3. Jahrhundert n. Chr.

stracks zum Hofe seines kinderlosen Königs. Der letzte Beweis für die Identität des Ödipus als Sohn des Laios sind die Male an den Fußgelenken, die der König immer noch trägt: »Ödipus« heißt »geschwollener Fuß«.

»O Licht! Zum letzten Mal hab ich dich gesehen,
ich, der, wie es jetzt zutage trat, entstammt, von wem
Ich nicht gesollt – mit wem ich nicht gesollt,
Zusammenlebe – und wen ich nicht gedurft, erschlug!«

Das sind die letzten Worte des Ödipus, bevor er davonstürzt, um die Strafe für sein doppeltes Verbrechen an sich zu vollziehen: er sticht sich die Augen aus. Am Schluss des Stücks geht der geblendete Ödipus, gestützt auf seine Töchter, in die Verbannung; Jokaste erhängt sich. Während die Königsfamilie untergeht, ist der Fluch von der Stadt genommen, die Seuche weicht, die Menschen stehen auf. Der Chor singt:

»Bürger in dem Lande Theben! Sehet, dieser Ödipus,
Der die berühmten Rätsel löste und ein Mann vor allen war,
Er, auf dessen Glück die Bürger oftmals doch mit Neid geblickt:

In welche große Woge schweren Schicksals er geriet!
Drum blicke man bei jedem, der da sterblich, auf den Tag,
Der zuletzt erscheint, und preise selig keinen, eh er denn
Durchgedrungen zu des Lebens Ziel und nicht von Leid zerdrückt.«

Ja, Ödipus und Jokaste waren ein glückliches Paar; wie nah sie einander standen, macht Sophokles deutlich, obwohl sie ja in seinem Stück von Anfang an der starken Spannung des Verdachts und des Verhängnisses ausgesetzt sind. Jokaste versucht die letzte Klärung zu verhindern. Sie will nicht wissen, was sie schon ahnt – so sehr liebt sie ihren Gatten. Am schönsten hat die sinnliche Anziehung zwischen der reifen Frau und dem jungen Mann, die Mutter und Sohn sind, ohne es zu wissen, der Filmemacher Pasolini in seiner Version *Edipo Re* in Bilder übersetzt. Die feine, vornehme Frau, der strahlende, stattliche Junge: Sie müssen sich einfach lieben. Ödipus ist impulsiv und energisch. Aber er weiß: Irgendetwas stimmt nicht mit ihm und seinem Status, und so muss er die Wahrheit bloßlegen, koste es, was es wolle – und es kostet ihn fast alles. Jokaste ist passiv, mild und ängstlich. Sie ließ sich einst ihren kleinen Sohn von der Brust reißen, damit ein böser Spruch sich nicht erfülle, ihr hat vielleicht schon länger etwas geschwant, denn sie sah doch die Fußgelenke ihres so viel jüngeren Gatten. Aber sie schweigt. Und flüstert: »Unseliger! Denn dieses kann ich einzig zu dir

■ »Nicht ohne meine Mutti«. Loriot spielt in seinem Film *Ödipussi* (1987) den in die Jahre gekommenen Sohnemann, der von seiner Erzeugerin nicht loskommt.

■ Auch der französische Regisseur Louis Malle thematisiert in *Herzflimmern (Le souffle au cœur, 1971)* die mit Begehren aufgeladene Liebe zwischen Mutter und Sohn.

■ Der Vater des Ödipuskomplexes. Der Neurologe und Begründer der Psychoanalyse Sigmund Freud (1856–1939) sieht die libidinöse Bindung des Kindes an das gegengeschlechtliche Elternteil als notwendige Phase bei der Entwicklung einer erwachsenen Sexualität. Wird der Ödipuskomplex nicht überwunden, winkt die Neurose.

sagen.« Und setzt ihrem Leben ein Ende, als alles zutage tritt.
In der Antike war der Mythos von König Ödipus ein Gleichnis für die Macht des Schicksals. Die Prophezeiung muss sich erfüllen, die Bestimmung sich vollziehen: der Ratschluss der Götter verlangt es. Die Menschen können mit Tricks nichts daran ändern. Das ausgesetzte Kind wächst heran und handelt nach der Götter Willen – auch wenn es nicht weiß, wer es ist. Die quasi metaphysische Schuld des Ödipus wurde in der Antike als wirkliche Schuld empfunden.
Für unsere Zeit hat Sigmund Freud den Ödipusstoff als Beispiel für das aggressive Unabhängigkeitsstreben des Sohnes gedeutet, der den Vater beiseite räumen muss, um die Welt zu gewinnen und die Mutter ganz für sich zu haben. Auch wenn das nicht heißen soll, dass jeder kleine Junge seine Mutter körperlich begehrt, sind doch die zeitweisen Eifersuchtsausbrüche kleiner Kinder gegen das gleichgeschlechtliche Elternteil eine wiederkehrende Erfahrungstatsache. Auch hat Freud durch seine Interpretation den erotischen Kern des Ödipus-Mythos kühn freigelegt.

ÖDIPUS UND JOKASTE

LEBEN UND WERK

Die Ödipus-Sage mit ihrem Thema des unbeabsichtigten Liebesverhältnisses zwischen Sohn und Mutter (Jokaste) gilt als einer der bedeutendsten Mythen des antiken Griechenlands. Der Stoff erfuhr zahlreiche Dramatisierungen durch Aischylos, Euripides, Xenokles u. a. In Gänze erhalten ist nur die Tragödie *König Ödipus* von Sophokles. In den 90 Jahren seines Lebens (496 v. Chr. – 406 v. Chr.) schuf Sophokles mindestens 123 Stücke, von denen nur sieben vollständig überliefert sind. Ob Sophokles das Schicksal Athens unter der Herrschaft des Perikles vor Augen hatte, als er die Tragödie nach dem Vorbild des alten Mythos neu gestaltete, ist nicht mehr zu belegen, aber Ähnlichkeiten mit der historischen Situation Athens um 430 v. Chr. sind vorhanden. Im zweiten Schauspiel *Ödipus auf Kolonos* führt Sophokles das Schicksal des geblendeten Ödipus weiter fort. Nachdem König Theseus ihn in Kolonos aufgenommen hat, stirbt Ödipus schließlich am Ende seines Leidensweges im heiligen, den Eumeniden geweihten Olivenhain. Spätere Bearbeitungen im Mittelalter folgen eng dem antiken Vorbild, variieren in den Nebenfiguren oder im Liebesmotiv, teilweise wird der Schluss etwas verändert oder der Anfang, wenn Jokaste bereits bei der Heirat um die Herkunft ihres Gemahls weiß. Erst mit seiner psychoanalytischen Deutung der Beziehung zwischen Mutter und Sohn als erotischer Liebesbeziehung eröffnet Sigmund Freud zu Beginn des 20. Jahrhunderts einen neuen Zugang zu dem antiken Stoff. Ein Beispiel dafür ist das 1958 entstandene Drama des Niederländers M. Croiset *Ödipus und seine Mutter*. Von den Verfilmungen des Stoffes sind zwei besonders hervorzuheben: In *Edipo re* spielt der Regisseur Pier Paolo Pasolini selbst den Hohepriester. Durch die Erweiterung der Handlung um einen Prolog und einen Epilog wird die Verbindung zur Gegenwart hergestellt. Zum Zweiten der englische Film *Oedipus the King* von Philip Saville. In diesem Film überzeugen vor allem die schauspielerischen Leistungen von Orson Welles, Lilli Palmer und Christopher Plummer in den Hauptrollen.

EMPFEHLUNG

Lesenswert:

Sigmund Freud: »*Psychoanalyse und Libidotheorie*«, 1923, und *Der Untergang des Ödipuskomplexes*, 1924.

Sophokles: *König Ödipus*. Mit einem Nachwort, drei Aufsätzen, Wirkungsgeschichte und Literaturnachweisen. Frankfurt 1994.

Henry Bauchan: *Oedipus unterwegs*. Bielefeld 1995.

Sehenswert:

Edipo re. Regie: Pier Paolo Pasolini, mit Silvana Mangano und Franco Citti. Italien 1967.

Oedipus the King. Regie: Philip Saville, mit Orson Welles, Lilli Palmer und Christopher Plummer. Großbritannien 1967.

Herzflimmern (Le souffle au cœur). Regie: Louis Malle, mit Léa Massari, Benoit Ferreux, Daniel Gelin, Gila von Weitershausen, u. a. Frankreich, Italien, BRD 1971.

Hörenswert:

Peter Sloterdijk: *Ödipus oder Das zweite Orakel*. 1999, 2 Audio-CDs.

WERTUNG

Wusste Königin Jokaste, wen sie in zweiter Ehe zum Gemahl nahm? Das Geheimnis, der Inzest, der absichtslose Vatermord – all das macht »Ödipus« zum Mythos der Mythen und die sexuelle Bindung zwischen Mutter und Sohn zur Interpretationsmatrix des Phänomens Familie.

Liebe:	✪✪✪✪✪
Geheimnis:	✪✪✪✪✪
Tragik:	✪✪✪✪✪
Skandal:	✪✪✪✪✪
Prägender Einfluss:	✪✪✪✪✪

Philemon und Baucis

»… und da wir in Eintracht die Jahre verbrachten, nehme dieselbe Stunde uns fort: Ich möge der Gattin Grab nie schauen, noch möge im Grab sie je mich bestatten.«

Diesen Wunsch spricht Philemon aus, als der Göttervater selbst ihn auffordert: »Nun sagt mir, redlicher Greis, was wünscht ihr?« Philemon möchte im nämlichen Augenblick sterben wie seine Frau Baucis, neben der er alt geworden ist. Baucis denkt wie er. Auch sie möchte nicht mehr sein, wenn er nicht mehr ist. Jupiter erfüllt den Wunsch des Paares. Sie scheiden in hohem Alter zur selben Stunde, und noch während das Leben aus ihren Körpern flieht, berühren sie einander und sprechen letzte Worte: »Gatte, lebe wohl.« Jupiter erspart ihnen sogar den Tod im Bett. Er verwandelt sie in Bäume, ihn in eine Eiche, sie in eine Linde. Als letztes nehmen beide die Zweige und Blätter wahr, die aus dem Leib des je anderen sprießen.

■ *Jupiter und Merkur bei Philemon und Baucis*, Adam Elsheimer, um 1609/10.

Bäume leben länger als Menschen. Und so kann Ovid, der schätzungsweise in den ersten Jahren nach Christi Geburt die Legende von Philemon und Baucis in sein Erzählwerk *Metamorpho-*

sen einflocht, einen Bauern erwähnen, der die beiden Bäume kennt, ja, er kann behaupten, selbst die Eiche und die Linde gesehen zu haben, die einst Philemon und Baucis waren. Und staunend erfährt das Publikum, dass hier ein treues Ehepaar auf pflanzliche Weise weiterlebt: in der Tat eine wunderbare Wandlung. Man weiß, dass Bäume sich mit ihren Ästen regen und mit ihren Blättern flüstern. So also werden Philemon und Baucis einander noch lange Jahre zärtlich berühren und leise und vertraut miteinander sprechen.

Wie kam es dazu, dass die beiden Alten einen Wunsch frei hatten, den Jupiter so gern und üppig erfüllte? Ganz einfach: Sie waren gastfreundlich. Der Göttervater hatte sich mal wieder incognito unter die Menschen gemischt, mit einem ebenfalls menschlich erscheinenden olympischen Gefährten. Die beiden kamen nach Phrygien, einem Landstrich in Kleinasien, und sie klopften des Abends an so manche Tür, Obdach erbittend. Tausend Türen sollen es nach Ovid gewesen sein, und man kann sich vorstellen, wie wütend Jupiter und sein Begleiter waren, als sie überall abgewiesen wurden. Schließlich hatten sie doch noch Glück: Ein alter Mann, Philemon, nahm sie in seiner schlichten Kate auf, und die ebenfalls grauköpfige Baucis sorgte lächelnd und geschäftig für eine bequeme Ruhebank, für ein Feuer im Herd und ein deftiges Abendessen mit Kohl und Schwein. Jupiter langt ordentlich zu, und er ist den guten Leutchen von Herzen dankbar. Die schlechte Aufnahme aber, die er sonst im Land erfahren musste, schlägt ihm auf die Stimmung. Die Häuser all der kaltschnäuzigen Phrygier, die ihn von ihren Schwellen verjagten, waren viel größer als die Hütte, in der er sich jetzt wärmt; Reichtum also kann die Herzen der Menschen verschließen, während Bedürftigkeit das Mitgefühl stärkt. Jupiter wiegt sein Haupt. Und er beschließt, die ruchlosen Phrygier zu bestrafen.

■ Jupiter fühlt sich wohl und wird es belohnen.

■ Großherzig sind die Bedürftigen. Ausschnitte aus dem Gemälde von Adam Elsheimer.

Er zieht Philemon und Baucis ins Gespräch. Ja, sie waren immer arm, und sie haben ihr Leben lang in dem kleinen Strohdachhaus gewohnt. Als sie heirateten, zogen sie hier ein, und jetzt, wo ihre Tage gezählt sind, möchten sie auch hier sterben. Sie waren immer zufrieden, »und weil die Armut sie offen bekannten, / machten sie diese sich leicht und ertrugen sie ruhigen Herzens.« Schlichte Gemüter also, ohne Ehrgeiz, Arroganz und Härte, liebevolle Gatten, ehrliche Leute.

■ Peter Paul Rubens, *Landschaft im Gewittersturm* (Jupiter und Merkur bei Philemon und Baucis), um 1620. Der Zorn Jupiters kommt über die Selbstsüchtigen. Allein das arme, treue Ehepaar bleibt verschont und erhält den Lohn für seine Gastfreundlichkeit.

Jupiter ist gerührt, und es gelüstet ihn nach einem Schabernack. Er lässt den Wein im Krug sich immer von selbst wieder auffüllen. Erst glauben Philemon und Baucis an eine Täuschung, aber dann merken sie, dass hier ein Wunder geschieht, heben die Hände, beten und entschuldigen sich zitternd für die Schlichtheit des Mahls. Ihre einzige Gans wollen sie schnell noch schlachten, aber es gelingt ihnen nicht, sie einzufangen. Schnatternd versteckt sich das Tier hinter Jupiter, der in Gelächter ausbricht und sich dem Paar entdeckt: »Götter sind wir.«
Darauf verlassen alle vier die Hütte, erklimmen eine Anhöhe und betrachten von hier aus das Strafgericht Jupiters: Die phrygische Ansiedlung mit all ihren selbstsüchtigen Bewohnern versinkt vor ihren Augen; wo einmal Häuser standen, dehnt sich jetzt ein Sumpf. Allein die Hütte von Philemon und Baucis ist

übrig geblieben, und während das alte Paar gelähmt vor Schrecken auf die Szene starrt, verwandelt sich ihr Strohdachhaus in einen goldstrotzenden Tempel. Stolz weist Jupiter seinen Gastgebern ihre neue Wohnstatt an. Und bittet sie, einen Wunsch zu äußern.
Worin besteht nun das Geheimnis der starken Gefühle, die Philemon und Baucis immer noch wecken, wie konnten ihre Namen zu einem Synonym für eheliche Treue werden? Von Jupiter belohnt werden sie wegen ihrer Freigebigkeit, nicht wegen der Treue; Jupiter hatte keinen Sinn für Treue. Er interessierte sich lebhaft für die Charaktere der Menschen, und er verabscheute Engherzigkeit und Rohheit. Für eheliche Tugend aber war er nicht zuständig, darum kümmerte sich die Göttermutter Juno. Und die Mensch-

Ovid nutzt jede Gelegenheit, die Gutherzigkeit seiner beiden Alten hervorzukehren: Als ihr Dorf versinkt, jubeln sie nicht etwa, weil ihr Zuhause verschont wurde, sondern sie beweinen das Schicksal ihrer Nachbarn. Und ob sie nun so entzückt darüber waren, in einem goldenen Tempel als Priester ihres Gottes fortzuleben, das ist zumindest fraglich. Aber als fromme Menschen, die sie sind, haben sie keine Wahl: Sie müssen dem Gebot ihres Gottes folgen. Der immerhin hat ihren tiefsten Wunsch erfüllt: dass keiner von beiden den anderen begraben muss. Und so kann man sagen, dass die Geschichte von Philemon und Baucis trotz der Gewalt des göttlichen Zornes gut ausgeht.

■ Zeus und Hermes sind zu Besuch in der bescheidenen Bauernhütte, Kupferstich von Cornelis Galle d. Ä. (1576–1650).

■ In der Antike waren es besonders etruskische Paare, die sich gern auf Doppelsarkophagen darstellen ließen. Daraus spricht das Ideal vom gemeinsamen Tod eines Paares.

heit! Wir alle lesen die Geschichte der beiden Alten vom Ende her: dass sie, vom höchsten Gott befragt, welchen Wunsch er ihnen erfüllen soll, weltliche Freuden verschmähten und stattdessen darum baten, gemeinsam zu sterben, beweist, dass ihre Treue mehr als Gewohnheit und Trägheit, dass sie der Ausdruck einer großen Liebe war. Durch den Wunsch, den Philemon und Baucis ohne lange zu überlegen gemeinsam formulieren, fällt ein strahlendes Licht auf ihr gemeinsames Leben, das von einer unbeirrbaren Liebe erfüllt war. Philemon und Baucis hatten einander, darin lag ihr Reichtum. Wie rar und wie wunderbar so eine Liebe ist, zeigt Ovid dadurch, dass er sie über den Tod hinaus fortbestehen lässt. Schaut euch nur nach einer Eiche um, die nah bei einer Linde steht.

PHILEMON UND BAUCIS

LEBEN UND WERK

Ovid (20.3.43 v. Chr. – 17/18 n. Chr) erzählt in dem epischen Sagengedicht *Metamorphosen* erstmals die Geschichte von Philemon und Baucis. Drei Sagenelemente führte Ovid zu diesem Mythos neu zusammen: die göttliche Erfüllung eines Wunsches nach erhaltener Gastfreundschaft, die Furcht vor einer göttlichen Strafe, der Sintflut, und im Unterschied zur Einkehr des Engels bei Lot in der Bibel als drittes bestimmendes Element den Wunsch nach gemeinsamem Altern und Tod in frommer, gottgeweihter Erfüllung. Mit rund 150 erhaltenen Ausgaben gehören die *Metamorphosen* zu den meistgelesenen antiken Texten des Mittelalters. Der Stoff wurde im 17. und 18. Jahrhundert mehrfach aufgegriffen und in seiner Aussage abgewandelt bis hin zur Satire gegen die Geistlichkeit von J. Swift: *Baucis und Philemon*, in der nach *Verwandlung* der beiden Alten in Eiben die nachfolgenden Geistlichen die beiden Bäume als Brennholz fällen. Auch in einigen Opernfassungen aus dieser Zeit wurden die in den Verwandlungen steckenden humoristischen Möglichkeiten zur Erweiterung der kurzen Handlung eingesetzt. Bei Goethe findet sich das Motiv mehrfach, am deutlichsten jedoch im zweiten Teil des *Faust*, hier wieder in der ursprünglichen Aussage als Symbol frommer Bescheidenheit bis in den gemeinsamen Tod. Auch im 19. und 20. Jahrhundert werden eher die romantischen Elemente des Motivs aufgegriffen und zu Gedichten, einer Oper und Erzählungen verarbeitet. Empfehlenswert hierbei sicherlich Max Frischs Roman *Mein Name sei Gantenbein*, in dem sich Gantenbein und Lila in ihrer Liebe zueinander mit Baucis und Philemon vergleichen. Ganz anders die einzige Theater- und Hörspielfassung, verfasst von Leopold Ahlsen, die 1960 auch verfilmt wurde. In einem Kriegsdrama, das 1944 unter griechischen Partisanen spielt, geraten die beiden Alten Nikolaos und Marulja zwischen die Fronten. Sie gewähren verfolgten deutsche Soldaten Unterschlupf und verraten diese nicht an die Partisanen. Diese schlichte Gastfreundschaft führt unter den Bedingungen des Krieges in einen sinnlosen Tod als Verräter, gemeinsam hingerichtet von den eigenen Landsleuten.

EMPFEHLUNG

Lesenswert:
Ovid: *Metamorphosen und andere Dichtungen*. Mit Begleittexten. Bearbeitet von Kurt Benedicter u. a. 1999.

Max Frisch: *Mein Name sei Gantenbein*. Frankfurt 1998.

Sehenswert: *Philemon und Baucis*. Regie: E. Zbonek, BRD 1960.

Hörenswert:
Ovid: *Metamorphosen*. In Prosa neu übersetzt von Gerhard Fink. Ca. 360 Min. Interpret: Peter Simonischek. SFB, Patmos 1999. 6 Audiocassetten.

WERTUNG

Der alte Traum von ewiger Treue und (fast) ewigem Leben wird hier mithilfe der Götter wahr.

Liebe:	✪✪✪✪✪
Treue:	✪✪✪✪✪
Glück:	✪✪✪✪
Dauer:	✪✪✪✪✪

Perikles und Aspasia

»Wahrlich, beim Zeus, o Sokrates, hochbegnadet muss doch diese Aspasia sein, wenn sie, ein Weib, deiner Darstellung nach zu solch großer rednerischer Leistungen fähig ist.«

■ Der athenische Politiker Perikles (um 500 v. Chr.–429 v. Chr.).

Die griechische Antike lebt in der Vorstellung von uns Heutigen als eine herrliche Zeit blühender Künste und Wissenschaften fort. Wie aber sah die Wirklichkeit aus? Ja, es gab sie, die prachtvolle Architektur, das rege Geistesleben, die hoch entwickelte Lebensart und die klugen, genussfreudigen Menschen: Wir haben genügend Zeugnisse dafür. Zugleich aber war das klassische Griechenland ein Land im permanenten Krieg, in jahrzehntelangen verlustreichen Feldzügen, erst gegen die Perser, später gegen treulose Bündnispartner, am Ende wurde es ein Selbstzerfleischungsdrama, ein Bürgerkrieg Spartas gegen Athen, in dem die reiche griechische Kultur, deren Ausstrahlung bis heute nachwirkt, sich selbst zerstörte, bis auf den Grund. Eigentlich ist es ein Wunder, dass während dieser Permanenz von Rüstung, Kriegspropaganda, Überfällen, Seeschlachten, Seuchen, Bränden und Racheakten noch Zeit blieb für die Feinheiten der Politik, der Rhetorik, der Literatur, des geselligen Lebens und der Philosophie. Aber so war es. Sokrates sprach auf dem Marktplatz mit Freunden und Schülern über die Dinge des Lebens, Platon hat diese Gespräche aufgezeichnet, und sie behandelten hin und wieder den berühmtesten Staatsmann der Epoche, Perikles, und seine ungewöhnlich kluge Frau, Aspasia.

Athen herrschte in jener Zeit zu Land und Meer; es hatte die Inseln der Ägäis und viele der griechischen Stadtstaaten unter seinen Einfluss gebracht und forderte hohe Tribute. Perikles, Abkömmling einer vornehmen Familie, stützte sich bei seinem Aufstieg zum ersten Mann im Staat auf das Vertrauen der Bevölkerung, denn in jener Zeit gewannen die einfachen Bürger einen entscheidenden Einfluss auf die Staatsgeschäfte – zum Beispiel die Ruderer der Schiffe, auf denen die athenische Seemacht beruhte – und Perikles setzte sich für diese Schichten ein. Es war die große Zeit der Demokratie, das heißt wörtlich: Volksherrschaft. Thukydides, der konservative Historiker der Epoche, bemerkt allerdings einschränkend, die Herrschaftsform in Athen sei damals nur »dem Namen nach eine Demokratie, in Wahrheit die Herrschaft des ersten Mannes« gewesen. Perikles, der »erste Mann«, musste sich auch mit Maßnahmen die Unterstützung des einfachen Volkes erhalten, die keine Ruhmesblätter für die Demokratie darstellten: Die »Bundesgenossen« genannten abhängigen Staaten wurden gnadenlos ausgebeutet und mit wachsendem militärischem Aufwand davon abgehalten, ihre Verträge mit Athen zu kündigen; mit dem von den Verbündeten erpressten Geld wurden Arbeitsbeschaffungsprogramme aufgelegt, aber den »Gastarbeitern«, die ins prosperierende Athen strömten, wurde das Bürgerrecht verweigert. Als die Athener den Bogen überspannten, fielen die Bündnispartner

■ Aspasia (geb. um 470 v. Chr., Todesjahr unbekannt) stammt aus der griechischen Kolonie Milet.

■ Aspasia bezaubert Perikles durch ihre Schönheit und Klugheit. Sie wird seine zweite Ehefrau. *Aspasia und Perikles*, Holzstich, um 1880.

nach und nach ab und stellten sich unter den Schutz der erzkonservativen zweiten Vormacht Griechenlands, Sparta. Die Spartaner machten gegen Athen mobil, und so kam es dann zum Peloponnesischen Krieg, der fast dreißig Jahre dauerte und das schöne alte Griechenland in ein Ruinenfeld verwandelte. Perikles also lebte in unruhigen, ja katastrophenträchtigen Zeiten. Leicht konnte er für Niederlagen haftbar gemacht werden, und da er als führendes Mitglied im Rat der Stadt und als Stratege gewählt werden musste, drohte in Krisenzeiten schnell das Aus. Es ist deshalb erstaunlich, wie lange er sich an der Macht hielt, nämlich fast dreißig Jahre; er hat in dieser Zeit den Bau der berühmtesten athenischen Tempel – des Parthenon und der Propyläen auf der Akropolis – angeregt, für umstrittene und segensreiche Gesetze gesorgt und Kriege geführt. Seine Rednergabe war legendär, sein Vermögen beträchtlich und sein Lebensstil großzügig. Seine Stellung in der athenischen Gesellschaft war schließlich so gefestigt, dass er es sich leisten konnte, in zweiter Ehe eine Ausländerin von prekärem Ruf zu heiraten.

■ Der »erste Mann« Athens. *Perikles, Phidias und die Kunstverständigen, über den Bau des Parthenon berathend*, Holzstich aus dem 19. Jahrhundert.

Aspasia stammte aus Milet in Kleinasien. Sie war als junges Mädchen mit ihrem Vater nach Athen gekommen und bezauberte die Großstädter durch ihre blendende Schönheit ebenso wie durch ihren funkelnden Geist. Perikles, der sich von seiner ersten Frau, mit der er sich überhaupt nicht verstand, hatte scheiden lassen und enttäuscht war über die wenig ersprießliche Entwicklung seiner beiden Söhne, lebte allein, als er Aspasia begegnete. Er war zwanzig Jahre älter als sie und auf der Höhe seiner Macht, ein erotischer Vielfraß, der ständigen Umgang mit wechselnden Hetären pflegte, aber auch ein Schöngeist, der es zum Meister der Rhetorik gebracht hatte und mit dem Tragödiendichter Sophokles eng befreundet war. In Aspasia fand er die Frau, mit der er über Politik und Strategie von Gleich zu Gleich diskutieren konnte, die ihn verstand und inspirierte. Zugleich ersetzte sie ihm die käuflichen Mädchen, mit denen er seine Begierden gestillt und seine Einsamkeit betäubt hatte – ja, sie ersetzte diese Frauen nicht nur, sie gab ihm als Geliebte weit mehr als alle vorherigen zusammen. Perikles nahm sie zu sich in sein Haus, schenkte ihr all seine Aufmerksamkeit und Zärtlichkeit und holte sich bei ihr lieber und öfter Rat in allen Fragen des Staates als bei seinen Mitregenten.

■ *Das Zeitalter des Perikles,* Philipp von Foltz, 1852. Aspasia, die ehemalige Konkubine, ist dem großen Perikles gleichberechtigte Gesprächspartnerin und Beraterin in politischen Fragen – ein Riesenskandal in Athen. Man glaubt Perikles von einer Hexe besessen.

Das war selbst in der Metropole, die wie alle Großstädte Extravaganzen gewohnt war, ein Riesenskandal. Konkubinen galten als Privatvergnügen, sie hatten mit Politik nichts zu schaffen. Und dann noch eine Fremde! Ein Weib aus Milet, von dem man raunte, dass sie dort als Hetäre mit vielen, zu vielen Männern Umgang gepflogen hatte ... Die athenische Gesellschaft stürzte sich auf das Ereignis. Man wähnte Perikles unter dem Bann einer Hexe, die vom Feinde gesandt sei, der Griechen Untergang zu befördern.

Was heute bei uns das Fernsehen ist, war damals das Theater. Es fanden ständig Aufführungen statt, die zugleich Wettspiele waren, und die Atmosphäre im Amphitheater hatte keineswegs die heutige Weihe, sie erinnerte eher an Sport und Rummel. Die antiken Komödien und Possen sind für uns deshalb oft schwer verständlich, weil sie gespickt waren mit aktuellen Anspielungen: Jeder amtierende Politiker, Heerführer, Richter wurde durchgehechelt, ja, im Theater wurde genauso Politik gemacht wie im Rat, in der Volksversammlung oder beim Scherbengericht. Und es ging ziemlich hart zur Sache, Aristophanes und die

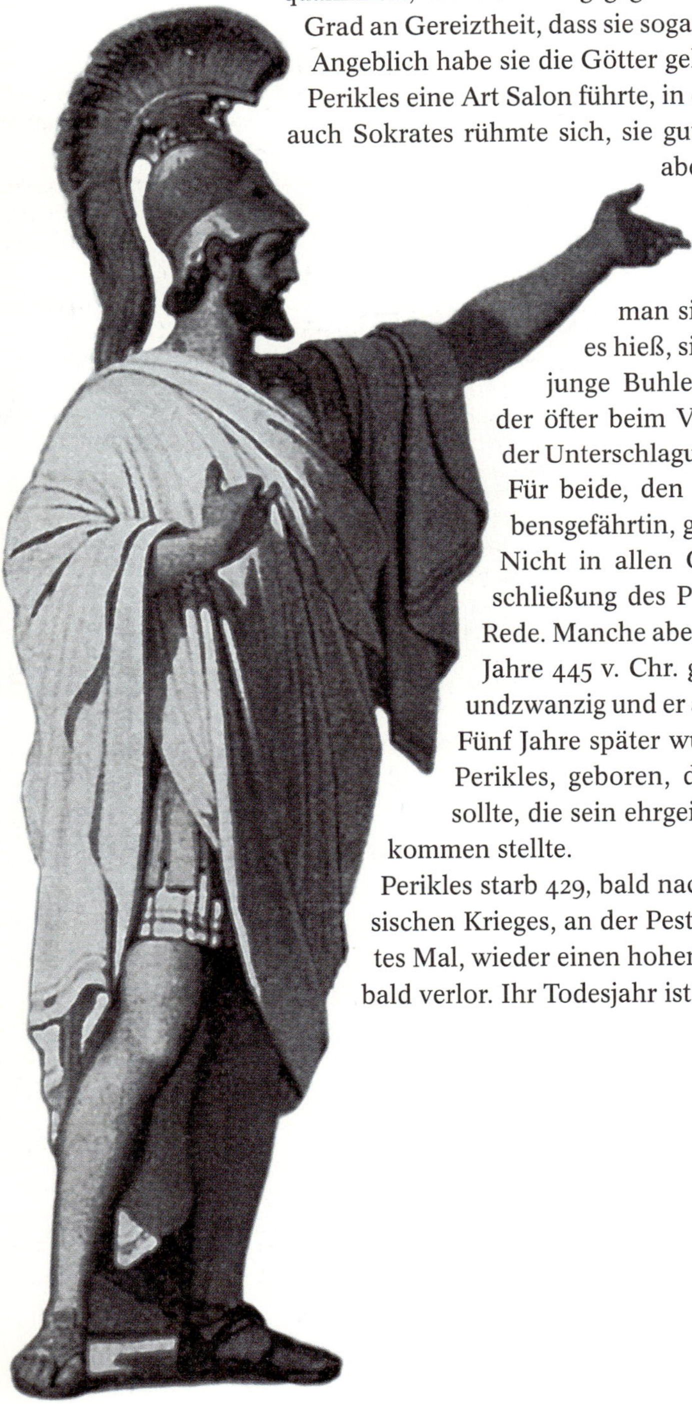

■ Der richtungweisende Staatslenker fällt wegen Aspasia beim Volk in Ungnade.

anderen Komödiendichter nahmen kein Blatt vor den Mund, sie machten Staatslenker, Feldherren, Priester und auch deren Frauen manchmal regelrecht fertig.

Aspasia wurde nicht nur als Hexe, sondern auch als Hure abqualifiziert; die Stimmung gegen sie gewann einen so hohen Grad an Gereiztheit, dass sie sogar vor Gericht gestellt wurde: Angeblich habe sie die Götter gelästert. Da sie im Hause des Perikles eine Art Salon führte, in dem Dichter, Philosophen – auch Sokrates rühmte sich, sie gut gekannt zu haben: »Wohl aber war ich erst gestern Zuhörer bei der Aspasia ...« – und schöne Frauen aus- und eingingen, klagte man sie auch der Kuppelei an: Ja, es hieß, sie habe ihrem eigenen Mann junge Buhlerinnen zugeführt. Perikles, der öfter beim Volk in Ungnade fiel, wurde der Unterschlagung von Geldern verdächtigt. Für beide, den Staatslenker und seine Lebensgefährtin, gab es Freisprüche.

Nicht in allen Quellen ist von einer Eheschließung des Perikles und der Aspasia die Rede. Manche aber bezeugen, dass das Paar im Jahre 445 v. Chr. geheiratet habe, als sie fünfundzwanzig und er achtundvierzig Jahre alt war. Fünf Jahre später wurde beider Sohn, der junge Perikles, geboren, der alle Ansprüche erfüllen sollte, die sein ehrgeiziger Vater an seinen Nachkommen stellte.

Perikles starb 429, bald nach Ausbruch des Peleponnesischen Krieges, an der Pest. Aspasia heiratete ein zweites Mal, wieder einen hohen Politiker, den sie aber auch bald verlor. Ihr Todesjahr ist unbekannt.

PERIKLES UND ASPASIA

LEBEN UND WERK

Perikles' Geburt ist um 495 v. Chr. datiert, eine genaue Aussage ist, wie auch für das Geburtsdatum seiner zweiten Frau Aspasia (um 470 v. Chr.), aufgrund der wenigen Quellen aus dieser Zeit nicht möglich. Perikles stammt aus der adligen Familie der Alkmaioniden, zu seinen Lehrern gehört der ionische Philosoph Anaxagoras. Nachdem er 461 v. Chr. seinen größten Widersacher, den konservativen Grundbesitzer Kimon, von der Macht verdrängt hat, setzt er die Reformen des Ephialtes fort. Durch die Einführung einer Entlohnung für die Arbeit in politischen Ämtern öffnet er diese auch für nichtaristokratische Bürger. Dank seiner innen- und außenpolitischen Erfolge wird er für die Zeit bis 431 v. Chr. einerseits zum demokratisch gewählten, andererseits durch seine Machtfülle königsgleichen Führer der Athener. 445 v. Chr. gelingt ihm ein Friedensschluss mit Sparta, der allerdings nicht die gewünschte Dauer von 30 Jahren hat. Um diese Zeit zieht Aspasia aus der griechischen Kolonie Milet in Kleinasien (heute Türkei) nach Athen. Sie arbeitet als käufliche Hetäre. Folgt man den antiken Darstellungen, waren dies meist anmutige, gut gekleidete, in Musik und Rhetorik bewanderte Frauen, die den Männern in Liebesdingen zu Diensten waren. Trotz fehlender gesellschaftlicher Anerkennung genossen sie in der patriarchalischen Gesellschaft mehr Privilegien als die griechischen Ehefrauen. Um 445 v. Chr. zieht Aspasia zu dem damals schon geschiedenen Perikles, von dem sie einen Sohn bekommt, der jedoch erst 430 v. Chr. mit dem Tod von Perikles' zwei Söhnen aus erster Ehe offiziell als dessen Erbe und Bürger Athens anerkannt wird. Die Anfeindungen gegen Aspasia gipfeln 438 v. Chr. in einem Prozess wegen »Gottlosigkeit«, bei dem Aspasia dank Perikles' Verteidigung freigesprochen wird. Perikles beschert Athen während seiner Amtszeit einen wirtschaflichen und kulturellen Aufschwung. Die Auseinandersetzung mit Sparta im Peloponnesischen Krieg ab 431 v. Chr. beendet jedoch diese Ära. Nach Misserfolgen wird Perikles abgewählt und stirbt 429 v. Chr. an der Pest. Nach seinem Tod geht Aspasia eine Verbindung mit Lysikles, einem Schafhändler und Politiker, ein. Ihr weiterer Lebensweg ist nicht überliefert. Die Abgüsse einer Büste des Perikles und einer Statue der Aspasia befinden sich im Pergamon-Museum in Berlin.

EMPFEHLUNG

Lesenswert:

Donald Kagan: *Perikles. Die Geburt der Demokratie*. Stuttgart 1992.

Bernhard Kytzler: *Frauen der Antike. Lexikon antiker Frauen von Aspasia bis Zenobia*. Frankfurt 1997.

Besichtigenswert: Der Parthenon auf der Akropolis von Athen wurde unter der Leitung des Bildhauers Phidias geschaffen, eines Freundes von Perikles und Aspasia.

WERTUNG

Frühes Beispiel für eine (nahezu) gleichberechtigte Beziehung zwischen sowohl geistig und politisch als auch erotisch äußerst regsamen und einander gewachsenen Partnern.

Liebe:	✪✪✪✪✪
Erotik:	✪✪✪✪✪
Zusammenarbeit:	✪✪✪✪
Gleichberechtigung:	✪✪✪
Gesell. Anerkennung zu ihrer Zeit:	✪✪✪

Antonius und Kleopatra

»Hörst du Geliebte,
Wenn ich vom Schlachtfeld nochmals wiederkehre,
Um Dich zu küssen, komm ich ganz in Blut –«

Diese Verse legte Shakespeare seinem Marcus Antonius in den Mund. Der Heerführer rückt das letzte Mal ins Feld aus, und er verabschiedet sich von Kleopatra. Mit der ihm eigenen Sicherheit erkannte Shakespeare die Brennpunkte, um die das Leben des antiken Paares kreiste: der Krieg und das Bett. Sie töten, sie morden, sie gewinnen und verlieren Schlachten – und sie lieben sich, zeugen Kinder und trinken auf die Wollust. Es gab auch später noch Paare, deren Brautbetten sozusagen am Rande eines Feldlagers aufgestellt waren und denen wenig Zeit für die Liebe zwischen den Waffengängen blieb. Aber selten wohl waren beide so machtgierig und machtvoll, war auch der weibliche Part so bedacht auf seine Vormacht und so geübt im Töten um der Macht willen wie bei Antonius und Kleopatra.

■ Treuer Gefolgsmann Cäsars. Nach dem Tod des Imperators gelangt er zur Macht: der römische Feldherr Marcus Antonius (um 82 v. Chr. – 30 v. Chr.), Bronzekopf aus Kilikien.

Marcus Antonius' Tun und Trachten galt von Jugend auf dem Krieg. Schon als Jüngling errang er militärische Ehren, erlebte Cäsars Aufstieg zur Weltherrschaft und hielt zu dem Imperator auch nach dessen Tod. Cäsars Mörder, denen eine erneuerte Republik vorschwebte, hatten die Cäsarianer unter Antonius gegen sich – es kam zum Bürgerkrieg, der zwischenzeitlich im Triumvirat von Marcus Antonius, Lepidus und Octavian beigelegt schien.

Ägypten war ein selbstständiges Königreich, aber Rom tributpflichtig und politisch abhängig von dieser Schutzmacht. Seine ehrgeizige Königin Kleopatra hatte ihren Thron aus Cäsars Händen empfangen und die römische Garantie ihrer Würde durch ein intimes Band mit dem Imperator abgesichert. Ihr Sohn, Cäsarion, dessen Abstammung von Cäsar bis heute umstritten ist, sollte einst, so träumte sie, von

Rom aus die Welt regieren. Aber auch in ihrem Land gab es innere Zwistigkeiten; Bruder und Schwester machten ihr den Thron streitig – sie musste sie beseitigen, um sich sicher fühlen zu können.

Im Jahre 46 v. Chr. reist Kleopatra mit ihrem Kind nach Rom. Noch hofft sie, den mächtigsten Mann ihrer Zeit ganz auf ihre Seite zu ziehen, aber Cäsar, der in Alexandria ihrem Zauber erlag, behält in Rom den Kopf oben. Gleichwohl beginnt sein Stern zu sinken. Ob Kleopatra es gespürt hat? Sie lernt Marcus Antonius kennen, einen sieggekrönten jungen Krieger mit rhetorischem Talent und politischer Zukunft. Als Cäsar an den Iden des März im Jahre 44 v. Chr. ermordet wird, rüstet sich Kleopatra sogleich zur Heimfahrt. Antonius, Cäsars treuer Gefolgsmann, gelangt zur Macht. Er sorgt dafür, dass dem Andenken des großen Toten göttliche Verehrung zuteil wird.

Für eine Göttin hielt sich auch Kleopatra – ihre Mutter sei Isis selbst gewesen. Antonius hat Ägyptens Herrscherin nicht vergessen. Da in Rom jetzt der Bürgerkrieg tobt und Kleopatra sich unentschieden verhält, hat er Gründe, sie zu Verhandlungen zu drängen. Sie kommt in einem prächtigen Schiff und zu allem bereit. Die Überlieferung betont, dass sie Marcus Antonius sofort verführte und ihn seitdem in ihrem Banne hielt.

Was machte Kleopatra so unwiderstehlich? In den Filmen, die sich ihre Lebensgeschichte zum Stoff erwählt haben, spielt jeweils die schönste lebende Schauspielerin die Titelrolle; die historische Kleopatra aber war nicht schön. Auf zeitgenössischen Darstellungen sieht man ein großäugiges Gesicht mit einer langen, krummen Nase und einem fliehenden Kinn. Das Aussehen wird in seiner Bedeutung für die erotische Faszination überschätzt. Kleopatra war verführerisch und von raffinierter Sinnlichkeit. Und sie konnte die Wunder des Orients vor

■ Marcus Antonius erliegt den Reizen der leidenschaftlichen Orientalin. Die ägyptische Königin Kleopatra (69 v. Chr.–30 v. Chr.) auf einem altägyptischen Relief.

■ Verschwenderischer Luxus. Kleopatra weiß zu feiern und zu genießen, und der römische Feldherr ergibt sich dem Rausch. Die Vorstellung der Festmahlszene bei der ägyptischen Königin auf dem Gemälde *Das Bankett von Kleopatra* von Gérard de Lairesse (1641–1711) ist deutlich durch das zeitgenössische Leben am französischen Hof geprägt.

■ Eine Schönheit war die historische Kleopatra nicht. Die ägyptische Königin auf einem Münzbildnis.

ihren Liebhabern ausbreiten; die glühende Sonne am Nil, die exotischen Blüten und Früchte, die Üppigkeit ihrer Paläste. Aber auch ihre Mentalität wird eine Rolle gespielt haben: Zwar war die Liebe für sie immer Politik, doch sie konnte sie genießen und feiern und alles andere darüber vergessen. Die so viel rationaleren und kühleren Römer, die von der leidenschaftlichen Orientalin betört wurden, kannten ein solches Feuer bei einer Frau nicht. Und man kann sich gut vorstellen, wie beglückt und widerstandslos sie sich ihm ergaben.

Aber Kleopatra war nicht nur eine Zauberin, sie war auch eine Politikerin. Als junge Frau hatte sie Cäsar kennen und lieben gelernt – es ist sehr wahrscheinlich, dass er ihr Lehrmeister in allen Fragen der Staatskunst und der militärischen Strategie und Taktik wurde. Bei ihrem Besuch in Rom konnte sie ihre Kenntnisse erweitern – und als sie schließlich Marcus Antonius für sich gewann, war sie ihm eine ebenbürtige Partnerin: im Bett genauso wie bei den Beratungen über Fragen der Besteuerung, der Volksernährung, der militärischen Ausbildung und der römisch-ägyptischen Diplomatie. Und das Leben, das sie führte, teilte Marcus Antonius gern mit ihr. Der verschwenderische Luxus ihrer Hofhaltung gefiel ihm – ihm, der als Soldat manche Entbehrung erlitten hatte. Und dann waren da die Kinder, die Kleopatra ihm gebar: die Zwillinge Alexander Helios und Kleopatra Selene und der Sohn Ptolemäus. In all diesem Glück blieb Antonius wenig zu wünschen übrig, und er beging den Fehler seines Lebens: Er vergaß Rom.

Rom aber hatte ihn nicht vergessen. Man schalt ihn, der, statt den Staatsgeschäften nachzugehen, einer Ägypterin hörig war und deren Kinder mit Einkünften aus mühevoll eroberten Provinzen überhäufte. Waren die tapferen römischen Soldaten für das Wohlleben dieser Fremdlinge gefallen? Die politischen Gegner des Antonius bekamen Oberwasser. Auch seine Mitregenten im Triumvirat, vor allem Cäsars Erbe und Adoptivsohn Octavian, übten öffentliche Kritik an diesem Knecht des Ptolemäer-Reiches. Einmal noch mühten sich Octavian und Marcus Antonius um Versöhnung und gemeinsames Vorgehen. Als

■ Gerade herabgezogene Nase, vorstehendes Kinn. Marcus Antonius auf einem Münzbildnis.

■ Geschichten, die von Liebe, Leidenschaft und Macht erzählen, lässt sich die Traumfabrik Hollywood nur selten entgehen. Richard Burton als Marcus Antonius und Liz Taylor als ägyptische Königin in dem Film *Cleopatra* von Joseph L. Mankiewicz aus dem Jahre 1963.

die erste Frau des Antonius verstorben war, reiste der treulose Römer endlich zurück in seine Hauptstadt, um sich mit Octavians Schwester zu vermählen. Aber der Bund hielt nicht lange. Antonius hätte in Rom bleiben müssen. Das jedoch konnte er der Königin Ägyptens und seines Herzens, Kleopatra, nicht antun. Er kehrte zu ihr zurück, unternahm noch einen glücklosen Feldzug gegen die Parther und einen ähnlich erfolglosen gegen die Armenier, um anschließend trotz seiner großen Verluste rauschende Siegesfeste in Alexandria zu feiern. Octavian gab ihn auf. Er enthob ihn seiner römischen Befugnisse und erklärte Ägypten den Krieg. In der Seeschlacht bei Actium, 31 vor Christus, zu der den antiken Quellen zufolge Kleopatra ihren Geliebten gedrängt haben soll, erlitt Marcus Antonius eine vernichtende Niederlage. So, verlassen vom Kriegsglück und vielleicht sogar von seiner Königin, stürzte er sich in sein Schwert.

■ Wenige Tage nach dem Selbstmord des Marcus Antonius setzt sich Kleopatra zwei Schlangen auf die entblößte Brust und lässt sich durch ihren Biss töten. Die sexuellen Konnotationen dieser Szene drängen sich auf. *Tod der Kleopatra*, Giampietrino, erste Hälfte des 16. Jahrhunderts.

Hat Kleopatra die Verständigung mit Octavian gesucht? Es gibt Vermutungen, dass sie schon vor der Schlacht sich dem späteren Kaiser Augustus zugewandt und Antonius verraten habe. Dafür spricht, dass Antonius während des Gefechts von seiner Flotte verlassen wurde. Dagegen, dass Kleopatra sich ihrerseits das Leben nahm: durch den Biss zweier Schlangen, die sie auf ihre entblößte Brust setzte.

Hand an sich legend spricht Kleopatra bei Shakespeare:
»Mich dünkt, ich höre
Antonius' Ruf: ich seh ihn sich erheben,
Mein edles Tun zu preisen.
Ich komme, mein Gemahl.«

ANTONIUS UND KLEOPATRA

LEBEN UND WERK

Kleopatra VII. ist die letzte Königin aus der Dynastie der Ptolemäer, die in der Nachfolge der hellenistischen Besetzung Ägyptens seit der Eroberung durch Alexander d. Großen 332 v. Chr. über Ägypten herrschte. Die Besatzer lebten hauptsächlich im neu gegründeten Alexandria, mit seiner riesigen Bibliothek das geistige Zentrum im östlichen Mittelmeerraum. Dort wird Kleopatra 69 v. Chr. geboren und besteigt 51 v. Chr. gemeinsam mit ihrem Bruder und Gemahl Ptolemäus XIII. den Thron. Als dieser sie aus Ägypten vertreibt, flüchtet sie sich zu Julius Cäsar. Sie wird seine Geliebte und übernimmt nach der Ermordung ihres Bruders 47 v. Chr., unterstützt von Cäsar, wieder die Regentschaft in Ägypten. Bis zu Cäsars Ermordung lebt sie in Rom und flüchtet nach dem Machtwechsel 44 v. Chr. nach Alexandria. In Rom übernimmt indessen in den Wirren des Bürgerkriegs das 2. Triumvirat mit Marcus Antonius, Octavian (dem späteren Kaiser Augustus) und Lepidus die Herrschaft. Marcus Antonius, um 82 v. Chr. geboren, hatte eine militärische Karriere unter Julius Cäsar gemacht und es zum Amt des Konsuls gebracht. Als erfahrener Feldherr besiegt er 42 v. Chr. die Mörder Cäsars in zwei Schlachten bei Philippi. 41 v. Chr. begegnet er das erste Mal Kleopatra, die sich in Tarsus (in der heutigen Türkei) für ihre Neutralität im Bürgerkrieg vor ihm als Bevollmächtigtem Roms rechtfertigen muss. Es gelingt ihm nicht nur, sie zu seiner Verbündeten zu machen, sondern auch, sie in erotischer Hinsicht für sich einzunehmen. Gemeinsam kehren sie nach Ägypten zurück. Kleopatra schenkt ihm in den Folgejahren zwei Söhne und eine Tochter. Dennoch heiratet er 40 v. Chr zur Besiegelung seines Paktes mit Octavian dessen Schwester Octavia. Dies hindert Antonius nicht daran, 37 v. Chr. auch noch Kleopatra zu heiraten. Octavian macht daraufhin gegen ihn mobil. In der entscheidenden Seeschlacht bei Actium (Punta am Golf von Arta) im September 31 v. Chr. unterliegen die Truppen von Antonius. Als auch die Eroberung Alexandrias durch Octavian im August 30 v. Chr. nicht mehr abzuwenden ist, begeht Antonius Selbstmord. Kleopatra folgt ihm wenige Tage später, ob wirklich durch einen Schlangenbiss oder durch die Einnahme von Gift, bleibt ungeklärt.

EMPFEHLUNG

Lesenswert:

William Shakespeare: *Julius Cäsar/Antonius und Cleopatra/ Coriolanus*. Zürich 1993.

Joachim Brambach: *Kleopatra. Herrscherin und Geliebte*. München 1995.

Sehenswert:

Antonius und Kleopatra (Antony and Cleopatra). Regie: Lawrence Carra, mit Timothy Dalton, Lynn Redgrave, u. a. Großbritannien 1981.

Cleopatra (Kleopatra). Regie: Joseph L. Mankiewicz, mit Elizabeth Taylor, Richard Burton, Michael York, u. a. USA 1963.

WERTUNG

Der Römer und die Ägypterin sind ein durch und durch kriegerisches Paar – nicht nur wegen der vielen Seeschlachten und tödlichen Intrigen, in die sie verwickelt waren, sondern auch durch ihre explosiven Temperamente, die sie abwechselnd aufeinander zutrieben und in Krisen stürzten.

Liebe:	✪✪✪✪✪
Sex:	✪✪✪✪✪
Leidenschaft:	✪✪✪✪✪
Zusammenarbeit:	✪✪✪
Familienglück:	✪✪✪✪

Abaelard und Heloïse

> *»Die Liebesfreuden, die wir zusammen genossen, sie brachten so viel beseligende Süße, ich kann sie nicht verwerfen, ich kann sie kaum aus meinen Gedanken verdrängen. Ich kann gehen, wohin ich will, immer tanzen die lockenden Bilder vor meinen Augen. Sogar mitten im Hochamt drängen sich diese wollüstigen Phantasiegebilde vor und fangen meine arme Seele ganz und gar.«*

Die Frau, die diesen Brief schrieb, war eine Nonne, eine Äbtissin sogar, und der Mann, an den er gerichtet war, ein Mönch und Abt. Außerdem war er Philosoph, Theologe und ein berühmter Professor. Und sie, ebenfalls eine Gelehrte ihrer Zeit, war seine Schülerin gewesen.

Peter Abaelard, auch Petrus Abaelardus, wurde 1079 in der Nähe von Nantes geboren. Früh fühlte er sich zu den Wissenschaften hingezogen, dabei beschäftigte ihn vor allem die Frage: Wie erkennen wir Menschen die Welt um uns herum? Müssen wir nicht zwischen den Namen, die wir den Dingen geben, und den Dingen selbst unterscheiden? Und wie ist es mit den zusammenfassenden Begriffen, die ganze Gruppen oder Klassen von Phänomenen bündeln – entspricht diesen Begriffen etwas Wirkliches oder sind sie bloße Worte, Denkhilfen, Abstrakta? Ist nicht lediglich das Einzelding real? Dieser Meinung war Abaelards Lehrer Roscelin, Begründer des sogenannten Nominalismus, dem als Gegner die Schule der Realisten unter Champeaux gegenüberstand. Die Realisten billigten den Allgemeinbegriffen

■ Unvergessene Liebe. Der Philosoph und Theologe Peter Abaelard (1079–1142) …

■ … und seine Schülerin, die schöne und kluge Heloïse (1100–1164).

eine echte Existenz zu – sie seien in den Dingen gegründet und dem Verstande als Realität gegeben. Abaelard, treuer Schüler Roscelins, stellte sich gegen Champeaux. Dabei wiederholte er nicht einfach nur, was sein Lehrer gesagt hatte, sondern ertüftelte sich eine eigene Position. Und weil er ein mitreißender Redner war und bildkräftig erläutern konnte, strömten die Studenten in seine Pariser Vorlesungen. Sie hörten ihm begeistert zu, was Champeaux und dessen Schüler sehr verärgerte.

Der Streit um Nominalismus und Realismus erschütterte die gesamte akademische Welt, und der kampflustige Abaelard wetterte und zankte nach Herzenslust zwischen den Fronten.

Wie ist es nur möglich, fragt man sich heute, dass die Frage nach Status und Reichweite von Allgemeinbegriffen die Gemüter erhitzen, die Universitäten spalten und die Welt in Atem halten konnte? Man muss dazu wissen, dass erkenntnistheoretische Fragen damals immer auch theologische Fragen waren, dass das Verhältnis Gott – Mensch immer mit hineinspielte; und da seinerzeit alle Menschen tief religiös waren, betrafen die theologisch-philosophischen Auseinandersetzungen sie auch persönlich. Recht haben hieß auch, Gott näher zu sein, es beeinflusste das innere Gleichgewicht und den Frieden der Seele, ließ sich nicht, wie eine wissenschaftliche Meinungsverschiedenheit heute, als Sachangelegenheit abspalten. Natürlich betraf all das ausschließlich den gelehrten Stand. Der Bauer auf dem Felde betete in seiner Muttersprache und bekam von den Streitereien der Gelehrten, die stets in Latein ausgefochten wurden,

■ Abaelard ist ein faszinierender Denker und mitreißender Redner. Die Leidenschaft zwischen ihm und Heloïse entbrennt während der gemeinsamen Ausflüge in die Welten des Geistes. *Abailard*, Stahlstich, um 1840.

nichts mit. Auch die Frauen ließen Gott einen guten Mann sein und hielten sich aus den Disputen heraus, denn sie konnten weder lesen noch schreiben. Aber es gab Ausnahmen.
Zu ihnen gehörte die ungewöhnlich schöne und kluge Pariserin Heloïse, die von ihrem Onkel, Kanonikus Fulbert, erzogen wurde. Dieser Fulbert war so stolz auf seine umschwärmte Nichte, dass er den namhaftesten und interessantesten Philosophen von Paris zu ihrem Lehrer erkor: Peter Abaelard. Eine andere Quelle behauptet, dass Abaelard des Mädchens ansichtig geworden sei, Feuer gefangen und sich selbst dazu gedrängt habe, sie zu unterrichten. Wie auch immer: Abaelard nimmt Wohnung bei Fulbert, Lehrer und Schülerin kommen in Heloïses Studierstube zusammen, senken ihre Köpfe über Bücher und Schriften – um sie alsbald zu heben und einander in die Augen zu sehen. Nein, es war nicht so, dass der damals achtunddreißigjährige welterfahrene Gelehrte das achtzehnjährige Mädchen bedrängt und verführt hätte – keineswegs. Sie überraschte ihn vielmehr durch ihre profunde Kenntnis des Lateinischen, Griechischen und Hebräischen und durch ihre Aufgeschlossenheit für philosophische Fragen. Er stand voller Respekt vor einer hochintelligenten und gebildeten jungen Frau und ging mit Eifer daran, ihr Wissen zu mehren und zu ordnen. Die Beziehung zwischen Abaelard und Heloïse war zuerst eine geistige. Was die beiden erlebten, war das außergewöhnliche Glück einer Durchdringung von geistiger und körperlicher Leidenschaft, eines Einswerdens von Philosophie und Eros. Als

■ Peter Abaelard besucht seine Gattin Heloïse in der Klause in Nogent, Holzstich 19. Jahrhundert.

ihnen das erste Mal ein Buch aus den Händen glitt, weil sie die Arme nacheinander ausstreckten, fühlten sie mit der Glut des Begehrens zugleich die Wonne eines kaum sagbaren Verstehens, sowohl durch die Berührung der Haut als auch durch die Berührung der Gedanken: Ihre Sinnenlust wurde durch die geistige Verwandtschaft und ihre Wissensgier durch die körperliche Erfüllung gesteigert. Ihre Liebe war rauschhaft und ekstatisch, und sie vergaßen alle Vorsicht.

»Während des Unterrichts hatten wir vollauf Zeit für unsere Liebe. Die Bücher lagen offen da, Frage und Antwort drängten sich auf, wenn die Liebe das bevorzugte Thema war, und der Küsse waren mehr als der Sprüche. Meine Hand hatte oft mehr an ihrem Busen zu suchen als im Buch, und statt in den wissenschaftlichen Textbüchern zu lesen, lasen wir sehnsuchtsvoll eins in des anderen Augen. In unserer Gier genossen wir jede Abstufung des Liebens, wir bereicherten unser Liebesspiel mit allen Reizen, welche die Erfinderlust ersonnen. Wir hatten solche Freuden bis dahin nicht gekostet und genossen sie nun unersättlich in glühender Hingabe.«

Ein Hauslehrer, der mit der ihm anvertrauten Schülerin schläft – das war damals wie heute ein Vergehen. Als das Verhältnis entdeckt wird, muss Abaelard augenblicklich seine Sachen packen. Aber Heloïse ist schwanger; Abaelard bringt sie zu seiner Schwester, wo sie einen Sohn, Petrus Astrolabius, zur Welt bringt. Fulbert tobt und

■ Gewaltsamer und endgültiger als Abaelard und Heloïse ist selten ein Paar getrennt worden. Nach der Entmannung Abaelards wählen beide den geistlichen Stand. Ihre Verbindung reißt niemals ab. Der Holzstich aus dem 19. Jahrhundert zeigt Abaelard, der seiner Gattin Heloïse die Klause Paraklet in Nogent übergibt.

■ Im Grabe vereint. Die Gebeine von Abaelard und Heloïse ruhen seit 1817 auf dem Friedhof Père-Lachaise in Paris. Viele Liebespaare pilgern heute noch zu der Grabstätte der großen Liebenden aus dem Mittelalter. Das Foto zeigt ein Detail des Grabmales.

stößt die übelsten Verwünschungen aus. Das Paar schließt insgeheim die Ehe und wünscht in aller Zurückgezogenheit zu leben. Aber Fulbert, der zunächst versöhnungsbereit schien, kann die seiner Heloïse angetane Schmach nicht verwinden. Er verfolgt die beiden und bedroht sie, sodass Abaelard seine Frau in einem Kloster unterbringt und seinerseits versuchen will, ihren Oheim zu besänftigen. Aber: »Seine Erbitterung wurde so stark, dass er mein Verderben beschloss. Mein Diener ließ sich bestechen und führte seine Knechte eines nachts in meine Kammer. Und nun nahmen sie an mir Rache, so grausam und beschämend, dass die Welt erstarrte: Sie schnitten mir von meinem Leib die Organe ab, mit denen ich sie gekränkt hatte.« Ja, Fulbert ließ Abaelard entmannen. Grausamer und unwiderruflicher ist wohl kaum ein Liebespaar getrennt worden.

Beiden bleibt nur der geistliche Stand. Sie nimmt den Schleier und wird bald ihrem Kloster als Äbtissin vorstehen. Er errichtet eine eigene Einsiedelei und wird später Abt des Klosters St. Denis. Die Philosophie hat Abaelard und Heloïse wieder – sie und der Glauben sind Trost und Lebensinhalt für beide, wenn auch der Schmerz um den Verlust ihrer Liebe zumindest bei Heloïse nie vergeht. Abaelard stürzt sich wieder in die Gefechte um Nominalismus und Realismus; es geht wild zu. Seine Gegner wollen ihm die Lehrbefugnis entziehen, sein Buch *De unitate et trinitate* wird verbrannt. Aber er findet immer wieder eine Möglichkeit zu lehren und Traktate zu veröffentlichen. Auch seine Verbindung zu Heloïse reißt nie ab. Eine ausführliche Korrespondenz ist erhalten. Schließlich verurteilt der Papst die Lehren des Petrus Abaelard. Der stirbt zweiundsechzigjährig im Kloster. Zwanzig Jahre später folgt ihm Heloïse. Beider Gebeine ruhen heute vereint auf dem Friedhof Père-Lachaise in Paris.

■ Grabmal von Abaelard und Heloïse auf dem Friedhof Père-Lachaise in Paris.

ABAELARD UND HELOÏSE

LEBEN UND WERK

Peter Abaelard, franz. Pierre Abélard, lat. Petrus Abaelardus, wurde 1079 in der Bretagne geboren und gehört zu den wichtigen Philosophen des Mittelalters. Seine Schriften hatten großen Einfluss auf Thomas von Aquin (1224–1275). Nach seinen Studienjahren lehrte er ab 1113 Dialektik und Theologie an der Kathedralschule von Paris. Als Privatlehrer unterrichtete er die um 1100 geborene Heloïse, deren Herkunft nicht bekannt ist, in den Schönen Künsten. Als sie um 1117 von ihm schwanger wird und im Folgejahr einen Sohn zur Welt bringt, nehmen die Gefolgsleute ihres Onkels Rache an ihm, obwohl die beiden mittlerweile heimlich geheiratet hatten, und entmannen ihn. Heloïse sucht Zuflucht bei den Benediktinerinnen im Kloster von Argenteuil. Bis 1129 ist sie dort Priorin. Sie entwickelt sich zu einer für ihre Zeit außergewöhnlich originellen theologischen Denkerin, wie man ihren durch Abaelard überlieferten Briefen und Schriften entnehmen kann. Abaelard zieht sich nach einer Anklage wegen Ketzerei (1121) in die Wildnis bei Quincey in der Nähe von Nogent-sur-Seine zurück, wo er ein Bethaus, das Parakletum, errichtet und dort zahlreiche Anhänger um sich versammelt. Weiterhin von der Kirche mit einer Anklage wegen Ketzerei bedroht, willigt er 1125 ein, als Abt in das Kloster St. Gildas-de-Rhuis zu gehen. Das Parakletum vererbt er Heloïse, die mit einem Teil der Nonnen aus dem 1129 aufgelösten Konvent von Argenteuil an dieser Stelle ein Nonnenkloster gründet. Als Äbtissin arbeitet sie in den Folgejahren an einer Ordensregel, die auf die Bedürfnisse von Frauen zugeschnitten ist. Aus dieser Zeit ist auch der intime Briefwechsel mit Abaelard überliefert. Ihr Geliebter stirbt am 21.4.1142 im Kloster von Cluny. Sie folgt ihm nach 22 Jahren am 15.5.1164 in den Tod. Wenigstens bestattet wurden die beiden Liebenden in einem gemeinsamen Grab in Paraklet und 1817 auf den Pariser Friedhof Père-Lachaise überführt, wo das Grab auch heute noch von Liebenden aufgesucht wird.

EMPFEHLUNG

Lesenswert:

Sharan Newman: *Das Geheimnis von Abaelard und Heloïse*. 1998.

Régine Pernoud: *Heloïse und Abaelard: Ein Frauenschicksal im Mittelalter*. München 1995.

Besichtigenswert:

Das Grab von Abaelard und Heloïse auf dem Friedhof Père-Lachaise in Paris. Im Studentenviertel Quartier Latin erinnern die Stätten des alten Collèges an Abaelard.

WERTUNG

Schrecklicher als der Theologe und seine Schülerin ist wohl selten ein Paar für heimlichen Sex bestraft worden. Für immer bleiben diese Liebenden aus dem 12. Jahrhundert ein Symbol für die Einheit von Geist und Leib in der Liebe.

Liebe:	✪✪✪✪✪
Sex:	✪✪✪✪✪
Gefahr:	✪✪✪✪✪
Skandal:	✪✪✪✪✪
Glück:	✪✪

Tristan und Isolde

»Als nun das Mädchen und der Mann, Tristan und Isolde, beide den Trank getrunken hatten, war auch sogleich die Unruhe der Welt da, die Liebe, die allen auflauert, und sie schlich Tristan und Isolde ins Herz hinein. Ehe sie es bemerkten, stellte sie dort ihre Siegesfahne auf und zog sie beide in ihre Gewalt.«

So dichtete Gottfried von Straßburg vor nunmehr 800 Jahren. Die alte keltische Sage von Tristan dem Traurigen und Isolde der Blonden, die er aufgriff und in 19 548 Verse goss, erzählt von der Minne, also der Liebe, als von einer magischen Macht, die stär-

■ »Vergessens güt'ger Trank / Dich trink ich sonder Wank«. Tristan und Isolde – der Mythos von der unbezwingbaren Macht der Liebe. Der Liebestrank macht die beiden Liebenden zu unschuldigen Opfern ihrer Leidenschaft. Farblithographie zu Richard Wagners Oper *Tristan und Isolde*.

ker ist als Wille und Vernunft: Wer vom Trank gekostet hat, ist verzaubert, solange die Wirkung anhält. Die Liebe versetzt Berge und vollbringt Wunder, und sie vereinigt ein Paar, das ursprünglich durch Herkunft und Schicksal feindlich getrennt war: Tristan, Neffe des Königs Marke von Cornwall, besiegt und tötet den Herrscher von Irland, dessen nahe Verwandte Isolde ist.

Zuerst also macht der Krieg den Jüngling und das Mädchen zu Gegnern. Doch dann kehrt Frieden ein. Und dieser Frieden errichtet ein neues Tabu, schafft eine neue Kluft, die Tristan und Isolde eigentlich nicht überwinden dürften: König Marke freit die »Blonde« von Irland. Als Brautwerber schickt er Tristan. Wenn es einen gibt, der ein Mädchen nicht antasten darf, dann ist es der Gesandte, der gekommen ist, sie einem anderen zuzuführen.

Auf dem Schiff, das Isolde nach Cornwall bringt, wo Marke auf sie wartet, um sie zu seiner Königin zu machen, verfallen Tristan und Isolde einander. In der Legende ist es der Liebestrank, den er ihr oder sie ihm listig reicht oder den die alte Magd halb versehentlich, halb absichtlich in Reichweite des Paares stehen lässt – da gibt es verschiedene Versionen. Im Grunde ist es egal, wie es dazu kommt – wichtig ist, dass es geschieht: dass beide in tiefen Zügen den Kelch leeren, um einander hinfort nicht mehr aus den Augen und ungern aus den Armen zu lassen. Die Weisheit des Volkes, der fahrenden Sänger und Gottfrieds von Straßburg haben eine wundervolle Metapher für die Leidenschaft ersonnen: Der zauberische Trank entlastet die Liebenden von aller Schuld, er hält sie in einem Bann gefangen und zwingt sie dazu, einander festzuhalten, auch wenn ihnen bewusst ist, dass sie nicht füreinander bestimmt waren. Sie sind es eben doch. Zweierlei Moral, zweierlei Wertsysteme prallen aufeinander und bleiben in schroffer Gegnerschaft voreinander stehen: die Gesetze der äußeren Welt, nach denen Versprechen eingelöst werden müssen, und das Gesetz der Liebe, nach dem alles beiseite geräumt werden darf, was die zwei, die der »Trank« eint, auseinander reißen will. Wer je ein

■ Richard Wagner (1813–1883) übersetzt die Liebesleidenschaft in rauschhafte, erregende Musik. Ludwig Schnorr von Carolsfeld und seine Gattin Malwina singen die Titelrollen in der Münchner Uraufführung von *Tristan und Isolde* am 10. 6. 1865.

■ Wider Willen und Vernunft. Die Liebe vereinigt ein Paar, das ursprünglich durch Herkunft und Schicksal feindlich getrennt war. Tristan (Wolfgang Schmidt) und Isolde (Sabine Hass) in einer Aufführung der Opéra Bastille, Paris, im Februar 1998.

heillos verliebtes Paar erlebt hat, das nichts mehr anerkennt als sein Zusammensein, weiß, was gemeint ist.

Liebespaare aber müssen mit der äußeren Welt zurechtkommen, so auch Tristan und Isolde. Die »Blonde« heiratet Marke und versucht, an seiner Seite die Königin zu spielen; nachts trifft sie sich mit dem Geliebten. Das Schleichen und Flüstern fällt auf, das Paar wird entdeckt, der König erfährt von der Schande. Tristan soll den Scheiterhaufen besteigen, doch kann er fliehen und sich mit der verstoßenen Isolde im wilden Wald vereinen. Die zwei beginnen ein hartes, einsames Wanderleben, das ganz von ihrer Liebe erfüllt ist – bis sie König Marke erneut begegnen. Mit einer List überzeugt Isolde den Gatten von ihrer Unschuld. Man schließt Frieden. Marke nimmt Isolde wieder bei sich auf. Tristan bleibt nichts übrig, als das Land zu verlassen. Ob sie Trost fanden, die getrennten Liebenden? Nein, niemals. »Isolde wollte nicht froh sein. Die treue, beständige, sehnsüchtig liebende Isolde hatte ihre Freude und ihr Leben der Sehnsucht und Tristan geweiht.« Auch Tristan zieht unselig durch die Fremde. In der Bretagne findet er Kameraden, schlägt sich in Händeln und gewinnt die Liebe eines Mädchens, das ebenfalls Isolde heißt (Isolde Weißhand). Hier endet Gottfrieds Epos. Andere Dichter führen die Saga so fort: Ein zweites Glück gibt es nicht für Tristan. Die Treue zu Isolde, der Blonden, verbietet ihm den Vollzug der Ehe mit der neuen Isolde; nach einem letzten Besuch am Hofe König Markes und bei der Geliebten stirbt er an Entkräftung und gebrochenem Herzen. Isolde, die Blonde, eilt her-

bei, schmiegt sich in die Arme des Toten und haucht erlöst ihr Leben aus.
Ach, das war eine Zeit, in der es noch Gottesurteile, Dämonen, Hexen und Zaubertränke gab – und so war es leicht, die Allgewalt der Minne zu erklären. Wir heute wissen, dass wir das Liebeselixier in unserem Blut selbst brauen, wir kennen unsere Hormone und unsere Endorphine – und haben doch, wenn uns die Leidenschaft ergreift, unbedingt das Gefühl, dass da etwas nicht mit rechten Dingen zugeht. Tristan und Isolde sind unsterblich, weil das Symbol, das ihre Minne beschreibt, der Liebestrank, auch uns Heutigen mehr sagt als jede Physiologie. Hinzu kommt der Liebestod, die Nichterfüllung in der Erfüllung, das Drama des Betrugs und der Trennung: All das macht die Geschichte des mittelalterlichen Paares so rührend und legte es nachgeborenen Dichtern immer wieder nahe, sie noch einmal zu erzählen. Thomas Mann hat eine »Tristan«-Novelle geschrieben, und Richard Wagner hat in seiner Oper dem wohl berühmtesten Liebespaar der Artuszeit ein Denkmal gesetzt.
Seine eigene Zeit hat ihn dafür gegeißelt. Die Oper, Handlung

■ Der notwendige Liebestod. Die Liebe muss sich den Gesetzen der äußeren Welt beugen. Isolde geht zu König Marke, ihrem Gatten, zurück, Tristan zieht rastlos durch die Fremde. Er stirbt entkräftet und mit gebrochenem Herzen, Isolde an seiner Seite. *The Madness of Sir Tristram* (Der Wahnsinn des Sir Tristram) von Edward Burne-Jones (1833–1898), 1862.

■ Gottfried von Straßburg schafft um 1200 die unsterbliche Sage der rettungslos Liebenden. Tristan und Isolde trinken auf der Überfahrt nach Cornwall den für Isolde und König Marke bestimmten Liebestrank. Wandmalerei in Terraverde-Technik, 15. Jahrhundert.

und Musik, gerieten zum Skandal. Der Ehebruch war noch das kleinere Übel. Aber ein gut einstündiger Liebesakt auf der Bühne? Dazu die Noten, die bald in zahllosen Bürgerstuben erklangen. Wer verhindert, dass sie zwischen harmlose Klavieretüden rutschen, mit denen die Jugend kultiviert werden soll? Wagner war der Erste, der so deutlich Sex in Musik transponierte, ganz unmittelbar, und das auch noch öffentlich auf der Bühne präsentierte. Im *Tristan* hat er dieses Kunststück am deutlichsten und vielleicht auch am erregendsten ausgeführt. Sie kommen zusammen, Tristan und Isolde, und es folgt ein endloses Liebesgeflüster. Ohne die Musik wäre es nicht zu ertragen. Doch durch den Klang werden die Worte mit der Lust aufgeladen, die Tristan und Isolde einander schenken. *O sink hernieder, Nacht der Liebe* versetzt augenblicklich ins Dunkel der Liebesnacht. Die Musik öffnet die Gemächer der Lust. »Gib vergessen, dass ich lebe; nimm mich auf in deinen Schoß, löse von der Welt mich los.« Der Liebestrank verwandelt sich in Akkorde, die von der Lust singen, einer verbotenen Ekstase, die sich alles erlaubt. Auch darin liegt der Ruhm von Tristan und Isolde: dass sie sich gegen alle Widrigkeiten genommen haben, was der »Trank«, was ihr Gefühl ihnen verheißen hat.

TRISTAN UND ISOLDE

LEBEN UND WERK

Die ursprünglich keltische Herkunft des Stoffes von Tristan und Isolde ist nicht überliefert, die nach 1150 entstandene französische *Estoire* wird im Allgemeinen als älteste dokumentierte Fassung bezeichnet. Sie enthält schon die 3 wesentlichen Teile aller späteren Bearbeitungen. Im sogenannten Morholt-Abenteuer wird der im Kampf verletzte Tristan nach dem Tod seines Gegners Morholt in Irland von dessen heilkundiger Nichte Isolde geheilt. Im 2. Teil wird die eigentliche Ehebruchgeschichte, deren Aufdeckung, die Verurteilung Isoldes sowie die gemeinsame Flucht geschildert. Im abschließenden Teil der Urfassung kehrt Isolde zu König Marke zurück und Tristan heiratet in Frankreich eine Frau mit Namen Isolde Weißhand. Als er jedoch nach einer schweren Verwundung seine frühere Geliebte zu Hilfe ruft, täuscht ihm seine eifersüchtige Frau vor, Isolde sei tot. Er stirbt, und die zu spät gekommene Isolde stirbt an gebrochenem Herzen neben seinem Totenbett. Die für das Mittelalter bedeutendste, allerdings unvollendet gebliebene Fassung von Gottfried von Straßburg entstand um 1210. Hier wird die Liebessymbolik noch erhöht. Die Heirat mit Isolde Weißhand entfällt, an die Stelle des vereinenden Liebestodes wird die dauerhafte räumliche Trennung gesetzt, wobei das Leid der unmöglichen Liebe schwer auf Tristan und Isolde lastet. Aus dem ausgehenden Mittelalter sind aus allen europäischen Ländern zahlreiche Bearbeitungen überliefert. Eine Wiedergeburt erlebte der Stoff noch einmal im beginnenden 19. Jahrhundert. Wagners Oper reduziert die Handlung auf die für die Tragik wesentlichen Elemente des vertauschten Liebes-/Todestranks, des Vollzugs und der Entdeckung des Treuebruchs sowie auf die Vereinigung der Liebenden im Tod. Geschaffen zwischen 1857 und 1859, galt die Oper nach abgebrochenen Proben in Wien als unaufführbar; und erst mit Unterstützung König Ludwigs II. gelingt in München 1865 die Uraufführung. Im Festspielort Bayreuth erklingt *Tristan* erstmals 1886 und zählt auch heute noch zum Repertoire der Festspiele.

EMPFEHLUNG

Lesenswert:

Tristan und Isolde, neu erzählt von Günter de Bruyn. Frankfurt 1988.

Gottfried von Straßburg: *Tristan und Isolde*. Mittelhochdeutsch / Neuhochdeutsch, Original-Text nach Friedrich Rauke, Einleitung und aus dem Mittelhochdeutschen übersetzt von Wolfgang Spiewok. Greifswald 1998.

Sehenswert:

Richard Wagner: Tristan und Isolde. Regie: Jean-Pierre Ponneller, mit René Kollo, Johanna Meier, Hanna Schwarz u. a. Chor und Orchester der Bayreuther Festspiele unter Daniel Barenboim. Hamburg 1983. 2 Videocassetten.

Hörenswert:

Joachim Kaiser: *Richard Wagner: Tristan und Isolde*. Werkinterpretation und Musikbeispiele, 1997. Audio-CD.

Thomas Mann: *Tristan*. Mit Ausschnitten aus Richard Wagners Tristan und Isolde, gelesen von Will Quadflieg; Musik: Orchester der Bayreuther Festspiele, Hamburg 1991. Audio-CD.

WERTUNG

Liebe wird durch Schranken tiefer, Begehren heftiger, Mut und Entschlusskraft wachsen. Aber auch die Gefahr, Schuld auf sich zu laden und andere unglücklich zu machen, schließlich das strafende Schicksal herauszufordern, wird immer größer. Dies erfuhr das Paar, das seine Leidenschaft einem Trank verdankt.

Liebe:	✪✪✪✪✪
Sex:	✪✪✪✪✪
Magie:	✪✪✪✪✪
Gefahr:	✪✪✪✪✪
Glück:	✪✪✪

Siegmund und Sieglinde

»Du bist der Lenz,
nach dem ich verlangte
in frostigen Winters Frist.
Dich grüßte mein Herz
in heiligem Grau'n,
als dein Blick zuerst mir erblühte.«

■ »Du bist das Bild, das ich in mir barg.« *Sieglinde*, Farblithographie von Karl Emil Doepler.

In Wagners Oper *Die Walküre* haben Siegmund und Sieglinde tragende Rollen – ganz anders als im *Nibelungenlied*, wo sie nur als Eltern vorkommen. Abgeklärt und vernünftig bestehen sie darauf, dass ihr Sohn Siegfried sich für seine gefahrvolle Brautschaureise auch gut rüste. Als das Epos beginnt, sind beide schon reife Herrschaften, und die Gewalt ihrer verbotenen Leidenschaft hat sich beruhigt. Bei Wagner dürfen sie jung sein – und einer »Liebe auf den ersten Blick« verfallen, die wirklich das ist, was Liebende sich sonst so gerne einbilden: ein Wiedererkennen. Sieglinde schmachtet an der Seite eines groben Finsterlings mit Namen Hunding: Da stolpert der verwundete Siegmund in ihr Haus. Es ist Zufall, es ist Fügung. Hunding ist gerade nicht da, so kann Sieglinde den Fremden laben. Die beiden schauen einander an. »Du bist der Lenz …«, wird Sieglinde bald singen. Doch erstmal sind sie voller Staunen und Glück. Sie können ihre Blicke nicht voneinander losreißen. Und es zeigt sich in den Augen des je anderen »ihr eigen Bild«. Er weiß, dass er sie schon ge-

sehen hat, und sie erinnert sich immer klarer an ihn. Ja, sie waren schon einmal zusammen, sie waren einander vertraut.
Die drei Wünsche Verliebter: dass ihr Gefühl für jetzt, für alle Zukunft und für die Vergangenheit gelte, regen sich mit Macht in ihnen, und sie haben eine weit größere Aussicht auf Erfüllung als bei jedem anderen Paar. Zwar kann für die Zukunft niemand garantieren, aber die Gegenwart ist ihnen sicher – und die Vergangenheit auch. Siegmund und Sieglinde waren schon immer ein Paar, weil sie Zwillinge sind.
Sie ahnen es vielleicht, aber sie wissen es noch nicht. Als Kinder wurden sie getrennt. Eines Abends kam Siegmund mit seinem Vater von der Jagd heim, fand das Haus abgebrannt, die Mutter tot, die Schwester verschleppt. Jetzt ist die Stunde des Wiedersehens da, ganz allmählich wird aus dem Gefühl der Nähe eine Ahnung, aus der Ahnung eine Vermutung, aus dieser jubelnde Gewissheit – und mehr: die Erwartung des Einswerdens.

■ Die Liebe als Wiedererkennen. Siegmund und Sieglinde waren schon immer ein Paar, weil sie Zwillinge sind. *Siegmund und Sieglinde*, Farblithographie, 1895, Sammelbildchen der Serie: Richard Wagners *Walküre* von Liebig Company's Fleisch-Extract.

Das Motiv des Wiedererkennens, das Liebende so oft in Erstaunen versetzt, wird wirklich-realistisch beim verliebten Geschwisterpaar; und die erotische Atmosphäre kann sich herstellen, weil Bruder und Schwester fern voneinander aufgewachsen sind, bei der erneuten Begegnung zunächst nicht wissen, dass sie

»*Du bist das Bild, / das ich in mir barg*«, singt Siegmund. Und Sieglinde: »*O still! Laß mich / der Stimme lauschen: / mich dünkt, ihren Klang hört ich als Kind*«.

verwandt sind, und so ihre Ähnlichkeit und das Glück des Wiederfindens, vertraute Anblicke und Redeweisen, unschuldig genießen. Aber auch als sie sich sicher sind, dass sie von denselben Eltern, vom Geschlecht »Wälse«, abstammen, müssen sie einander angehören: Der Magnetismus wirkt schon; jetzt gibt es kein Halten mehr. »So blühe denn, Wälsungenblut«, singt Siegmund und »zieht sie mit wütender Glut an sich. Der Vorhang fällt schnell.«

■ Manneskraft, die betört. Siegmund und Sieglinde, Bildpostkarte aus einer Postkartenserie *Die Walküre*, 1902.

Wagner war der große Erotiker des Musiktheaters im 19. Jahrhundert, seine *Walküre*, zweiter Teil des *Rings der Nibelungen*, kam 1870 erstmals auf die Bühne. Für die Liebesbegegnung von Siegmund und Sieglinde hat er die schönste musikalische Verführung erfunden, die man sich denken kann; die Wirkung auf die Zeitgenossen – und die nächste Generation – war enorm.

Will die Liebe Ähnlichkeit? Ist sie nicht eher auf das Fremde aus? Das »Wiedererkennungserlebnis« spricht von beidem: dass es etwas gibt, was eint, obwohl vieles trennt. Die Liebe will und braucht das ganz Neue ebenso wie das Immerschon.

Siegmund und Sieglinde umarmen sich, nachdem der Vorhang gefallen ist, obwohl sie mit Hunding verheiratet ist und er auf der Flucht vor einem Gegner – der sich als Hunding herausstellt.

Thomas Mann schrieb mit *Wälsungenblut* eine deutlich von Wagner inspirierte Novellenfassung der Geschwisterliebe; in dem Spätwerk *Der Erwählte*, einem Roman, der die Geschichte des Papstes Gregor erzählt, erbt das Kind eines Zwillingspaares die schwere Sünde, büßt sie und wird so endlich der Gnade teilhaftig. Die blutschänderischen Umtriebe des berückend schönen Zwillingspaares werden von Thomas Mann mit deutlicher Zuneigung zu den Tabuverletzern in kunstvoll altertümelndem Ton geschildert. Auch Robert Musil hat in seinem *Mann ohne Eigenschaften* eine Wälsungen-Episode eingearbeitet: Sein eher spröder Held Ulrich gerät endlich in Wallung, als er seiner Schwester begegnet.

Die Liebenden also schweben in großer Gefahr, es bleibt ihnen nicht viel Zeit. Doch sind wir noch nicht bei Shakespeare und bei Romeo und Julia mit ihrer menschlichen Tragik; wir müssen ein paar Jahrhunderte weiter zurück – in eine Zeit, in der die Götter noch in das Leben der Menschen eingriffen und es gestalteten. Siegmunds und Sieglindes Vater Wälse ist niemand anderes als Wotan, der Göttervater selbst. Er will seinen Sohn retten, scheitert aber an Göttermutter Fricka, die als Hüterin der Ehe auf Hundings Seite steht. Siegmund wird im Kampf mit Hunding fallen. Sieglinde, die ihm folgen will, »muß noch Erdenluft atmen«. Denn sie trägt einen Sohn in ihrem Schoß: Siegfried, den Helden, für dessen Geburt sie weiterleben soll.

Wie stets bei Epen und Legenden gibt es verschiedene Versionen. Im *Nibelungenlied*, dessen Verfasser wir nicht kennen, dessen Entstehung aber recht genau auf 1200 zu datieren ist, sind Siegmund und Sieglinde ein huldvolles und reiches Königspaar, auf einer Feste am Rheine mit Namen Xanten. Siegfried ist herangewachsen und freit die minnigliche Maid Kriemhild, aus deren Tross ihm später sein hasserfüllter Mörder Hagen entgegentreten wird. Kriemhild, neu vermählt mit Etzel, also Attila, rächt ihren ersten

■ Im Kampf mit Hunding, dem groben Ehemann Sieglindes, wird Siegmund fallen. *Siegmund, Sieglinde und Hunding*, Ferdinand Leeke, um 1895.

■ Immer sind die Liebenden in Gefahr. Doch Sieglinde muss weiterleben, denn sie trägt die Frucht der Liebe, den Helden Siegfried, in ihrem Schoß. *Sieglindes Flucht*, kolorierter Holzstich nach einem Gemälde von Ferdinand Leeke.

Mann blutig ... Der geschichtliche Hintergrund ist der Tod Attilas im 5. Jahrhundert sowie der Niedergang des Burgundengeschlechtes zu derselben Zeit.

Wagner ist recht frei mit dem Nibelungenstoff verfahren – was sein gutes Recht war, denn alte Legenden sind zum Abwandeln da. Immerhin macht der brünstige Bruder Siegmund dem wonnigen Weib Sieglinde die radikalste Liebeserklärung der Literatur. Sieglinde selbst ist zwar gar nicht dabei, aber das Opernpublikum hört zu. Die Abgesandte Wotans, die Walküre Brünnhilde, von der die Oper ihren Titel hat, muss Siegmund sagen, dass er in den Himmel, nach Walhall, versetzt werden wird. Siegmund fragt, wie es denn so zugehe in Walhall und wer sonst noch da sei ... »Begleitet den Bruder die bräutliche Schwester? Umfängt Siegmund Sieglinde dort?« Brünnhilde verneint. Da sagt Siegmund: »So grüße mir Walhall ...« und all seine hehren Bewohner. »Zu ihnen folg ich dir nicht.« Er weiß noch nicht, dass er keine Wahl hat. Und gibt für seine Liebste den Himmel auf.

SIEGMUND UND SIEGLINDE

LEBEN UND WERK

Der Siegfried-Stoff, der den Kern des *Nibelungenliedes* bildet und erstmals um 1200 schriftlich fixiert wurde, setzt sich aus mehreren älteren Fassungen zusammen. Wagner stützt sich bei der Ausgestaltung des vierteiligen *Ring des Nibelungen* auf Motive aus der nordischen Völsungen-Saga, die F. de LaMotte-Fouqué 1808 zu dem Versdrama *Der Held des Nordens* verarbeitet hatte. Anders als das deutsche *Nibelungenlied* bietet diese Vorlage mehr Raum für die literarische Ausgestaltung des Zwillingspaares Siegmund und Sieglinde. Danach zeugte Wotan, unerkannt unter dem Namen »Wälse« auf der Erde weilend, das Geschlecht der Wälsungen, bestehend aus dem Zwillingspaar Siegmund und Sieglinde. In der Kindheit wurden sie getrennt. Feinde, die Neidinge, entführten Sieglinde; Siegmund wächst unter Wälses Obhut zum Helden heran. Sieglinde wird unterdessen ohne ihr Einverständnis mit Hunding, einem Verbündeten der Neidinge, verheiratet. In Hundings Haus beginnt dann die eigentliche Handlung der *Walküre*. Das verwendete Motiv des Inzest-Tabus ist in allen Kulturen tief verwurzelt, Ausnahmen gibt es nur in den Adelskasten des Vorderen Orients, bei den Pharaonen und bei den Inkas. Seit jeher hat dieses Motiv eine große Faszination auf die Literaturen der Welt ausgeübt. Häufig wurde der Konflikt durch die Enthüllung aufgelöst, dass doch kein Verwandtschaftsverhältnis besteht. Auch ein rechtzeitiges Erkennen des unbekannten verwandtschaftlichen Verhältnisses und eine Verwandlung der Liebe in Geschwisterliebe, wie in Lessings *Nathan der Weise*, verhindert häufig den drohenden Inzest und macht den Weg frei für eine neue Liebesbeziehung. Erst in der Romantik richtete sich das Interesse stark auf die psychologische Dimension der außerordentlichen Anziehungskraft – die auch bei Wagner zu finden ist –, durch die zwei Liebende in eine schicksalhafte Bindung gezwungen werden. Wurde der erotischen Geschwisterliebe früher die Bedeutung eines großen Verbrechens beigemessen, das es zu verhindern galt, wird sie, wie später bei Musils *Mann ohne Eigenschaften*, durch eine von geschwisterlicher Gleichheit schicksalhaft vorbestimmte tabulose Liebe abgelöst, die nur von den Geschwistern selbst überwunden werden kann.

EMPFEHLUNG

Lesenswert:
Robert Donington: *Richard Wagners »Ring des Nibelungen« und seine Symbole. Musik und Mythos.* Mit einem systematischen Noten-Anhang der Motive. Ditzingen 1995.

Thomas Mann: *Wälsungenblut.* Mit Illustrationen von Th. Th. Heine. Frankfurt am Main 1986.

Sehenswert:
Richard Wagner: *Die Walküre*, Bayreuther Festspiele, Dirigent: Daniel Barenboim, Inszenierung: Harry Kupfer. Warner Vision 1993. 2 Videocassetten mit Begleitheft.

Die Nibelungen. Teil 1: Siegfried. Regie: Fritz Lang. Deutschland 1924.

Hörenswert:
Erich Rappl: *Wagners Ring erklärt.* Mit Klavierbeispielen. Folge 2: Walküre, Worms. Audio-CD.

Besichtigenswert:
Xanten am Niederrhein wird im Nibelungenlied als Residenz von Siegmund und Sieglinde bezeichnet. Die zwischen Antike und Mittelalter angesiedelte Geschichte lässt sich in den römischen Ausgrabungen und seiner mittelalterlichen Altstadt nachvollziehen.

WERTUNG

Dass Geschwister einander auch erotisch anziehen können, ist ein Motiv der Künste, aber auch des Lebens von hohem Spannungsgrad.

Liebe:	✪✪✪✪✪
Leidenschaft:	✪✪✪✪✪
Gefahr:	✪✪✪✪✪
Prägender Einfluss:	✪✪✪

Dante und Beatrice

> *»Beatrix' Augen blickten wie im Bann*
> *Der ewigen Kreise; statt der hohen Sphäre*
> *Sah'n meine Augen nur ihr Antlitz an.«*

Dante Alighieri fühlte sich immer als Dichter. Schon in jungen Jahren trug er sich mit Ideen für sein Hauptwerk, die *Göttliche Komödie*. Als reifer Mann machte er sich im Jahre 1313 an die Niederschrift, acht Jahre später schloss er das Poem ab. Er selbst nannte es schlicht *Comedia*; so hießen damals alle Gedichte, die einen glücklichen Ausgang nahmen. Spätere Bewunderer setzten »divina« – göttlich – davor.

Noch heute gilt das Buch mit seinen hundert Gesängen in 14 233 Versen (Terzinen) als das schönste literarische Kunstwerk Italiens. Wir begleiten einen Erzähler, Dante selbst, bei seiner Wanderung durch die drei Reiche des Jenseits: die Hölle, das Fegefeuer und das Paradies. Geführt wird der sündige und am Ende erlöste Büßer von dem altrömischen Dichter Vergil; im Paradies übernimmt die bezaubernde und tugendreiche Beatrice das Ge-

■ Beatrice ist für den Dichter Dante Alighieri (1265–1321) der Inbegriff des Ewigweiblichen. Henry Holiday: *Dantes erste Begegnung mit Beatrice am Arno zu Florenz*, Farblithographie nach einem Gemälde, 1861.

leit; sie zeigt ihm den Weg zu Gottes Thron. Unterwegs trifft Dante eine Vielzahl historischer Gestalten, mit denen er sich ins Gespräch vertieft und die großen Fragen der Theologie und der Philosophie, der Dichtkunst und des Lebens erörtert. Am Ende wird dem Pilger Gnade zuteil. Er erblickt die Gottheit, und der Eindruck ist so überwältigend, dass er sich nicht mehr festhalten lässt.

»Hier schwand die Kraft der hohen Phantasie
Wie sanft ein Rad umschwingt, so wandte gerne
Mein Will' und Wunsch sich, denn es lenkte sie
Die Liebe, die umschwinget Sonn' und Sterne.«

Unsterblich ist Beatrice durch Dante geworden; Beatrice, seine Begleiterin durch das Paradies, seine Beichtmutter und Erlöserin. Die zur Göttin sublimierte Frau hatte ein reales Vorbild: Dante verliebte sich in das Nachbarmädchen Beatrice, als er neun und sie acht Jahre alt war. In Florenz, wo der Dichter 1265 als Sohn eines nicht weiter bedeutenden Bürgers zur Welt kam, waren Hochzeiten unter Kindern gang und gäbe; vielleicht lag es deshalb einem neunjährigen Knaben nicht so fern, auf ein gleichaltriges Mädchen glühende Blicke zu werfen. Dante selbst wurde wahrscheinlich als Zwölfjähriger verehelicht – nicht mit Beatrice, sondern mit einem Mädchen namens Gemma, die ihm mehrere Kinder schenkte. Beatrice ihrerseits wurde einem Witwer namens Bardi angetraut, einem Bankier, der sehr viel älter war als sie und dessen Zuneigung sie, so will es die Überlieferung, nicht erwidern konnte. In Dantes Jugenddichtung *Vita nuova* spielt Beatrice ebenfalls die Hauptrolle; hier schildert er, wie er sie erstmals erblickt – ein Kind im roten Kleid – und wie er die erwachsene Beatrice wieder sieht: eine weiß gewandete bräutliche Schönheit, die ihn huldvoll grüßt. Die gesamte Erzählung spiegelt ein tiefes, von Begehren, Enttäuschung, Verheimlichung, Todessehnsucht und Streben nach Vergeistigung geprägtes Liebeserlebnis. Die erschütterte Seele sucht Erlösung und findet sie in Einkehr und religiöser Verzückung.

Es ist kaum denkbar, dass Dante diese Liebesdichtung ersonnen haben könnte ohne einschlägige Er-

■ *Dante*, Gemälde von Justus van Gent, um 1476.

■ Dante Alighieri erleuchtet mit seinem Buch *Die Göttliche Komödie* die Stadt Florenz. Links das Inferno, im Hintergrund das Purgatorio, oben das Paradies, Gemälde von Domenico di Michelino, 1465. Im Paradies ist Beatrice Dantes Begleiterin, Beichtmutter und Erlöserin.

fahrungen im wirklichen Leben. Dennoch bestehen viele Interpreten darauf, dass der florentinische Dichter lediglich einer verbreiteten Konvention folgte, wenn er eine Frau andichtete, die er kaum kannte – und die vielleicht sogar nicht einmal existierte. Es lag im Stil der Zeit, dass die Troubadoure fiktive Frauen besangen – und zu höheren Wesen verklärten.

Das wirkliche Leben sah anders aus: Man stritt sich mit dem Eheweib, beschimpfte sie und machte ihr Kinder. Auch Dante lebte in Florenz und nicht im Paradies, und er musste sich als Politiker und als Soldat um die Verwaltung und Verteidigung seiner Heimat bemühen; zur spiritualisierten Liebe mit einer hübschen Bankiersfrau blieb keine Zeit. Letztlich wissen wir nicht, ob Dante »seiner« Beatrice je nahe kam. In der Literatur aber sind sie ein Paar, und es ist durchaus denkbar, dass es eine wirkliche, geheime Leidenschaft war, die Dante in der *Vita nuova* zur Dichtung machte. Dafür spricht der realistische Zugriff dieses Dichters auf seinen Stoff: Er sagte »ich«, er schrieb Italienisch, statt wie üblich Latein, und er flocht all die seine Zeit beunruhigenden religiösen und politischen Konflikte in seine Gesänge ein.

Die historische Beatrice, von der wir wenig wissen, ist schon 1290, mit vierundzwanzig Jahren, gestorben. Vielleicht hat ja ihr Tod Dante zu seinen Bekenntnissen in der *Vita nuova* veranlasst. Aber selbst wenn »Beatrice« nur ein Sammelname für viele Frauen, zu denen auch Gemma gehören könnte, war oder ein Inbegriff für die zerstörerischen Stürme, welche die Liebe in der Brust eines Menschen entfesseln kann, war sie doch bei Dante das Ewigweibliche, das im roten Kleid verrückt macht und im weißen hinanzieht. Und obwohl es ein bisschen schade ist, dass wir uns Dante nicht vorstellen dürfen, wie er mit »der« Beatrice, die in seinen Werken lebt, Hand in Hand am Arno spazieren geht, können wir doch sicher sein, dass er die Liebe kannte, fürchtete und genoss – wie immer das Mädchen hieß, das damals dabei war.

Florenz war um die Wende vom 13. zum 14. Jahrhundert kein friedliches Pflaster; die Herrschergeschlechter befehdeten einander und bauten hohe Wehrtürme – zur Verteidigung und als Prestigeausweis –, wie man sie heute noch im Florenz benachbarten San Gimignano besichtigen kann. Gewalt war alltäglich, Politik von Intrige, Mord und Umsturz nicht zu trennen – und so geriet auch Dante zwischen die Mahlsteine der Machtverschiebungen. Als 1301 die Familie und Partei, für die er einstand, die so genannten »Weißen«, nach einer Intervention der Franzosen die Macht an die »Schwarzen« abtreten muss-

■ Beatrice: die zur Göttin sublimierte Frau. Ob Dante jemals näher mit ihr bekannt war, wissen wir nicht. *Dantis Amor* (Dantes Liebe), Dante Gabriel Rossetti, 1860.

ten, wurde der Dichter aus seiner Heimatstadt verbannt. Er sah Florenz nie wieder. Unruhig zog er durch ganz Italien, immer auf der Flucht, immer auf der Hut; ließ sich in Verona, Ravenna und Bologna nieder, um bald wieder aufzubrechen. Beatrice hat ihn – als Erinnerung, Phantasmagorie und Idee – stets dabei begleitet, sie war seine Führerin auf dieser irdischen Wanderschaft, wenn auch nur in seiner Vorstellungskraft.

Seine beschwerlichen Fahrten und die immer wieder enttäuschte Hoffnung auf eine mögliche Rückkehr nach Florenz bilden den Hintergrund für seine Höllen- und Himmelfahrt in der *Comedia*; auch Begegnungen und Gespräche, die er in seiner Dichtung schildert, hat er teilweise wohl wirklich erlebt. Um die Dichtung abzufassen, brauchte er Ruhe und Häuslichkeit; wahrscheinlich ist er in Ravenna als Lehrer für Poetik und Rhetorik untergekommen. Seine Frau übrigens ist in Florenz zurückgeblieben; seine Söhne aber waren mit ihm verbannt worden und oft bei ihm. Er starb 1321 in Ravenna, einunddreißig Jahre nach Beatrice.

■ War es eine wirkliche Leidenschaft, die Dante in der *Vita nuova* zur Dichtung machte? Dante Gabriel Rossetti malte 1872 zu der um 1293 entstandenen Liebeserzählung das Ölgemälde *Beata Beatrix*.

Beatrice ist ein weißes Blatt, das ihr Verehrer mit den allerschönsten Versen vollgeschrieben hat. So wie das Nachbarsmädchen als weißgekleidete Dame in der *Vita nuova* und als bekränzte Göttin in der *Comedia* weiter lebt, ist auch ihr Ruhm ewig. Was hätte es uns genützt, ein paar deprimierende Einzelheiten aus ihrer Ehe mit dem ältlichen Bankier zu erfahren? Und doch hat man als Betrachter des Paares Dante und Beatrice das Gefühl, dass hier der Mann als Mensch und Dichter vorkommt, die Frau jedoch nur als Kunstfigur, in die keine Menschlichkeit einfließt. Aber das ist so nicht ganz richtig. Die Menschlichkeit kommt durch Dantes Dichtung hinzu. Wer zwischen den Versen liest, hört Beatrices Herz schlagen.

■ Am Ende wird dem Pilger Gnade zuteil. Idealbildnis des Dichters, Fresko von Luca Signorelli, 1500/1504.

DANTE UND BEATRICE

LEBEN UND WERK

Dante Alighieri hat der Nachwelt wenige historisch überprüfbare Zeugnisse seines Lebens hinterlassen. Die meisten Daten zu seinem Leben wurden aus Hinweisen in seinen Hauptwerken errechnet, einige wenige sind beurkundet. Viele Dokumente gingen verloren, denn als er im Mai oder Juni 1265 geboren wird, ist Italien in zahlreiche sich untereinander bekämpfende Stadtstaaten zersplittert. Kurze Phasen der Ruhe wechseln mit erbitterten Kämpfen um die Vorherrschaft in Norditalien zwischen den politischen Lagern bzw. Familien der papsttreuen Guelfen und der kaisertreuen Ghibellinen. In Florenz, der Geburtsstadt Dantes, spalten sich die Guelfen wiederum in die »Weißen« und die »Schwarzen« auf. Dante gelangt auf Seiten der papstfeindlichen »Weißen« 1295 in politische Ämter. Nach dem Machtwechsel 1302 wird er in seiner Abwesenheit zum Tode verurteilt und geht ins Exil. Zu diesem Zeitpunkt ist die Frau, die für die literarische Beatrice vermutlich Patin gestanden hat, schon seit mehr als 10 Jahren tot. Nach den Hinweisen in der *Vita nuova* errechnet sich als Sterbedatum Beatrices der 9. 6. 1290. Am 1. 5. 1274 soll Dantes erste Begegnung mit Bice (Koseform von Beatrice), Tochter von Folco dei Portinari, stattgefunden haben. Ein Testament des Vaters belegt die Existenz der Tochter, auch ihre Heirat mit dem Bankier Simone Bardi ist belegt. Ob allerdings eine Verbindung zwischen ihr und Dante bestand, wie der Dichter Boccaccio 100 Jahre später behauptete, ist nicht mehr zu belegen. Üblich für die damalige Zeit, wurde Dante bereits mit 12 Jahren mit Gemma Donati verlobt. Die eigentliche Familiengründung liegt nach 1285, aus der Ehe sind mindestens drei Söhne und eine Tochter bezeugt. Nach seiner Verbannung 1302 ist Dante ständig auf der Flucht. Er sucht den Schutz verschiedener ihm politisch wohlgesonnener Fürsten. Nach der Krönung Heinrichs VII. zum Kaiser in Aachen schreibt Dante ihm drei Briefe. Er setzt seine ganze Hoffnung in den Kaiser, doch diesem gelingt es nicht, 1312/13 Florenz zu erobern. Eine Rückkehr unter Anerkennung seiner Schuld, einer Bußzeremonie und Zahlung eines Lösegeldes schlägt Dante 1315 aus. Zuletzt genießt er den Schutz von Guido da Polenta, dem Fürsten von Ravenna. Dort stirbt er am 14. 9. 1321, kurz nach Vollendung der Niederschrift der *Göttlichen Komödie*.

EMPFEHLUNG

Lesenswert:
Dante Alighieri: *Die Göttliche Komödie*. Kommentiert von Walther von Wartburg, illustriert von Gustave Doré, 1990.

Dante Alighieri: *Das neue Leben* (Vita nuova). Zürich 1987.

Sehenswert:
Dantes Inferno. Regie: Harry Lachmann, mit Spencer Tracy, Claire Trevor, Rita Hayworth, u. a. USA 1935.

Hörenswert:
Dante Alighieri: *La Comedia*. Auszüge mit Begleitheft, 1993. 2 Audio-CDs.

Besichtigenswert:
Das Museum Casa Dante in der Altstadt von Florenz.

WERTUNG

Eine Frau kann Phantasmagorie, Idee, Göttin und lebendes Wesen zugleich sein – wenn ein Dichter wie Dante sie besingt.

Liebe:	✪
Leidenschaft:	✪✪✪
Ruhm:	✪✪✪✪✪
Prägender Einfluss:	✪✪✪

Romeo und Julia

> *»Der Liebe leichte Schwingen trugen mich.*
> *Kein steinern Bollwerk kann der Liebe wehren.*
> *Und Liebe wagt, was irgend Liebe kann.«*

Sie wagen alles und mehr, die jungen Liebenden von Verona, und büßen mit ihrem Leben. Auf unzähligen Bühnen sind Romeo und Julia seit der Uraufführung im Jahre 1595 den Theatertod gestorben, immer wieder wird ihr Drama neu aufgeführt und verfilmt, jüngst sogar in einer schaurigen Megacity mit Shakespeares Text! Was macht ihr Schicksal so faszinierend, warum ist dieses einem frühen Tod geweihte Liebespaar unsterblich?

Zunächst die Story: In Verona liegen zwei Adelshäuser, die Montague und die Capulet, miteinander im Streit. Ihr Hass ist so mächtig und so alt, ja fast historisch, dass Romeo Montague zu Tode erschrickt, als er erfährt, wie das Mädchen heißt, dass er eben geküsst hat: Julia Capulet! Auch sie erstarrt, als sie hört: der Junge, der da gerade ihr Herz erobert hat, ist ein Montague. Diese Liebe, das spüren beide, ist eigentlich verboten. Aber sie sind ihr ausgeliefert. »Kein steinern Bollwerk«,

■ Ein unsterbliches Hohelied der Liebe schuf Shakespeare mit *Romeo und Julia*. Vierhundert Jahre nach der Erstveröffentlichung macht im Jahre 1996 die Verfilmung mit dem Jungstar Leonardo DiCaprio die Tragödie zu einem Kinohit.

erst recht keine Feindschaft zwischen den Familien, keine Intrige, keine Verfolgung, kein Verbot können Romeo und Julia aufhalten. Sie finden zueinander, heiraten heimlich – dies alles geschieht innerhalb weniger Tage – und müssen fliehen, als Romeo, der gegen seinen Willen in einen Straßenkampf verwickelt wird, Julias Vetter niedersticht. Der Mönch, der sie getraut hat, hilft den beiden, doch eine wichtige Nachricht geht in den Turbulenzen verloren, und so weiß Romeo nicht, dass Julia nur scheintot ist, als er sie in der Gruft der Capulets findet. Er entleibt sich, weil er ohne seine Geliebte nicht länger leben kann. Julia erwacht, findet Romeo tot und muss ihm in die Ewigkeit folgen. Am Grabe ihrer Kinder legen die gegnerischen Geschlechter ihren Hader bei.

■ »Kein steinern Bollwerk« vermag die zu trennen, die sich lieben. Die reine, unbedingte Liebe schafft schließlich Frieden zwischen den verfeindeten Familien – am Grab der Liebenden. Kupferstich zur berühmten Balkonszene aus dem Jahre 1812/13.

Die Geschichte ist, wie häufig bei Dramen der Renaissance, blutig und verworren; was sie über vergleichbare Stoffe hinaushebt, sind der Glanz und die Leidenschaft einer starken jungen Liebe. Um Romeo und Julia bebt die Erde, Beleidigungen, Kabalen, Messerstechereien und Mord sind an der Tagesordnung, und der Fürst von Verona verhängt drakonische Strafen. Aber der Junge und das Mädchen nehmen all das kaum wahr, sie sehen sich, berühren sich, lieben sich und machen sich auf in ein gemeinsames Leben. Es soll nicht sein; die Zwietracht und die Gewalt holen beide ein und zwingen sie zu einer List, die sich schließlich gegen sie kehrt. Dennoch ist die Tragödie von Romeo und Julia ein Hohelied auf die Liebe, die hier so rein wie sinnenfroh, so unschuldig wie erotisch über zwei blutjunge Menschen hereinbricht. Die lyrischen Szenen, in denen Romeo und Julia miteinander allein sind, aufeinander warten, sich umwerben, gewinnen, necken und liebkosen, sich dann heimlich treffen und die Nacht miteinander verbringen, gehören zum Schönsten, was Shakespeare geschrieben hat.

Hätten Romeo und Julia auf einer einsamen Insel gelebt, wären sie miteinander glücklich geworden. Innere Hemmungen oder

»Komm, ernste Nacht, du züchtig stille Frau,
Ganz angetan mit Schwarz, und lehre mich
Ein Spiel, wo jedes reiner Jugend Blüte
Zum Pfande steht, gewinnend zu verlieren!
Verhülle mit dem schwarzen Mantel mir
Das wilde Blut, das in den Wangen flattert,
Bis scheue Liebe kühner wird, und nichts
Als Unschuld sieht in inn'ger Liebe Tun.
Komm, Nacht! – Komm, Romeo … .«

■ In ihren Gefühlen gibt es keine Bruchstellen, alle Widerstände kommen von außen. An die dreißigmal wurde *Romeo und Julia* verfilmt. John Madden machte 1998 in *Shakespeare in Love* die Tragödie zu einer Love-Story zwischen dem Dichter Shakespeare (Joseph Fiennes) und einer Schauspielerin (Gwyneth Paltrow).

Bruchstellen gibt es in ihren Gefühlen nicht. Alle Widerstände kommen von außen – sie sind letztlich unüberwindbar. Hier liegt gewiss einer der Gründe, warum die vierzehnjährige Julia und der nicht viel ältere Romeo bis heute weiterleben. Sie verkörpern die Schönheit und Reinheit einer Liebe, die nur aus erotischer Magie und tiefem Gefühl besteht, aus Herz und Sinn – eine ehrliche Liebe, die kein Kalkül kennt, keine Äußerlichkeiten braucht und auf die ganze Welt pfeift. So ein Ideal hat dem Publikum immer gefallen, und wenn es dann noch an der Wirklichkeit zerbricht und das Mitgefühl mit dem geopferten Paar hinzukommt, fließen die Tränen erst recht.

Der zweite Grund für die Tiefenwirkung von *Romeo und Julia* dürfte in der teils verborgenen, teils offenen Botschaft stecken, die dieses Stück aussendet: die Liebe kann den Hass besiegen, sie ist letztlich stärker. Zwar scheint es zunächst, als ob es die Feindschaft zwischen den Capulets und den Montagues ist, die sich durchsetzt und über die Liebe triumphiert, aber dann kehren sich im Schlussakt die

Verhältnisse noch einmal um, und die Häupter der so lange schon miteinander im Streit liegenden Familien versöhnen sich für immer. So hat die Liebe zwischen den Kindern doch zum Frieden geführt – wenn auch das Paar dafür geopfert werden musste.

Zu Shakespeares Zeit war die Gewalt noch nicht beim Staat zentralisiert; konkurrierende Adelshäuser und marodierende Söldner machten das Leben unsicher; jedermann konnte in Händel hineingezogen werden und dabei auf der Strecke bleiben. Die Sehnsucht nach einem stabilen Frieden war allgemein, und so lässt sich das Tauerspiel um Romeo und Julia auch als Moritat, das heißt als Schauerstück mit einer besonderen Moral lesen: Seht, Leute, was dabei herauskommt, wenn ihr, statt einig zu sein, euch immer wieder im Zank zerfleischt. Eure reinsten und schönsten Kinder kommen dabei um.

■ Alexander Moissi als Romeo und Camilla Eibenschütz als Julia.

Leonard Bernstein hat mit seiner *West Side Story* die wohl erfolgreichste Adaption im 20. Jahrhundert geliefert. Er verlegt den Stoff ins moderne Amerika unter feindliche Jugendbanden und überträgt dabei Absicht und Atmosphäre der Vorlage sehr treffend ins Heute. Auch Shakespeare zeigt ausführlich, mit welcher fiebrigen, sich immer wieder neu entzündenden Kampfeslust die »Gangs«, die jugendlichen Freunde und Vettern der verfeindeten »Clans«, gegeneinander blankziehen. Die Rempeleien und Raufereien auf Straßen und Plätzen haben durchaus etwas Sportliches und Lustbetontes, aber harmlos bleiben sie nicht immer, und wenn Blut fließt, wird's ernst. Romeo bewegt sich schon aus dem »Gang«-Milieu heraus; zwar gehört er dazu und schlägt sich auch für seine Leute, aber er ist reifer, hat das kämpferische Sich-Messen mit anderen Jungs satt: Er will lieben. Doch die Loyalität zu seiner Familie zwingt ihm

■ Die wohl erfolgreichste Adaption von *Romeo und Julia* im 20. Jahrhundert ist Leonard Bernsteins *West Side Story* (1957) mit Natalie Wood und Richard Beymer. Anstatt der Adelsfamilien bekämpfen sich hier Gangs. Die klassische Balkonszene wiederholt sich auf der Feuerleiter eines heruntergekommenen Mietshauses im puertoricanischen Viertel von New York.

die Parteinahme und den Kampf auf. Das Unglück will, dass er den Gegner tödlich trifft und damit die Rachegelüste eben der Familie weckt, mit der er durch Julia, die ja die Seine ist, in Liebe verbunden sein möchte. Die Tragödie will, dass hier ein junger Mann noch einmal auf den Kampfplatz zurückkehrt, den er innerlich schon verlassen hat.

Der Handlungsverlauf, die Verwicklung, der Konflikt: Sie sind bei Shakespeare und Bernstein genau gleich. Das heißt nichts anderes, als dass trotz des staatlichen Gewaltmonopols die Menschen immer noch aufeinander losgehen und die Liebe keineswegs über den Hass gesiegt hat. Aber die treue Zuneigung des Publikums zu Romeo und Julia spricht auch die Hoffnung aus, dass es mal anders werde.

ROMEO UND JULIA

LEBEN UND WERK

Der Ursprung des Romeo-und-Julia-Stoffes findet sich, wenn auch die beiden Namen hier noch andere sind, erstmals 1476 in einer Novelle des Italieners Tommaso Masuccio. Um 1535 fügt Luigi da Porto den Maskenball und die nächtliche Balkonszene in die Handlung ein. Noch allerdings kommt es zwischen dem schon vergifteten Romeo und der erwachenden Julia zu einem letzten Liebesdialog. Dieser Dialog wird erst in der französischen Version aufgegeben. Diese dient dann Arthur Brooke als Grundlage für sein 3 000 Verse langes episches Gedicht *The Tragical History of Romeus and Juliet* (1562). Aber erst William Shakespeare gelingt es 1595 in seiner Tragödie, die Erzählzeit zugunsten der Spannung geschickt auf fünf Tage zu verkürzen, den Nebenfiguren der Amme und Mercutios Gestalt und Tiefe zu geben und die enorme Gefühlsintensität innerhalb der kurzen gemeinsamen Bühnenpräsenz des Paares prägnant auszugestalten. Die Qualität dieser Leistung spiegelt sich wider in den unzähligen Aufführungen und Adaptionen des Stückes bis in unsere Gegenwart. Das Musical von Leonard Bernstein zählt zu den bekanntesten und erfolgreichsten Adaptionen. Gestartet in der Saison 1957/58 im berühmten Winter Garden Theater am Broadway wurde es über 700-mal aufgeführt und mehrfach ausgezeichnet. Dass der erste Akt nach dem Kampf der Immigranten-Gangs mit zwei Toten endet, war ungeheuerlich für damalige Broadway-Musicals, die Meinungen der Kritik waren gespalten. Doch die Ausdruckskraft der Musik und der Choreographie in Verbindung mit der zeitlosen Gültigkeit der Shakespeareschen Vorlage und nicht zuletzt die oscargekrönte Filmfassung von 1961 mit Richard Beymer und Natalie Wood als Paar führte zum weltweiten Langzeiterfolg des Stückes. Für viele überraschend wurde die letzte der ca. 30 Verfilmungen von *Romeo und Julia* 1996 mit Leonardo DiCaprio nicht nur zu einem Kinohit, sondern führte 400 Jahre nach der Erstveröffentlichung zu einem wahren Run von jugendlichen Fans auf den Originaltext.

EMPFEHLUNG

Lesenswert:
William Shakespeare: *Romeo und Julia*. Übersetzt von Thomas Brasch. Frankfurt 1992.

Sehenswert:
Romeo und Julia. Regie: George Cukor, mit Norma Shearer, Leslie Howard, Basil Rathbone, John Barrymore, u. a. USA 1936.

West Side Story. Regie: Robert Wise und Jerome Robbins, mit Natalie Wood (Gesang Marni Nixon), Richard Beymer (Gesang Jimmy Bryant), u. a. Musik: Leonard Bernstein. USA 1961.

Romeo und Julia. Regie: Franco Zeffirelli, mit Olivia Hussey, Leonard Whiting, u. a. Großbritannien 1968.

Romeo und Julia. Regie: Baz Luhrman, mit Leonardo DiCaprio, Claire Danes, u. a. USA 1996.

Shakespeare in Love. Regie: John Madden, mit Gwyneth Paltrow, Joseph Fiennes, u. a. Großbritannien 1998.

Hörenswert:
West Side Story. Original Broadway Cast, 1957. Audio-CD.

WERTUNG

Das Paar aus Shakespeares Drama wurde zum Inbegriff der tragischen Liebe: Hier hatte Amor die Sprösslinge zweier zutiefst verfeindeter Familien geeint, aber die Mauer des Hasses erwies sich als stärker. Oder? Am Grabe ihrer Kinder versöhnen sich die Eltern.

Liebe:	✪✪✪✪✪
Leidenschaft:	✪✪✪✪✪
Tragik:	✪✪✪✪✪
Glück:	✪✪

Marquis und Mme. de Sade

»Mein Herz hat sich nicht verändert: es schlägt für Dich und wird Dich immer lieben.«

Ist es möglich, dass der Marquis de Sade geliebt worden ist? Dieser Wüstling, der im Gedächtnis der Welt als Monstrum fortlebt, als Verbrecher, der seine Ausschweifungen hinter Kerkermauern büßte und die Terminologie des Sexus um das Fachwort für Quälsucht, Sadismus, bereicherte? Geliebt – und dann auch noch von seiner eigenen Frau? Kaum glaublich, aber so ist es tatsächlich gewesen.

Und das Schönste: Auch der Marquis de Sade liebte seine Frau. Nicht von Anfang an – es war eine arrangierte Ehe, und von tiefer Herzensneigung und erotischer Faszination konnte keine Rede sein. Sie hat ihren gut aussehenden Mann wahrscheinlich spontan begehren können, er sie aber ihrer plumpen Erscheinung wegen abgelehnt. Aber er hatte keine Wahl; sein Haus war ruiniert, und wie so viele Söhne und Töchter des Hochadels musste er sich wirtschaftlichen Erwägungen beugen. Gleichwohl entwickelte sich im Laufe der Jahrzehnte eine echte Leidenschaft zwischen dem Marquis und der Marquise – und wenn es noch eines Beweises bedurft hätte, dass erotische Anziehung keineswegs immer nur das Strohfeuer ist, für das unsere Kultur sie gern erklärt, sondern eine Spannung, die im Laufe der Zeit wachsen kann, dann liefert ihn das Ehepaar de Sade. Ausgerechnet!

■ Der französische Schriftsteller Marquis Donatien-Alphonse-François de Sade (1740–1814).

Donatien Alphonse de Sade entstammte einem alten und berühmten Geschlecht. Das Stammschloss La Coste lag in der Nähe von Avignon und zählte zu den größten und schönsten seiner Zeit. Donatien wurde wie die meisten Söhne der Aristokratie Offizier. Mit vierzehn schon tritt er in die Kavallerieschule ein, mit siebzehn zieht er in den »Siebenjährigen Krieg« gegen Preußen. Außer reiten und schießen lernt er

beim Militär die Haltungen und Vergnügungen seines Standes: Arroganz, Herrschsucht, Prunksucht, sexuelle Ausschweifung in jeder Form, Glücksspiel und Tafelfreuden. Darüber hinaus hat er noch zwei weitere Vorlieben: die Philosophie und das Theater.

Renée Pélagie de Montreuil war eine Tochter des sogenannten Robenadels: Tüchtige Beamte wurden bisweilen vom König nobilitiert; sie hießen dann »de«, ohne so recht zur Aristokratie dazuzugehören. Die de Montreuils waren sehr reich, die de Sades vom alten Adel. A la bonne heure! Beide Häuser gewannen durch diese Verbindung. Man heiratet 1763; die Jungvermählten waren beide zweiundzwanzig Jahre alt.

■ Renée Pélagie de Montreuil (1741–1810) kommt aus dem Robenadel. Die Ehe ist anfangs eine reine Zweckverbindung. Sie bringt das Vermögen in die Verbindung, der Marquis seinen Namen. Das Paar lebt auf dem Stammschloss La Coste in der Nähe von Avignon.

Zu Beginn ging die Ehe schief. Zwar gebar Renée Pélagie rasch nacheinander drei Kinder, die bei ihrer Großmutter aufwuchsen, aber Donatien zeigte keine Neigung, seine Verantwortung als Familienvater ernst zu nehmen. Er setzte sein Leben als Libertin und »Wüstling«, wie er sich selbst nannte, fort. Mehrere leidenschaftliche Affären rissen ihn von der Seite seiner Gattin. Und wenn er nach La Coste heimkehrte, befand er sich oft in Begleitung von Prostituierten, mit denen er sich einschloss. Er zwang die Frauen zu blasphemischen Äußerungen, Auspeitschungen (aktiv und passiv) und anderen Quälereien sowie zum Analverkehr – der damals als Todsünde galt. Nicht alle Opfer und Partnerinnen von de Sades Orgien ließen sich mit Geld ruhig stellen. Manche packten später aus. De Sade wurde angezeigt und verhaftet, konnte sich aber aus der Affäre ziehen – und veranstaltete den nächsten Exzess.

Man hat sich oft darüber gewundert, warum der Marquis de Sade keine besseren Vorsichtsmaßnahmen ergriff, wenn er zu seinen Gewaltorgien schritt – musste er doch wissen, dass die

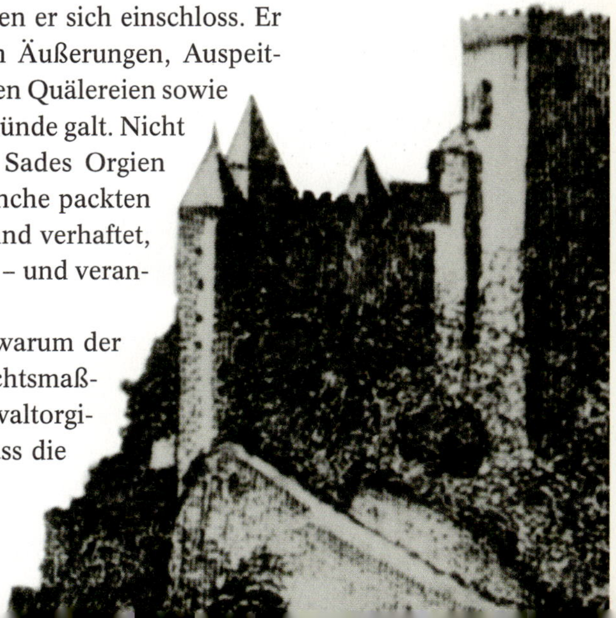

Geduld seiner Fürsprecher Grenzen hatte und dass der Hof dem unzufriedenen Volk gern einen verurteilten Edelmann zur Besänftigung revolutionärer Stimmungen vorführte. Aber de Sade konnte nicht anders. Er betrachtete den »Gebrauch« von Straßenmädchen, manchmal auch Jungen, als sein Recht, und die Meinung anderer war ihm egal. Das Einzige, was ihn wirklich interessierte, war der sexuelle Trieb in allen seinen Spielarten, Abarten und Perversionen: nicht nur praktisch, auch gedanklich. Er wollte Sex in allen Variationen auskosten – und verstehen. Und er wollte darüber schreiben. Er hat es getan. Die Zeit dafür kam im Gefängnis.

■ Flotter Dreier. Um wüste Orgien auf seinem Schloss zu feiern, holt der Marquis Prostituierte nach La Coste. Den sexuellen Trieb in allen seinen Variationen will er ausleben und beschreiben.

Musste nicht die Ehefrau eines solchen Schänders vor Scham und Verzweiflung vergehen – musste sie nicht zu ihren Eltern zurückflüchten, um Scheidung ersuchen? Nicht so Renée Pélagie. So wie er lernt, sie trotz mangelnder Reize auch erotisch interessant zu finden – »Die Schönheit ist etwas Einfaches, die Häßlichkeit etwas Außerordentliches, und alle feurigen Gemüter ziehen das Außerordentliche vor« –, findet sie nach und nach Anschluss an die Außenseiterrolle ihres Mannes. Bevor Donatien de Sade für Jahrzehnte im Gefängnis verschwindet und sich nur noch schreibend seinen Orgien widmen kann, hat er es tatsächlich erreicht, dass die Mutter seiner Kinder seine grausamen sexuellen Rituale akzeptiert und vielleicht sogar teilt. So, geschützt durch die Autorität der Marquise und die Mauern seines Schlosses, konnte er eine ganze Weile seinen Obsessionen frönen, ohne dass es sofort einen Eklat gab. Schließlich aber liefen ihm einige der minderjährigen Mädchen, die er als »Küchenhilfen« auf sein Schloss La Coste geholt hatte, davon und redeten. Ein ergrimmter Vater feuerte gar auf ihn. Die Sache flog auf, Donatien flüchtete, wurde gefasst und wanderte für viele Jahre in die Festung.

Renée Pélagie, seine Frau, war gewiss Zeugin und womöglich Partnerin seiner Perversionen. In ihr, die als zurückhaltend und wenig gebildet galt, erwachte ein erstaunliches Verständnis für

Donatien – und für den Abweg überhaupt. Sie hatte ihren Mann immer geschätzt, jetzt liebte sie ihn. Und er erwiderte ihre Gefühle. Ohne sie, die ihn mit allem versorgte, was er brauchte, und ständig mit Eingaben seine Freiheit zu erwirken versuchte, hätte er die Haft wohl nicht überstanden. Zu ihr hatte de Sade, der davon überzeugt war, dass Menschen nie zueinander finden und dass jeder in seinem Ich wie in einem Kerker schmachtet, eine sehr enge Bindung. Vor allem natürlich auch deshalb, weil sie diese Bindung fühlte, wollte und aufrechterhielt.

Seine Liebe hinderte Donatien nicht daran, Renée Pélagie aufs Tiefste zu verletzen, wenn ihm danach war – wie er überhaupt alle Freundschaften, die ihm beschieden waren, durch seine Launenhaftigkeit, sein übersteigertes Misstrauen und seinen völligen Mangel an Empathie meist bald verdarb. Auch seine Frau war schließlich seiner Verbitterung und seinen Attacken kaum noch gewachsen. Ihre Loyalität und Zuneigung überlebte die Haftzeit nicht. Als er entlassen wurde, gingen die beiden auseinander.

Es war die Revolution, die Sade befreite. Auf welcher Seite stand er? Gern haben ihn seine Bewunderer mit dem Umsturz identi-

■ *Der Marquis de Sade im Gewölbe seines Schlosses.* Kolorierter Kupferstich aus dem 18. Jahrhundert. De Sade gab dem Sadismus seinen Namen. Während seiner Orgien quält er junge Frauen, die er mit auf sein Schloss bringt, zwingt sie zu allen möglichen Perversionen. Seine Frau ist gewiss Zeugin, wenn nicht gar Partnerin.

Im Gefängnis schrieb Donatien de Sade seine berühmten Romane, aber auch Dramen und vor allem Briefe. Die Kosenamen, die er für seine Frau fand, verdienen es, auszugsweise zitiert zu werden: »*Bezauberndes Geschöpf, mein Engel, mein Fischlein, mein kleiner Wauwau, Mohammeds Genuß, geliebtes Täubchen, Mütterchen, Ferkelchen meiner Gedanken, Blutgefäß meines Herzens, Venusstern, Seele meiner Seele, Spiegel der Schönheit, Stachel meiner Nerven, siebzehnter Planet des Weltalls, Quintessenz der Jungfräulichkeit, Ausfluß der Engelsgeister, Symbol der Keuschheit, Naturwunder, Zauber der Venus, Rose aus dem Schloß der Grazien, mein Kindchen, Liebling Minervas, Götterspeise des Olymp, Flamme meines Lebens.*«

■ Immer wieder kommt der Marquis wegen seiner Ausschweifungen hinter Gitter. Nach der Revolution wird er in die Haft- und Irrenanstalt Charenton gesperrt, wo er eine Theatergruppe leitet. Peter Brook schafft 1966 die Filmfassung des berühmten Schauspiels von Peter Weiss *Die Verfolgung und Ermordung Jean Paul Marats dargestellt durch die Schauspielgruppe des Hospizes zu Charenton unter Anleitung des Herrn de Sade* (1965).

■ Allegorisches Blatt mit dem Porträt des Marquis, um 1830.

fiziert, aber das ist nicht richtig. Sicher, als Langzeithäftling, der manchen Willkürmaßnahmen ausgesetzt war, betrachtete er die herrschenden Gewalten mit kritischen Augen. Ferner war er als Freigeist ein entschiedener Gegner der Religion und der Kirche und teilte so ein wichtiges revolutionäres Anliegen. Aber in seinen politischen Überzeugungen, die sehr eindeutig waren, erwies er sich nicht als Parteigänger des Dritten und Vierten Standes, ganz im Gegenteil. Er lehnte die Republik ab und hielt nur die Monarchie – in aufgeklärter Form – für geeignet, das Land zu regieren. Die Volksherrschaft war ihm ein Graus, an Gleichheit glaubte er nicht. Die Revolution ließ ihn dafür büßen und beschlagnahmte La Coste. Und schickte ihn wieder hinter Gitter: ins Hospiz Charenton, eine Mischung aus Haft- und Irrenanstalt. Hier durfte sich der Marquis seiner zweiten Leidenschaft, dem (Anstalts-)Theater hingeben, was er bis zu seinem Tod im Jahre 1814 tat.

Die Marquise, tief verstört durch die Revolution, erlag dem Einfluss ihres Beichtvaters und zog sich in ein Kloster zurück, wo sie 1810 starb.

MARQUIS UND MME. DE SADE

LEBEN UND WERK

In einer aus finanziellen Gründen vom Vater arrangierten Hochzeit heiratet der am 2.6.1740 geborene Donatien-Alphonse-François Marquis de Sade im Mai 1763 die Tochter einer einflussreichen großbürgerlichen Familie mit Namen Renée Pélagie de Montreuil. Mit seiner am 3.12.1741 geborenen Frau hat er im Verlauf ihrer 27 Jahre dauernden Ehe zwei Söhne (geb. 1767 u. 1769) und eine Tochter (geb. 1771). Trotz der sexuellen Orgien ihres Ehemannes, für die er während der Ehe insgesamt mehr als 13 Jahre hinter Gittern verbringt, hält sie ihm während der ganzen Zeit die Treue. Er wird 1777 aufgrund eines 5 Jahre früher verhängten Todesurteils wegen versuchter Vergiftung einer Prostituierten verhaftet. Es gelingt seiner Frau 1778, eine Wiederaufnahme des Verfahrens zu erwirken, in der das Todesurteil aufgehoben wird. Seine Schwiegermutter sorgt mit ihrem Einfluss aber dafür, dass de Sade bis zum Ausbruch der Französischen Revolution weiter in Haft bleiben muss. Im Juli 1781, nach über 4 Jahren Trennung, darf Madame de Sade ihren Mann erstmals im Gefängnis besuchen. Bei den folgenden regelmäßigen Besuchen versorgt sie ihn mit Kerzen, Schreibutensilien, Kleidung und Nahrung, schmuggelt Texte von ihm nach draußen, sogar einen hölzernen Dildo bringt sie ihm ins Gefängnis. Sie selbst verzichtet auf jeden Komfort, zieht im Oktober 1781 ins Kloster von Saint-Aure, um damit seinen Eifersuchtsanfällen den Boden zu entziehen. Im Gefängnis schreibt er an seinen pornographischen Werken. Als er 1790 durch eine Amnestie freikommt, hat seine Frau Trost im religiösen Klosterleben gefunden und sich von ihrem Gatten innerlich gelöst. Sie reicht die Scheidung ein, die vor Gericht im Juni 1790 bestätigt wird. Nur durch Zufall überlebt de Sade die Wirren der Französischen Revolution. 1791 erscheint anonym der Text *Justine ou les malheurs de la vertue*, in dem er ausführlich sexuelle Perversionen und Grausamkeiten beschreibt. Seine Autorenschaft wird bekannt, er verbringt ab 1801 den Rest seines Lebens wegen »unheilbarer sexueller Perversionen« in der Irrenanstalt von Charenton. Madame de Sade stirbt am 7.7.1810, der Mann, für den sie sich lange Jahre aufgeopfert hat, stirbt am 2.12.1814.

EMPFEHLUNG

Lesenswert:

Maurice Lever: *Marquis de Sade: Die Biographie*. München 1998.

Margaret Crossland: *Sade's Wife: The Woman Behind the Marquis*. London 1995.

Sehenswert:

Marquis de Sade: The Depraved. Aristocrat. Videocassette. CA&E Biography Series.

Marat/Sade. Die Verfolgung und Ermordung Jean Paul Marats dargestellt durch die Schauspielgruppe des Hospizes zu Charenton unter Anleitung des Herrn de Sade. Nach dem gleichnamigen Drama in zwei Akten von Peter Weiss. Regie: Peter Brook, mit Glenda Jackson, Patrick Magee, Jan Richardson, u. a. Großbritannien 1966.

Marquis de Sade: The Depraved. Aristocrat. Videocassette. CA&E Biography Series.

Hörenswert:

Walter Kohout spricht Marquis de Sade. Hörsturz 1999. Audio-CD.

WERTUNG

Für die einen war er der »göttliche« Marquis, für die anderen ein Untier; die Marquise aber beachtete niemand. Zu Unrecht! Aus dieser arrangierten Ehe wurde eine echte Bindung.

Liebe:	✪✪✪✪✪
Sex:	✪✪✪✪✪
Gefahr:	✪✪✪
Geheimnis:	✪✪✪✪✪
Vorbild:	✪

Johann Wolfgang von Goethe und Christiane Vulpius

»Laß dich, Geliebte, nicht reun, daß du mir so schnell dich ergeben! Glaub es, ich denke nicht frech, denke nicht niedrig von dir. Vielfach wirken die Pfeile des Amor: einige ritzen, und vom schleichenden Gift kranket auf Jahre das Herz. Aber mächtig befiedert, mit frisch geschliffener Schärfe, dringen die andern ins Mark, zünden behende das Blut.«

Weimar schlug die Hände über dem Kopf zusammen. Dass sie so viel jünger war als der Dichterfürst, nahm man hin, das gönnte man ihm. Aber sie war von niederem Stand, eine Arbeiterin, die in einer Putzmanufaktur Seidenblumen zusammennähte. Im Rahmen eines kurzen Abenteuers konnte man eine solche Liaison tolerieren. Doch diese Demoiselle machte keine Anstalten zu verschwinden. Wie war sie schlecht frisiert! Und der Geheimrat tat nichts, um die Affäre zu verschleiern. Er nahm das Blumenkind zu sich ins Haus am »Frauenplan«. Wie, wenn es gar keine Affäre wäre? Unmöglich. Und doch –

■ Schnell kriegt der Geheimrat Johann Wolfgang von Goethe (1749–1832) sie rum, die bezaubernde Bittstellerin, und will ihr Leben lang nicht mehr von ihr lassen.

Und doch war es Liebe. Als Johann Wolfgang von Goethe, Dichter, Naturforscher und Staatsbeamter am Hofe des Herzogs Karl August zu Weimar, von seiner ausgedehnten Romreise im Jahre 1788 nach Hause zurückkehrt, lernt er ein Mädchen namens Christiane Vulpius kennen, das ihm als Bittstellerin in den Weg tritt: Der Herr Geheimrat möge sich doch für ihren stellungslosen Bruder, einen Schreiber mit Fähigkeiten, freundlicherweise verwenden …

Der Herr Geheimrat sind nicht abgeneigt. Zumal die bezaubernde Bittstellerin sein Lächeln erwidert. Und gegen einen Besuch im Gartenhaus nichts einzuwenden hat. Ein sehr intimes Treffen folgt.

Der große Goethe verliebt sich in ein kleines Mädchen, und das Herzogtum hat seinen Skandal.

In älteren Biographien des als Genie gefeierten Goethe wird Christiane, die Frau seines Lebens, konsequent weggeschwindelt. Man raunt verschämt von einer »Begegnung«, mokiert sich jovial über den »Bettschatz«, wie Goethes Mutter – allerdings mit Sympathie – die Vulpius nannte, und hat große Schwierigkeiten, einzugestehen, dass Goethe »diese Person« leidenschaftlich begehrte, fünf Kinder mit ihr hatte –, von denen nur das erste, der Sohn August, groß wurde –, bis zu ihrem Tod mit ihr zusammenlebte und sie schließlich sogar heiratete. Es ist schon erstaunlich, dass der Klassen- und Bildungsdünkel, der einst das vornehme Weimar daran hinderte, Christiane zu akzeptieren, fast bis in unsere Zeit hineingereicht hat – jedenfalls soweit es Goethe betrifft. Ein Dichterfürst, der eine Arbeiterin liebt? Aber so ist es gewesen.

■ Die Mesalliance Goethes mit dem jungen und lebenslustigen Blumenmädchen Christiane Vulpius (1765–1816) empört ganz Weimar. Das Paar begehrt sich leidenschaftlich. Fünf Kinder gebiert der »Bettschatz« dem Dichterfürsten, von denen nur Sohn August überlebt.

Sorgen hatten Goethe und Christiane reichlich. Da waren die Kinder, die auf die Welt kamen und nicht leben wollten. Da waren die Anverwandten von Christiane, die mit ins Goethe-Haus drängten und den Geheimrat um seine Ruhe brachten. Da war der Klatsch der Residenz, die Herabsetzung, die Christiane überall erfuhr, die Rügen, die auch Goethe einzustecken hatte, weil er in wilder Ehe lebte, und dann noch mit »so einer«! Konnte doch das Frauenzimmer kaum lesen und schreiben. Charlotte von Stein, Goethes langjährige Freundin, Herzensdame und Seelenverwandte, reagierte mit Empörung auf die »Menage« am Frauenplan und wandte sich schließlich ganz von Goethe ab.

Auch sonst gelang es in der von Standesdenken und Klassenschranken geprägten Gesellschaft dem einflussreichen Großdichter nicht, sein Liebesleben wenigstens bis zu einem gewissen Grad zu »legitimieren«; selbst nahe Freunde übersahen Christiane, und wenn Besuch bewirtet wurde, aß sie in der Küche. Dabei war der Weimarer Hof fortschrittlich und den freiheitlichen Ideen, die sich

■ Die lustvolle Vereinigung ist der Nacht vorbehalten. Am Tag geht das Paar getrennte Weg. Christiane bleibt die Rolle der mustergültigen Hausfrau, und die mußevolle Pose, in der sie hier dargestellt ist, war ihr nur selten vergönnt. Goethe führt ein gesellschaftliches Leben, unternimmt Reisen – ohne sie.

im Gefolge der französischen Revolution über Europa verbreiteten, aufgeschlossen.

Christiane war eine reizvolle Frau mit wundervollem braunem Lockenhaar und schönen vollen Lippen, sie war füllig, natürlich, temperamentvoll und tanzlustig. Goethe sah mit seinen großen Augen, seiner römischen Nase und aufrechten Haltung ja auch recht stattlich aus, und wenn man sich in die *Römischen Elegien* vertieft, die Johann Wolfgangs Glück mit Christiane spiegeln, dann kann man sich vorstellen, wie selig-ausschweifend das Paar seine Lust genossen hat. Es ist immer schwer, die unfassbaren Abenteuer der Nacht am nüchternen Tage so zu verteidigen, dass sie in ein normales Leben integriert werden können. Goethe und Christiane haben das beide auf ihre Art versucht – mit unterschiedlichen Mitteln und wechselndem Erfolg. Für den »Bettschatz« blieb nur der Ausweg, sich zu einer möglichst tadellosen Hausfrau zu mausern – was nicht so richtig klappen wollte. Goethe gab ihr den Schutz seiner Persönlichkeit, sein Haus und schließlich seinen Namen. Aber einen gemeinsamen Alltag mit ihr zu gestalten – dazu reichte sein Entgegenkommen nicht und dazu hatten beide auch zu wenig an Tätigkeiten und Herausforderungen zusammen zu bestehen. Goethe konnte immer ausweichen – das Haus verlassen, den Herzog aufsuchen, Reisen unternehmen. Und das tat er ständig.

So hat Christiane sich nicht zu Unrecht vernachlässigt gefühlt – aber sie begriff sehr gut, dass der Mann für sein Werk Raum brauchte, und ließ ihn ziehen. Schließlich kam er immer wieder zurück. Im Jahre 1806 wird die Region nach der Schlacht bei Jena von den siegreichen Franzosen besetzt; auch Goethes Haus soll geplündert werden. Da legt sich Cristiane so beherzt ins Mittel und verteidigt ihr Heim so kraftvoll, dass Goethe besiegt ist: Er ehelicht sie. Es wird eine stille Trauung. Aber immerhin, Christiane kann jetzt nicht mehr folgenlos geschnitten werden. Madame Schopenhauer, die Mut-

»*Ganz abscheulich ist's, auf dem Weg der Liebe Schlangen zu fürchten, und Gift unter den Rosen der Lust, wenn im schönsten Moment der hin sich gebenden Freude Deinem sinkenden Haupt lispelnde Sorge sich naht.*«

■ Seine schönsten Gedichte und seine berühmtesten Stücke und Romane schreibt Goethe während der knapp dreißig Jahre an der Seite Christianes. Nachdem sie Goethes Haus mutig gegen Plünderungen durch die Franzosen verteidigt hat, nimmt er sie 1806, nach achtzehn gemeinsamen Jahren, zur Ehefrau.

■ Später Triumph. Nolens volens hat die feine Weimarer Gesellschaft nun die Gattin des Geheimrates und Dichterfürsten anzuerkennen. Zu sehen das Goethe-Haus am Frauenplan auf einem Stich aus dem Jahre 1827.

ter des Philosophen, empfängt die frischgebackene Ehefrau. Das ist das Signal: Christiane wird – mit großer Verzögerung und nie von Herzen – durch die Weimarer Gesellschaft anerkannt. Aber es wird keine Dame aus ihr. Im Grunde ist sie immer dasselbe Blumenmädchen geblieben: Sie hat sich nicht verändert, was Goethe an ihr vor allem schätzte. Allerdings wurde sie arg korpulent; Bettine von Arnim nannte sie eine »Wurst«, und die Weimarer lästerten ordentlich, denn Madame Goethe frönte trotz wogender Formen nach wie vor ihrer Tanzlust – in Dorfkrügen oder einfach unter freiem Himmel. Es verdross sie nicht, wenn ihre Füße anschwollen.

»Nahes Ende meiner Frau. Letzter fürchterlicher Kampf ihrer Natur. Sie verschied gegen Mittag. Leere und Totenstille in und außer mir.«

Goethe mochte sich dem Tod nicht stellen. Er hasste seine Zeichen und ignorierte seine Macht. So ließ er Christiane, die als eben Fünfzigjährige an Nierenversagen erkrankte, allein sterben.

Der so viel ältere Goethe überlebte seine Frau um sechzehn Jahre. Er schrieb noch viele wichtige Werke, aber seine schönsten Gedichte und wohl auch seine berühmtesten Stücke und Romane hat er in den knapp drei Jahrzehnten an ihrer Seite verfasst, so: die *Römischen Elegien*, den *Wilhelm Meister*, den *Faust*, *Dichtung und Wahrheit* und den *West-Östlichen Diwan*.

JOHANN WOLFGANG VON GOETHE UND CHRISTIANE VULPIUS

LEBEN UND WERK

Als Johann Wolfgang von Goethe am 12.7.1788 zum ersten Mal Christiane Vulpius begegnet und sie noch am selben Tag ein Liebespaar werden, steht er als Geheimrat seit 1775 in den Diensten von Herzog Karl August. Am Hof von Weimar ist der studierte Jurist verantwortlich für Finanzen, das Heer und den Berg- und Wegebau. Der am 28.8.1749 geborene Dichter, Staatsmann und Naturforscher war im Juni 1788 von einer fast zweijährigen Italienreise zurückgekehrt. Noch ganz erfüllt von neuen menschlichen wie literarisch-künstlerischen Begegnungen und Erfahrungen, lässt er Christiane Vulpius in sein Gartenhaus an der Ilm einziehen. Christiane, geboren am 1.6.1765, muss seit dem Tod ihres Vaters Johann Friedrich Vulpius, von Beruf Amtsarchivar, durch ihre Arbeit in einer Manufaktur für Seidenblumen zum Unterhalt ihrer Geschwister beitragen. Aus dem anfänglichen erotischen Verhältnis wird schon bald eine Ehe ohne Trauschein. »Ich bin verheiratet, nur nicht mit Zeremonie«, schreibt Goethe 1790. Am 25.12.1789 kommt August zur Welt, der einzige Sohn, der das Erwachsenenalter erreichen wird. In diesen ersten beiden Jahren seiner Liebe zu Christiane schreibt Goethe die *Römischen Elegien*, die bei Veröffentlichung 1795 aufgrund ihrer deutlichen erotischen Anspielungen einen Skandal in der 6000 Einwohner zählenden Stadt Weimar auslösen. Belege für die intime Nähe, die Wärme und das Wohlbehagen in der Beziehung finden sich auch in den über 600 erhaltenen Briefen. Darin wird aber ebenso deutlich, dass die lebenslustige Christiane, die sich gerne bei Wein und Musik vergnügt hat, um ihre Anerkennung in Weimars Gesellschaft zeitlebens kämpfen musste. Immer steht sie treu an der Seite Goethes, pflegt ihn während der schweren Krankheit nach Friedrich Schillers Tod 1805. Im Verlauf der Eroberung durch Napoleonische Truppen am 14/15.10.1806 bewahrt sie Goethe durch ihr mutiges Eingreifen vor der drohenden Plünderung. Vier Tage später, am 19.10.1806, nach 18 gemeinsamen Jahren, heiraten Goethe und Christiane in aller Stille. Vom Mai 1816 datiert ihr letzter Briefwechsel. Sie stirbt an Blutvergiftung infolge von Nierenversagen am 6.6.1816. Goethe stirbt am 22.3.1832.

EMPFEHLUNG

Lesenswert:
Sigrid Damm: *Christiane und Goethe*. Frankfurt 1998.

Johann Wolfgang von Goethe: *Römische Elegien*. 1988.

Chris Stadtlaender: *Die kleine Welt am Frauenplan: Der Alltag Goethes mit Christiane Vulpius*. Zürich 1999.

Sehenswert:
Die Braut. Regie: Egon Günter, mit Veronica Ferres als Christiane und Herbert Knaup als Goethe, u. a. Deutschland 1999.

Hörenswert:
Johann W. von Goethe/Christiane Vulpius: *»Lieber Geheimerath ...«: Eine Liebes- und Ehegeschichte in Briefen, Gedichten, Tagebüchern und Zeitzeugnissen*. Gelesen von Gisela Zoch-Westphal und Gert Westphal, 1998. Audiocassette.

Besichtigenswert:
Das Goethe-Haus am Frauenplan und das Goethe-Museum in Weimar.

WERTUNG

Die Mesalliance schlechthin hat viel Glück und viel Unglück gebracht, aber sie war voller Leben.

Liebe:	✪✪✪✪✪
Sex:	✪✪✪✪✪
Familienfreuden:	✪
Skandal:	✪✪✪✪

Napoleon und Joséphine

»Weißt Du nicht, daß es ohne Dich, ohne Dein Herz, ohne Deine Liebe für Deinen Gatten weder Glück noch Liebe gibt ... Fern von Dir sind die Nächte lang, schal und traurig. Neben Dir wünschte man, daß die Nacht nie zuende geht.«

■ Liebe auf den ersten Blick. Napoleon (1769–1821) bleibt der fast sechs Jahre älteren Joséphine sein Leben lang verfallen.

Man hat viel darüber gerätselt, warum der General Bonaparte die Witwe Joséphine de Beauharnais überhaupt geheiratet hat. Sie war leichtlebig, fast sechs Jahre älter als er und keine besondere Schönheit. Napoleons brennender Ehrgeiz hätte ihn dazu antreiben müssen, nach einer besseren Partie Ausschau zu halten. Aber er wollte Joséphine und keine andere. Nahm er sie vielleicht nur ihrem damaligen Liebhaber Barras, seinem politischen Gönner, ab, um dadurch mit dem Oberbefehl im italienischen Feldzug »belohnt« zu werden? Konnte ihm die gewandte, diplomatisch begabte Dame nicht all die Kontakte und Beziehungen verschaffen, die er für seine Karriere brauchte? Die Antwort ist einfacher. Napoleon heiratete Joséphine, weil er sie liebte. Und er ließ sich von ihr scheiden, obwohl er sie liebte. Sie war die Frau seines Lebens.

Wer war sie? Geboren und aufgewachsen auf der Insel Martinique, einer französischen Kolonie, gehörte sie zur Quasi-Ausländergruppe der »Kreolen«. Sie trug die südliche Lebensfreude und Üppigkeit ihrer Heimat im Herzen, war attraktiv, sanftmütig, verschwenderisch und großzügig. Ihre Eleganz war unübertroffen, ihre Freundlichkeit ebenso. Napoleon verliebte sich gleich beim ersten Rendezvous in sie und blieb ihr lebenslang verfallen.

Für ihre prekäre gesellschaftliche Stellung als Geliebte einflussreicher Männer konnte sie nichts. Sie war mit sechzehn von der Insel nach Frankreich gekommen, um zu heiraten. Es war eine arrangierte Ehe, die beide Gatten unglücklich machte. Sie lebten getrennt, die beiden Kinder mal hier, mal dort – Joséphines Schicksal als abgefundene Exfrau schien vorgezeichnet. Dann kam die Revolution, ihr Mann General de Beauharnais endete unter der Guillotine. Auch Joséphine war eingekerkert; bevor aber ihr Todesurteil vollstreckt werden konnte, bestieg Robespierre selbst das Schafott. Joséphine ist nun frei. Sie steht mittellos mit zwei Kindern da. Ihr einziges Kapital ist ihre Anmut. Bald wird sie an der Seite so mancher energischer Parvenus gesehen, die von der Revolution allenthalben auf die politische Bühne gehoben werden.

Auch Napoleon Bonaparte ist so ein Emporkömmling. Der korsische Offizier besitzt ein großes militärisches Talent; er ist scharfsinnig, kühn und entschlusskräftig. Bei der Niederschlagung eines Royalistenaufstandes hat er Weitblick und Schlagkraft bewiesen – die herrschenden Kreise umwerben ihn. Was ihm fehlt, sind Schliff und diplomatisches Geschick. Er ist ein Soldat, der den rauhen Ton des Feldes auch im Salon anschlägt.

Joséphine, deren süße Stimme und verführerisches Auftreten von allen Zeitzeugen gepriesen werden, braucht sich keine große Mühe zu geben, um den blutjungen General, von dem jetzt alle Welt spricht, für sich einzunehmen. Sie braucht ihn nur anzulächeln.

■ Keine gute Partie. Doch der Anmut, der Lebensfreude und dem Temperament der »Kreolin« Joséphine (1763–1814) ist Napoleon erlegen.

Als Napoleon um sie wirbt, ist sie geschmeichelt. Sie ist nicht mehr jung und ihr Ruf nicht der beste. Als er sie heiraten will, ist sie verblüfft. Und keineswegs begeistert. Aber sie hat kaum Alternativen. Napoleons Karriere bei der Armee scheint garantiert. Also sagt sie ja. Verliebt ist sie in ihren Mann kein bisschen. Im März 1796 werden die beiden zivil getraut, gleich darauf rückt er nach Italien aus: und siegt und siegt. Der unglaubliche Furor, mit dem der General Bonaparte den Feind überrennt, soll einen höchst privaten Nebengrund gehabt haben: Eifersucht.

Denn Joséphine hat sich gleich nach der Hochzeit in einen jungen Leutnant verguckt, dem sie all ihre Zeit schenkt und der sie sogar begleitet, als sie ihrem Mann nach dem Friedensschluss entgegenreist. Dieser Betrug verstört Napoleon aufs Tiefste; sein ohnehin zum Misstrauen neigendes Naturell verhärtet sich weiter. Aber wenn er Joséphine wieder sieht, ist er sofort ihr Gefangener.

Seine italienischen Siege haben Napoleon zum Volkshelden gemacht. Ein beispielloser politischer Aufstieg beginnt. Der ägyptische Feldzug mehrt seinen Ruhm; er wird Erster Konsul und geht an eine umfassende Reform der Verwaltung und der Justiz. Der Sieg über die Österreicher festigt seine Machtstellung, er wird Konsul auf Lebenszeit. Es folgen eine Währungsreform und ein neues Bürgerliches Gesetzbuch.

Napoleon greift beiden Händen nach der ganzen Macht. Ein Beschluss des Senats erklärt ihn zum Kaiser der Franzosen. 1804 wird er in Notre Dame gesalbt. Er krönt sich selbst und seine Kaiserin Joséphine – in Anwesenheit von ganz Paris und sogar des Papstes.

Joséphine hat ihre Zeit gebraucht, um zu erkennen, dass der »komische Korse« das Format besaß, Geschichte zu machen. Als sie das spürte, sah sie ihn mit anderen Augen. Mit seinen Erfolgen entwickelte Napoleon erotische Anziehungskraft und sogar Charme. Und erst jetzt eroberte er seine Frau. Sie war nicht berechnender als die meisten anderen Menschen; sie war ungeheuer von ihrem Mann beeindruckt, der von Sieg zu Sieg eilte, erster Mann im Staate wurde und ihr immer größere Apanagen verschaffen und immer schönere Schlösser schenken konnte – und sie liebte ihn jetzt aufrichtig. Es war nicht so, dass er ihr Herz gekauft hätte. Es war so, dass sie es ihm schenkte, als er ihr und allen gezeigt hatte, was in ihm steckte.

■ *Die Krönung Napoleons*, Gemälde von Jacques-Louis David (1806/7). Napoleon wird am 2.12.1804 in Paris im Beisein von Papst Pius VII. zum Kaiser der Franzosen gekrönt.

Als Napoleon Kaiser geworden war, musste er das tun, was von Monarchen in aller Welt erwartet wurde: eine Dynastie gründen, einen Erben zeugen. Joséphine und er aber hatten keine Kinder. Zwar war Joséphine schon zweifache Mutter, doch schien ihre Fruchtbarkeit erloschen zu sein, denn ein außerehelicher Spross Napoleons bewies, dass es nicht an ihm lag. Kaum also hatte Joséphine den Gipfel der gesellschaftlichen Anerkennung erklommen, als auch schon der Sturz drohte. Hinzu kam, dass Napoleon, der die Familienwerte seiner bäuerlichen Heimat hochhielt, unter dem Einfluss seiner Mutter und Geschwister stand, die ohne Ausnahme vor Eifersucht auf die elegante Kreolin an Napoleons Seite glühten und unausgesetzt gegen sie intrigierten. Dem Kaiser selbst ist wohl kaum etwas so schwer gefallen wie die Trennung von seiner »süßen« Frau. »Durch Joséphine zu leben – das ist meine Geschichte«, hat er einmal geschrieben. Und es ist etwas Wahres dran. So lange er mit ihr zusammen war, glückte ihm alles. Sie war sein guter Engel. Nach der Trennung begannen die Niederlagen, kam der Absturz und schließlich die Verbannung. Napoleons Glücksstern ging unter mit Joséphine.

■ Kaiserin Joséphine und Napoleon I. Bonaparte, Kaiser der Franzosen (beide Gemälde von 1805).

■ Mit seiner Macht wächst Joséphines Liebe zu Napoleon. Doch der Kaiser hat seine Gattin (oben auf einem Relief) der Staatsräson zu opfern. Rechts: *Die Trennung Napoleons I. von seiner Gemahlin Joséphine*, 1809, Holzstich nach Defendi Semeghini.

Es gab noch einen Grund, der ihn zur Scheidung bewog. Trotz aller Erfolge, das fühlte Napoleon, wurde er unter Europas Monarchen nicht richtig für voll genommen, denn er entstammte bloß einem lächerlichen korsischen Landadel. Erst die Verbindung mit einem alten und mächtigen Herrscherhaus würde seine europäische Vormachtstellung endgültig sichern. So warb er um die Tochter des russischen Zaren – noch bevor er von Joséphine geschieden war. Er heiratete schließlich die junge Habsburgerin Marie-Louise und zeugte mit ihr einen Sohn. Aber seine Zeit war schon vorbei. Napoleon, in Russland und später bei Waterloo besiegt, dankte ab und wurde in die Verbannung geschickt.

Joséphine hatte die Scheidung lange kommen sehen. Sie behielt ihr Lieblingsschloss, ihre Apanage – und Napoleons Herz. Er hatte diese Frau einzig der Staatsraison geopfert, und sie wusste es. Aber sie litt unsagbar unter der Trennung. Nach seinem Sturz starb sie an Diphterie. Er überlebte sie um sieben Jahre, war also, als er 1821 verschied, kaum älter als sie bei ihrem Tod. Auf St. Helena soll er viel über sie gesprochen haben, darunter diesen Satz: »Sie war die beste Frau Frankreichs.«

NAPOLEON UND JOSÉPHINE

LEBEN UND WERK

Napoleon Bonaparte, ursprünglich ital. Napoleone Buonaparte, wird am 15. 8. 1769 auf Korsika geboren. Sein Vater, Carlo Buonaparte, schickt den Sohn aufs Festland nach Frankreich, wo er die Militärschule in Brienne und Paris besucht. Aufgrund seiner militärischen Verdienste bei der Belagerung von Toulon wird er vom regierenden Nationalkonvent 1793 zum General ernannt. Im September 1795 lernt er Joséphine Tascher de La Pagerie, verwitwete Vicomtesse de Beauharnais, kennen. Joséphine wird am 23. 6. 1763 auf der Insel Martinique, einer französischen Kolonie in Westindien, als Tochter eines französischen Offiziers und Plantagenbesitzers geboren. Sie kommt 1779 nach Frankreich, um Alexandre de Beauharnais zu heiraten. Die arrangierte Ehe wird auch durch die zwei Kinder, Eugène (1781–1824) und Hortense (1783–1837), nicht glücklich. Das Paar lebt getrennt, der Ehemann wird 1794 während der Französischen Revolution von den herrschenden Jakobinern enthauptet. Nach dem Sturz des Jakobiners Robespierre am 27. Juli 1794 kommt Joséphine aus dem Gefängnis frei. Am 9. 3. 1796 heiraten Napoleon und Joséphine. Zwei Tage später dringen die Franzosen unter Napoleons Führung in Norditalien ein, besiegen die Österreicher und bringen weite Teile Italiens unter französische Herrschaft. Napoleon stürzt am 9. 11. 1799 das regierende »Direktorium« und übernimmt als »Erster Konsul« die Regierung. In den folgenden Jahren dehnt er seine Herrschaft durch geschickte Koalitionen und militärische Erfolge fast über das gesamte Europa aus. 1804 verkündet er den *Code civil*, das neue *Bürgerliche Gesetzbuch*, das noch lange nach seinem Tod für das Rechtssystem vieler Staaten beispielgebend sein wird. Am 2. 12. 1804 krönt Napoleon sich selbst zum Kaiser, Joséphine wird seine Kaiserin. Die Ehe bleibt kinderlos. Nach der Scheidung Ende 1809 heiratet Napoleon am 1. 4. 1810 Marie-Louise, Tochter des Habsburger Kaisers Franz I. Doch seine Herrschaft neigt sich dem Ende zu. Nach empfindlichen Niederlagen geht er 1814 in die Verbannung auf die Insel Elba, um nach einer kurzen Unterbrechung 1815 endgültig nach St. Helena im südlichen Atlantik, fern von Europa verbannt zu werden. Dort stirbt er am 5. 5. 1821. Bereits 7 Jahre zuvor, am 29. 5. 1814, war seine geliebte Joséphine in ihrer Residenz in Malmaison verstorben.

EMPFEHLUNG

Lesenswert:
Napoleon – Liebesbriefe an Joséphine. Hrsg. von Jean Tulard und Chantal de Tourtier-Bonazzi. München 1985.

Bruce Evangeline: *Napoleon und Joséphine: Das grandiose Bild einer Epoche*. München 1996.

Sehenswert:
Napoleon. Regie: Abel Gance, Musik: Arthur Honegger, mit Albert Dieudonné (Napoleon). Frankreich 1927, rekonstruierte Fassung 1971.

Besichtigenswert:
Das erinnerungsträchtige Schloss Malmaison bei Paris.

WERTUNG

Er war ihr sofort verfallen, sie lachte ihn aus. Später kehrte sich das Verhältnis um: Er ging, sie verzweifelte. Aber sie blieben einander verbunden bis zum Schluss.

Liebe:	✪✪✪✪
Treue:	✪
Glück:	✪✪✪
Glanz:	✪✪✪✪
Sympathiewert:	✪✪✪✪✪

Bettine Brentano und Achim von Arnim

»So wird noch manche Welle den Main hinunterfließen, ehe ich Sie wiedersehe, Arnim. Das macht mich denn auch traurig, und ich blicke den Wellen mit besonderer Wehmut nach.«

■ Der schöne romantische Dichter Achim von Arnim (1781–1831) auf einem zeitgenössischen Gemälde.

Die Romantik, sagt man, habe die Liebe als Selbstzweck und Ehegrund überhaupt erst entdeckt; sie hat die Leidenschaft gefeiert und das Gefühl gegen die Konvention in Stellung gebracht. Viele begabte Männer und Frauen versuchten, so zu leben und zu dichten, wie die romantischen Ideale es verlangten – und plötzlich auch ermöglichten. In der Dichtung ging das oft gut, doch im Leben selten. Aber es gab Paare, die Empfindung und Sitte, Liebe und Ehe, Leidenschaft und Alltag zusammenbrachten. Zu genau diesen gehörte das Literatenpaar Bettine Brentano und Achim von Arnim.

Sie lernt ihn durch ihren Bruder kennen: Er ist Clemens Brentanos bester Freund. Lange Zeit bleibt die Beziehung rein freundschaftlich, und die junge Bettine hat viel Zeit, sich in ihrer Heimatstadt Frankfurt am Main umzutun, der Geselligkeit zu pflegen sowie Bücher und Gedichte zu lesen und zu schreiben und eine ganz neue Gattung, den Briefroman, zu erfinden. Sie war ein Mädchen, das man heute als überspannt und kapriziös oder einfach als verrückt bezeichnen würde, sie selbst nannte sich »närrisch«. Aber sie war intelligent und daher in der Lage, ihrer Unangepasstheit einen eigenen Lebensstil und dichterische Experimente abzugewinnen. Sie sagte, was sie dachte, redete in aparten Metaphern, reiste in Männerkleidern, flirtete mit dem Dichterfürsten Goethe und fiel allenthalben auf. Denn damals waren die Benimmregeln für das weibliche Geschlecht klar und hart: Frauen gehörten in den Hintergrund, die Bescheidenheit war ihre höchste Zier. Doch die Romantik hatte auch die Geschlechterrollen neu entworfen; erste Experimente mit der Gleichberechtigung zumindest im Rahmen von Ehe und Gefühlsbindungen werden unternommen. Bettine gehört zu den Pionierinnen.

■ Die Romantikerin, die sich selbst als »närrisch« bezeichnet: Bettine Brentano, spätere von Arnim (1785–1859), auf einer Pastellzeichnung.

Und Achim von Arnim? Er war ein ausgesprochen schöner Mann, und aus seinen frühen Romanen schließen die späteren Biografen auf mehrere bedeutende Affären, bevor er Herz und Hand Bettine bot.

Die beiden waren einander längst gut, kamen aber sozusagen mit Verspätung zusammen, weil von Arnim nach der Niederlage Preußens bei Jena mit dem Hof nach Königsberg geflüchtet war. Als er zurückkehrte, warb er ernsthaft um Bettine; er widmete ihr seinen Novellenband *Wintergarten*. Bettine, inzwi-

■ Brief Bettine von Arnims an den Fürsten von Pückler-Muskau, 1832. Bettine ist eine leidenschaftliche Briefeschreiberin.

schen sechsundzwanzig, erhörte ihn gern – und wie es sich für Romantiker geziemt, heirateten die beiden heimlich, in Berlin. Sie ließen sich auf Arnims Gut Wiepersdorf nieder, wo sie abwechselnd von Lektüre, Dichtkunst, Landwirtschaft und Kin-

■ Romantisches Antlitz. Bettine auf der zeitgenössischen Zeichnung *Porträt mit Wolldecke* von Ludwig Emil Grimm.

Bettine hat nach ihrer Eheschließung der schmetterlingshaft-koketten Seite ihres Wesens keine Entfaltung mehr gönnen können, aber ihre nonkonformistische, rebellisch-herausfordernde Natur blieb in Bewegung. Sie gebar sieben Kinder, vier Söhne, drei Töchter, und erzog sie freiheitlich-permissiv, wir würden heute sagen: antiautoritär. Ein Sohn starb als Jugendlicher durch einen Unfall; die anderen wurden alle groß und strebten zum Teil in künstlerische Berufe.

dererziehung stark in Anspruch genommen wurden. Bettine und Achim von Arnim horchten intensiv auf alles, was politisch in Europa los war, das Dichten und Träumen reichte ihnen nicht, sie wollten etwas verändern: in Richtung auf deutsche Einheit, Freiheit und Demokratie. Achim von Arnim neigte dazu, seine Enttäuschung über die Politik Preußens in Resignation umschlagen zu lassen. Bettine war es, die ihn immer wieder anstieß und ihn auch zu schriftstellerischer Arbeit drängte. Aber Achim hält den vielen Belastungen schlechter stand als seine Frau; er stirbt im Jahre 1831, kurz vor seinem 50. Geburtstag. Bettine betrauert ihn aus tiefstem Herzen, doch es liegt nicht in ihrem Wesen, sich vom Schmerz verschlingen zu lassen. Sie schreibt und ediert ihre berühmten Briefromane, sie gibt das Werk ihres Mannes *Des Knaben Wunderhorn* heraus, sie interveniert ein ums andre Mal auf der politischen Bühne des Vormärz: so, um die »Göttinger Sieben« zu rehabilitieren, und in einem »Armenbuch« das Elend der Unterschicht, vor allem der

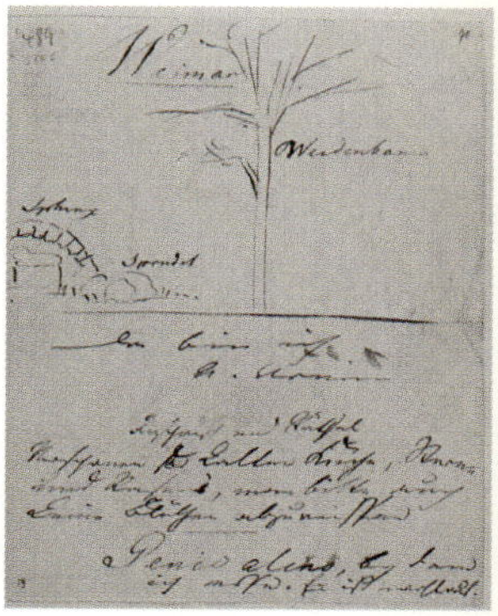

■ Ausschnitt aus einem Brief Achim von Arnims an den Bruder Bettines, seinen Freund Clemens Brentano, Jena und Weimar, 16.–20.12.1805.

■ *Quartettabend bei Bettine von Arnim*, Aquarell von Carl Johann Arnold, 1854/56. Nach dem frühen Tod Achims führt Bettine weiterhin ein gesellschaftliches und literarisches Leben.

■ Bettine engagiert sich in ihren späteren Jahren zunehmend politisch.

■ Achim und Bettine von Arnim lassen sich nach ihrer Heirat in Schloss Wiepersdorf bei Jüterbog (Brandenburg) nieder. Die Fotos zeigen die Außenfassade des Schlosses von der Hofseite aus und das Bettine-Zimmer im Obergeschoss. In Schloss Wiepersdorf ist heute ein Künstlerhaus untergebracht.

schlesischen Weber, zu dokumentieren. Sie soll sich mit Karl Marx getroffen und in ihrem Haus Unter den Linden verfemte, verfolgte, verbotene Autoren zusammengeführt haben. Unermüdlich setzt sie sich für politische Flüchtlinge und Gefangene ein, schickt Gnadengesuche an den König und verfasst Flugschriften. Aufständische Studenten schwärmen für die standhafte Freiheitskämpferin und huldigen ihr mit einem Fackelzug. Sie stirbt vierundsiebzigjährig in Berlin.

BETTINE BRENTANO UND ACHIM VON ARNIM

LEBEN UND WERK

Bettine von Arnim (Taufname Anna Elisabeth Brentano) wird am 4.4.1785 als dreizehntes Kind des Kaufmanns Peter Brentano geboren. Sie wird von katholischen Nonnen erzogen. Mit 12 Jahren kommt sie nach dem Tod ihres Vaters zur Großmutter, der Literatin Sophie La-Roche. In diesem weltoffenen Haushalt wird der Grundstein für die spätere literarische Karriere des Mädchens gelegt. 1798 begegnet sie zum ersten Mal ihrem Bruder Clemens Brentano, der sie 1802 mit seinem Freund Achim von Arnim bekannt macht. Geboren am 26.1.1781 als Ludwig Joachim von Arnim, verliert er seine Mutter im Kindbett und wird ebenfalls hauptsächlich von seiner Großmutter erzogen. Clemens Brentano hatte Achim von Arnim während seines Studiums der Naturwissenschaften in Göttingen kennen gelernt. Die beiden soll eine lebenslange Freundschaft verbinden, die auch zur gemeinsamen Bearbeitung und Herausgabe der Liedersammlung *Des Knaben Wunderhorn* (1806–08) führt. In dieser Zeit sehen sich auch Bettine und Achim häufiger, aus der Bekanntschaft wird Liebe. Im Winter 1810 verloben sie sich, die Heirat folgt am 11.3.1811 in aller Heimlichkeit. Achim widmet ihr sein Frühwerk, die Novellensammlung *Der Wintergarten*. Über Jahre sind die beiden dem Hause Goethe eng verbunden. In ihrem Briefroman *Goethes Briefwechsel mit einem Kinde* verarbeitet Bettine diese Freundschaft literarisch. Der Kontakt endet im Herbst des Jahres 1811 nach einem heftigen Streit mit Goethes Frau Christiane. Bettine bekommt in den Jahren 1812 bis 1827 sieben Kinder. Sie lebt zeitweise getrennt von ihrem Mann in Berlin, zeitweise auf dem Landgut Wiepersdorf, dessen Erträge die größer werdende Familie mit dem Nötigsten versorgten. Auseinandersetzungen und Ehekrisen entzünden sich an der Wahl der Wohnorte, der Kindererziehung und dem fehlenden Geld. Nach Achims überraschendem Tod am 21.1.1831 veröffentlicht Bettine innerhalb von 20 Jahren den literarischen Nachlass ihres Mannes. 1840 beginnt sie, ihr soziales und politisches Engagement der mutigen Unterstützung der vorrevolutionären Volksbewegung zu widmen. Einen Tag bevor sich Achims Tod zum 28. Mal jähren sollte, folgt sie ihm am 20.1.1859 im Kreis ihrer Kinder.

EMPFEHLUNG

Lesenswert:

Dagmar von Gersdorff: *Bettine und Achim von Arnim: Eine fast romantische Ehe.* 1997.

Hildegard Baumgart: *Bettine Brentano und Achim von Arnim. Lehrjahre einer Liebe.* 1999.

Hörenswert:

Liebe in Briefen, Teil 2: Friedrich Schiller/Charlotte von Lengfeld, Achim von Arnim/Bettine Brentano, Friedrich Hölderlin/Luise Nast u. a. (Literatur fürs Ohr), 1993.

Besichtigenswert:

Das gemeinsame Grab in Wiepersdorf, Mark Brandenburg, wo sie ihren Landsitz hatten, und das Schloss Wiepersdorf, das heute ein Künstlerhaus ist.

WERTUNG

Eine romantisch geschlossene und teils glücklich, teils mit zusammengebissenen Zähnen geführte Ehe, viele Kinder, wenig Geld, reges Geistesleben.

Liebe:	✪✪✪✪✪
Familienfreuden:	✪✪✪✪✪
Glück:	✪✪✪
Zusammenarbeit:	✪✪✪✪

Percy B. Shelley und Mary Wollstonecraft Shelley

»Ich glaube nicht, daß es einen Vorzug gibt, den die menschliche Natur zu bieten hat, den sie nicht unbestreitbar besäße. Ihr Lächeln, wie einnehmend es doch ist und wie rührend! Sie ist sanft und zart und dennoch zu glühender Empörung und Haß sehr wohl fähig.«

So beschreibt der zweiundzwanzigjährige Dichter Percy Bysshe Shelley Mary, die Tochter seines Mentors William Godwin. Im Hause des sozialkritischen Philosophen und Schriftstellers verkehren im Jahre 1814 etliche revolutionäre Intellektuelle Londons; alles, was die französische Revolution an Konflikten und Fragen offen gelassen hat, wird hier ausdiskutiert, insbesondere die Lage der Armen und die Emanzipation der Frauen. Kann ein Mensch loyal sein, der nichts zu essen hat? Kann eine Frau echte Liebe fühlen, die sich um ihrer Kinder willen mit ihrem Mann arrangieren muss? Ist Unterordnung gottgewollt? Gibt es einen Gott? Shelley bestreitet das. Wegen seiner Schrift *Die Notwendigkeit des Atheismus* wurde er von der Universität relegiert, und jetzt sitzt er am Tisch Godwins, der ihn ernst nimmt und mit dem er poetische Prinzipien und Reformideen austauschen kann.

Mary ist erst sechzehn. Portraits zeigen sie als madonnenhafte Erscheinung mit übergroßen Augen. Sie ist eben aus Schottland, wo sie Teile ihrer Jugend bei Verwandten zugebracht hat, ins Vaterhaus zurückgekehrt. Ihre Mutter war die namhafte Frauenrechtlerin Mary Wollstonecraft; sie starb bei der Geburt des Töchterchens. Jetzt ist dieses kluge junge Mädchen selbst erwachsen, begreift, worum es bei den Debatten geht, darf teilnehmen, möchte mitreden, traut sich aber noch nicht. Sie lauscht Shelley, dem hübschen jungen Mann mit dem ovalen Gesicht und dem braunen Lockenhaar, der durch seine ekstatischen Gedichte und revolutionären Visionen allenthalben von sich reden macht. Shelley ist verheiratet. Seine Frau Harriet hat er entführt, als sie sechzehn war, jetzt bringt er sie manchmal mit. Das Paar hat ein Kind, ein zweites ist unterwegs. Shelleys Familie ist begütert; der Vater, ein Landedelmann, missbilligt den Lebenswandel seines Sohnes und hält ihn kurz. Gleichwohl geht Godwin den jungen Dichter öfter um Darlehen an, und der gibt gern: Was ist schon Geld im Licht geteilter Ideale. Auch seine Großzügigkeit ist für Mary ein Grund, Percy Shelley zu bewundern. Bald wird mehr daraus. Man kann sich die Liebesgeschichte zwischen dem verheirateten Dichter und der Tochter seines Mentors als eine vom Esprit der Revolte und von den Reizen der Lyrik geknüpfte Verbindung vorstellen, als eine Liaison zweier ungewöhnlich wissensdurstiger und empfindsamer Menschen. Ein knappes Vierteljahr nach dem Kennenlernen im Hause Godwin brennt das Paar durch auf den Kontinent. Sie nehmen Marys Stiefschwester Claire mit. Zurück lassen sie die schwangere Harriet Shelley, den fassungslosen William Godwin, eine geschockte Londoner Society – und Percys Gläubiger. Sie reisen. Sie erleben Frankreich und die Schweiz. Die Welt gehört ihnen. Ihr gemeinsames Leben halten Mary und Percy, denen Lesen und Schreiben stets unendlich viel bedeutet hat, von Anfang an in einem Tagebuch fest.

Im Herbst sind die drei wieder zurück – das Geld ist ihnen ausgegangen. Harriet Shelley bringt einen Sohn zur Welt; Percy ist

■ Mary Godwin (1797–1851) ist sechzehn, als sie dem englischen Romantiker Percy B. Shelley (1792–1822) begegnet. Eine skandalöse Beziehung: Die in ihrer Sensibilität und ihrem Wissensdurst verbundenen Liebenden brennen wenige Monate nach ihrem Kennenlernen durch. Shelley lässt seine schwangere Ehefrau und ein Kind zurück.

DER ERSTE TAGEBUCHEINTRAG VON PERCY:

»28. Juli 1814 – in der Nacht, die diesem Morgen voranging, da alles entschieden war, bestellte ich eine Kutsche, die um vier Uhr bereitstehen sollte. Ich wartete, bis die Blitze verblaßten. Ich glaubte nicht, daß uns die Flucht gelingen würde; selbst in der Gewißheit ist noch Gefahr verborgen. Es mußten noch einige Vorbereitungen getroffen werden, wie quälend erschien mir diese Zeit. Es war, als spielten wir mit Leben und Hoffnung. Wenige Minuten vergingen: Sie lag in meinen Armen. Wir befanden uns auf dem Weg nach Dover.«

■ Mary lernt Percy im Haus ihres Vaters kennen. Der Sozialphilosoph und Schriftsteller William Godwin (1756–1836) empfängt Intellektuelle, um mit ihnen sozialrevolutionäre und -reformerische Ideen zu diskutieren. Angesichts der die Konventionen sprengenden romantischen Liebe zwischen seiner Tochter und Shelley reagiert Godwin indes fassungslos. Unten: Die Shelleys, Lord Byron und Freunde während einer Bootsfahrt auf dem Genfer See.

glücklich. Mary, die selbst ein Kind erwartet, ist oft unpässlich und tief verwirrt. Shelley hat sich in jener Zeit mit dem Gedanken getragen, seine Ehefrau und deren Kinder zu sich zu holen und mit ihnen, Mary und Claire in einer Art Kommune zu leben. Er ermutigt einen alten Freund, sich Mary zu nähern, da er Exklusivität in der Liebe ablehnt und offenbar zeigen will, dass er für sich selbst keine Ausnahme macht. Aber Mary kann sich in die sozialen Experimente, die Shelley anstellt, nicht mit demselben Schwung hineinwerfen. Zwar hatte Godwin sie frei, das heißt fern von religiösen Moralvorstellungen, erzogen – und sie hatte sich zum Entsetzen ihres Vaters als dieser Erziehung würdig erwiesen und ihre Liebe gegen Pflicht und Konvention verteidigt. Aber weiter mochte sie nicht gehen. Den Mann ihres Lebens wollte sie für sich.

Marys erstes Kind stirbt gleich nach der Geburt. Bald bekommt

> TAGEBUCHEINTRAGUNG VON MARY:
> *»Ein Haus mit einem Park, einem Fluß oder See, edlen Bäumen und himmelhohen Bergen ... Aber laß nur. Gib mir einen Garten und sorge für die Abwesenheit Claires – und ich will meinem Geliebten für all seine Gunstbeweise danken.«*

sie ein zweites, William, das von seinen Eltern vergöttert wird. Mit Mary und Claire reist Shelley wieder auf den Kontinent; diesmal mieten sie sich am Genfer See ein, wo der berühmte Dichter Lord Byron in einer Villa Hof hält. Die Männer segeln

viel, Mary schreibt Tagebuch. Abends debattiert man und liest vor: Für lange Nächte eignen sich Gespenstergeschichten, die damals schwer in Mode waren. Byron ist es, der eines Abends die Idee hat: »Warum schreiben wir nicht alle eine Spukgeschichte?« Die Begeisterung ist groß, man geht ans Werk. Mary Shelley ist die Einzige, die ihre Geschichte zu einem Roman ausbaut: *Frankenstein oder Der moderne Prometheus* erscheint im Jahre 1818.

FRANKENSTEIN

Wenige Bücher werden so erfolgreich. *Frankenstein* ist weltbekannt, wird in beinahe alle Sprachen übersetzt, unzählige Male verfilmt und ständig in den Buchläden vorrätig gehalten. Die Geschichte vom künstlichen Menschen, derzeit aktuell wie nie, erregte die Gemüter, beschäftigte die Ethiker und spaltete die Kritik.

■ Kind der Romantik. Neunzehnjährig verfasst Mary Wollstonecraft unter Mithilfe von Percy den Schauerroman *Frankenstein oder Der moderne Prometheus.* Er steigt in den Rang der Weltliteratur auf und wird vielfach verfilmt. In der berühmten Version von James Whale aus dem Jahre 1931 spielt Boris Karloff das Monster.

Der Rang des Buches ist heute unbestritten. Es ist das Werk eines neunzehnjährigen Mädchens, dessen Autorenschaft anfangs verkannt wurde – man hielt das anonym erschienene Buch für einen Roman Shelleys – und dessen Name auch nie echten Ruhm erwarb. Den Siegeszug hinein in die Phantasie der Menschen trat allein das »Monster« an, dem das Film- und Lesepublikum kurzerhand den Namen seines Schöpfers gab. Frankenstein heißt der Schweizer Arzt, der bei Mary Shelley den künstlichen Menschen aus Leichenteilen zusammensetzt. Percy Shelley hat wahrscheinlich einen nicht geringen Anteil an dem Buch. Er hat seine Gefährtin beraten, ermutigt, und wohl auch mitgeschrieben – auf ihren Wunsch. Immer noch ist die Sprache das Medium, über welches das Paar Percy und Mary Shelley sich austauscht, verständigt, inspiriert und seine Liebe feiert. Aber es gibt auch viel Leid zu bewältigen. Harriet Shelley nimmt sich das Leben; das Sorgerecht für die beiden Kinder, die er mit ihr hat, wird Shelley entzogen. Mary wird die zweite Mrs. Shelley. Sie gebiert ein kleines Mädchen, das in Venedig stirbt, eine Infektion ist die Ur-

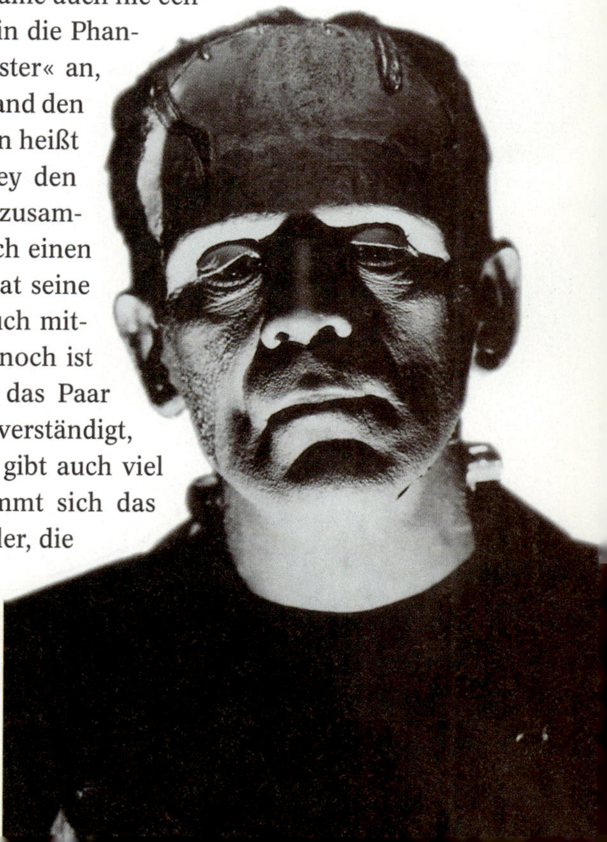

sache. Der kleine William folgt bald nach, wieder sind Mary und Percy kinderlos.

ERSTARRT VOR KUMMER SCHLIESST MARY IHR TAGEBUCH:
»Die Welt erschien mir nach dem Tod meines William nur noch wie Treibsand, der unter meinen Füßen versank.«

■ Mary Shelleys *Frankenstein* hatte großen Einfluss auf die Entwicklung der »gothic novel«, des englischen Schauerromans, als einer eigenständigen literarischen Gattung. In *Gothic* nimmt der Regisseur Ken Russell eine Nacht, in der Mary Shelley sich zusammen mit einem Vampir ihre Gruselgeschichten ausdenkt, als Ausgangspunkt für seinen Horrorfilm.

Ein Jahr später wird den Shelleys in Florenz noch ein Knabe geboren, sie nennen ihn Percy. Dieser Sohn wird als einziger von vier Kindern aufwachsen. Nun legt Mary ein neues Tagebuch an. Drei Jahre später gerät Shelley mit seinem Boot vor dem Golf von Livorno in einen Sturm. Erst Tage später wird seine Leiche bei Viareggio angeschwemmt. Der Dichter eines reichen lyrischen Werkes, darunter Verserzählungen und Dramen, ist dreißig Jahre alt, als er stirbt, seine Witwe noch nicht einmal fünfundzwanzig.

Mary Shelley schrieb noch Romane und Reisebeschreibungen und gab das Werk ihres Mannes heraus. Sie lebte zurückgezogen in England, wo sie dreiundfünfzigjährig starb, betrauert von ihrem Sohn Percy und dessen Frau.

TAGEBUCHEINTRAGUNG NACH PERCYS TOD:
»Acht Jahre lang verkehrte ich in schrankenloser Freiheit mit einem Menschen, dessen Geist dem meinen so weit überlegen war, der meine Gedanken weckte und leitete, und mein Geist war zufriedengestellt. Jetzt bin ich allein – ach, wie allein! Die Sterne mögen auf meine Tränen herabsehen und meine Seufzer trinken. O mein geliebter Shelley!«

PERCY B. SHELLEY UND MARY WOLLSTONECRAFT SHELLEY

LEBEN UND WERK

Mary Wollstonecraft Shelley, geboren am 30.8.1797, war die einzige Tochter der kurz nach der Geburt verstorbenen Feministin Mary Wollstonecraft (1759–1797) und des politischen Freidenkers William Godwin (1756–1836). Marys Ausbildung durch ihren Vater verschafft ihr einen für die damalige Zeit umfassenden Wissenshorizont, der vom sozialrevolutionären Gedankengut geprägt ist. Im Haus ihres Vaters lernt Mary nach ihrem zweijährigen Aufenthalt in Schottland im Mai 1814 den jungen Dichter Percy Bysshe Shelley kennen. Der am 4.8.1792 geborene, aus adliger Familie stammende Percy war 1811 wegen seiner Beteiligung an einer atheistischen Flugschrift von der Universität Oxford verwiesen worden. Dieser Umstand sowie seine Heirat am 29.8.1811 mit der aus einfachen Verhältnissen stammenden Harriet Westbrook führten zum Bruch mit seinem Vater. Nach dem Freitod seiner Frau Harriet, von der er sich im Oktober 1814 getrennt hatte, heiraten Mary und Percy am 30.12.1816. Im Sommer 1816 entsteht in der Schweiz die Grundlage zum 1818 veröffentlichten klassischen Gruselroman *Frankenstein oder Der moderne Prometheus*. Der klassische Prometheus wird von Ovid in seinen *Metamorphosen* als der Titan beschrieben, der aus Lehm und Wasser Männer und Frauen geschaffen und belebt hat und dafür bestraft wurde. Schon zu Lebzeiten Mary Shelleys wurde der Roman auf die Theaterbühne gebracht, am eindrucksvollsten hat aber sicherlich Boris Karloff in der Verfilmung von 1931 die Figur des Monsters beseelt, ganz im Sinne des Mottos von John Milton, das Mary Shelley ihrem Roman vorangestellt hat: »Hab ich's von dir, mein Schöpfer, denn erbeten, daß du aus Lehm zum Menschen mich geformt? Daß du mich aus der Dunkelheit hervorzuziehen kamst?« Nach dem Tod ihres Ehemanns am 8.7.1822 kehrt Mary mit ihrem einzigen überlebenden Kind Percy 1823 nach London zurück. Die Schicksalsschläge ihrer eigenen Biographie verarbeitet sie literarisch in *Der letzte Mensch* (1826). Sie veröffentlicht posthum das mit ihren Anmerkungen versehene lyrische Werk ihres Ehemanns und schreibt noch weitere Romane, Essays und Reiseberichte. Nach mehreren Schlaganfällen stirbt sie, bis zuletzt gepflegt von ihrem Sohn und dessen Frau, am 1.2.1851 in London.

EMPFEHLUNG

Lesenswert:

Muriel Spark: *Mary Shelley: Eine Biographie.* Frankfurt 1992.

Percy B. Shelley: *Ausgewählte Werke: Dichtung und Prosa.* Zweisprachige Ausgabe, hrsg. und eingeführt von Horst Höhne. Frankfurt 1990.

Sehenswert:

Frankenstein. Regie: James Whale, mit Boris Karloff. USA 1931.

Frankenstein Junior (Young Frankenstein). Regie: Mel Brooks, mit Gene Wilder, Marty Feldman, Peter Boyle, Teri Garr, u. a. USA 1974.

Gothic. Regie: Ken Russell, mit Gabriel Byrne, Julian Sands, Natasha Richardson u. a. Großbritannien 1986.

Hörenswert:

Mary Wollstonecraft Shelley: *Frankenstein oder Der moderne Prometheus.* Hörspielbearbeitung von Nick McCarthy, Regie: Annette Kurth, Sprecher: Hansa Czypionka, Jens Wawrczeck, Peter Lieck u. a. München 1999. 2 Audiocassetten.

WERTUNG

Das abenteuerlichste, modernste, mutigste und verrückteste Paar von allen liebte und litt, solange es dauerte: viel (auch gemeinsame) Dichtung – und die Tragödie der toten Kinder ...

Liebe:	✪✪✪✪✪
Zusammenarbeit:	✪✪✪✪✪
Tragik:	✪✪✪✪✪
Gesell. Anerkennung zu ihrer Zeit:	✪

Quasimodo und Esmeralda

»Fürchtet Euch nicht! Ich bin Euer Freund! Ich war gekommen, um Euch schlafen zu sehen. Das kann Euch doch nichts schaden, nicht wahr, wenn ich Euch schlafen sehe? Was macht es, wenn ich da bin, und Ihr habt die Augen geschlossen?«

■ Er will nicht, dass sie seine Hässlichkeit sieht. Gina Lollobrigida als Esmeralda und Anthony Quinn als Glöckner von Notre-Dame in der berühmten Verfilmung aus dem Jahre 1956.

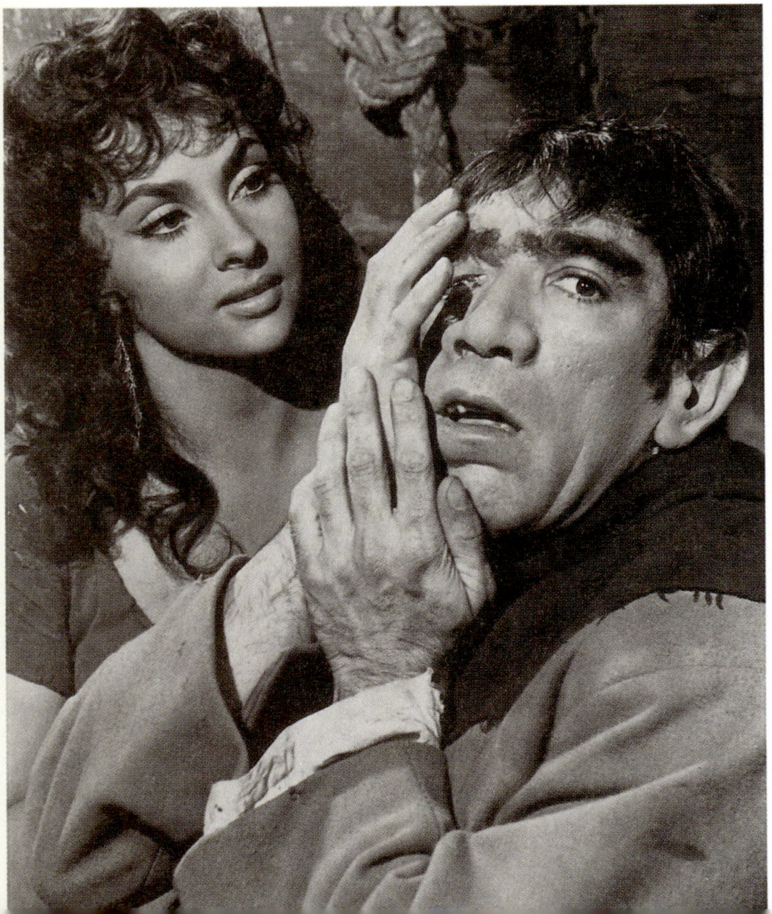

Quasimodo weiß, dass sein Anblick eine Zumutung ist. Aber da er Esmeralda vor dem Galgen gerettet und ihr Asyl in der Kathedrale verschafft hat, wagt er es, sich ihr zu nähern. »Die Zigeunerin öffnete gerührt die Augen. Und sah den armen Buckligen an eine Mauerecke gedrückt, in schmerzlicher, resignierter Haltung. Sie bemühte sich, den Widerwillen, den er ihr einflößte, zu überwinden. ›Komm‹, sagte sie sanft zu ihm. ›Nein, nein‹, sagte er, ›die Eule kommt nicht in das Nest der Lerche.‹« Der Bucklige war ein Findelkind, er wurde aufgezogen vom Domprobst Frollo, der ihn zum Glöckner von Notre-Dame gemacht hat. Er gleicht den Monstren, die ringsum die Fassade der großen Kirche zieren, doch das gotische Scheusal besitzt ein Herz voll romantischer Sehnsucht. Und obwohl er nur ein Auge hat, sieht er klarer als die meisten. Er weiß, dass die Zigeunerin Esmeralda das schönste Kind unter der Sonne, dass ihre einzige Schuld ihr Liebreiz ist und dass ihre Verurteilung zum Tode nicht mit rechten Dingen zugegangen sein kann.

Esmeralda ist eine Tänzerin; sie zieht mit ihrer Ziege durch Paris und entzückt die Leute durch ihre Grazie. Aber sie lebt gefährlich – so mancher Kerl sieht Freiwild in ihr, und sie braucht den Rückhalt der Pariser Unterwelt, der Bettler, Diebe und Streuner im »cour des miracles«, um ihr kleines Gewerbe unversehrt fortführen zu können. Gegen Domprobst Frollo allerdings ist auch die Unterwelt machtlos. Dieser Geistliche ist im Volke nicht beliebt; in seiner Seele brennt ein dunkles Feuer, das seine Frömmigkeit verzehrt. Er kennt keine Güte, und er fürchtet sich vor sich selbst. Ja, der Mann Gottes ist nicht von der Hingabe an seinen Stand, sondern von der Begierde nach Esmeralda besessen, und als es ihm nicht gelingt, sie für sich zu gewinnen, sorgt er dafür, dass sie des Mordes und der Hexerei angeklagt wird. Quasimodo durchschaut das diabolische Spiel und versteckt Esmeralda in seinem Reich. Hier ist sie in Sicherheit, denn in Gottes Haus darf kein Soldat, kein Profos, kein Polizist sein Amt ausüben.

■ Symbol für menschliche Zivilisation. Der hässliche Beschützer lässt die zarte Schönheit unberührt. Karl von Steuben: *Esmeralda*, 1839.

Quasimodo und Esmeralda schauen einander an; sie reden, scherzen, lachen. Das fällt nicht leicht, denn Quasimodo ist durch den Glockenklang im Laufe der Jahre ertaubt, aber was macht das schon. Er hat Esmeraldas Leben neu gewonnen, und die Kathedrale leuchtet in ihrer neuen Größe als Haus für die Zigeunerin und den Glöckner. Doch Frollo ist noch einmal stärker. Als die Diebe und Bettler und armen Teufel von Paris zur Seine-Insel strömen, um Esmeralda zu befreien, lässt er das Volk auseinanderjagen und das Asylgesetz aufheben. Esmeralda wird auf den Richtplatz geführt und gehenkt. Quasimodo und

Notre-Dame de Paris spielt 1482, es erschien im Jahre 1831. Dieser Roman gilt als das größte epische Werk der Romantik. In seinem Mittelpunkt steht die wundervolle gotische Kathedrale, deren Würde und Geheimnis Victor Hugo gegen die andrängende Moderne in Schutz nehmen wollte.

Frollo überblicken von der Balustrade des Turms die Szene. Der Glöckner verdirbt dem Probst die Genugtuung, das Zigeunermädchen hängen zu sehen. Er stürzt ihn über das Geländer in die Tiefe.

Sind Esmeralda und Quasimodo ein Paar? Nicht im Sinne des Glücks und der Erfüllung, aber nach dem Willen des Schicksals. Er liebt sie, er rettet sie, er trägt sie auf seinen Armen. Sie hat natürlich einen anderen im Sinn, ja, sie liebt einen stattlichen Hauptmann. Aber wie soll sie nicht gerührt sein angesichts des Glöckners, der sein Leben für sie wagt und ihr beim Schlafen zuschaut? »Komm«, sagt sie zu ihm und streckt ihre Hand nach ihm aus: Diese Erlösungsgeste gibt dem Buckligen alles, was er braucht. Jetzt ist er kein Ungeheuer mehr.

Der Glöckner und die Tänzerin sind das Urbild von *La belle et la bête*, von *Die Schöne und das Biest*; die Vorgeschichte dieses Paares geht zurück zum *Froschkönig*, und zu den Nachwirkungen gehört *King Kong und die weiße Frau*. Die märchenhaften Versionen, bei denen die Schöne den Unhold nur zu küssen braucht, um ihn in einen strahlenden Prinzen zu verwandeln, sind für die Kinder. Die Erwachsenen müssen sich damit abfin-

■ Die Schöne und das Biest. Maureen O'Hara und Charles Laughton in der frühen Verfilmung von *Der Glöckner von Notre-Dame* aus dem Jahre 1939 in der Regie von William Dieterle.

■ Polyptychon mit Szenen aus Victor Hugos *Der Glöckner von Notre-Dame* von Auguste Couder, 1837. Im Mittelteil zu sehen sind die Liebenden Esmeralda und Phoebus, die vom Domprobst Frollo überrascht werden.

den, dass Quasimodo Quasimodo bleibt und King Kong kein Mensch wird, auch wenn das Mädchen seine Angst überwindet und ihm ihr Mitgefühl schenkt. Oder? Die »La-belle-et-la-bête«-Kombination enthält die tröstliche Botschaft, dass auch der hässliche, entstellte, verwachsene Mann liebenswert sein und Zuneigung gewinnen kann. Und es steckt noch eine zweite Botschaft in diesem Paar: Es erinnert daran, dass das Begehren als Trieb und Ekstase eine animalische Urgestalt besitzt, die keine ästhetischen Rücksichten nimmt und sich zur Not auf die Gewalt verlässt. Weder King Kong noch Quasimodo würden ihre zarte Frau jemals verletzen. Aber es ist nicht unwesentlich, dass sie das Objekt ihrer Begierde in ihre Gewalt bringen. Insofern

■ Titelseite der französischen Originalausgabe *Notre-Dame de Paris* von Victor Hugo aus dem Jahre 1831. Im gleichen Jahr noch wird der Roman ins Deutsche übersetzt.

■ Quasimodo als Massenunterhaltung. Natürlich hat sich auch Walt Disney der herzergreifenden Geschichte angenommen. Szene aus dem Zeichentrickfilm *Der Glöckner von Notre-Dame* von 1996.

sind die »Belle-et-Bête«-Paare Symbole für die menschliche Zivilisation, die in dem Moment begann, als der erste Wilde darauf verzichtete, das Weibchen, das ihm gefiel und das er gefangen hatte, zu vergewaltigen. – Und die mütterliche Zärtlichkeit der Frauen, die den verliebten Ungeheuern ihre Hässlichkeit nachsieht, weil sie Seele zeigen, darf als Element der weiblichen Erotik gelten.

QUASIMODO UND ESMERALDA

LEBEN UND WERK

Die Bilder, die beim Gedanken an die schicksalhafte Begegnung des hässlichen Glöckners mit der wunderschönen Tänzerin Esmeralda im Kopf entstehen, sind meist Szenen aus den mehr als 10 seit 1905 entstandenen Filmen. Literarische Vorlage ist der wohl bedeutendste Roman der französischen Romantik von Victor Hugo. Doch der Roman weist in seiner erzählerischen Breite weit über die Liebesgeschichte hinaus. Der 1802 geborene Hugo recherchierte umfassend die historischen Quellen für die Zeit des Umbruchs vom Mittelalter zur beginnenden Neuzeit, sein Roman enthält dazu lange philosophische Reflexionen. Vor dem Hintergrund des Volksaufstandes der Julirevolution in Frankreich 1830 spiegelt der 1831 erschienene Roman jedoch auch die zeitgenössischen Konflikte wider. Von den Hauptpersonen des 1482 spielenden Romans sind nur 2 Personen historisch belegt. Zum einen Pierre Gringore (im Roman Gringoire), um 1475 geborener französischer Dichter und Anführer der Narrenzunft »Enfants sans souci«; er spielt im Roman die Rolle des offiziellen Gatten Esmeraldas. Zum anderen Ludwig der XI., König von Frankreich, der von 1423–1483 lebte und aufgrund seiner tyrannischen Herrschaft den Beinamen »der Grausame« erhielt. Die anderen Hauptpersonen, Domprobst Frollo, dessen Bruder Jean, Esmeralda und Quasimodo sowie die Bettlerkönige und der Offizier, sind frei erfunden. Eine »Hauptperson«, wenn man so will, prägt ganz entscheidend den Charakter sowohl der Filme als auch des Romans: die Kathedrale von Notre-Dame. Dieses spätgotische Prunkstück, auf der Île de la Cité gelegen, wurde 1163 begonnen und mit seinen 68 m hohen Türmen und zahlreichen Anbauten erst 200 Jahre später vollendet. Es dient nicht nur als Kulisse, sondern steht sinnbildlich für die überkommene mönchisch-klerikale Kultur. Charles Laughton spielt in der ersten bedeutenden Verfilmung 1939 den Glöckner und gibt ihm vor dem Hintergrund der in Schwarz-Weiß besonders düster wirkenden Kathedrale trotz seiner entstellenden Maske zutiefst menschliche Wesenszüge. Die Filmversion von 1956 in Farbe und ganz auf den Star Gina Lollobrigida ausgerichtet wirkt dagegen schon wesentlich gefälliger, ganz zu schweigen von der im Vergleich dazu kitschig wirkenden Disneyschen Trickfilmfassung von 1996.

EMPFEHLUNG

Lesenswert:
Victor Hugo: *Der Glöckner von Notre-Dame.* Frankfurt 1996.

Sehenswert:
Der Glöckner von Notre-Dame (The Hunchback of Notre-Dame). Regie: Wallace Worsley, mit Lon Chaney Sr., Patsy Ruth Miller, u. a. USA 1923.

Der Glöckner von Notre-Dame (The Hunchback of Notre-Dame). Regie: William Dieterle, mit Charles Laughton und Maureen O'Hara. USA 1939.

Der Glöckner von Notre-Dame. (The Hunchback of Notre-Dame) Regie: Jean Delannoy, mit Anthony Quinn und Gina Lollobrigida. Frankreich 1956.

Hörenswert:
Der Glöckner von Notre-Dame: Musical-Höhepunkte der Weltpremiere im Musical Theater Berlin, deutsche Originalaufnahme, Musik v. Alan Menken, 1999. Audio-CD.

Besichtigenswert:
Das Museum Maison de Victor Hugo in Paris.

WERTUNG

Die Todgeweihten lieben sich nur durch einen Blick und ein Lächeln – aber darin liegt eine Welt.

Erotik:	✪✪
Gefahr:	✪✪✪✪✪
Sympathiewert:	✪✪✪✪✪
Tragik:	✪✪✪✪✪

Robert Schumann und Clara Wieck

»Vergessen Sie also das ›Ja‹ nicht. Ich muß erst diese Versicherung haben, ehe ich an etwas weiteres denken kann.«

Robert Schumann, Student der Rechte in Leipzig, hört Clara, die Tochter des strengen Klavierpädagogen Friedrich Wieck, bei einer Freundin am Flügel. Er ist hingerissen und entschließt sich, unter Anleitung ihres Vaters Virtuose zu werden – ein alter Traum. Er wird von Wieck als Schüler und Mieter aufgenommen, beginnt mit großem Enthusiasmus, doch bald macht die Lähmung eines Fingers seiner Laufbahn ein Ende. Clara dagegen, obwohl noch fast ein Kind, hat es bereits geschafft: Sie geht auf weite Konzertreisen, erntet überall Applaus, Goethe gehört zu ihren Bewunderern. Aber niemand kennt und liebt das Mädchen und ihr Spiel so wie Schumann. Zwischen ihr und ihm hat sich längst eine innige Freundschaft entwickelt. Auf gemeinsamen Spaziergängen nach den harten Übungsstunden unterhält Robert sie mit immer neuen Spielen und selbst erfundenen Geschichten. Ihr Antlitz, ihr Name steht ihm vor Augen, wenn er komponiert. Als sie sechzehn ist, wird ihm bewusst, dass er sie liebt. Er löst seine Verlobung mit einer anderen und hält um ihre Hand an. Doch mit einem hat Robert nicht gerechnet: Friedrich Wieck. Der denkt gar nicht daran, sein Meisterstück, seine Tochter, die für ihn all das verwirklichen soll, was ihm selbst in musikalischer Hinsicht verwehrt blieb, an einen wankelmütigen Möchtegernmusiker herzugeben, der obendrein noch schlecht situiert ist. Clara fügt sich zunächst dem ehrgeizigen Vater, der alles tut, um die Verbindung zu hintertreiben. Doch als sie auf einem Konzertabend im

■ Die Pianistin Clara Schumann, geb. Wieck (1819–1896), um 1853.

Jahre 1837 Schumanns »Symphonische Etüden« (op. 13) eigenmächtig ins Programm nimmt, ist Robert, der im Publikum sitzt, sich sicher: Sie liebt ihn!

Aber bis auf geheime Treffen im Park können sich die beiden wenig sehen. Das lange Warten und der Krieg gegen Wieck zermürben Robert. Als Clara ihn dann nach einem neuerlichen Einschreiten Wiecks doch bittet, die bereits eingegangene Verlobung zu lösen, fällt er in eine tiefe, schmerzliche Depression, denkt an Selbstmord. Aber Clara kann ihrer Liebe für Robert nicht lange zuwiderhandeln. Am 12. September 1840, Schumann ist inzwischen dreißig Jahre alt, heiraten die beiden in der Dorfkirche Schönefeld nahe Leipzig. In diesem Jahr schreibt Schumann über 130 Lieder, ist auf dem Gipfel seines Schaffens.

Es beginnt ein harmonisches, aus kleinbürgerlichem Alltag, viel Kindergeschrei und romantischer Musik bestehendes Eheleben, das beide durch ein gemeinsames Tagebuch lange dokumentieren. Doch es gibt auch Spannungen. In der Wohnung steht nur ein Klavier, Schumann arbeitet oft viele Stunden lang, nach außen hin abweisend und kalt, wie ein Besessener an dem Instrument, und Clara kommt tagelang nicht zum Üben. Robert, aufgewühlt und zerrissen im Inneren, sehnt sich nach einem friedlichen Familienleben. Doch seine Frau denkt gar nicht daran – auch nicht als Mutter mehrerer munterer Kinder –, ihre Kunst als Pianistin zu vernachlässigen. 1844 geht sie auf eine Tournee, die sie bis nach Moskau führt. Im Schatten seiner berühmten Gattin gerät Schumann, der sie begleitet, ins Abseits; man fragt ihn, ob er auch Musiker sei. Nachdem er zu Hause als Nachfolger Mendelssohns am Gewandhaus abgelehnt worden ist, zieht er gekränkt mit seiner Familie nach Dresden. Dort brechen im Mai 1849 die Unruhen der Revolution aus. Während Wagner mit seinen Freunden zu den Barrikaden eilt, reist Schumann mit der nun achtköpfigen Familie ab. 1850 wird er in Düsseldorf Musikdirektor; wegen eines beginnenden Nervenleidens muss er bald wieder abtreten. Aber

■ Zu Lebzeiten im Schatten seiner berühmten Frau: Robert Schumann (1810–1856).

■ Ein aus kleinbürgerlichem Alltag, viel Kindergeschrei und romantischer Musik bestehendes Eheleben. Sechs der schließlich acht Schumannschen Kinder.

■ Thema und Anfang der 1. Variation der *Symphonischen Etüden* von Robert Schumann in der Erstausgabe.

die Familie gewinnt neue Freunde. Johannes Brahms, erst Anfang zwanzig, und der Geiger Joseph Joachim bringen Schumann die Bewunderung entgegen, die er braucht. 1853 bessert sich sein Zustand, das Ehepaar Schumann erlebt noch einmal eine erfüllte Zeit. Clara bekommt zu ihrem Geburtstag einen neuen Flügel. Sie schreibt: »Bin ich nicht das glücklichste Weib auf der Erde?«

Robert spürt seine beginnende Geisteskrankheit, spürt, dass er die Kontrolle verliert, und bittet Clara, ihm fernzubleiben, damit er sie im Anfall nicht verletze. Seine Schuldgefühle steigern sich von Tag zu Tag, bis er sich in heller Panik von einer nahen Brücke in den Rhein stürzt. Er wird gerettet und liefert sich später selbst in die Heilanstalt Endenich ein. In den nun folgenden, düsteren zwei Jahren ohne Robert steht Brahms Clara mit Rat und Tat und mit seinem Herzen zur Seite. Sie unternehmen eine lange Rhein-Reise; wie weit die Affäre ging, ist ungewiss. Kurz vor Schumanns Ende am 29. Juli 1856 sieht Clara ihren Mann ein letztes Mal wieder. Sie schreibt:

»Er lächelte mich an und schlang mit großer Anstrengung (...) seinen Arm um mich. Um alle Schätze gäbe ich diese Umarmung nicht wieder hin.«

Clara Schumann stand der Höhepunkt ihrer Karriere noch bevor. Sie starb vierzig Jahre später, am 20.5.1896, unvergessen als eine der größten Virtuosinnen des 19. Jahrhunderts. Als Komponistin schrieb sie Lieder, Klavierstücke und ein Klavierkonzert.

■ Robert und Clara Schumann auf einer Lithographie aus dem Jahre 1847.

ROBERT SCHUMANN UND CLARA WIECK

LEBEN UND WERK

In Deutschland befindet sich die romantische Dichtung mit Jean Paul, Hölderlin, Brentano und Novalis auf ihrem Höhepunkt, als Robert Schumann am 8. 6. 1810 in Zwickau geboren wird. In der Buchhandlung seines Vaters fehlt es nicht an entsprechendem Lesestoff. Der Vater, der Roberts musikalisches Talent früh erkannte, verstirbt 1826 und kann die musikalische Förderung seines Sohnes nicht mehr selbst in die Hand nehmen. Erst während seines Jurastudiums 1830 entscheidet Robert sich selbst für eine musikalische Zukunft. Er nimmt Unterricht beim Vater von Clara Wieck. Obwohl noch ein halbes Kind, tritt die am 13. 9. 1819 geborene virtuose Pianistin schon in öffentlichen Konzerten auf. Eine Fingerlähmung beendet 1832 die gerade begonnene Pianistenlaufbahn Schumanns; er konzentriert sich nun auf das Komponieren. Mit Clara verbindet ihn zu dieser Zeit eine geschwisterliche Freundschaft. Er verlobt sich 1834 mit Ernestine von Fricken. Doch als Clara von einer längeren Konzertreise im April 1835 zurückkommt, fühlt Schumann, dass seine Liebe Clara gehört. Er löst seine Verlobung und wirbt um Clara. Der ehrgeizige Vater, der seinen Einfluss auf die Karriere seiner Tochter schwinden sieht, verbietet jeglichen Umgang mit ihr; erst ein Gerichtsprozess gegen den Vater bringt 1839/1840 die Heiratslizenz, und am 12. 9. 1840 findet die Hochzeit statt. Clara wird im Lauf der Ehe 8 Kinder bekommen, trotzdem steht sie weiterhin als gefeierte Pianistin auf der Konzertbühne, erstmals als Madame Schumann 1841 in Leipzig. Bei Robert wechseln Phasen äußerster Schaffenskraft mit Phasen tiefster Depression, er komponiert in den ersten 5 Jahren an Claras Seite 150 Lieder, 2 Symphonien, mehrere Klavierstücke, ein Oratorium und das berühmte *Klavierkonzert A-moll*. Während der seelischen Krisen ihres Mannes versucht Clara alle Aufregungen von ihrem Mann fernzuhalten, doch seine Krankheit schreitet fort. Auch die Stelle als Musikdirektor, seine letzte, kündigt er vorzeitig zum Oktober 1854. Die nächtlichen Halluzinationen nehmen zu, am 27. 2. 1854 springt er in selbstmöderischer Absicht in den Rhein. Er überlebt und stirbt erst am 29. 7. 1856 in der psychiatrischen Anstalt Endenich. Die erhaltenen medizinischen Unterlagen deuten auf das Endstadium der Syphilis hin. Clara nimmt ihre Konzerttätigkeit wieder auf und stirbt am 20. 5. 1896. Ihr Porträt ziert den Hundertmarkschein.

EMPFEHLUNG

Lesenswert:
Wolfgang Held: *Manches geht in Nacht verloren: Die Geschichte von Clara und Robert Schumann.* Hamburg 1998.

Sehenswert:
Song of Love. Regie: Clarence Brown, mit Katharine Hepburn als Clara Schumann. USA 1947.

Hörenswert:
Liebe in Briefen, Teil 1. Robert Schumann/Clara Wieck, Otto von Bismarck/Johanna von Puttkamer, Heinrich Heine/Elise Krienitz u. a. Sprecher: Jutta Lampe, Martin Benrath, Veronika Nickl u. a., Ricophon 1993. Audio-CD.

Lutz Gümbel, Jochen Hering: *Schlussakkord im Irrenhaus. Das Geheimnis um Robert und Clara Schumann.* Mit Musik aus den Werken von Robert Schumann, 1999. Audiocassette.

Besichtigenswert:
Das Schumann-Museum in Düsseldorf-Ehrenhof, mit zahlreichen Erinnerungsstücken an das Paar. Weiterhin das Robert-Schumann-Haus in Zwickau.

WERTUNG

Zwei musikalische Genies und ein Reigen Kinder – das hätte ein Idyll sein können. Aber die Konkurrenz der kreativen Menschen und die Krankheit zerstören die Harmonie.

Liebe:	✪✪✪✪✪
Wartezeit:	✪✪✪✪✪
Familienfreuden:	✪✪✪✪✪
Zusammenarbeit:	✪✪✪

Karl und Jenny Marx

»Ich habe dich leibhaftig vor mir, und ich trage dich auf den Händen, und ich küsse dich von Kopf bis Fuß, und ich falle vor dir auf die Knie, und ich stöhne: Madame, ich liebe Sie. Und ich liebe Sie in der Tat, mehr als der Mohr von Venedig je geliebt hat.«

■ Ihr Vater findet, dass die junge Baroness Jenny von Westphalen (1814–1881) etwas Besseres verdient hätte. Nach siebenjähriger Verlobungszeit darf sie ihren Karl endlich heiraten.

Als Karl Marx 1856 diese Zeilen an seine Frau Jenny schrieb, war das Paar schon dreizehn Jahre verheiratet. Es hatte vier Kinder gehabt, von denen das älteste, die Tochter Jenny, ihr zwölftes Jahr erreicht hatte und das jüngste bald nach der Geburt gestorben war. Weitere Kinder sollten auf die Welt kommen, nur drei das Erwachsenenalter erreichen. Der Ehemann sollte ganz in seiner Arbeit aufgehen, die Frau ihren Gatten unterstützen, das Haus führen und die Kinder erziehen. Eine ganz normale Ehe also in der zweiten Hälfte des 19. Jahrhunderts?

O nein. Was die Familie Marx durchmachte, sprengte den Rahmen der bürgerlichen Normalität – so sehr sich Vater, Mutter und Kinder danach sehnten, von diesem Rahmen gehalten und geschützt zu werden. Aber die Mission des Karl Marx, der für die aufkommende Arbeiterbewegung die Theorie schuf, ließ es nicht zu. Als junger Student schon hatte sich Marx in Berlin mit revolutionär gesonnenen Zeitgenossen zusammengetan: Es ging um politische Attacken und um liberale Forderungen gegen den erzreaktionären preußischen Staat. Man kämpfte mit der Feder, gab Zeitungen heraus und wandte sich vehement gegen die Zensur. Der Staat schlug zurück: mit Publikationsverbot und Ausweisung.

Karl Marx und Jenny von Westphalen wuchsen beide in Trier auf. Jenny war vier Jahre älter als Karl, und sie hat lange auf ihn warten müssen. Ihre ad-

■ Karl Marx (1818–1883), der »Mohr«, als Student auf einer Zeichnung aus dem Jahre 1836.

lige Familie war gegen die Verbindung; die junge Baroness hätte etwas Besseres erwarten können als einen mittellosen Federfuchser jüdischer Abstammung, der obendrein schon Bekanntschaft mit der Polizei gemacht hatte. Da half es wenig, dass Jenny und Karl sich von Jugend auf kannten, dass Jennys Vater den begabten Karl gefördert hatte. Beim Ehebund hört die Toleranz auf. So blieben nur die heimliche Liebe und das jahrelange Warten auf die günstige Stunde.

Nach siebenjähriger Verlobungszeit heiratet das Paar 1843 in Kreuznach. Die beiden ziehen nach Paris. Jenny, eine wahre Schönheit, mit weichen, lieblichen Zügen, ist schon neunundzwanzig Jahre alt. Und bald wird die erste Tochter, Jenny, geboren.

Karl Marx hätte seiner Frau so gern eine großzügige Versorgung garantiert – er konnte ihr anfangs nicht einmal einen sicheren Wohnsitz bieten. Der schwarzlockige, cholerische Doktor der Philosophie – seine Freunde nennen ihn »Mohr« – wird nie ein idealer Gatte sein. Auf Betreiben der preußischen Regierung wird er aus Paris ausgewiesen – er geht mit seiner Familie nach Brüssel. Hier, in dieser klassischen Asylantenstadt, leben die Marxens drei Jahre. Jenny bringt eine

> Kurz nach der Hochzeit schreibt Jenny an ihren Mann: *»Lieb Herzchen, ich habe oft gar zu große Sorgen wegen unserer Zukunft, und ich meine, ich bekomme die Strafe für meinen Übermut und meine Üppigkeit. Wenn du kannst, so beruhige mich darüber. Es spricht alles zuviel vom ständigen Einkommen.«*

zweite Tochter, Laura, zur Welt und Edgar, den ersten Sohn. Aber nicht einmal Brüssel erträgt Karl Marx. Zu Beginn des Revolutionsjahres 1848 wird der Autor des soeben erschienenen *Kommunistischen Manifestes* verhaftet, Jenny wird einem Vernehmungsrichter vorgeführt. »Nach einem zweistündigen Verhör, in welchem man wenig von mir herausbrachte, ward ich unter Gendarmenbegleitung zu einem Wagen geleitet und kam

■ Sind sie getrennt, wird geschrieben. Brief von Marx an seine Frau vom 21. 6. 1856.

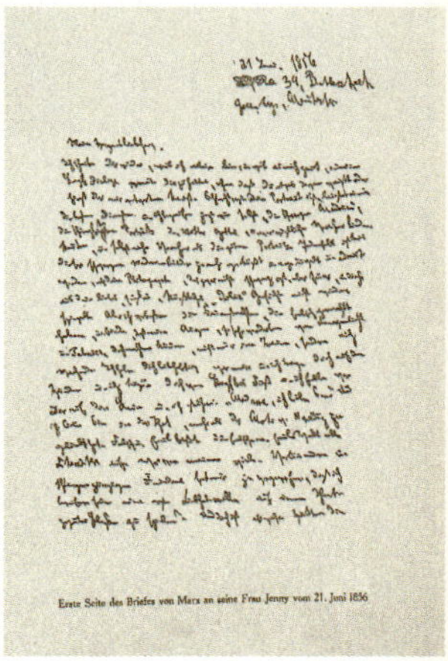

so gegen Abend bei meinen armen drei kleinen Kindern an. (...) Karl kam etwas später aus der Haft mit der Weisung, Brüssel augenblicklich zu verlassen (...).«

■ Friedrich Engels (rechts hinten) und Karl Marx mit seinen Töchtern Jenny, Eleanor und Laura im Mai 1864 in London. Engels unterstützt die Familie finanziell.

London ist die Stadt, in der die exilierte Familie bleiben kann. Hier entfalten die Marxens trotz der chronisch knappen Kasse und der Sorge um kranke Kinder eine rege Tätigkeit im halblegalen Milieu der jungen sozialistischen Bewegung: Es treffen sich bei ihnen deutsche, russische, französische Emigranten, um in der Debatte die Zukunft Europas und die der Arbeiterklasse zu umreißen. Karls enger Freund und intellektueller Partner Friedrich Engels zieht nach London – er wird der Familie stets mit Geld und Zuspruch zur Seite stehen. Und die Haushälterin Helene geht unverdrossen mit durch harte und bessere Zeiten. Dichter kommen zu Besuch, Sonderlinge bitten um Zutritt, Polizeispitzel schleichen sich ein. Wenn es auch kein Salon war, den Jenny Marx führte, so bewegte sie sich doch auf einem Schauplatz weltgeschichtlich bedeutsamer Begegnungen. Sie hat das sehr wohl empfunden, hat die Arbeit ihres Mannes nicht nur verstanden und gutgeheißen, sondern praktisch mitgetragen. Karl verbrachte die Nächte über Büchern, die Tage schreibend im Britischen Museum – er arbeitete noch beim Essen. Trotz der Not, in der Jenny und »Mohr« mit ihren Kindern lebten, haben sie in ihrer Ehe und ihrer Gemeinsamkeit ein Zuhause gefunden, das ihnen den Wohlstand und die Normalität ersetzte und ihnen Kraft gab.

Ist das eine idealisierende Schilderung? Zum Teil ja. Bei dem Versuch, zu begreifen, wie Jenny Marx ihre schwere Lage ertrug, darf man nicht übersehen, dass sie sie manchmal nicht mehr ertrug. Es wird von Zusammenbrüchen, Paroxysmen, Krankheiten und Flucht berichtet. Die Liebe, von der das Klischee verlangt, dass sie in schweren Tagen wachse, verzagt in Wahrheit leicht angesichts der Not. Dass Jenny und Karl wie Philemon und Baucis verliebt nebeneinander alt wurden, behauptet niemand mehr, seit bekannt ist, dass Karl mit der Haushälterin Helene einen Sohn hatte. Wie die Beteiligten, wie Jenny, Karl, wie Helene sich in dieser Krise verhielten, weiß man nicht. Wahrscheinlich ist, dass Jenny ihrem Mann mit Scheidung drohte, falls er keinen Weg fände, die Affäre und ihre Folgen quasi ungeschehen zu machen. Die Hauptlast trug das Kind, das aus dem Haus gegeben wurde. Engels übernahm formell die Vaterschaft. Viel liest man über den Großmut des Freundes, aber kaum etwas über die Demütigung, die diese Regelung für Helene bedeutet haben muss. Doch nicht nur die Männer haben das Hausmädchen gleichsam als Menschen zweiter Klasse behandelt, auch Jenny tat es. Was die äußeren Zeichen der privaten Sittlichkeit betrifft, so war sie bürgerlich bis auf die Knochen. Den Verkehr mit Engels' Lebensgefährtin Mary Burns lehnte sie ab. Für sie war diese Frau nicht gesellschaftsfähig. Musste Jenny schon damit fertig werden, dass der Wohlstand, den sie als Le-

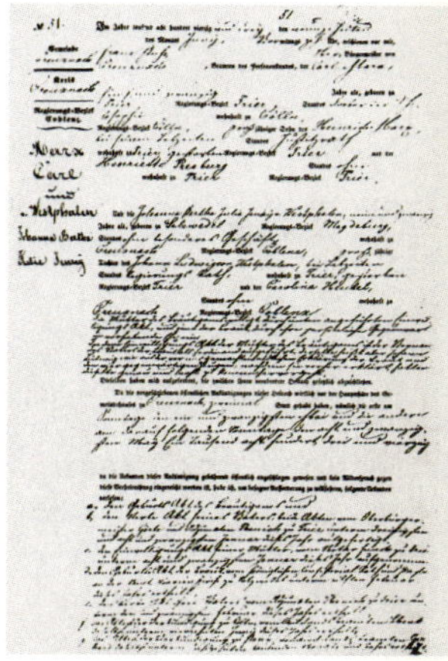

■ Jenny von Westphalen und Karl Marx heiraten 1843 in Kreuznach. Nach der Hochzeit zieht das Paar nach Paris. Zu sehen ist die erste Seite der Heiratsurkunde.

Marx mit seinen Kindern

■ Karl Marx spielt mit seinen Kindern. Marx liebt seine Kinder, ein treusorgender Familienvater ist er indes nicht. Sein Leben gehört dem revolutionären Kampf, und die Familie lebt in Unsicherheit und bitterer Armut.

bensmilieu erhofft hatte, ausblieb, so konnte sie doch auf den Anstand nicht verzichten.

Karl Marx hat gewusst, dass Jenny von Westphalen einen treusorgenden Familienvater verdient und gebraucht hätte und dass er dieser Mann nicht war. Mit der ihm eigenen Schonungslosigkeit sah er die Lage.

1866 schreibt Marx an seinen künftigen Schwiegersohn Paul Lafargue mit Blick auf dessen unklare Einkommensverhältnisse: *»Sie wissen, daß ich mein ganzes Vermögen dem revolutionären Kampf geopfert habe. Ich bedaure es nicht. Im Gegenteil. Wenn ich mein Leben noch einmal beginnen müßte, ich täte dasselbe. Nur würde ich nicht heiraten. Soweit es in meiner Macht steht, will ich meine Tochter vor den Klippen bewahren, an denen das Leben ihrer Mutter zerschellt ist.«*

■ Der Verfasser von *Das Kapital*, wie die Welt ihn kennt. Der erste Band seines berühmten Hauptwerkes, an dem Marx insgesamt siebzehn Jahre arbeiten wird, erscheint 1867. Aus diesem Jahr stammt auch die Fotografie.

Zerschellt? Welche Frau wünscht sich nicht nach dreizehn Jahren Ehe einen Brief, in dem zu lesen steht: »Ich küsse dich von Kopf bis Fuß«? So hart die Proben waren, auf die die Liebe von Jenny und Karl Marx gestellt wurde – sie hielt am Ende stand. Jenny starb 1881, sie war 68 Jahre alt und litt an Krebs. Ihr Mann Karl folgte ihr ein gutes Jahr später.

KARL UND JENNY MARX

LEBEN UND WERK

Karl (Heinrich) Marx wird in Trier am 5.5.1818 als Sohn von Heinrich Marx (eigentlich Marx Levi, jüdischer Name Mardochai) und seiner Frau Henriette geboren. Um den Beruf eines Justizrates ausüben zu können, tritt der Vater 1824 zum protestantischen Glauben über. Bis zum Eintritt ins Gymnasium mit 12 Jahren werden Karl und seine Schwester Sophie vom Vater seiner späteren Frau Ludwig von Westphalen gemeinsam mit dessen Kindern unterrichtet. Im Gegensatz zu ihrem Bruder Edgar erhält Jenny von Westphalen, geboren 12.2. 1814, nicht die Möglichkeit zum Besuch einer weiterführenden Schule. Karl studiert ab 1835 in Bonn Jura, ab 1836 in Berlin und promoviert 1841 in Jena. 1842/43 ist er Redakteur der *Rheinischen Zeitung*. Jenny und Karl, seit 1837 verlobt, heiraten, nachdem 1842 Jennys Vater gestorben ist, in Bad Kreuznach am 18.6.1843. Gemeinsam übersiedeln sie Ende des Jahres nach Paris, wo Marx 1844 seine enge Zusammenarbeit mit Friedrich Engels (1820–1895) aufnimmt. Auf Druck der preußischen Regierung aus Paris ausgewiesen, emigriert Marx mit Frau und Tochter Jenny nach Brüssel. Von den 6 weiteren bis 1856 geborenen Kindern sterben 4 im Kindesalter »als Opfer der bürgerlichen Misere«, wie Marx es ausdrückt. Nach der Revolution von 1848 werden Marx und auch seine Frau kurzzeitig verhaftet und aus Belgien ausgewiesen. Kurz zuvor hatte er im Auftrag des »Bundes der Kommunisten« das programmatische *Kommunistische Manifest* veröffentlicht. Nach der Niederschlagung der Märzrevolution 1849 emigriert Marx mit Familie und der Haushälterin Helene Demuth über Paris nach London. Mit Helene hat Marx einen Sohn, Frederick, geb. 1851, für den Friedrich Engels die Vaterschaft übernimmt. Die Familie Marx lebt in London in bitterer Armut. Erst die regelmäßigen Artikel für die *New York Daily Tribune* ab 1855 und Zuwendungen aus der Erbschaft Friedrich Engels' beenden die finanzielle Not wirklich. 1867 erscheint der erste Band von *Das Kapital*. Die weiteren Bände seines Hauptwerks, an dem er 17 Jahre gearbeitet hat, werden erst posthum erscheinen. Jenny leidet seit 1876 an Darmkrebs und stirbt am 2.12. 1881. Karl Marx muss auch den Tod seiner ältesten Tochter Jenny miterleben, die im Januar 1883 an Blasenkrebs stirbt. Kurz darauf , am 14.3.1883, stirbt er in London.

EMPFEHLUNG

Lesenswert:
David Chotjewitz: *Karl Marx: Roman aus dem Leben eines jungen Philosophen*. Frankfurt 1998.

Barbara Sichtermann: *Karl Marx, neu gelesen*. Berlin 1991.

»Sie können sich denken, wie mir oft zu Muthe war ...«: Jenny Marx in Briefen an eine vertraute Freundin. Hrsg. von Wolfgang Schröder. 1989.

Besichtigenswert:
Das Karl-Marx-Haus in Trier. Und der »Reading-Room« im British Museum, wo Karl Marx am *Kapital* arbeitete (Seat No. 67).

WERTUNG

Gemeinsames Exil, viel Not und Leid. Die Ehe und die Menschen waren oft in Gefahr zu zerbrechen, hielten aber stand.

Liebe:	✪✪✪✪✪
Familienfreuden:	✪✪
Zusammenarbeit:	✪✪✪✪
Beständigkeit:	✪✪✪✪✪

Richard und Cosima Wagner

»Wehe, wehe, was ist geschehen ...«

■ Richard Wagner (1813–1883) und Cosima von Bülow (1837–1930), die große Verehrerin seiner Musik.

August 1857, eine Villa nahe beim Züricher See. Dort sitzt Richard Wagner mit vier Frauen zusammen. Er ist ein politischer Flüchtling und hat in der Schweiz Zuflucht gefunden. Man steht den Monarchisten feindlich gegenüber, zählt sich zu denen, die aufgeklärt sind. Eine der Frauen, Minna, ist Wagners Gattin. Das frisch vermählte Paar Cosima und Hans von Bülow ist ebenfalls anwesend. Hans von Bülow spielt Klavier und Richard Wagner trägt aus eben beendeten Teilen des *Siegfried* vor. Die Gastgeberin, Mathilde Wesendonck, hat vielleicht einige ihrer Gedichte vorgelesen, die Wagner später vertonte. Die vierte Dame, Eliza Wille, ist eine enge Vertraute Wagners. Mit ihr kann er über alles reden. Sie kann vermitteln und Nachrichten überbringen. Ein wenig Geheimdiplomatie gehörte zu Wagners Lebensstil.

Gerade jetzt braucht er sie dringend, denn er ist in Mathilde verliebt. Doch Mathilde ist vergeben: an den Herrn, der ihm Asyl gewährt, an seinen Gastgeber.

Wagner wohnt in einem Nebengebäude der Villa, er sieht seine Angebetete täglich. Aber er behält die Nerven, ja, fast genießt er die Komplikation. Denn er lebt neben dem eigenen das Leben der Helden aus seinen Opern. Und wenn bei denen von Liebe die Rede ist, ist die Angebetete unerreichbar. Und so kann die Kunst das Leben erträglicher machen. Denn Mathilde liebt zwar den Komponisten und Dichter – den Mann aber

■ Das Leben als »Gesamtkunstwerk«. Richard Wagner zusammen mit Cosima, Liszt und von Bülow.

will sie nicht. Sie hat an ihrem Gemahl genug und spielt ihm gegenüber mit offenen Karten. Eifersüchtig aber ist Minna Wagner. Und nach einigen unerfreulichen Szenen muss der große Liebhaber und Komponist seinen Fluchtort verlassen. *Tristan und Isolde* heißt die Oper, die folgt: die Geschichte einer an den besten Freund vergebenen Frau, die dann doch zu ihrem Geliebten geht und zuletzt mit ihm stirbt.
Als die Klänge dieser Oper am 10. April 1865, acht Jahre nach dem erwähnten Abend, zum ersten Mal in einer Orchesterprobe unter Hans von Bülow aufrauschen, ist vieles geschehen. Nicht nur die Musikgeschichte ist um eines ihrer wichtigsten Werke reicher geworden; Richard Wagner hat auch, nachdem er durch halb Europa jetzt kaum noch vor politischen Gegnern, sondern vor seinen Gläubigern auf der Flucht war, die Unterstützung des bayrischen Königs Ludwig II. gewonnen und verfügt so endlich über die Mittel, seine Träume vom »Gesamtkunstwerk« zu realisieren. An demselben 10. April wird ihm eine Tochter geboren. Die Mutter heißt weder Minna Wagner noch Mathilde Wesendonck, sondern Cosima von Bülow.
Eigentlich war Cosima eine Liszt. Doch sie kam unehelich zur Welt, war das Kind einer Liaison zwischen Franz Liszt und

Marie d'Agoult. Mit neunzehn Jahren schon wurde sie zur Baronin von Bülow. Es war keine Liebesheirat. Er wolle sich für Cosimas Glück aufopfern, sagt Hans von Bülow am Vorabend der Hochzeit zu ihrem Vater, sie notfalls auch freigeben. Die Eheleute sind vor allem durch eines verbunden: durch die Musik Richard Wagners. Sie als hingerissene Zuhörerin, er als Dirigent. Die Partituren des Meisters kennt er auswendig bis ins kleinste Detail. Stets trifft er die richtige Tonlage auch der neuesten Stücke.

Nur seinen Meister, den kannte er schlecht. Wagners erste Jugendoper heißt zwar *Das Liebesverbot*. Aber gerade die Liebe hat sich Wagner niemals verboten. Ist er nicht in *Tristan und Isolde* deutlich genug? Hatte Tristan seine geliebte Isolde nicht aus den Armen des Freundes entführt? Nein, dieser Mann kennt keine Hemmung. Nicht in der Oper. Nicht im Leben. Er selber, Wagner, hat das Ehepaar von Bülow im Sommer 1864 nach München zitiert, um den *Tristan* mit Hans von Bülow aufzuführen. Da wusste er schon von seiner Liebe, und er wusste von Cosimas Liebe zu ihm. Denn gefunden hatten sie sich schon ein Jahr zuvor, 1863 in Berlin.

■ Die Oper wird Wirklichkeit. Aus der heimlichen Liebe zwischen Richard und Cosima entstehen die Kinder Isolde und Siegfried.

Erst als Cosima am 29. Juni 1864 bei ihm eintrifft, wird zwischen Richard und ihr alles geklärt. Denn sie kommt allein. Hans von Bülow wird erst acht Tage später folgen. Also haben sie acht Tage und sieben Nächte. Nebenan schlafen die beiden Kinder von Bülows.

Am 10. April 1865 also steht Hans von Bülow am Pult, um den *Tristan* zu proben, und gleichsam nebenan wird Isolde geboren. So heißt die neugeborene Tochter von Richard und Cosima. Hat von Bülow gewusst, was hinter seinem Rücken geschah? War der Name des Mädchens verdächtig? Wahrscheinlich war der Dirigent zu sehr mit den Noten beschäftigt. Und in einer Zeit, in der Dampfschiffe und Lokomotiven Tristan genannt wurden, war Isolde nicht weiter verfänglich. Jedenfalls spielt hier niemand mit offenen Karten. Am geschicktesten muss Cosima jonglieren: Zunächst innerhalb Münchens, dann zwischen München und einem neuen Asyl in der Schweiz, in das Wagner sich zurückziehen muss, weil er seinen Einfluss am bayrischen Hof überschätzt hat, lebt sie ein doppeltes Leben: zwei Männer, zwei Wohnungen, ein zweites Kind von dem zweiten Mann.

Die Entscheidung fällt in einem operngerechten Rahmen. Im September 1868 sind Richard und Cosima auf dem Weg nach Italien. Auf dem Gotthard zeugen sie Siegfried, ihren einzigen Sohn. In Genua bittet er sie, bei ihm zu bleiben. In Faido geraten sie beide in einen heftigen Sturm. Nur mit Mühe schaffen sie es, unbeschadet den Regengüssen und Geröllmassen zu entkommen. Eine Warnung des Schicksals? Eine Erinnerung an eine andere Oper, *Die Walküre*, in der ein Geschwisterpaar sich gegen alle Wahrscheinlichkeit und Bräuche trifft und anschließend der Gewalt der Götter erliegt? Oper und Leben sind nicht mehr zu trennen. Wenige Tage später reist Cosima nach München zu ihrem Noch-Ehemann und stellt die Verhältnisse klar. Im Jahre 1870 schließlich heiraten sie und Richard Wagner.

Als die Presse das Doppelleben öffentlich macht, fordert Cosimas Ehemann den Redakteur zum Duell. Der schießt mit einer Gegendarstellung zurück, die für von Bülow alles verschlimmert. Die Ehrenerklärung des Königs für das Paar, das keines mehr ist, böte prächtigen Stoff für eine Operette.

Aber wie in der *Walküre* lädt die Heldin mit ihrer Entscheidung nicht nur den Zorn der Götter auf sich, sondern auch die

■ Karikatur über die Beziehung zwischen Wagner, von Bülow und dessen Frau Cosima. Jahrelang führen Richard Wagner und Cosima von Bülow eine heimliche Liebesbeziehung hinter dem Rücken des Wagnerdirigenten und -freundes Hans von Bülow.

■ Karikatur auf Wagners Antisemitismus. Der Schöpfer germanischer Götter-Musikwelten wird zum Lieblingskomponisten der Nazis. Als Beitrag zu dieser Vereinnahmung gilt auch Cosimas Denkmalpflege.

menschliche Schuld. Das Unglück, das sie ihrem Ex-Mann durch die Trennung bereitet, überwindet sie nicht. »Immer tiefere Einsicht in den eigenen Unwert, immer freiere frohere Abbüßung dieses Unwertes.« Sie macht ihren Kindern das Leben gar zu schwer. Und Richard? Hat er nicht auch einen Freund ins Unglück gestoßen? Muss sein Gewissen ihn nicht ebenfalls quälen?
Kurz nach der Geburt seines Siegfried tritt eine neue Frau in Wagners Leben: Judith Gautier. Isolde, die Dritte? »Lieben Sie mich und warten wir da nicht auf das protestantische Himmelreich: Es wird schrecklich langweilig sein! Liebe! Liebe! Lieben Sie mich, immerdar!«

Wagner liebt das Leben vielleicht mehr als die Oper. Er liebt seine Kinder – auch die, die nicht von ihm sind, nennen ihn Vater. Und wie immer liebt er die Frauen.

Oper? Leben? – Leben! Deshalb die Annäherung an eine weitere Frau, nur ein paar Stunden bevor er am 13. Februar 1883 in Venedig nach einem Krach mit Cosima stirbt. Cosima hat ihren Mann um siebenundvierzig Jahre überlebt. Nunmehr war sie ganz da für sein Werk.

■ »Wir beehren uns, hiermit unsere am 25. August d. J. in der protestantischen Kirche zu Luzern vollzogene Trauung anzusagen.«
Wenn auch erst fast zwei Jahre nach der Trauung angefertigt, ist dies das offizielle Hochzeitsfoto von Cosima und Richard. Hätten beide bei der Aufnahme gestanden, wäre Wagners Pose sicherlich nicht so eindrucksvoll erschienen. Er war deutlich kleiner als sie, aber sitzend kann sie immer noch zu ihm aufschauen.

RICHARD UND COSIMA WAGNER

LEBEN UND WERK

Richard Wagner wurde mitten in den Wirren der Befreiungskriege gegen Kaiser Napoleon am 22. 5. 1813 geboren. Sein Vater, ein hoher Polizist, starb kaum ein halbes Jahr später an Typhus. Ein Freund der Familie, Ludwig Geyer, übernimmt die Vaterrolle für Richard. Prägend für seine spätere musikalische Entwicklung war die frühe Begegnung mit der Musik Beethovens. Dem Entschluss, Musiker zu werden, folgt eine Ausbildung beim Thomaskantor Christian T. Weinling (1831/32). Als Chordirektor in Würzburg 1833 schreibt er seine erste romantische Oper: *Die Feen*. In den vielen Kleinstaaten, in die Deutschland damals aufgeteilt war, formiert sich eine erste demokratisch-nationale Bewegung. Nach Engagements in Magdeburg, Königsberg und Riga flieht Wagner 1839 hoch verschuldet nach Paris. Der Erfolg der Opern *Rienzi, der letzte der Tribunen* und *Der fliegende Holländer* in Dresden ermöglichen ihm dort eine Stellung als Hofkapellmeister. Nach seiner Teilnahme an Aufständen während der März-Revolution 1849 in Dresden flieht er nach Zürich ins Exil. In Paris begegnet er im Hause Liszt 1853 erstmals dessen 16-jähriger Tochter Cosima. Als uneheliches Kind am 25. 12. 1837 geboren, wuchs sie überwiegend bei Gouvernanten auf und kam 1855 in den Haushalt ihres ersten Mannes und Wagnerdirigenten Hans von Bülow. Auf ihrer Hochzeitsreise 1857 kommt es in Zürich zum Wiedersehen mit Wagner und seiner Frau Minna. Wagners Ehe steckt in einer Krise. Minna trennt sich wegen seiner Affären 1862 endgültig von ihm. In München findet er in König Ludwig II. einen Mäzen, der dem chronisch überschuldeten Komponisten die Weiterarbeit finanziert. Politische Spannungen führen ihn 1865 jedoch erneut ins Schweizer Exil. Im November 1868 zieht Cosima, die inzwischen 2 Kinder von Wagner hat, endgültig zu ihm. Nach ihrer Scheidung heiraten sie am 25. 8. 1870 und ziehen 1871 nach Bayreuth, wo Ludwig II. ein Festspielhaus für Wagner finanziert, das 1876 mit der Uraufführung von *Der Ring des Nibelungen* eingeweiht wird. Nach Wagners Tod am 13. 2. 1883 leitet seine Frau bis 1906 die Festspiele und kümmert sich bis zu ihrem Tod am 1. 4. 1930 intensiv um den Erhalt und die Pflege des musikalischen Erbes ihres Mannes.

EMPFEHLUNG

Lesenswert:
Geoffrey Skelton: *Richard und Cosima Wagner: Biographie einer Ehe*. Deutsche Erstausgabe München 1995.

Sehenswert:
Magic Fire (Frauen um Richard Wagner). Regie: William Dieterle, mit Yvonne De Carlo (Minna) und Rita Gam (Cosima). USA 1956.

Hörenswert:
Das Tribschener Idyll: Friedrich Nietzsche, Cosima und Richard Wagner. Glück und Ende. Szenische Lesung von Originaltexten (Lebenszeugnisse). Textcollage von Dieter Borchmeyer, Sprecher: Anja Höfer, Dieter Borchmeyer und Wolfgang Hinze, mit Musik von Richard Wagner und Franz Liszt, Hörbuch mit Musik, 1999.
2 Audio-CDs.

Besichtigenswert:
Die Villa Wahnfried in Bayreuth, die Richard und Cosima Wagner gemeinsam bewohnten.

WERTUNG

Ein spätromantisches Skandalpaar mit exzentrischem Lebensstil – aber doch stark in seinen Gefühlen.

Liebe:	✪✪✪✪✪
Leidenschaft:	✪✪✪✪✪
Treue:	✪✪
Familienfreuden:	✪✪✪
Ruhm:	✪✪✪✪✪

Arthur Rimbaud und Paul Verlaine

»Ja, glaubst Du denn, daß das Leben mit anderen als mit mir angenehmer wäre?«, fragt wütend Arthur Rimbaud, als sein Freund Paul Verlaine ihn verlassen hat. Paul hält auch nicht lange durch. Bald schreibt er dem Freund flehentliche Briefe nach England: Er wolle ihn wenigstens noch einmal sehen. Arthur packt seine Sachen. Die beiden treffen sich in Brüssel. Das war im Jahre 1873.

■ Der französische Dichter Arthur Rimbaud (1854–1891) will die Konventionen brechen.

Inzwischen glaubt Arthur selbst nicht mehr an eine Zukunft mit Paul. Die erste Pariser Zeit mit dem Dichtergenossen, so verrückt und wüst sie war, hatte beide inspiriert und beglückt; vor einem Jahr waren sie nach London gegangen, hatten bei den Dockarbeitern und Fuhrleuten Englisch gelernt und gemeinsam die Geheimnisse der Metropole entschlüsselt. Es war eine erregende, eine reiche Zeit gewesen; beide brauchten nur einander zum Leben und schrieben ihre besten Gedichte. Und jetzt? Längst war Rimbaud des Freundes überdrüssig: seines Selbstmitleids und ewigen Gejammers wegen seiner Familie. Mehrfach schon hatten sich beide zur Trennung durchgerungen, aber dann doch wieder zueinander gefunden. Als Arthur den Freund jetzt in Brüssel wieder sieht, ist ihm klar: Es geht nicht

■ Paul Verlaine (1844–1896) entdeckt das Talent seines jungen Dichterkollegen Rimbaud. Radierung von Anders Zorn aus dem Jahre 1895.

■ *Der Absinth*, Edgar Degas, 1876. Verlaine ist gerade auf dem Weg zur bürgerlichen Normalität, als er Rimbaud kennen lernt. Die beiden ziehen durch Pariser Cafés und Spelunken und frönen dem Alkohol, Verlaine mit Vorliebe dem Absinth.

mehr. Er sagt es Paul. Der betrinkt sich, stürzt davon und kommt mit einem Schießeisen zurück. Rimbaud will den Nachmittagszug nach Paris nehmen. Verlaine legt auf ihn an. Er drückt dreimal ab. Der erste Schuss trifft Rimbauds Handgelenk, die beiden anderen gehen fehl. Verlaine fällt auf die Knie und bittet Rimbaud, ihn zu erschießen.

Es gelingt Arthur, den Freund zu beruhigen. Aber auf dem Bahnsteig dreht Paul abermals durch und entsichert die Waffe. Da wird Rimbaud von Angst gepackt. Er bittet einen Polizisten um Schutz. Verlaine wird verhaftet und wegen Mordversuchs vor

■ Verlaine macht Rimbaud mit den Pariser Dichterkreisen bekannt. Die Kollegen sind von dem jungen Mann abgestoßen und er von ihnen. *Coin de table*, Henri Fantin-Latour, 1872. Links: Paul Verlaine und Arthur Rimbaud.

Gericht gestellt. Das Urteil lautet auf zwei Jahre Kerker mit Zwangsarbeit. Verlaine, der gehofft hat, glimpflich davonzukommen, bricht zusammen.

Arthur Rimbaud stammte aus Charlesville an der Maas. Er war ein hoch begabter, frühreifer Junge, Schule und Zuhause konnten ihn nicht halten. Seiner Mutter, einer harten, frommen Frau, die ihn streng erzog, lief er mit fünfzehn das erste Mal davon. 1871, mitten im deutsch-französischen Krieg, ging er endgültig nach Paris – mit einer Einladung des bekannten Dichters Verlaine in der Tasche und Ideen zu einer utopischen Verfassung im Kopf. Er hatte Verlaine seine Lyrik geschickt, und dieser hatte sein Talent sofort erkannt.

Paul Verlaine stand auf gutem Fuß mit dem Parnass, einer dichterischen Schule, die in Paris den Ton angab, und war als junger Ehemann und werdender Vater auf dem Weg in die Normalität. Rimbaud riss ihn da heraus. Er musste gar keine große Kraft aufwenden, denn Verlaine hatte immer eine Neigung zu alkoholischen Exzessen und nächtlicher Ausschweifung gehabt. Gemeinsam mit Rimbaud durchstreifte er jetzt wieder die Pariser

Bars, Cafés und Spelunken, Absinth trinkend, Haschisch rauchend, schreiend, torkelnd, die Spießer herausfordernd. Die Schriftsteller, mit denen Verlaine den Freund bekannt machen wollte, fühlten sich von Rimbaud abgestoßen – und er sich von ihnen. War er doch nach Paris gekommen, um die Konventionen in Dichtung und Leben kaputtzuhauen und die Fragen nach Gut und Böse, Hoch und Niedrig, Schön und Hässlich radikal aufrichtig, verletzend klar und ohne Spielerei neu zu stellen. Im Rausch, in der völligen Betäubung, Verrückung und Neubelebung aller Sinne glaubte er, auf den tiefsten Grund der Erkenntnis herabstoßen zu können; er, Rimbaud, wollte da weitermachen, wo Baudelaire aufgehört hatte. Er wollte ein wahrer »Seher« sein, und sein Begleiter auf den Reisen an die Rän-

■ Rimbaud, gezeichnet von Verlaine. Als der Freund sich von ihm trennen will, schießt Verlaine auf ihn.

■ *Verlaine im Hospital.* Zeichnung von F. A. Cazals aus dem Jahre 1890. Der Dichter stirbt 1896 an den Folgen der Syphilis.

■ Im Grand Hotel in Aden wohnt Rimbaud um 1880 häufig, als er als Agent für einen Kaffee-, Häute- und Waffenexporteur in Afrika unterwegs ist. Im Vordergrund englische Marinesoldaten.

■ Paul Verlaine (hier auf einem Gemälde von 1891) arbeitet später als Lehrer und Bauer.

der der Erfahrung sollte Paul Verlaine werden: »Sicher, ja, die Ausschweifung ist tierisch, die Verworfenheit auch, und faules Pack gehört weggefegt. Aber keine Turmuhr wird jemals die Stunde des reinen Schmerzes anzeigen. Kann ich leicht werden wie ein Kind, im Paradies spielen und den ganzen Dreck vergessen?«

Als Rimbaud zwanzigjährig aufhörte zu schreiben, hatte er nur wenig veröffentlicht, war kaum bekannt und betrachtete sich als gescheitert. Er begann ein Wanderleben quer durch Europa, lernte mehrere Sprachen und wurde schließlich Agent eines Kaffee-, Häute- und Waffenexporteurs in Abessinien. Im Jahre 1891 erkrankte er schwer. Er machte sich auf die Heimreise und starb siebenunddreißigjährig in einer Marseiller Klinik. Es war ihm unbekannt, dass er eine poetische Bewegung mit Namen Symbolismus begründet hatte, und die Jünger dieser Bewegung wussten nicht, dass ihr Idol noch lebte. – Auch Verlaine, dessen Lyrik zu der an Musikalität und Feinheit reichsten in Frankreich zählt, arbeitete später in anderen Berufen: als Lehrer und Bauer. Er starb einsam und bitterarm.

ARTHUR RIMBAUD UND PAUL VERLAINE

LEBEN UND WERK

Jean Nicolas Arthur Rimbaud, geboren am 20.10.1854, leidet in seiner Jugend unter der strengen Erziehung seiner katholischen Mutter und der provinziellen Enge seines Heimatortes Charleville (Ardennen). Am Gymnasium wird Rimbaud in seiner literarischen Entwicklung von seinem Rhetoriklehrer Georges Isambard gefördert. Mehrfach reißt er von Zuhause aus, im Februar 1871 landet er schließlich in Paris. Die in seinen Gedichten ausgedrückte persönliche Revolte fällt zusammen mit der Aufbruchsstimmung der »Pariser Kommune« im Frühjahr 1871. Im Sommer des Jahres schreibt er an den 10 Jahre älteren Pariser Dichter Paul Verlaine, den er Ende September besucht und der begeistert ist von der kühnen Metaphorik seines Gedichts *Le bateau ivre* (Das trunkene Schiff). Verlaine, als Offizierssohn am 30.3.1844 geboren, hat nach Beteiligung am Kommuneaufstand seine Stelle in der Pariser Verwaltung verloren. Ein Jahr zuvor hatte er die 16-jährige Mathilde Mauté geheiratet. Sie erwartet ein Kind von ihm. Kurz nach der Geburt des Kindes am 30.10.1871 bricht Verlaine aus seiner Ehe aus. Er zieht mit Rimbaud zusammen, gemeinsam auf der Suche nach ekstatischer Entgrenzung mittels Alkohol und Drogen. Verlaine neigt unter Alkoholeinfluss zu Gewalttätigkeiten. Seine Frau reicht 1872 die Scheidung ein, die 1874 rechtskräftig wird. Als eine Trennung von Rimbaud unausweichlich scheint, schießt Verlaine am 10.7.1873 mit einem Revolver auf seinen Freund. Er wird zu 2 Jahren Gefängnis verurteilt. Eine kurze Begegnung in Stuttgart im März 1875 endet erneut im Streit. Rimbaud hat sich nach seinem autobiografisch gefärbten Werk *Une saison en enfer* (Eine Zeit in der Hölle) und der erst 1886 ohne sein Wissen veröffentlichten Prosa *Les illuminations* (Erleuchtungen) von der Poesie abgewandt. Als Händler und Forschungsreisender unternimmt er in den Jahren ab 1880 lange Reisen nach Somalia und Äthiopien. Nach einer Amputation aufgrund eines Geschwürs am Knie stirbt er am 10.11.1891 in Marseille. Verlaine gelingt es auch mit seiner zeitweiligen Rückbesinnung auf den elterlichen Katholizismus und trotz seiner literarischen Erfolge nie vollständig, vom Alkohol loszukommen. Schicksalsschläge wie der Typhustod eines nahen Freundes und der Tod seiner Mutter werfen ihn erneut aus der Bahn. Er stirbt am 8.1.1896 an den Folgen der Syphilis.

EMPFEHLUNG

Lesenswert:

Enid Starkie: *Das Leben des Arthur Rimbaud.* Frankfurt 1990.

Henning Boetius: *Ich ist ein anderer. Das Leben des Arthur Rimbaud.* Roman, München 1997.

Paul Verlaine: *Poetische Werke.* Französisch-Deutsch, übertragen von Sigmar Löffler. Frankfurt 1994.

Arthur Rimbaud: *Sämtliche Dichtungen.* Französisch-Deutsch, Gerlingen 2000.

Sehenswert:

Total Eclipse: Die Affaire von Rimbaud und Verlaine. Regie: Agnieszka Holland. Mit Leonardo DiCaprio, David Thewlis, Romane Bohringer u. a. USA 1997. Videocassette.

WERTUNG

Zwei Dichter »in love« – aber es geht nicht gut. Den einen zieht es insgeheim zurück zu Frau und Kind, der andere ist ein radikaler Einzelgänger. Das Ende: Gewalt und Einsamkeit.

Liebe:	✪✪✪
Erotik:	✪✪✪✪✪
Skandal:	✪✪✪✪
Zusammenarbeit:	✪✪✪✪

Marie und Pierre Curie

»Der große Erfolg von Professor und Madame Curie ist die beste Illustration des alten Sprichwortes: conjuncta valent, *Einigkeit macht stark. Das läßt uns auch Gottes Wort in einem neuen Licht erblicken: Es ist nicht gut, daß der Mann allein sei; ich will ihm eine Gefährtin schaffen.«*

■ Die aus Polen stammende Marie Curie (1867–1934) auf einem Foto aus dem Jahre 1890.

Dies sprach im Jahre 1903 der Präsident der Schwedischen Königlichen Akademie zu Ehren des Ehepaares Curie, das den Nobelpreis für Physik erhielt. Die Frau des Professors Curie erscheint hier als eine Art Hilfskraft, im Vordergrund steht der männliche Preisträger. So waren damals die Zeiten. Heute würden wir umgekehrt gewichten und die Leistung Marie Curies höher bewerten: nicht weil sie mehr entdeckt hätte, sondern weil sie ungleich stärkere Widerstände überwinden musste, um überhaupt Physikerin zu werden.

Marie Salomee Sklodowska stammte aus Warschau. Sie liebte ihre Heimat und ihre Familie, aber ihre tiefste Sehnsucht galt der Wissenschaft, der Physik. Nach der Schule arbeitete sie als Hauslehrerin und Gouvernante, um Geld beiseite zu legen; ihre Schwester sollte Medizin studieren, und sie selbst wollte nach Paris: Die wichtigsten Vertreter ihres Faches lehrten an der Sorbonne. Ihrer hervorragenden Leistungen wegen erhielt sie ein Stipendium. Sie lebte unglaublich bescheiden; Vergnügungen, Komfort, schöne Kleider – all das bedeutete ihr nichts. Sie war von Kopf bis Fuß besessene Forscherin. Und obwohl sie versuchte, die Physik zur einzigen Leidenschaft in ihrem Leben zu machen und auf die Ehe zu verzichten, gelang es ihrem hartnäckigen Verehrer Pierre Curie schließlich doch, sie heimzuführen. Pierre war ein genauso unentwegter und hoch begabter Physiker wie Marie; das gemeinsame »Heim« war ein Laboratorium. Die gemeinsame Arbeit füllte beide aus und trug ihre Beziehung. Aber sie hatten auch Kinder, die Töchter Irène und Ève, für deren Erziehung und Bildung sie viel taten. Marie war gerne Mutter, und sie hat ihre Lebenslage als Forscherin und Familienfrau nie als Doppelbelastung empfunden.

■ Pierre Curie (1859–1906) beendete schon mit achtzehn Jahren sein Physikstudium.

Pierre Curie entstammte einer elsässischen Familie; der Vater verstand sich als Freigeist und erzog seine Söhne selbst. Der hochbegabte Pierre schloss schon mit achtzehn sein Physikstudium ab und wurde Assistent an der Universität. Als er Marie begegnete, hatte er sich bereits in die Grundlagenforschung gestürzt: Beiden eröffnete sich auf Anhieb ein ganzes Universum gemeinsamer Interessen. Pierre empfand ganz genauso wie seine geliebte Marie keinerlei Bedürfnis nach Ruhm und Geld.

Die beiden Tüftler, Denker und Experimentierer waren so weit weg vom weltlichen Ehrgeiz, dass sie lange Zeit in Frankreich kaum beachtet wurden und mit unzureichenden Mitteln in Behelfslabors arbeiten mussten.

■ Das Labor ist ihr gemeinsames Heim. Marie und Pierre Curie verstehen sich als Naturforscher. Sie isolieren die neuen Elemente Polonium und Radium und entdecken die Radioaktivität.

Was war es nun, was sie entdeckt haben? Beide waren keine Techniker, sondern Naturforscher. Sie interessierten sich für die Elemente, die Bausteine der Materie und deren Verhalten. Nachdem W. C. Röntgen 1895 die nach ihm benannte Strahlung beschrieben hatte, stieß A. H. Becquerel auf eine natürliche Strahlungsquelle: Uran. Hier machten die Curies weiter: Sie isolierten die neuen Elemente Radium und Polonium – letzteres wurde auf Maries Wunsch nach ihrem Heimatland benannt – und beobachteten erstmals die Naturerscheinung des 20. Jahrhunderts: die Radioaktivität – ein Begriff, den Marie prägte.

Pierre litt bald an Beschwerden, die er Rheumatismus nannte; Marie quälte sich mit entzündeten Fingerspitzen und in späteren Jahren mit hartnäckigen Störungen ihrer Sehkraft sowie Dysfunktionen innerer Organe. Heute nimmt man an, dass beide strahlenkrank waren. Es ist vielleicht ganz gut, dass sie nichts davon wussten. Wie wären sie damit fertig geworden, dass die Naturkraft, die sie entdeckt hatten und von der sie therapeutischen Einsatz bei der Krebsheilung erhofften, ein so großes Zerstörungspotenzial barg?

■ Marie Curie in ihrem Pariser Laboratorium, um 1910. Nach dem Tod ihres Mannes 1906 forscht sie allein weiter, später assistiert ihre Tochter Irène. 1911 erhält Marie Curie ihren zweiten Nobelpreis, den für Chemie.

■ Auf diesem Szenenfoto aus dem Fernsehfilm von 1972 *Marya Sklodowska-Curie – ein Mädchen, das die Welt veränderte* sieht man es Marie (Christine Wodetzky) an: Sie ist von vier harten Arbeitsjahren in einem unzulänglichen Labor gezeichnet, als endlich der Erfolg naht. Pierre Curie (Hans Dieter Schwarze) an ihrer Seite scheint sich von den Rückschlägen nicht beirren zu lassen. Sie werden es der Welt zeigen.

Pierre Curie starb 1906, im Alter von siebenundvierzig Jahren, bei einem Unfall. Marie war untröstlich.

»Seit zwei Tagen sind Blätter an den Bäumen, und der Garten ist grün. Am Morgen habe ich mich dort an den Kindern erfreut. Ich habe mir gedacht, dass du sie schön gefunden und dass du mich gerufen hättest, um mir das blühende Immergrün und die Narzissen zu zeigen. Auf dem Friedhof gestern wollte es mir nicht gelingen, die in den Stein gemeißelten Worte ›Pierre Curie‹ zu begreifen. Die Schönheit der Gegend tat mir weh, und ich zog den Schleier über das Gesicht, um alles durch ihn zu sehen.«

Marie Curies Karriere aber ist noch nicht zu Ende. Sie forschte weiter, später mit ihrer Tochter Irène als Assistentin; sie fand eine Sponsorin, die sie in die USA einlud und

■ *Conjuncta valent*, Einigkeit macht stark. Die gemeinsame Forschungstätigkeit des Ehepaares wird 1903 mit dem Nobelpreis für Physik ausgezeichnet. Vermutlich hat die jahrelange Arbeit mit radioaktivem Material bei beiden eine Strahlenerkrankung verursacht. Pierre Curie stirbt siebenundvierzigjährig bei einem Unfall, Marie Curie schwer erkrankt mit sechsundsechzig Jahren.

endlich die Mittel organisierte, die sie für ihre immer aufwendigere Forschung brauchte. Als erste Frau soll sie in die Akademie der Wissenschaften aufgenommen werden; sie unterliegt aber bei der Abstimmung. Dafür gewinnt sie ihren zweiten Nobelpreis: für Chemie im Jahre 1911. Als sie stirbt, ist sie erst 66 Jahre alt und sehr krank. Albert Einstein verfasst eine Gedenkschrift: »Die größte wissenschaftliche Tat ihres Lebens, der Existenznachweis und die Isolierung radioaktiver Elemente, verdankt ihre Realisierung nicht nur einer kühnen Intuition, sondern auch einer Hingabe und Zähigkeit in der Ausführung ihrer Forscherarbeit, unter denkbar harten äußeren Verhältnissen, wie sie in der Geschichte der experimentellen Wissenschaft nicht oft aufgetreten sind.«

MARIE UND PIERRE CURIE

LEBEN UND WERK

Maria (später Marie) Salomee Sklodowska wird am 7.11.1867 in Warschau geboren. Die außerordentlich begabte Tochter eines Mathematik- und Physiklehrers schließt das Gymnasium 1883 mit Auszeichnung ab. Mit ihrem Gehalt, zunächst arbeitet sie als Lehrerin, später als Gouvernante, finanziert sie das Medizinstudium ihrer Schwester in Paris. Marie folgt der Schwester, von der sie ihrerseits ab 1891 beim Mathematik- und Physikstudium unterstützt wird. Nach entbehrungsreichen Studienjahren macht sie 1893 als Jahrgangsbeste das Physikexamen, ein Jahr später ist sie Zweitbeste in Mathematik. Zu ihren Bewunderern gehört im Frühjahr 1894 auch Pierre Curie. Geboren am 15.5.1859, wird der hoch begabte Sohn eines Arztes überwiegend von seinem Vater unterrichtet. Gemeinsam mit seinem Bruder Jacques entdeckt er im Alter von 21 Jahren die »Piezoelektrizität«, physikalische Grundlage heutiger Quarzuhren und Mikrofone. Seit 1882 Laborleiter an der Pariser Hochschule für Ingenieure, nimmt er seine Studien auf dem Gebiet des Magnetismus wieder auf, die 1895 zu seiner Doktorarbeit führen. Nachdem Marie Sklodowska anfänglich seine Heiratsanträge zurückgewiesen hatte, heiraten die beiden schließlich am 25.7.1895. Gemeinsam führen sie die Studien von Henri Becquerel fort und entdecken die Strahlung von Thorium. Schließlich isoliert Marie aus einigen Tonnen des Minerals Pechblende kleinste Mengen des bisher unbekannten Elementes Radium, dessen Strahlung sie 1898 als »radioaktiv« bezeichnet. Für die Entdeckung der Strahlung erhalten die Curies gemeinsam mit Becquerel 1903 den Nobelpreis in Physik. Marie Curie erhält dann 1911 ihren zweiten Nobelpreis für die Isolierung des Elements Radium, diesmal in Chemie. Das Paar hat zwei Kinder, Irène (1897–1956) und Ève (geb. 1904). Nach dem Tod ihres Mannes, der am 19.4.1906 von einem Pferdewagen überrollt wird, übernimmt sie dessen Professur und ist damit die erste Frau in der Geschichte der Pariser Sorbonne-Universität. Sie wird 1914 Leiterin des Radium-Instituts in Paris, das sich unter ihrer Leitung schnell zu einem Zentrum für Nuklearphysik entwickelt. Am 4.7.1934 stirbt sie an strahlenbedingter Leukämie. Ihre Tochter Irène führt die Forschungen ihrer Mutter fort und wird 1935 ebenfalls mit dem Nobelpreis für Chemie ausgezeichnet.

EMPFEHLUNG

Lesenswert:
Susan Quinn: *Marie Curie. Eine Biographie*. Frankfurt 1999.

Sehenswert:
Madame Curie. Regie: Mervin LeRoy, mit Greer Garson als Marie Curie u. Walter Pidgeon als Pierre Curie. USA 1943.

Hörenswert:
Marie Curie. Eulenhof Medienvertrieb, 2000. Audiocassette. (Menschen, die die Welt veränderten)

WERTUNG

Eine Forscherin und ein Forscher, die es schaffen, die Anforderungen eines Berufs mit pausenloser Anwesenheitspflicht mit denen ihrer Familie zu vereinen. Krankheit als Folge des Erfolgs: Sie entdeckten die Radioaktivität und kontaminierten sich unwissentlich.

Liebe:	✪✪✪✪✪
Treue:	✪✪✪✪✪
Familienfreuden:	✪✪✪✪
Zusammenarbeit:	✪✪✪✪✪
Gleichberechtigung:	✪✪✪

Rosa Luxemburg und Leo Jogiches

»Merke Dir: sei gut! Schreibe warmherzige, gute Briefe, schreibe mir nicht so förmlich. Äffe nicht meine Briefe nach, sei demütig und geruhe Deiner Liebe Ausdruck zu verleihen, und fürchte nicht, Du hättest dich erniedrigt, wenn Du mir heute für drei Groschen mehr erwiesen hast als ich Dir. Bedenke, du mußt Dich ergeben, weil ich Dich besiegen werde durch die Kraft der Liebe. Einziger, bleib gesund, ich umarme und küsse Dich tausendmal. Schatz, ich bitte Dich: schick für mich etwas Geld. Aber sofort. Du Schelm, schicke mir sofort Deine Fotographie!«

In diesem Brief aus dem Jahre 1895 an ihren Lebensgefährten Leo Jogiches mischt Rosa Luxemburg auf irritierende Art die Sprache der Liebe mit der Terminologie der Macht. »Erniedrigen, ergeben, besiegen« steht neben »küssen« und »Schatz«, auf Befehle folgen Bitten, und alles in allem klingt der Brief nicht so, als sei die Beziehung im Gleichgewicht. Sie währte dennoch fast sechzehn Jahre und war, den Zeugnissen von Briefen und Chronisten zufolge, über weite Strecken sehr glücklich. Jede Liebesbeziehung ist auch eine Machtbeziehung. Solange das Gefühl stark ist, wiegen sich die unterschiedlichen Kräfte, die beide Partner in die Waagschalen werfen, aus; erst wenn es kriselt, werden plötzlich Schieflagen und Abhängigkeiten spürbar. Rosa Luxemburg hatte wahrscheinlich einen besonderen Sinn für Machtverschiebungen, auch in persönlichen Verhältnissen, denn schließlich kannte sie in ihrem Leben nur ein Ziel: den Kampf um die politische Macht des 4. Standes: der Arbeiterklasse und der – damals weitgehend illegalen – Sozialdemokratie. Mit Strategien, Kalkülen und Prognosen der Macht hatte sie ständig zu tun. Leo Jogiches war ihr Weggefährte und Kampfgenosse, auch er ging vollkommen in der Arbeiterbewegung, in der organisatorischen und konspirativen Arbeit auf. Für ein Privatleben im heutigen Sinn mit Urlaub, Kindern, Konsum und Hobbies sowie einer bewussten Pflege der Partnerschaft durch gemeinsame Unternehmungen gab es in ihrem Dasein keinen Millimeter Raum.

Oft waren sie getrennt, die Parteiarbeit brachte gefährliche Exkursionen mit sich, die mehrmals im Gefängnis endeten; Rosa schrieb fast tausend Mal an Leo. Auch ein gemeinsamer Kampf für ein hohes Ziel ist ein gutes Milieu für die Leidenschaft, und Rosa Luxemburgs Briefe an ihren Freund zeigen deutlich, dass beide die Anstrengung des Kampfes für die Freiheit mit der erotischen Spannung zu verknüpfen wussten.

Rosa Luxemburg entstammte einer gut situierten jüdisch-polnischen Familie; sie wuchs in Warschau auf, stieß früh zum revolutionären Untergrund und verließ mit siebzehn ihre Heimat, um in der Schweiz zu studieren. So klein und zart sie war, besaß sie doch eine unglaubliche Energie; über ihre Intelligenz und ihr Schreibtalent staunten die Züricher Professoren, bei denen sie um 1890 Nationalökonomie belegte. Hier lernte sie Jogiches kennen.

Leo kam aus Wilna, aus einer ebenfalls relativ begüterten jüdischen Familie, und er hatte sich, ganz wie seine spätere Lebensgefährtin, schon als Junge revolutionären Gruppen zugewandt. Das Paar wird später in Berlin großen Einfluss innerhalb der deutschen Sozialdemokratie ausüben; zuvor aber fühlte sich Luxemburg insbesondere der polnischen, Jogiches der russischen Arbeiterbewegung verbunden. Als 1905 in Russland die Revolution ausbricht, reisen beide mit falschen Pässen – sie als angeblich deutsche Journalistin Anna Matschke, er als ihr Kollege Otto Engelmann – an den Ort des Geschehens. Die russische Geheimpolizei kommt ihnen auf die Schliche, sie werden festgesetzt und eingesperrt. Sie kann sich freikaufen; er kann fliehen. In Berlin treffen sie wieder zusammen, aber die Beziehung ist zu Ende. Über die

■ Revolutionäres Liebespaar: Rosa Luxemburg (1870–1919) und Leo Jogiches (1867–1919).

■ Ein Leben für den politischen Kampf. Versammlung des Spartakusbundes zur Vorbereitung des Gründungsparteitages der KPD im Herbst 1918, mit Karl Liebknecht, Franz Mehring, Wilhelm Pieck, Rosa Luxemburg, Leo Jogiches und anderen.

Gründe kann man nur spekulieren – wahrscheinlich haben beide jemand anders kennen gelernt. Sie leiden sehr unter ihrer Trennung. Und sie bleiben einander verbunden, schreiben sich weiter, arbeiten Seite an Seite für die Partei und die Revolution – und sterben kurz nacheinander durch Mörderhand.

Rosa Luxemburg und Leo Jogiches führten ein abenteuerliches, wildes, gefahrvolles Leben – in einer Zeit, die bürgerliche Wohlanständigkeit, Form und Sitte, Ordnung und Unterordnung über alles stellte. Dass der äußere Zuschnitt ihres Lebens genauso skandalös ausfiel wie ihre Gedanken und Taten – das war gar nicht ihr Wunsch und Wille; es ergab sich so, es war nicht anders möglich. Vielleicht hätten beide ganz gern geheiratet und eine Familie gehabt: »... ein kleines, ganz kleines Baby? Werde ich nie eins haben dürfen? Nie?«, schreibt die liebende Rosa an Leo. Aber keine einzige Vorraussetzung für die Verwirklichung dieser Sehnsucht ist gegeben.

Und dann gibt es die ganz einfachen, praktisch-bürokratischen Hindernisse: Leo lebt illegal in der Schweiz, er könnte keine Heiratspapiere beibringen. Rosa ist, um in Deutschland ohne Gefahr der Ausweisung für die Partei operieren zu können, 1898 eine Scheinehe mit einem preußischen Staatsbürger eingegangen. Sie kann also gar nicht mehr heiraten, und wenn die Liebe

Beide sind Berufsrevolutionäre; beide wechseln ständig Namen und Identität, tauchen unter, wandern ins Gefängnis; beide sind auf der Flucht.

noch so groß ist. Nicht einmal ihr Wunsch, mit Leo offen als Mann und Frau zusammenzuleben, erfüllt sich. Die Basis ihres Zusammenlebens bleiben die Partei und die Revolution, und nicht die Privatsphäre.

Letztlich haben es beide so gewollt. Sie wissen nur zu gut, dass sie nicht alles haben können; und wo weltgeschichtliche Perspektiven und unmittelbare Lebensgefahr den Alltag beherrschen, verblassen die Träume vom Familienidyll, noch bevor sie Gestalt annehmen. Rosa und Leo waren füreinander Junius und Tyszka, Gracchus und Grosovski, Spartacus und Krysztalowicz, um nur einige ihrer Tarnnamen zu nennen. Sie waren Genossen, Konfidenten, Offiziere der Revolution. Beide waren außergewöhnlich kühn, kampflustig und – von heute aus gesehen – mit ihren politischen Positionen, die eher auf die Massenbewegung setzten als auf die Parteidiktatur, gegenüber ihren sozialistischen Widersachern im Recht. Rosa Luxemburg hat in zahlreichen Pamphleten den Reformismus der SPD, ihre Tendenz, mit dem politischen Gegner zu kungeln, statt ihm die Stirn zu bieten, gegeißelt. Und Leo Jogiches, der ein Macher und kein Schreiber war, bewies stets großen Mut und schnelle Entschlusskraft; er galt als leidenschaftlicher Verschwörer und Revoluzzer, der faule Kompromisse verabscheute. Das alles klingt großartig, aber die Realität des Revolutionärs ist oft erbärmlich – so, wenn er in Gefängniszellen schmachtet, sich mit kleinkarierten Weggefährten herumschlägt oder ohne Geld und Wohnung auf die Gastlichkeit alter

■ Sechzehn Jahre währt die Beziehung zwischen Rosa Luxemburg und Leo Jogiches. Der Kampf für die Revolution lässt kein Privatleben zu. Ehe und Familie sind ausgeschlossen.

■ Das Leben der Berufsrevolutionäre Luxemburg und Jogiches ist gefahrvoll, entbehrungsreich, oft erbärmlich. Immer wieder landen sie im Gefängnis. Polizeifoto von Leo Jogiches.

Freunde angewiesen ist. Was das grandiose Format ihrer Visionen von einer neuen Welt angeht und die Charaktere, die nötig sind, so eine Welt zu bauen, so hatten Rosa und Leo stets einander, auch als sie kein Paar mehr waren.
Der Ausbruch des ersten Weltkrieges stürzte Luxemburg und Jogiches in Verzweiflung. Nur mit wenigen Genossen – darunter Karl Liebknecht – hatten sie dem Hurra-Patriotismus, mit dem die herrschende Klasse ihre Söhne in die Schützengräben schickte und dem letztlich auch die SPD erlag, widerstanden.
Die längste Zeit des Krieges verbrachte Rosa im Gefängnis. Als sie freikommt, stürzt sie sich sofort in die Organisation der oppositionellen Parteilinken, des Spartakusbundes, später KPD. Kurz nach Ausbruch der Novemberrevolution wird sie in Berlin zusammen mit Karl Liebknecht von einem Freikorpskommando ermordet, die Leichen werden in den Landwehrkanal geworfen. Jogiches kommt kurz darauf gleichfalls ums Leben.

Einer Freundin hat Rosa Luxemburg anvertraut, sie wolle »auf dem Posten« sterben, »in einer Straßenschlacht oder im Zuchthaus«. Dieses grausige Ziel hat sie als einziges erreicht.

■ Die kleine, zarte Frau, die viel bewegte. Rosa Luxemburg in ihrer Berliner Wohnung, 1907. Als Leo aus Russland zurückkehrt, kommt es zum Bruch zwischen den beiden. Partner im Kampf für ihre politischen Zielen bleiben sie bis an ihr Lebensende.

ROSA LUXEMBURG UND LEO JOGICHES

LEBEN UND WERK

Als Rozalia Luksenburg, Tochter eines jüdischen Holzhändlers, am 5.3.1870 geboren wird, ist Polen zwischen Deutschland, Österreich und Russland aufgeteilt. Das Deutsche Reich steht unter Bismarcks Regierung, in Frankreichs Hauptstadt ist für kurze Zeit eine proletarische Regierung, die Pariser Kommune, an der Macht. Überall entstehen Fabriken; für die Mehrzahl der Arbeiter bedeutet das: 6 Arbeitstage zu 12 Stunden. Sozialistische Aktivitäten sind unter Bismarck bis 1890 per Gesetz verboten. Rosa erhält eine für ihre Herkunft außergewöhnlich gute gymnasiale Ausbildung und studiert ab 1889 an der einzigen für Frauen damals zugänglichen Universität in Zürich. Bei der polizeilichen Anmeldung ändert sie ihren polnischen Namen in Rosa Luxemburg und korrigiert ihr Geburtsjahr auf 1871. Im Jahr 1890 verliebt sich die redegewandte Rosa in den 1867 in Wilna geborenen russischen Revolutionär Leo Jogiches, der nach seiner Flucht aus dem zaristischen Russland unter falschem Namen in Zürich lebt. Gemeinsam gründen sie 1893 die »Sozialdemokratie des Königreiches Polen« (SDKP). Nach Rosas Promotion 1897 wird sie durch eine Scheinehe deutsche Staatsbürgerin. Als Vertreterin des linken Flügels erarbeitet sie sich in kurzer Zeit eine führende Position in der SPD. Gleichzeitig emanzipiert sie sich politisch von ihrem Mentor und Geliebten Leo, der erst 1890 nach Berlin übersiedelt. Leo nimmt 1905 an der 1. Russischen Revolution teil. Als er 1907 nach der Flucht aus russischer Haft nach Berlin zurückkehrt, kommt es zum Bruch der Beziehung. Die gemeinsame politische Arbeit geht trotzdem weiter. Rosa unterrichtet an der Parteischule der SPD, gemeinsam kämpfen sie gegen den sich abzeichnenden Krieg. 1915 verbringt sie in Haft, nach kurzer Freiheit wird sie in so genannte Schutzhaft genommen. Ab 1916 übernimmt Leo die Führung des Spartakusbundes, aus dem während der Novemberrevolution 1918 die KPD entsteht. Rosa Luxemburg wird zusammen mit Karl Liebknecht am 15.1.1919 von rechtsradikalen Freikorpsoffizieren ermordet. Leo flüchtet nicht, sondern benennt in der *Roten Fahne* die wahren Mörder. Dafür zahlt er am 10.3.1919 mit dem Leben.

EMPFEHLUNG

Lesenswert:
Maria Seidemann: *Rosa Luxemburg und Leo Jogiches: Die Liebe in den Zeiten der Revolution.* Berlin 1998.

Sehenswert:
Rosa Luxemburg. Regie: Margarethe von Trotta, mit Barbara Sukowa, Daniel Olbrychski, Otto Sander, u. a. Deutschland 1986.

Hörenswert:
Rosa Luxemburg: *Briefe an Freunde: Ich war, ich bin, ich werde sein.* Ausgewählt und gesprochen von Ernie Wilhelmi. München 1998. Audio-CD.

Besichtigenswert:
Das gemeinsame Grab von Rosa Luxemburg und Karl Liebknecht auf dem Zentralfriedhof Friedrichsfelde in Berlin-Lichtenberg.

WERTUNG

Zwei kühne Revolutionshelden, die ohne Rücksicht auf ihre Gegner und auf sich selbst das Rad der Geschichte vorwärts stoßen wollten.
Ein Ende mit Schrecken.

Liebe:	✪✪✪✪✪
Treue:	✪✪
Zusammenarbeit:	✪✪✪✪✪
Gefahr:	✪✪✪✪✪
Tragik:	✪✪✪✪✪

Oscar Wilde und Lord Alfred Douglas

»Als sich unsere Augen trafen, merkte ich, daß ich bleich wurde. Ein eigenartiges Gefühl des Schreckens überfiel mich. Ich wußte, daß ich jemandem begegnete, dessen Persönlichkeit so faszinierend war, daß sie, wenn ich es zuließe, mein ganzes Wesen aufsaugen würde, meine ganze Seele, ja selbst meine Kunst.«

Oscar Wilde war, als er dies schrieb, fünfunddreißig Jahre alt und arbeitete am *Bildnis des Dorian Gray*. Die zerstörerische Leidenschaft, die er hier seinem Helden andichtete, wünschte er sich für sich selbst, und es sollte nicht mehr lange dauern, bis es so weit kam.

Wildes Roman wurde ein Erfolg – ganz wie später seine Theaterstücke, seine Märchen und Betrachtungen. Der irische Dichter war eine bekannte Erscheinung in der Londoner »Society«, er wurde bewundert als Dandy, witziger Causeur und Alleinunterhalter. Das schöne und interessante Leben bedeutete ihm noch mehr als die Literatur. Er schrieb einmal: »Ich habe mein Genie auf mein Leben verwendet und auf meine Werke nur mein Talent.«

1891 begegnete der siebenunddreißigjährige dem Studenten Lord Alfred Bruce Douglas. Wilde hatte, obwohl verheiratet und Vater zweier Jungen, schon vor Jahren Kontakte zur Stricherszene und zu den verbotenen Bars der

Jockeys und süßen Knaben gesucht. Jetzt, wo »Bosie«, wie sich der junge Mann nennen ließ, in sein Leben getreten war, wurde aus dem Spiel mit dem Feuer eine gefährliche Obsession.

Zunächst erlebt Oscar Wilde an Douglas' Seite eine Phase großer Produktivität, er schreibt seine besten Werke: *Salome, Eine Frau ohne Bedeutung, Lady Windermeres Fächer, Bunbury*. Endlich kommt er zu Geld und kann, als »König des Lebens«, Hof halten, wie er es sich immer gewünscht hat. Bosie kämpft erfolgreich gegen das Gefühl der Minderwertigkeit, das ihn neben dem so viel älteren und bedeutenderen Literaten befällt; er schreibt Sonette, er übt sich im witzigen Reden, er reist mit Oscar auf den Kontinent. Sie fahren nach Florenz, nach Algier, wo sie André Gide treffen, nach Monte Carlo. Oscar, der immer glücklich ist, wenn er Schönes sieht, genießt mit seinem »göttlichen Wesen« den Zauber des Südens.

Aber es ist keine harmonische Liebe. Dafür ist das Paar zu ungleich. Trotz seines Geltungsdrangs ist Oscar Wilde im Grunde eine passive Natur. Er möchte betrachten, bewundern, besingen und von der Liebe überwältigt werden. Lord Alfred ist ein Heißsporn, aktivistisch, ungeduldig, jähzornig. Wenn er sich nicht wohlfühlt, läuft er weg, wenn er sich unterschätzt wähnt, wird er aggressiv. »Bosie, du darfst mir keine Szenen machen. Sie töten mich, und sie ruinieren die Lieblichkeit des Lebens.«

Vier Jahre nachdem Oscar und Bosie einander kennen gelernt haben, erwirkt Wilde eine Beleidigungsklage gegen den Marquess of Queensbury, Lord Alfreds Vater. Der Marquess hat Wilde öffentlich einen »Sodomiten«, das heißt einen Homosexuellen genannt. Wildes Freunde raten ihm von der Klage ab: nicht nur weil der Marquess seine Anschuldigung beweisen könnte – auch weil sie wissen, dass die Londoner Gesellschaft

■ Ein Spiel mit dem Feuer. Die homosexuelle Beziehung zu dem Studenten Lord Alfred Douglas (1870–1945) wird dem englischen Schriftsteller Oscar Wilde (1854–1900) zum Verhängnis.

launisch ist und gerade ihre Lieblinge allzu gern in den Orkus stößt. Bosie rät zu: Er liegt seit langem mit seinem Vater im Streit und sehnt sich danach, mit ihm abzurechnen. Wilde ist dem Geliebten zu Willen: Ihn reizt die Idee, für Bosie vor die Schranken des Gerichts zu treten. Auch glaubt er sich fatalerweise als Günstling der Oberschicht in Sicherheit. Was sollte ihm schon geschehen?

Es geschah das Schlimmste. Es stimmt, dass das Londoner Theaterpublikum Wilde anhimmelte, aber sie alle neigten zur Heuchelei in Fragen sexueller Abweichungen. Als Wilde die Gesellschaft gleichsam drängen wollte, ihn von der »Sünde« der Homosexualität freizusprechen und stattdessen den Vater des »verführten« Jünglings wegen Beleidigung zu verurteilen, sagte diese Gesellschaft laut und vernehmlich: Nein!

■ Kein Pardon. Die Gesellschaft verweigert Oscar Wilde die Absolution für seine Homosexualität und stößt ihn aus dem Olymp. Titelblatt einer anonymen Satire auf den Dichter aus dem Jahre 1882.

■ Ein ungleiches, unharmonisches Paar: der Ästhet mit einem kontemplativen Verhältnis zur Welt und der aktivistische und jähzornige Heißsporn, der sich seinem älteren Liebhaber unterlegen fühlt. Auf »Bosies« Drängen hin klagt Wilde gegen den Vater seines Geliebten. Er landet für zwei Jahre im Zuchthaus – sein Ruhm ist zerstört.

Wilde wurde zu zwei Jahren Zuchthaus mit Zwangsarbeit verurteilt, seine Habe konfisziert, seine Werke verboten, sein Name geächtet. Seine Frau ging mit den Kindern ins Ausland, er sollte beide Söhne nie wieder sehen. Mehrere Gnadengesuche, darunter eine Initiative George Bernard Shaws, führten zu nichts. Wilde musste seine Strafe verbüßen. Er, der die »Atmosphäre der Schönheit« zum Atmen brauchte, kroch im Schmutz, nicht einmal Bücher durfte er anfangs halten.
Nach seiner Entlassung emigriert Wilde, wie zuvor Douglas, nach Frankreich. Er trifft sich mit Bosie; die beiden reisen und

■ *De Profundis*, das letzte Prosawerk Oscar Wildes. Der während der Haft entstandene Brief richtet sich an Lord Alfred Douglas und klagt ihn an, die Schuld an den verhängnisvollen Vorgängen zu tragen. Nach Wildes Entlassung trifft sich das Paar wieder, doch die Liebe ist unwiederbringlich dahin.

schreiben gemeinsam, wie einst. Aber die Liebe ist unter der Katastrophe zerbrochen, es bleiben nur Erinnerungen. Das Paar trennt sich. Wilde bleibt in Frankreich, er kann nicht mehr arbeiten und leidet Not. Douglas erbt ein Vermögen, weigert sich aber, den Freund zu unterstützen. Sechsundvierzigjährig stirbt Wilde in Paris. Douglas kehrt nach England zurück. Nach einer Phase der Abkehr von Wilde findet er innerlich zu ihm zurück und ehrt sein Andenken.

OSCAR WILDE UND LORD ALFRED DOUGLAS

LEBEN UND WERK

Die Kindheit des in Dublin am 16.10.1854 geborenen Oscar Fingal O'Flahertie Wills Wilde ist geprägt von der Liebe zu seiner freiheitsliebenden, literarisch interessierten Mutter und zu seiner 3 Jahre jüngeren Schwester. Seine Begeisterung für den künstlerischen Ästhetizismus, dessen Anhänger er während des Philologie-Studiums (1874–78) in Oxford wurde, begründet seinen dandyhaften, exzentrischen Lebensstil. Die viktorianische Gesellschaft verspottet ihn einerseits dafür, gleichzeitig führt seine Prominenz und seine Redegewandtheit zu einer regen Reise- und Vortragstätigkeit in den 1880er Jahren. Im Mai 1884 heiratet er die vermögende Constance Lloyd, mit der er 2 Kinder hat, Cyril und Vyvyan. Kurz nach der Publikation seines Romans *The Picture of Dorian Gray* (1890) wird ihm im Spätsommer 1891 der am 22.10.1870 geborene Lord Alfred Bruce Douglas vorgestellt, von dessen jugendlicher Schönheit Wilde fasziniert ist. Douglas, der ebenfalls in Oxford studiert hat und aus einer angesehenen adligen Familie stammt, veröffentlicht 1894 das Gedicht *Two Loves*, das im späteren Prozess gegen Wilde zitiert wird und dessen letzte Zeile »... I am the love that dare not speak its name« heute als das klassische Zitat für die Umschreibung einer gleichgeschlechtlichen Liebe gilt. In die Zeit ihrer gemeinsamen Reisen nach Florenz, Brighton und Algier fällt die Veröffentlichung der wichtigsten Werke Wildes. Auf Drängen seines Freundes verklagt Oscar Wilde dessen Vater, den Marquess of Queensbury, der Wilde öffentlich der Homosexualität bezichtigt hatte. In der Folge wird Wilde in einem Aufsehen erregenden Gerichtsverfahren im Mai 1895 zu 2 Jahren Zwangsarbeit verurteilt. Der Prozess ruiniert ihn finanziell. Zugleich wird ihm die Vormundschaft für seine Kinder entzogen, sein Verleger distanziert sich von seinen Werken, sodass seine Bücher nur noch im Ausland in größeren Auflagen gedruckt werden. Nach seiner Entlassung 1897 emigriert er nach Frankreich, wohin sich auch Douglas während des Prozesses geflüchtet hatte. Er trifft Douglas in Rouen wieder, die Beziehung ist diesmal aber nur von kurzer Dauer. Schließlich stirbt er am 30.11.1900 in Paris. Lord Douglas, der 1902 heiratet, überlebt ihn um fast 45 Jahre und stirbt am 20.3.1945.

EMPFEHLUNG

Lesenswert:
Richard Ellmann: *Oscar Wilde.* Biographie. Ungekürzte Taschenbuchausgabe, München 1997.

Douglas Murry: *Bosie: The Life of Alfred Douglas.* Freiburg 2000.

Sehenswert:
Oscar Wilde. Spielfilm von Brian Gilbert, mit Stephen Fry, Jude Law und Vanessa Redgrave. Großbritannien 1987. Videocassette, Arthaus, 1998.

Hörenswert:
The Best of Oscar Wilde. Prose & Poetry. Auswahl und Regie: Maria Aitken, gelesen von Robert Lindsay und John Sessions. Hörsturz 1996. 2 Audiocassetten.

Besichtigenswert:
Im Londoner Stadtteil Chelsea werden täglich Besichtigungstouren »Auf den Spuren von Oscar Wilde« angeboten.

WERTUNG

Ein prominenter Dandy und ein umschwärmter Adelsspross bilden eine »Liaison dangereuse«, die den einen ins Zuchthaus führt, den anderen ins Exil zwingt.

Liebe:	✿✿✿✿
Sex:	✿✿✿✿✿
Leidenschaft:	✿✿✿✿✿
Zusammenarbeit:	✿✿✿
Skandal:	✿✿✿✿✿
Gefahr:	✿✿✿✿✿

Eleonora Duse und Gabriele D'Annunzio

»Erstgeborene von San Marco,
Melodiöse Erscheinung.
Schöpferin des Leidens
Und der unumschränkten Güte.«

Eigentlich waren sie so verschieden, wie man nur sein kann: Er lebte vom Ruhm und dessen äußeren Zeichen, er brauchte den Widerhall, die Ehrerbietung seines Publikums. Sie scheute den Rummel, gab keine Interviews, versteckte sich vor ihren Verehrern und litt unter der Öffentlichkeit ihres Lebens. Er war verschwenderisch, sie sparsam; er genoss den Luxus, sie lebte bescheiden; er ragte hervor, weil er ein hohes Maß an Artistik, Überschwang und Anspielungsreichtum bis hin zum Bombast in sein Werk einbaute – sie, weil sie mit den artifiziellen Theaterkonventionen ihrer Zeit brach und radikale Einfachheit an ihre Stelle setzte. Der Schriftsteller Gabriele D'Annunzio und die Schauspielerin Eleonora Duse passten so überhaupt nicht zusammen, aber sie wurden ein Paar, weil beide etwas verband, das stärker war als alle Charaktereigenschaften: ihr Talent und ihre Liebe zur Kunst.

Gabriele D'Annunzio entstammte einer Kaufmannsfamilie in Pescara; er machte schon als sechzehnjähriger Jungdichter auf sich aufmerksam und errang früh literarischen Ruhm mit Lyrik und Erzählwerken. Er war ein rechter Feuerkopf und brauchte und verbrauchte pro Inspiration und Buch eine schöne Frau. Sein künstlerisches Vorbild war der deutsche Komponist Richard Wagner, dessen Vision vom »Gesamtkunstwerk« er in Italien zu verwirklichen hoffte.

Eleonora Duse wuchs unter Wanderschauspielern auf; ihr Vater leitete eine Truppe, die in der Lombardei umherzog, sehr früh trat Eleonora auf; als Zwölfjährige spielte das zarte, großäugige Mädchen schon Liebhaberinnen. Ihre außergewöhnliche Begabung entfaltete sich nach und nach, die uneingeschränkte Anerkennung aber ließ auf sich warten. Dass Natürlichkeit und Klarheit auf der Bühne etwas Erstrebenswertes sein könnten, musste die Duse ihrem Publikum erst beibringen. Es gelang ihr schließlich – spätestens, als sie ihre eigene Truppe hatte, den Spielplan entrümpelte und über alle Details der Inszenierung mitentschied.

D'Annunzio und die Duse lernten sich 1895 in Venedig kennen. Eleonora war damals sechsunddreißig Jahre alt, mit dem Schriftsteller Arrigo Boito liiert und auf dem Höhepunkt ihres Ruhms. Mehrere Tourneen hatten sie rund um den Erdball geführt, sie war der Inbegriff der Diva, verehrt, ja vergöttert in ihrer Heimat, im übrigen Europa und in Übersee, sogar in Frankreich, wo es ihr gelungen war, dem Liebling der Nation Sarah Bernhardt, die einen gegensätzlichen, exaltiert-künstlichen Stil spielte, gleichgestellt zu werden. Gabriele war fünf Jahre jünger, Liebhaber einer neapolitanischen Prinzessin, mit der er eine Tochter hatte, und als Romancier, Poet und Lebemann ebenfalls über die Grenzen seines Heimatlandes hinaus berühmt. Beide waren verheiratet – aber seit langem von ihren Ehepartnern getrennt. Über ihre Begegnung in Venedig und die Anfänge dieser Liebe ist wenig bekannt – obwohl die Presse lebhaft Anteil nahm, denn der Dichter und die Diva waren je auf ihre Weise als Idole und Exportartikel in aller Munde. Gabriele hatte die Prinzessin ohnehin satt; Boito zog sich vollkommen zurück. Den Liebenden blieb wenig Zeit, denn ausgedehnte Tourneen rissen die Duse immer wieder von der Seite ihres Freundes. Aber sie schafften es doch, sich miteinander oder besser: nebeneinander einzurichten. Ganz in der Nähe von Florenz mietete sie ein kleines Gartenhaus, »La Porziuncola«, das Schwalbennest; er bezog die benachbarte Villa »La Capponcina«, wo er – wie die Biographen übereinstimmend befinden, »nach Art eines Renaissancefürsten« Hof hielt.

Für D'Annunzio sollte jetzt, unter tätiger Mithilfe der Duse, die italienische Version des »Gesamtkunstwerks« in Szene gesetzt werden; er träumte von einem eigenen Theater, ähnlich dem Wagner'schen Festspielhaus in Bayreuth. Bisher war er als

■ Geeint durch ihr Talent und ihre Liebe zur Kunst. Die Schauspielerin Eleonora Duse (1858–1924) und der Dichter Gabriele D'Annunzio (1863–1938). Oben der Ziertitel einer Ausgabe von Dichtungen D'Annunzios aus dem Jahre 1904.

■ Die Nähe zum Duce. D'Annunzio (rechts) im Gespräch mit Benito Mussolini, um 1935.

Dramatiker noch nicht hervorgetreten – nun hatte er eine wunderbare Interpretin und Kritikerin seiner Bühnenideen an der Seite. Für die Duse brach ebenfalls, so hoffte sie, ein neuer Morgen an. Seit zwanzig Jahren spielte sie fast immer dasselbe: Ihr Repertoire war von französischen Salonstücken dominiert, und die *Kameliendame* hing ihr zum Halse heraus. Zwar gab es Ibsen schon, und Goldoni war immer eine Neuinszenierung wert, aber die Prinzipalin wollte einen zeitgenössischen Dramatiker, der Italiener war und mit ihr zusammen das nationale Theater in die Moderne führen sollte.

Die gemeinsamen sechs Jahre sind für beide künstlerisch fruchtbar – er schreibt seinen erfolgreichen Roman *Il Fuoco*, Feuer,

Gabriele D'Annunzio und Eleonora Duse waren beide ihrer Kunst vollkommen ergeben – und sie waren besessene Arbeiter. Die künstlerische Hochachtung, die sie voreinander hatten, die Bewunderung für das Werk des je anderen und die gemeinsame Arbeit – das war es, was die Beziehung der beiden im Kern ausmachte und was sie zusammenhielt.

und bedeutende Gedichte; sie mehrt ihren Ruhm als Tragödin und führt ihre Kunst zu neuen Höhen. Dass aus einer Wiedergeburt des italienischen Theaters dennoch nichts Rechtes wurde, lag wohl daran, dass D'Annunzio kein Dramatiker war. Er schrieb Stück auf Stück für seine Geliebte – und nicht nur für sie –, aber sie alle waren wortlastig und schwülstig. Eleonora Duse hätte sich eigentlich von dem »Bigger-than-life«-Stil ihres Freundes abgestoßen fühlen müssen. Aber sie glaubte an ihn, hielt zu ihm und investierte alles Geld, was sie im Laufe ihres Lebens auf die hohe Kante gelegt hatte, in die Produktion seiner Stücke. Dennoch kam es höchstens zu Achtungserfolgen – wobei die Darstellungskunst der Duse auf eine nach wie vor einhellige Resonanz stieß.

In seinem Roman *Feuer* hat D'Annunzio der einzigen seiner vielen Geliebten, die ihm als Persönlichkeit gewachsen war, ein zwiespältiges Denkmal gesetzt. Er porträtiert sie als verbitterte, jedoch selbstlos verzichtende, alternde Frau, die einer jüngeren weichen muss – wobei er das wirkliche Leben exakt vorwegnimmt. Immerhin hat er die Duse um ihre Zustimmung gebeten, bevor er das Buch in Druck gab. Sie schrieb an einen Übersetzer: »Veröffentlichen Sie den Roman, ein Kunstwerk ist mehr wert als das Leiden eines menschlichen Wesens.«

Ob das wirklich ihre Überzeugung war? War sie doch eine Frau, der das Leiden anderer ans Herz griff und die ihr schauspielerisches Genie aus ihrer Einfühlsamkeit schöpfte. Für D'Annunzio schloss Genie menschliches Mitgefühl aus; der große Dichter musste sein Werk und damit seine Person als dessen Knecht über alles stellen. Er durfte, ja sollte Egoist und sich seiner Verantwortung als Auserwählter, als »Übermensch« bewusst

■ Zwei, wie sie unterschiedlicher nicht sein konnten. Doch die sechs gemeinsamen Jahre sind für beide künstlerisch außerordentlich fruchtbar. Sie wollen die Wiedergeburt des italienischen Theaters. Auch nach der Trennung spielt die Duse Stücke von D'Annunzio.

sein. Rücksicht auf die Gefühle anderer zählten nicht dazu. Diese nietzscheanisch geprägte Auffassung von Kunst und Leben hat D'Annunzio nie in Zweifel gezogen und sie später bei seinen Schritten in die Politik und an die Seite Benito Mussolinis zu einer Spielart von Grandiosität mit antidemokratischem Affekt ausgebaut. Er starb 1938 auf seinem letzten Wohnsitz am Gardasee; zu seiner Beisetzung erschienen weit mehr Militärs als Literaten.

Eleonora Duse erlag 1924 der Tuberkulose – auf einer Amerika-Tournee. Sie gilt als die einzige von D'Annunzios Gefährtinnen, die nach der Trennung mit neuer Kraft in ihrer Laufbahn fortfuhr. Sie hat sogar, als sie Anfang der 1920er Jahre nach einer Pause zur Bühne zurückkehrte, wieder Stücke von ihm gespielt, ihm also auf ihre Art vergeben.

ELEONORA DUSE UND GABRIELE D'ANNUNZIO

LEBEN UND WERK

Gabriele D'Annunzio wird am 12.3.1863 in Pescara, einem kleinen an der Adria gelegenen Fischerdorf, als drittes Kind des Lokalpolitikers Francesco Paolo und seiner Frau Luisa de Benedictis geboren. Er besucht das Elite-Internat »Cicognini« in Prato, Toscana, und studiert 1881 an der Universität von Rom. Von der Kritik gefeiert, erscheint 1879 sein erster Gedichtband *Primo vere*. Im Laufe von 40 Jahren literarischen Schaffens schreibt er die enorme Zahl von 21 Mio. penibel genau durchnummerierten Vers- und Prosazeilen. Am Anfang seiner literarischen Karriere noch als Journalist tätig, heiratet er am 28.6.1883 die schwangere Aristokratentochter Maria Hardouin di Gallese. Mit ihr hat er drei Kinder: Mario (geb. 1884), Gabriele Maria (geb. 1886) und Ugo Veniero (geb. 1887). Wegen seiner zahlreichen Affären und hoher Schulden lebt sie später von D'Annunzio getrennt in Paris. Sein erster Roman *Il piacere* (Lust) erscheint 1889, drei Jahre später folgt sein erfolgreichster Roman *L'innocente* (Der Unschuldige). Im Todesjahr seines Vaters 1893 bringt die verheiratete Prinzessin Maria Anguissola-Gravina, mit der er ein Verhältnis hat, seine Tochter Renata zur Welt. Ab 1898 kümmert sich Eleonora Duse um die erklärte Lieblingstochter D'Annunzios. Im September 1895 hat er die am 3.10.1858 geborene Schauspielerin in Venedig kennen gelernt. Eleonora hatte mit vier Jahren das erste Mal gemeinsam mit ihrem Vater Alessandro (1820–1892) auf der Bühne gestanden. Am 7.9.1881 hatte sie Tebaldo Checchi (eigtl. Marchetti 1843–1918) geheiratet, ihre Tochter Enrichetta kam am 7.1.1882 auf die Welt. Eleonora Duse lebt von Juli 1897 bis 1906 in dem »La Porziuncola« genannten Häuschen neben der Villa von D'Annunzio. Während ihrer Tourneen spielt sie nicht nur die Stücke ihres Geliebten, sondern begeistert das Publikum auch mit ihren Frauenrollen in den Stücken von Henrik Ibsen. 1909 zieht sie sich aus gesundheitlichen Gründen vom Theater zurück, muss aber 1921 aus finanziellen Gründen erneut auf Tournee gehen und stirbt am 21.4.1924 in Pittsburgh (Pennsylvania). Nach der Trennung von Eleonora 1904 verlässt D'Annunzio Italien schließlich 1910 auf der Flucht vor seinen Gläubigern. Im 1. Weltkrieg kämpft er auf Seiten Italiens, danach steht er dem Faschismus, namentlich Benito Mussolini nahe. Er stirbt am 1.3.1938 in seiner Villa bei Gardone Riviera.

EMPFEHLUNG

Lesenswert:
Claudia Balk: *Theatergöttinnen: Inszenierte Weiblichkeit.* Clara Ziegler, Sarah Bernhardt, Eleonora Duse, Katalog zu drei Ausstellungen im Deutschen Theatermuseum München. Frankfurt 1994.

Gabriele D'Annunzio: *Das Feuer.* Roman, eingeleitet und hrsg. von Vincenzo Orlando. München 1988.

Sehenswert:
Gabriele D'Annunzio, Stuttgart. Videocassette. (Video-Edition Klett)

L'innocente (Die Unschuld). Regie: Luchino Visconti, mit Giancarlo Giannini, Laura Antonelli u. a., nach dem Roman von Gabriele D'Annunzio. Italien 1976.

Eleonora Duse. Regie: Filippo Walter Ratti, mit Elisa Cegani (Eleonora Duse). Italien 1947.

Besichtigenswert:
Das D'Annunzio-Museum in seiner Villa »Vittoreale« am Gardasee.

WERTUNG

Die große Schauspielerin, von allen bewundert, liebt den erfolgreichen Dichter – und dieser liebt vor allem sich selbst.

Liebe:	✪✪✪✪
Leidenschaft:	✪✪✪✪✪
Zusammenarbeit:	✪✪✪✪✪
Ruhm:	✪✪✪✪

Lou Andreas-Salomé und Rainer Maria Rilke

»Durch Dich will ich die Welt sehen; denn dann sehe ich nicht die Welt, sondern immer nur Dich, Dich, Dich«

München gehörte um die Jahrhundertwende zu den Städten mit Flair und Glanz, in denen sich Künstler, Musiker, Poeten und Philosophen zusammenfanden, auseinandersetzten, anfreundeten und überwarfen. Im Jahre 1897 treffen in der »leuchtenden« Stadt ein junger, gerade mal einundzwanzig Jahre alter Lyriker und eine bekannte Schriftstellerin von sechsunddreißig Jahren aufeinander. René Maria Rilke stammt aus Prag. Er soll nach dem Willen seiner Familie Offizier werden und muss nun seinen Eltern, der Welt und sich selbst beweisen, dass er zum Dichter geboren ist. Lou Andreas-Salomé ist die Tochter eines deutschstämmigen, in St. Petersburg dienenden Generals und einer deutschen Mutter. Sie kennt bereits halb Europa, hat Romane, Essays und Bücher über Friedrich Nietzsche und Henrik Ibsen veröffentlicht und verkehrt mit den Geistern ihrer Zeit, darunter Gerhart Hauptmann, Frank Wedekind, Hugo von Hofmannsthal und Nietzsche. Ihr Ehemann Friedrich Carl Andreas ist Philologe und Archäologe in Berlin; die preußische Hauptstadt ist auch Lous Wohnsitz, aber sie braucht das Reisen. Rilke wirbt heftig um die so viel ältere Frau, und er erobert sie. Es beginnt eine heiße Liebesgeschichte, die nach drei Jahren in eine lebenslange Freundschaft ausläuft.

■ Der Dichter Rainer Maria Rilke (1875–1926) ist einundzwanzig, als er der fünfzehn Jahre älteren Lou Andreas-Salomé in München begegnet.

Lou Salomés Lebensziel war die Freiheit. Sie wollte sich nicht binden, sich nicht in die traditionelle Frauenrolle pressen lassen, kein Hauswesen führen, nicht mütterlich in der Sorge für Nachkommen aufgehen. Was sie reizte, war das Wissen: um die Geheimnisse der menschlichen Seele, des Denkens, des künstlerischen Ausdrucks. Sie hatte sich, kaum erwachsen, auf Studienreisen begeben, zuerst in Begleitung

ihrer Mutter, später allein, hatte sich in die Theologie, die Philosophie und die schönen Künste gestürzt und zwischen Vorlesungen, Gesprächen mit Gleich- oder auch Andersgesinnten, Lektüre und langen Denkpausen ihren eigenen Weg als Intellektuelle und Schriftstellerin gesucht. Das Medium ihres Tuns war der Gedankenaustausch. Sie besprach und schrieb sich mit allen, von denen sie eine Inspiration oder einen Denkanstoß erwartete; ihr Bekanntenkreis war weitläufig, und was die männlichen Mitglieder dieses Kreises betrifft, so war bei ihnen das Erstaunen oft groß, wenn die ebenso intelligente wie attraktive Lou aus der Intimität, die das Gespräch und die gemeinsame Suche nach der Wahrheit erzeugen, keine amouröse Strategie ableiten wollte. Lou Salomé war der Überzeugung, dass der Verzicht auf sexuelle Erfüllung die geistige Leistungsfähigkeit zu ungeahnten Höhen steigern könne, Höhen, die sie stärker faszinierten als die Fleischeslust. Also verzichtete sie auf die Lust um der Erkenntnis willen. Selbst ihre Ehe soll sie sozusagen unter dieser Präambel geschlossen haben. Die Liaison mit Rainer, dem Lou diesen Namen gab, blieb nicht rein geistig. Der junge Student, ein schmächtiger, knabenhafter Schlaks mit großen Rosinen im Kopf, zog die als sexuelles Wesen erst halb erweckte Frau in seinen Bann, in seine Arme und in sein Bett.

■ Ihr Lebensziel ist die Freiheit. Die faszinierende Lou Andreas-Salomé (1861–1937).

Rilke erlebt mit Lou die erste volle Liebe, in der sowohl Sinnlichkeit und geistige Neugier, intellektuelle Gemeinsamkeit, Anregung und Verschiedenheit als auch das Kosen mit den Worten und mit den Fingerspitzen eins werden. Da war eine eben-

RILKE AN LOU ANDREAS-SALOMÉ

Ich bin Dir wie ein Vorbereiten
Und lächle leise, wenn Du irrst;
Ich weiß, daß Du aus Einsamkeiten
Dem großen Glück entgegenschreiten
Und meine Hände finden wirst.

bürtige Frau, der er den Zutritt in das Reich seiner Phantasie gerne erlaubte: Auf alles, was da wimmelte, warf sie einen wissenden Blick und teilte auf, ordnete um, warf manches hinaus und ermutigte anderes. Von ihr soll Rilke die Einfachheit gelernt haben, die trotz der Freude, die Schnörkel, Zierrat und Artistik wecken können, letztlich die Krone der Dichtkunst ist.

Den Sommer 1897 verbringen Salomé und Rilke außerhalb Münchens in Wolfratshausen; es kommen Freunde zu Gast, auch Friedrich Carl Andreas erscheint. Das Leben zu dritt und zu mehreren geht gut; Lous Männer wissen, dass diese ihren Lebenszuschnitt gegen alle Konventionen stets neu ausrichtende Frau nicht mit normalem Maßstab zu messen ist – und dass niemand, auch nicht ihr junger Liebhaber, sie besitzen darf.

■ Inspiration durch Reisen. Rainer Maria Rilke und Lou Andreas-Salomé mit dem russischen Dichter Spiridon Droschin während ihres Aufenthalts in Russland, der Heimat Lous, im Jahre 1900.

Lou und Rainer haben einen Traum: Sie wollen nach Russland. Lou ist in diesem Land geboren und aufgewachsen, sie spricht die Sprache; Rainer erhofft sich von der Begegnung mit der Kultur und Literatur Russlands, erst recht aber mit seinen einfachen Menschen, neue Impulse. Sie reisen 1899, zu dritt übrigens, mit Lous Mann, nach Moskau und St. Petersburg, treffen Tolstoi und feiern Ostern im Kreml. Ein Jahr später wiederholen sie die Reise, diesmal zu zweit. Sie fahren bis nach Kiew. Rilke nimmt die Inspiration für das *Stundenbuch* mit nach Hause und Lou die Überzeugung, dass sie ihre schöne Heimat zu früh hinter sich

gelassen hat. Wieder daheim, siedelt sich Rainer in der Nähe seiner Liebsten in Berlin an, aber die gemeinsame Zeit ist vorüber, beide spüren es. Sie haben angefangen, sich allzu tief ineinander zu versenken – vielleicht haben sie zu gut zusammengepasst. Zu gut? Ja, Liebe ist ihnen nicht genug, sie wollen schaffen, schreiben, dichten. Diese Berufung ist eine strenge Meisterin, sie duldet auf Dauer keine Leidenschaft neben sich. Rilke hätte sich womöglich, so wie Männer es allzeit konnten, mit seiner Arbeit und einer liebenden Frau einrichten wollen – er hat es später auch getan, als er die Künstlerin Clara Westhoff heiratete – aber für Lou kommt eine Konkurrenz zu ihrem großen Wissensdurst nicht in Frage. Nicht einmal die Liebe hat eine Chance. Außerdem ist da ja noch ihr Ehemann, zu dem sie sich gerade jetzt wieder stark hingezogen fühlt. Er gibt ihr den äußeren Frieden, den sie für die Aufregungen des Geisteslebens braucht. Rainer war ein Attentat auf ihre Freiheit: ein wunderbares Attentat, dessen Durchschlagskraft sie genoss und dessen Bedeutung für ihr Leben sie nie verkleinern oder vergessen wird. Aber jetzt ist es genug. Sie schreibt ihm den Abschiedsbrief, man gelobt ein Schweigen für allezeit, das beide bald brechen. Sie haben sich immer wieder geschrieben und ihrer Freundschaft versichert.

Rilke wendet sich dem Künstlerkreis von Worpswede zu; seine Ehe mit der dort entdeckten Clara – die er eingeht, nachdem ihm Paula Becker von einem gewissen Modersohn weggeschnappt wurde – wird nicht glücklich. Er erwartete das auch nicht – schließlich hat er seine Lektion in Lebensweisheit von Lou gelernt. Er bekommt eine Tochter, Ruth. Als Dichter vollbringt er große Taten und erweist sich des Vertrauens würdig, das seine

■ Den Sommer 1897 verbringt das Liebespaar in Wolfratshausen bei München. Es empfängt Freunde; auch Lous Ehemann, der Philologe Friedrich Carl Andreas, ist Gast. Die Aufnahme zeigt Rainer Maria Rilke in der Gartenlaube in Wolfratshausen.

■ Die Kunst als Sublimation sexueller Energie. Für den jungen Dichter Rilke macht Lou eine Ausnahme von diesem Glaubenssatz. Nach drei Jahren steht sie vor der Alternative Liebe oder Literatur und entscheidet sich für Letztere.

■ Sinnliche und geistige Erfüllung. Sie erlaubten sich gegenseitig den Zutritt zu ihrem Reich des Körpers und des Geistes. Vor allem auf Betreiben Lous hin trennt sich das Paar nach drei Jahren, die geistige Verbundenheit bleibt jedoch lebenslang erhalten. Die Aufnahme zeigt das Paar im »Fahnensattlerhaus« in Wolfratshausen, 1897.

Lehrmeisterin in sein Talent gesetzt hatte. Lou Salomé lernt Sigmund Freud kennen und ergibt sich in den folgenden Jahren mit all ihrem Erkenntnisdrang und ihrer Schaffenslust der Psychoanalyse. Ihr Freund Rainer mit seinem komplizierten Seelenleben hat sie einmal gefragt, ob es für ihn nicht hilfreich sein könnte, sich analysieren zu lassen. Doch sie riet ab. Sie fürchtete, dass seine künstlerische Intuition Schaden nehmen könnte.

In ihrem letzten Brief (1925) schreibt sie: »Rainer, waltete doch über Dir die große Gnade, die sich des infantil Urhaftesten bedient: die schöpferische Abfuhr ins Werk, die eben drum dem Leiblichen so verflochten ist, denn von dort aus feuert auch sie erotisch an zum Leibhaften im Werksinn ...«

■ Die Beziehung zu Lou hat Anteil an der von Rilke entwickelten Auffassung von der Kunst als unerfülltem Liebessehnen.

LOU ANDREAS-SALOMÉ UND RAINER MARIA RILKE

LEBEN UND WERK

Geboren am 4.12.1875 und getauft auf den Namen René Karl Wilhelm Johann Josef Maria Rilke, soll der Sohn nach dem Willen des Vaters eine militärische Laufbahn einschlagen. Die militärische Erziehung scheitert jedoch. Erst mit einem Stipendium des Onkels gelingt Rilke 1895 die Hochschulreife. Das begonnene Studium gibt er 1896 im Anschluss an seine Übersiedlung nach München auf. Rilke bricht mit seiner Familie und verschreibt sich ganz einem Leben als Künstler. Seine frühen, bis 1899 entstandenen Werke bezeichnet er in einem späteren Brief (1924) selbstkritisch als »Versuche und Improvisationen«. Im Mai 1897 begegnet er das erste Mal Lou Andreas-Salomé, geboren am 12.2.1861 in St. Petersburg. Sie ist in einer kinderlosen Ehe seit 1887 verheiratet mit dem Sprachwissenschaftler Friedrich Carl Andreas. Ende des 19. Jahrhunderts ist sie eine gern veröffentlichte, angesehene Journalistin. Sie hat selbst Gedichte, Romane und ein Buch über Nietzsche, den sie seit 1882 kennt, geschrieben. Im Juli 1897 zieht sie zusammen mit Rilke und einer Freundin aufs Land. Als sie im Oktober zu ihrem Mann nach Berlin zurückkehrt, wechselt auch Rilke in die Nähe seiner Geliebten. Ihre erste gemeinsame Reise nach Russland dauert vom 25.4. bis 1.7.1899, die zweite Reise schließt sich von Mai bis August 1900 an. Noch während der Beziehung zu Lou entstehen die beiden ersten Teile seines 1905 veröffentlichten *Stundenbuches*. 1899 entsteht auch die Urfassung des *Cornet*, der in der Ausgabe von 1912 als Band 1 der Insel-Bücherei zu einem wahren Rilke-Longseller wurde. Im Herbst 1900 reist Rilke nach Worpswede, wo er Clara Westhoff kennen lernt, die er am 28.4.1901 heiratet, ihre gemeinsame Tochter Ruth wird am 12.12. geboren. Das Leben in ländlicher Idylle dauert allerdings nur bis Herbst 1902. Nachdem sich die Wege von Rilke und Lou Andreas-Salomé getrennt und sie nur noch brieflichen Kontakt haben, widmet sich Lou ganz der Psychoanalyse und avanciert nach 1911 zu einer Schülerin und Vertrauten Sigmund Freuds. Sie betreibt bis zu ihrem Tod am 5.2. 1937 eine psychoanalytische Praxis in Göttingen. Verschiedene Freunde und Mäzene ermöglichen Rilke ein Leben, das er ganz seiner künstlerischen Berufung widmen kann. Erst die beginnende Leukämie raubt ihm seine Schaffenskraft und beendet sein Leben am 29.12.1926.

EMPFEHLUNG

Lesenswert:

Ursula Welsch/ Michaela Wiesner: *Lou Andreas-Salomé: Vom »Lebensurgrund« zur Psychoanalyse.* Wien 1988.

Wolfgang Leppmann: *Rilke – sein Leben, seine Welt, sein Werk.* München 1998.

Lou Andreas-Salomé, Rainer Maria Rilke. Hrsg. von Ernst Pfeiffer. Frankfurt 1988.

Hörenswert:

Rainer M. Rilke: *Die Weise von Liebe und Tod des Cornets Christoph Rilke.* Interpret: Ulrich Mühe, 1998. Audio-CD.

Besichtigenswert:

Das Grab von Rilke in Raron, Wallis. Lou Andreas-Salomé ist auf dem Göttinger Stadtfriedhof begraben.

WERTUNG

Sie wollte sich von körperlichen Leidenschaften frei halten, um die Empfängnisfähigkeit ihres Geistes zu erhöhen – bis er kam und ihr bewies, dass man beides haben kann.

Liebe:	✪✪✪✪✪
Erotik:	✪✪✪✪✪
Zusammenarbeit:	✪✪✪✪✪
Dauer:	✪✪

Gertrude Stein und Alice B. Toklas

»Zittern war Leben, Leben war lieben, und einer war damals der andere. Gewiß liebte damals dieser eine diese Ada. Und gewiß war damals Adas ganzes Leben glücklicher durch das Lieben, glücklicher, als es jemals ein anderer sein könnte, der war, der ist, der jemals leben wird.«

Ada – das ist Alice Babette Toklas, und »dieser eine« ist die Schreiberin des kleinen Ada-Portraits, Gertrude Stein. Beide Frauen lernen sich 1907 in Paris kennen – in einer Stadt, die für viele amerikanische Künstler und Intellektuelle das Ziel ihrer Sehnsucht war. Gertrude ist 1874 in Pennsylvania zur Welt gekommen, sie entstammt einer jüdischen Familie, ist früh weit gereist, liest ständig, schreibt, studiert Philosophie und Psychologie. Sie will Schriftstellerin werden und interessiert sich vor

■ Gertrude Stein (1874–1946), gemalt von Felix Vallotton im Jahr der Begegnung mit Alice B. Toklas, 1907. Die Amerikanerin jüdischer Abstammung lernt Alice in Paris kennen, wo sie seit 1902 als Schriftstellerin lebt. Gertrude übernimmt den männlichen Part in der Beziehung.

allem für Sprache und Schreiben, für Form und Stil. Alice Toklas kommt in Paris als Sekretärin zu Miss Stein. Sie ist in San Francisco geboren, entstammt ebenfalls einer jüdischen Familie, war ein behütetes zufriedenes Kind und entwickelte später wie so viele diese Sehnsucht nach Paris. In der Wohnung Gertrudes, in der Rue Fleurus, verliert sie ihr Herz und gewinnt eine Gefährtin, die ihr ein Leben lang verbunden bleibt, und beider »Leben war glücklicher durch das Lieben«.
Gerade weil Alice und Gertrude eng, vertraut, sicher, harmonisch und unstörbar zusammenlebten, konnten sie es sich leisten, ihre Liebe sozusagen öffentlich zu leben, mannigfache Kontakte zu suchen, Freunde und Kollegen zu empfangen. Sie eröffneten eine Bühne schier grenzenloser Möglichkeiten, immer wieder neuer Inszenierungen und Besetzungen – das Leben als Theaterstück. Nicht im Sinne von bloßem Theater, eher als unaufhörlicher Neu-Entwurf. Dafür eignen sich Künstler und andere Kreative natürlich besonders, gleichsam von Amts wegen: Sie sind zum ständigen Aufbruch verdammt – zumindest im Selbstverständnis jener Zeit– und setzen sich bewusst ab vom herrschenden Lebensmodell. Gertrude Steins le-

21

I love my love with a v
Because it is like that
I love my love with a b
Because I am beside that
A king.
I love my love with an a
Because she is a queen
I love my love and a a is
the best of them
Think well and be a king,
Think more and think
again
I love my love with a dress
and a hat
I love my love and not
with this or with that
I love my love with a y
because she is my bride
I love her with a d
because she is my love
beside
Thank you for being there
Nobody has to care
Thank you for being here
Because you are not
there.

■ Gedicht von Gertrude Stein für Alice B. Toklas

■ Alice B. Toklas (1877–1967) kommt in Paris als Sekretärin zu Gertrude Stein. Sie verliert ihr Herz an die intellektuell und sozial überlegene Künstlerin. Beinah vierzig Jahre lang, bis zum Tod von Gertrude, sind die beiden ein Paar.

■ Der Mann im Hause. Porträtaufnahme von Man Ray, um 1930. Gertrude Stein und Alice B. Toklas führen eine klassische Ehe. Gertrude steht im Austausch mit den wichtigen Künstlern und Intellektuellen der Zeit, derweil Alice sich um deren Ehefrauen kümmert. Sie hält Gertrude den Rücken frei, macht sich als Sekretärin, Kopistin und Köchin nützlich.

gendärer Samstag-Salon in Paris, in dem sich fast alle bedeutenden Maler und Autoren irgendwann einfanden – Picasso, Cézanne, Matisse, Picabia, Hemingway, Fitzgerald und Apollinaire sind nur ein Bruchteil der bekannten Namen –, muss so eine Bühne gewesen sein, auf der ein Feuerwerk ständig neuer Ideen gezündet wurde. Wollte man sich darauf einlassen – und Gertrude tat es auf beiden Ebenen, der Kunst und der Literatur –, dann durfte eigentlich keine feste Identität im Wege stehen. Immer wieder verwundert es, dass sie ihren eigenen Stil in dieser brodelnden Gärungsphase der Moderne fand. Wo aber nahm sie Kraft und Rückhalt für dieses Mehrfronten-Abenteuer her?

Sie fand sie im Zusammensein mit Alice. Stein und Toklas sind ohne die leiseste Erschütterung ihrer Beziehung durch schwierige Zeiten gegangen, ein verschworenes Team, dem gar nicht erst Zweifel an der gegenseitigen Zugehörigkeit kam, aufgehoben in der Selbstverständlichkeit des Mit- und Füreinander.

Die Arbeitsteilung zwischen beiden war klar und nach heutigen Maßstäben herabsetzend für Alice – sie hat es aber nicht so gesehen. Dass sie beim Empfang der Junggenies oder der künstlerischen Prominenz deren Ehefrauen beschäftigen musste, während Gertrude mit den »wichtigeren« Männern konferierte, empfanden beide als natürlich. Schließlich war Gertrude, nach unsicheren und von Selbstzweifeln unterbrochenen Anfängen, eine bekannte Autorin geworden und mit ihrer bizarren experimentellen Schreibweise Element der allgemeinen Aufbruchstimmung am Anfang des Jahrhunderts. Womöglich fühlte Alice sich neben ihr aufgewertet. Gertrude dankte es ihr und nutzte nie ihre intellektuelle und soziale Überlegenheit aus. Denn Alice erfüllte, das blieb die unausgesprochene Voraussetzung, alle Funktionen, die für Gertrude wichtig und nützlich waren: Liebhaberin, Kopistin, Köchin, Designerin und Sekretärin, kurzum: die »Frau in seinem Schatten«, die ihm gleichwohl den Rücken freihielt. Daß dieser »er« eine »sie« war, spielte bei ihrer Arbeitsteilung keine Rolle: Es war eine klassische Ehe, und in der Tat vergaßen die Gäste von Steins illustrem Salon selten, Alice, die »Ehefrau«, in ihren Briefen und Billets zu grüßen.

Gertrude und Alice während ihres »Hochzeitsausflugs« in Venedig.

Gertrude und Alice schrieben einander Liebesbekenntnisse, die immer wieder eines klarstellten: dass sie den idealen Partner und damit die ergänzende Erfüllung gefunden hatten – erst zusammengenommen ergaben sie sozusagen einen kompletten Menschen. Gertrude, der besessene und hermetische Intellekt, und die eher lebenspraktisch begabte Alice; waren sie zufrieden damit, die jeweils andere zu ergänzen? Ja, denn sie ergänzten sich nicht bloß.

Die oft starrköpfige und trotz blassem Eigenprofil willensstarke Alice nötigte Gertrude nicht selten Selbstkritik ab – sie war, als Kopistin, zugleich deren erstes Publikum –, und mit solchen Erfolgen mag ihr die Arbeitsteilung nicht demütigender erschienen sein als einer Landfrau ihre Zuständigkeit für den Haushalt. Die krankhaft vergessliche Gertrude liebte die Poesie des Alltags, und diesen verkörperte Alice mit ähnlichem Geschick, Phantasiereichtum und Einfühlungsvermögen wie Gertrude die Rolle einer geistigen oder spirituellen Priesterin für die »lost generation« der kulturell entwurzelten Moderne. Im Notfall half Gertrude auch im Garten oder ging meilenweit, um einen Sack Kartoffeln oder Eier zu organisieren – im Krieg, auf ihrem Landsitz etwa; im Normalfall jedoch waren die Zuständigkeiten geregelt. Gleichwohl, sie verstanden sich als eine Einheit, und dass Alices Autobiographie von Gertrude geschrieben wurde, war durchaus kein Akt der Entmündigung, sondern da sprach gleichsam eine nur körperlich gespaltene Doppelpersönlichkeit. Gertrudes Thema war das Schreiben selber, nicht etwa ein Stück Leben, für das sie dann eine Darstellungsweise wählte. Diese oft beschworene Hermetik bezeugte aber auch ihre oft erschütternde Einfalt in sozialen oder gar politischen Belangen. Freundschaften mit Nazi-Kollaborateuren verursachten ihr keine Gewissenskonflikte, ebenso wenig wie ihre Lobhudelei für Pétain. Alice kommentierte nichts davon, und auch als Gertrude 1946 nach fast vierzigjähriger Ehe starb, erschöpfte sich Alices Leben weiterhin fast ausschließlich im Dienste von Gertrudes Ruhm. Zwei Jahrzehnte überlebte sie jene mysteriöse Ehe, für die sie jede eigene Heimat und Identität aufgegeben hatte, als sie ihr Zuhause in San Francisco verließ: eine existenzielle Entscheidung, die Gertrude nie hatte treffen müssen. Denn sie empfand Paris als Heimat – und die Dichtkunst. So sinnierte Alice kurz vor ihrem Tod: »She was always at home through the language, but I was only at home through her.«

Welche Rolle spielte im Leben dieses lesbischen Paares die Sexualität? Da von Seitensprüngen und Eifersucht nichts berichtet wird, könnte man vermuten: keine große. Aber Gertrudes Liebesgedichte sprechen eine unzweideutige Sprache: *Pussy how pretty you are* oder *Kiss my lips*. Zwar war »Pussy« der Kosename für Alice, doch unter diesem Titel klingt die zweideutige Bedeutung des Wortes »pussy« ganz unverkennbar mit. Und Alice war fasziniert von der »goldenen, warmen Tönung von Gertrudes Haut« und schwärmte von ihrer unvergleichlichen Stimme: »tief, samten, volltönend wie zwei Stimmen in einer ...«.

■ *Paris war eine Frau.* Aufnahme aus dem gleichnamigen Film von Greta Schiller aus dem Jahre 1996. Die französische Hauptstadt ist zur Zeit von Gertrude und Alice ein Sehnsuchtsort der Kreativen. Hier treffen sich Künstler, Intellektuelle und Bohemiens – darunter viele unkonventionelle Frauen –, um mit neuen Darstellungs-, Denk- und Lebensformen zu experimentieren.

GERTRUDE STEIN UND ALICE B. TOKLAS

LEBEN UND WERK

»Ich habe Glocken gehört.« So erlebt Alice Babette Toklas, geboren am 30.4.1877, ihre erste Begegnung am 8.9.1907 mit Gertrude Stein in deren Wohnung in Paris. Von da an trennt erst der Tod 39 Jahre später die beiden Frauen. Schon in der Jugend findet sich Verbindendes im Lebensweg. Gertrude, geboren am 3.2.1874, stammt wie Alice von europäisch-jüdischen Einwanderern ab. Sie verbringen beide einen Teil ihrer Jugend im Großraum von San Francisco und reisen in ihrer frühen Kindheit für längere Zeit nach Europa. Beide verlieren früh die Mutter, Gertrude 1921 auch den Vater. Gertrudes Erbe ermöglicht den beiden Frauen später ein ungebundenes Leben. Nach Gertrudes abgebrochenem Medizinstudium zieht sie 1903 zu ihrem älteren Bruder Leo nach Paris. Im selben Jahr beginnt sie zu schreiben. Ihr Stil ist experimentell und zeichnet sich durch die Nähe zum Kubismus aus, bewusst verwendet sie als Stilmittel monotone Wiederholungen und eine durchgängige Gegenwartsform. Schon bald schreibt Alice Gertrudes Texte ins Reine, redigiert sie und zieht 1910 endgültig in die Atelierwohnung der Geschwister Stein ein. Die samstäglichen Dinnerpartys in der »Rue Fleurus 27« werden über 20 Jahre zu einem Treffpunkt für die avantgardistische Künstlerszene von Paris. 1913 kommt es zum Bruch mit Leo Stein, der das Werk seiner Schwester gering schätzt. Eher ungewöhnlich für die Zeit, leben die beiden Frauen in einer erkennbar lesbischen Beziehung mit klarer Rollenverteilung zusammen. Alice wirkt als Verlegerin, Köchin, Sekretärin und zieht im Hintergrund die Fäden. Mit der Veröffentlichung von Gertrudes Buch *Die Autobiographie von Alice B. Toklas* stellt sich 1933 auch der Erfolg beim Publikum ein. Nach 30 Jahren unternimmt das Paar 1934/35 erstmals wieder eine Vortragsreise quer durch die USA. Zurück in Europa ziehen sich die beiden auf ihren Sommerwohnsitz in Bilignin im Rhônetal zurück. Erst 1944 kehren sie nach Paris zurück und finden ihre Wohnung mit der wertvollen Bildersammlung unversehrt vor. Am 22.10.1946 stirbt Gertrude nach einer Krebsoperation. Alice regelt mit gewohnter Sorgfalt den Nachlass ihrer Freundin. Mit 76 Jahren veröffentlicht sie ein anekdotenreiches Kochbuch. Sie stirbt am 7.3.1967. Ihrem letzten Willen entsprechend erscheint ihr Name nur auf der Rückseite des gemeinsamen Grabsteins.

EMPFEHLUNG

Lesenswert:

Diana Souhami: *Gertrude Stein und Alice B. Toklas*. Frankfurt 1994.

Gertrude Stein: *Die Autobiographie von Alice B. Toklas*. Zürich 1985.

Alice B. Toklas: *Das Alice B. Toklas Kochbuch*. Berlin 1994.

Sehenswert:

Warten auf den Mond (Waiting for the Moon). Regie: Jill Godmillow, mit Linda Bassett als Gertrude Stein u. Linda Hunt als Alice B. Toklas. USA 1987.

Paris Was a Woman: Djuna Barnes, Sylvia Beach, Gertrude Stein & Co.: Ein Blick auf das Paris der 20er und 30er Jahre. Regie: Greta Schiller. Edition Salzgeber 1997. Videocassette, O. m. U.

Angenommen ein Auge (Suppose an Eye). Ein Video zu Texten von Gertrude Stein, hrsg. von Kornelia Becker. Frankfurt 1998.

Hörenswert: *Gertrude Stein, Brewsie und Willi. Ein Hörstück.* Regie: Wolfgang Stockmann. Sprecher: Barbara Nüsse u. Stephan Benson. 1997. Audio-CDs.

Virgil Thomson: *Mother of Us All.* Oper nach dem Libretto von Gertrude Stein. New World Records 1977.

WERTUNG

Die berühmte Avantgardistin und ihre unscheinbare Sekretärin – ein Liebespaar? Ja, so war es, jede fühlte sich erst durch die andere als Ganzes.

Liebe:	✪✪✪✪✪
Dauer:	✪✪✪✪✪
Ergänzung:	✪✪✪✪✪
Erotik:	✪✪✪✪
Gesell. Anerkennung zu ihrer Zeit:	✪

D. H. Lawrence und Frieda von Richthofen

»Bleib heute nacht bei mir!« – »Nein, nicht im Hause Deines Mannes, während er nicht da ist. Aber Du musst ihm alles sagen, und wir gehen zusammen fort, denn ich liebe Dich.«

■ David Herbert Lawrence (1885–1930), um 1925. Der englische Schriftsteller ist siebenundzwanzig, als er Frieda von Richthofen, die Frau seines Englisch-Professors, kennen lernt.

Ein junger Mann ist sehr verliebt. Sie ist fünf Jahre älter und verheiratet – mit dem Englisch-Professor ihres Verehrers, einem braven Mann, von dem sie drei Kinder hat. Die Familie lebt in Nottingham. Dieses Leben hatte sie sich anders vorgestellt, als sie aus Deutschland nach England kam, interessanter und anspruchsvoller. Sie stammt aus einer alten Offiziers-Familie, heißt Emma Maria Frieda Johanna Freiin von Richthofen, und nun ist sie Mrs. Ernest Weekley. Ihre Eltern haben sie unter der irrigen Annahme ziehen lassen, dass ein Professor in England eine ähnlich hohe gesellschaftliche Stellung genießt wie in Deutschland. Wer jedoch nicht in Cambridge oder Oxford lehrt, ist im Grunde ein Niemand. Und obwohl Frieda auf solche Äußerlichkeiten kaum Wert legt, ist ihr die Langeweile, die mit diesem »declassement« der Provinz verbunden ist, zuwider. Ein Flirt kommt da gerade recht. Und schöne Augen hat er und Temperament, dieser David Herbert Lawrence. Was tut's, dass er noch ein halber Student ist, völlig mittellos und mit unsicheren Träumen von einer Zukunft als Schriftsteller. Poetisch feurig ist er jetzt schon, aber auch fürsorglich und zart, er hört ihr zu und blickt sie an wie kein Mann zuvor. Beim Spaziergang mit den Kindern, als er, ganz hingegeben, Papierschiffchen für die Kleinen baut, trifft es sie blitzartig: »Plötzlich wusste ich, daß ich ihn liebte.«

Nur wenige Tage vergehen bis zum Skandal: Sie brennen durch. Mit ein paar Koffern reisen beide ab, auf Jahre wird Frieda ihre Familie nicht wiedersehen. »Mein Kind, was tust Du? Ich habe Dich immer für vernünftig gehalten. Ich kenne die Welt!«, ruft ihr Vater, der alte Baron von Richthofen, verzweifelt aus. »Ja, das mag sein«, erwidert sie schlicht, »aber das Allerbeste hast Du nie kennengelernt.« »Du führst dich auf wie eine Kellnerin«, soll er, dann doch wütend, ihr nachgeworfen haben. Es ist ihr egal. Und das im Jahr 1912. Was mag es wohl gewesen sein, dieses »Allerbeste«? Das so stark war, dass eine erwachsene Frau alles stehen und liegen ließ, sogar ihre Kinder, und sich für ein ärmliches Vagabundendasein entschied? Dass sie ihren Entschluss zu keiner Zeit bereute? Heute fällt die Antwort leichter als zur Zeit des Affronts, der unerhört war und von niemandem, selbst von guten Freunden nicht, so recht verstanden und gutgeheißen wurde. Es waren Menschen einer Epoche, die das Verhältnis der Geschlechter, zumal in England, in einem so strengen, für uns heute unmenschlich scheinenden Sittenkodex regelte und festschrieb, dass auch liberale Geister sich schwer vorstellen konnten, was Frieda mit dem »Allerbesten« meinte: nämlich die mit Herz und Sinnen vollständige Erfüllung in der Liebe. Für Lawrence war Liebe kein romantisches Abstraktum, eine soziale Konvention

■ Stürmische Liebe: Frieda von Richthofen (1879–1956) lässt ihre Kinder zurück und brennt mit Lawrence durch. Ihr unstetes Wanderleben führt sie auch an die englische Küste bei Lands End, Cornwall.

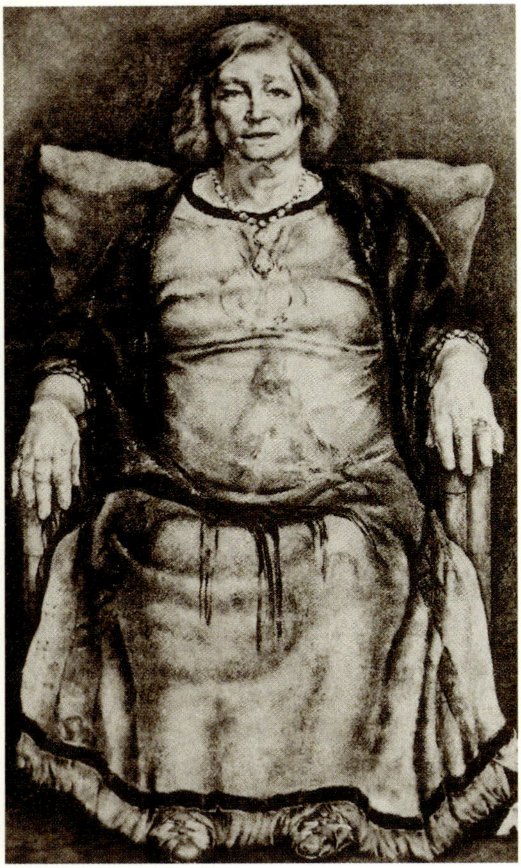

■ Frieda von Richthofen: Die üppige, große Frau überlebt ihren Mann um sechsundzwanzig Jahre und macht es sich zur Aufgabe, seinem Werk zu dienen.

schon gar nicht, sondern der Inbegriff eines wahrhaftigen Miteinanders von Mann und Frau. Im Mysterium der körperlichen Vereinigung sah er das Kraftzentrum eines neuen Menschentums, das sich zu seinen natürlichen Instinkten bekennt und der unwirtlichen Realität eine humane, schöne Welt entgegensetzt. D.H. Lawrence wurde zum literarischen Philosophen dieser Vision. Sie begleitet sein ganzes Leben, findet sich in all seinen Büchern, am deutlichsten in jenem Roman, der ihm den Weltruhm sicherte, aber in seiner Heimat erst 1960 ungekürzt erscheinen durfte: *Lady Chatterley's Lover.*

In diesem Buch findet eine vornehme Dame ihr Glück in den Armen eines Wildhüters, der alle Züge von Lawrence selbst trägt. Er kommt aus einfachen Verhältnissen, liebt die Natur und verabscheut die moderne Zivilisation mit ihrem Fortschrittswahn und ihrer Oberflächlichkeit. Voller Verachtung blickt er auf die Stadtmenschen herab, die sich in ihrer Gier nach Geld und Karriere selbst zerstören und zu keiner natürlichen Regung mehr fähig sind. »Lieben, wirklich lieben, können solche Gefühlskrüppel nicht, und ihre Frauen vertrocknen in ihrem Schatten.«

Der Wildhüter lehrt Lady Chatterley, was es heißt, eine Frau zu sein; die Sexualität, die beide in ekstatischen Begegnungen erfahren, wird zum heißglühenden Motor ihrer Befreiung aus einer erkalteten Welt. Es waren diese »Stellen«, die den Roman auf den Index brachten, aber *Lady Chatterley's Lover* ist alles andere als Pornographie. Es ist im Grunde ein puritanisches Buch, so wie sein Autor ein Puritaner im Wortsinn war: Er stand zu seiner Überzeugung und wollte sie »rein« erhalten. Nicht etwa die »freie Liebe« hatte Lawrence im Sinn, jegliche Art von Promiskuität war ihm zuwider. Für ihn war die Liebe ein heiliges Band, das, einmal geknüpft, ewig hielt. Wenn zwei wirklich verwandte Seelen einander gefunden hatten, war jede Trennung gleichbedeutend mit Verrat und Tod. D.H. Lawrence war auf seine Art ein Fanatiker.

Ob Lawrence Frieda wirklich die sexuelle Erfüllung bescherte wie sein Wildhüter der Lady Chatterley, wissen wir nicht. Frieda hat in ihren Erinnerungen darüber geschwiegen. Sie war

Als *Lady Chatterley's Lover* vollendet ist, 1928, hat Lawrence nur noch zwei Jahre zu leben, das Buch ist ein Vermächtnis seiner Lebensphilosophie. Frieda war seine erotische Muse, die seinen Glauben teilte und ihm die Kraft für seine Arbeit gab. In einem Brief schrieb er: *»Ich stelle mir eine neue Welt vor mit neuer, reiner Luft, und nur mit Menschen, die neu geborene Menschen sind – moi-même et Frieda.«*

seine erste Frau, er war siebenundzwanzig, als er sie traf. Fest steht, dass beide einander die Treue hielten, in guten wie in schlechten Tagen, und von letzteren gab es viele. Das Naturburschentum, dem sich Lawrence verschrieben hatte, machte den Alltag nicht leichter. Alles musste schlicht und ursprünglich sein, und so sah sich Frieda häufig in irgendeiner Einöde am hölzernen Waschzuber sitzen, während Lawrence in der Küche frugale Mahlzeiten zubereitete. Dazu kam, dass Lawrence krank war, er litt an Tuberkulose, und teure Kuren kamen nicht in Frage. Seine Bücher trugen wenig ein, ständig waren Gönner gefordert, die für Kost und Logis aufkamen. Man reiste um die

■ Das Mysterium der körperlichen Liebe als Kraftzentrum eines neuen Menschentums. Seine Lebensphilosophie formuliert Lawrence in dem Roman *Lady Chatterley's Lover*, der 1981 von Just Jaeckin mit Sylvia Kristel und Nicholas Clay verfilmt wird.

■ D.H. Lawrence (hier um 1925) propagiert ein einfaches, naturverbundenes Leben. Aus materieller Not reist das Paar um die ganze Welt, unter anderem nach Italien (unten: Blick von Gargnano am Gardasee zum schneebedeckten Monte Baldo). Lawrence stirbt fünfundvierzigjährig an Schwindsucht. Neunzehn Jahre hatten er und Frieda von Richthofen zusammengelebt.

Welt, aus Not. Das Ehepaar – nach Friedas Scheidung bestand Lawrence auf der Trauung – zog erst durch halb Europa, dann bis nach Australien und Mexiko.

Richtig schlimm müssen für Frieda die Wutausbrüche ihres Mannes gewesen sein. Lawrence war jähzornig und unfähig, etwas dagegen zu tun. Die Schriftstellerin Katherine Mansfield erinnert sich an eine schreckliche Szene: »Er schlug sie – er schlug sie, als ob er sie umbringen wollte – auf das Herz, das Gesicht, die Brust, er riß an ihren Haaren. ... Ich werde nie vergessen, wie L. aussah. Er war so weiß – fast grün, und er schlug auf die große, üppige Frau ein.« Doch schon eine Viertelstunde später reden beide übers Abendessen, als sei nichts gewesen, und am nächsten Morgen bringt er ihr das Frühstück ans Bett. Neunzehn Jahre haben sie so zusammengelebt, und Frieda dachte keine Sekunde daran, Lawrence zu verlassen. Er war für sie ein Gott, dem sie alles opferte und dessen Zorn sie gleichmütig ertrug. In ihren Erinnerungen gibt es kein böses Wort, nur Begeisterung, ja Ergriffenheit über einen Mann, der offenbar viel zu geben verstand: »Alles, womit er in Berührung kam, erschien einem so neu, als ob es eben erst erschaffen worden wäre.«

D.H. Lawrence starb im Jahre 1930 an der Schwindsucht, Frieda ein Vierteljahrhundert später, genau an ihrem siebenundsiebzigsten Geburtstag.

D.H. LAWRENCE UND FRIEDA VON RICHTHOFEN

LEBEN UND WERK

Frieda von Richthofen wird am 11. 8. 1879 in Metz, Frankreich, geboren. Ihr Vater Friedrich von Richthofen ist dort als Beamter der preußischen Besatzungsmacht stationiert. Sie besucht eine katholische Klosterschule. 1898 trifft sie in Freiburg den englischen Sprachwissenschaftler Ernest Weekley (1865–1959), mit dem sie nach der Heirat am 29. 8. 1899 nach England geht. Das Leben im provinziellen Nottingham bietet wenig Abwechslung, jeden Sommer unternimmt sie lange Reisen nach Deutschland. Sie bekommt 3 Kinder: Charles Montague (1900–82), Elsa (1902–85) und Barbara (1904). Die Begegnung im März 1912 mit dem jungen Lehrer und Schriftsteller D(avid) H(erbert) Lawrence wird zum Wendepunkt ihres Lebens. Lawrence, der Sohn eines Bergarbeiters, geboren am 11. 9. 1885, hatte sich mit Fleiß zum Lehrberuf hochgearbeitet und 1905 begonnen zu schreiben. 1911 erscheint sein erster Roman. Im Mai 1912 reist Frieda zu ihren Eltern nach Metz, heimlich begleitet von D.H. Lawrence. Als Ernest Weekley davon erfährt, verlangt er die Scheidung. Frieda kehrt 1913 nach England zurück, Weekley verhindert jedoch ein Treffen mit ihren Kindern. Im Juli 1914, 2 Monate nach der offiziellen Scheidung, heiraten Frieda von Richthofen und D.H. Lawrence, ihre Kinder wird Frieda erst 1920 wieder sehen. 1913 erscheint Lawrence' erster bedeutender autobiographisch gefärbter Roman *Söhne und Liebhaber*. Während des 1. Weltkriegs darf das Paar England nicht verlassen, sie werden der Spionage verdächtigt. Da der Roman *Der Regenbogen* 1915 aufgrund des Vorwurfs der Obszönität verboten wird, haben die beiden zudem kaum Einkünfte. Sie verlassen England 1919, reisen zuerst nach Italien, dann über Ceylon nach Australien. Es entstehen Reisebücher und Essays. 1920 hat Lawrence mit seinem Roman *Liebende Frauen* erste Erfolge in den USA. Zwischen 1923 und 1925 folgen mehrere Aufenthalte bei Freunden in Taos, New Mexiko. Zurück in Italien schreibt D.H. Lawrence 1926–28 drei Fassungen seines umstrittenen Romans *Lady Chatterley's Lover*. Bis 1959 war die freizügigste Fassung des Buches in England und den USA verboten. D.H. Lawrence stirbt am 2. 3. 1930 an Tuberkulose. Seine Frau lebt nach seinem Tod in Mexiko und den USA. Sie heiratet im Oktober 1950 den Italiener Angelo Ravagli. Ihre Kinder und Enkel trifft sie 1952 in England ein letztes Mal vor ihrem Tod am 11. 8. 1956.

EMPFEHLUNG

Lesenswert:
David H. Lawrence: *Lady Chatterley*. Reinbek b. Hamburg 1982.

Kirsten Jüngling / Brigitte Roßbeck: *Frieda von Richthofen*. Biographie. (Die Frau in der Literatur). Berlin 1998.

Sehenswert:
Women in Love. Regie: Ken Russell, mit Glenda Jackson, Jennie Linden, Alan Bates, Oliver Reed, u. a., nach dem gleichnamigen Roman von D. H. Lawrence, Großbritannien 1969.

WERTUNG

Er riss sie aus ihrer Familie heraus, sie folgte ihm bis ans Ende der Welt: Der englische Romancier und seine deutsche Muse lebten ein Leben in Leidenschaft und Entbehrung.

Liebe:	✪✪✪✪✪
Leidenschaft:	✪✪✪✪✪
Sex:	✪✪✪✪✪
Skandal:	✪✪✪✪✪
Gesell. Anerkennung zu ihrer Zeit:	✪

Martin Heidegger und Hannah Arendt

»Das Dämonische hat mich getroffen. Das stille Beten Deiner lieben Hände und Deine leuchtende Stirn behüteten es in fraulicher Verklärung. Nie noch ist mir so etwas geschehen.«

■ Über die Liebe zur Weisheit finden sich ihre Blicke. Ein Jahr lang führen die Philosophiestudentin Hannah Arendt (1906–1975) und ihr Lehrer Martin Heidegger (1889–1976) eine heimliche Beziehung.

Es war in einer Vorlesung irgendwann in den 1920er Jahren, in einer von vielen, die Martin Heidegger damals in Marburg vor einer begeisterten Hörerschaft hielt. Er sprach über die Liebe zur Weisheit, die Philosophie. Unter den jungen Studenten saß Hannah Arendt. Sie war noch nicht zwanzig Jahre alt, und ihre Blicke haben sich einfach gefunden. Sie verlieben sich ineinander; in den Briefen, die sie bald austauschen, ist nicht mehr nur von der Liebe zur Weisheit die Rede.

Doch sie müssen sich heimlich sehen. Er ist an seine Familie vergeben. Vielleicht hat er moralische Gründe; vielleicht scheut er auch nur den Skandal, den die Liaison eines einigermaßen bekannten Professors mit einer Studentin bedeuten würde. Er will sich auch nicht von seiner Ehefrau trennen.

Zunächst geht es daher wie in jeder Liebe, die im Geheimen erblüht: Sie vereinbaren Zeichen, die nur sie beide verstehen, Treffen, von denen kein anderer weiß. Für einige Zeit bewahren sie das Ereignis, das jedes Zusammensein bedeutet, für sich. Keine Alltäglichkeit kann sie bedrohen. Und als Hannah mehr will, hält Martin sie erfolgreich auf Abstand. Nach einem Jahr sind sie wieder getrennt. Sie zieht sich zurück und schließt ihr Studium in Heidelberg ab. Aus der Liebe zum Mann und zur Liebe wird wieder Liebe zur Weisheit.

Zwar verwehrt der heimliche »König« der Denker ihr auch den Zutritt zu seiner geistigen Arbeit – aber das Ereignis mit der Studentin Arendt durchdringt sein Werk bis in die Begriffe hinein. Erfolgreich hat er sie nur im Familienalltag auf Abstand gehalten. Seinen Alltag des Geistes gestaltet sie mit. Nicht zuletzt das »Ereignis« wird für ihn zum zentralen Gedanken. Letztendlich dreht sich alles um das Eine: Wie können wir den Ausnahmecharakter von etwas Neuem erhalten; wie verhindern wir, dass es alltäglich wird?

»Im Jähen, Raren, blitzt uns Seyn. Wir spähen, wahren – schwingen ein«, schreibt Heidegger in einem seiner Gedichte für Hannah Arendt.

Und als Hannah Arendt 1928 ihr Studium mit einer Arbeit über Augustins Begriff der Liebe beschließt, ist auch Heideggers Einfluss deutlich zu spüren. Dass sie bald darauf mit einer Studie über Rahel Varnhagen beginnt, zeigt noch einmal die Nähe zu ihrem Lehrer. Doch es ist eine »Nähe in der größten Ferne«. Nah sind sie sich nur noch in der Erinnerung an ihre Liebe; entfernt haben sie sich dagegen im politischen Alltag; weiter entfernt, als es vorstellbar ist. Hannah Arendt hat die Universität aufgegeben, sie will frei sein. Und sie ist Jüdin. Sie war es nicht immer. »Ich habe von Haus aus nicht gewusst, dass ich Jüdin bin.« Die Nazis haben sie zur Jüdin gestempelt. Sie hat keine Heimat und flüchtet aus Berlin über Prag nach Paris. Im Gegensatz zu vielen anderen schafft sie es 1941 bis nach New York.

Martin Heidegger hat dagegen eine politische Heimat gefunden: bei ihren Verfolgern. Für kurze Zeit lässt er sich blenden von dem »Ereignis«, das Hitler für viele offenbar war. Ein Jahr etwa hält seine politische Vorliebe an; dann zieht er sich wieder zurück ins stille Reich der Liebe zur Weisheit.

1952, sieben Jahre nach Ende des Krieges, kreuzen sich die Wege von Arendt und Heidegger ein weiteres Mal. Sie kann ihn jetzt zu Hause besuchen, denn seine Frau ist über alles im Bilde. Und Hannah Arendt hat ohnehin den richtigen Mann für sich gefunden. Trotzdem treffen sie sich wieder im Geheimen. Denn Heidegger ist nicht der Mann, mit dem man gesehen werden möchte. Seine Sympathie für Volk und Führer hat ihn zunächst den Lehrstuhl gekostet; und als er ein öffentliches Schuldbekenntnis verweigert, wird er zur Persona non grata. Jetzt hat sie die Bedenken. Vielleicht hat sie moralische Gründe, oder sie scheut den Skandal. Mittlerweile ist sie gleichfalls bekannt. Ihr Thema ist vor allem politisch: Was sind die Beweggründe totalitärer Systeme, wie sie unter Hitler und Stalin entstanden?

Zugegeben, sie sind ein seltsames Paar: die Jüdin und der Nazi, die Totalitarismusforscherin und der vom Totalitarismus Verführte. Aber sie sehen sich wieder.

Ihre Gründe, ihn auf Abstand zu halten, waren vielleicht besser als damals seine, und sie war sich ihrer Gründe wahrscheinlich besser bewusst als er, sprach sie doch in Briefen von »einem Gemisch aus Eitelkeit und Verlogenheit oder besser Feigheit«, das ihn antrieb; sie wusste, dass er mit denselben Ausreden kam wie jeder durchschnittliche Deutsche. Aber ihr geistiges Hauptwerk wird stark von seinem Denken bestimmt. Es ist vor allem ein Begriff, mit dem sie berühmt wird, und der stammt aus der Sphäre seiner Liebe zur Weisheit. 1962 berichtet sie vom Prozess gegen Adolf Eichmann, einem bei der Vernichtung der europäischen Juden federführenden Verwaltungsfachmann. Doch ihr tritt kein Monster, sondern nur ein Beamter entgegen. An ihm hat sie den Begriff von der »Banalität des Bösen« geprägt. Eichmann hat nicht etwa falsch oder unmoralisch – er hat überhaupt nicht gedacht. Er war ohne Gedanken. Er war banal.

■ Trotz seiner zeitweiligen Sympathie für den Nationalsozialismus bleibt die Jüdin Hannah Arendt dem Philosophen Heidegger zeitlebens verbunden.

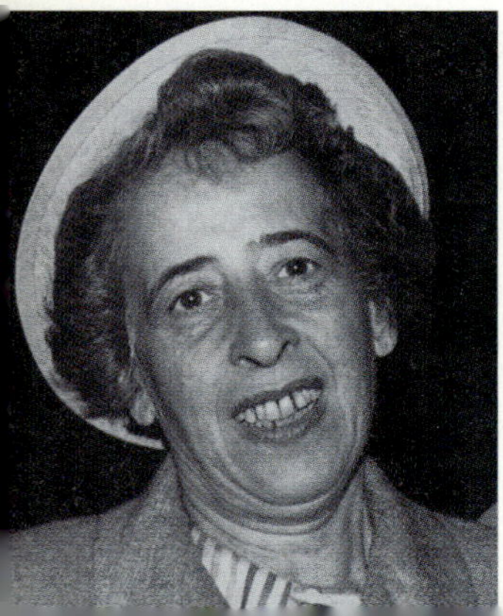

Auf diese Weise rettet sie die Liebe zur Weisheit, die sie immer noch mit Heidegger gemeinsam hat, auf diese Weise hält sie Martin die Treue: indem sie sein Denken vor dem Bösen bewahrt. Denn eines ist klar: Martin Heidegger war zwar politisch im Unrecht, aber sein Werk war bestimmt nicht banal. Sein Unrecht wird von ihr zum Irrtum erklärt, wie ihn viele Denker vor ihm gleichfalls begangen haben.

So kann sie sich schließlich zu dem stellen, der sich zu ihr nur brieflich als »Passion seines Lebens« bekannte: »Verehrter Martin Heidegger, meine Damen und Herren!«, beginnt sie am 26. Juli 1967 in einem überfüllten Saal einen Vortrag. Diesmal saß er unter all den anderen und hörte ihr zu. Das Publikum war irritiert. Und sie war sich wohl noch immer nicht sicher. »War Dir die Anrede unangenehm? Mir schien sie das Natürlichste von der Welt.«

Indes, die Zeiten haben sich wirklich geändert. »Wie sollte ich mich nicht sehr gefreut haben über Deine Anrede!«, ist seine Antwort, die sie bestätigt: »Denen der Frühling das Herz brachte und brach, denen macht es der Herbst wieder heil.«

MARTIN HEIDEGGER UND HANNAH ARENDT

LEBEN UND WERK

17 Jahre lagen zwischen Hannah (eigentlich Johanna) Arendt, die am 14.10.1906 als einzige Tochter eines Ingenieurs und seiner Frau in Hannover geboren wird, und Martin Heidegger, dem Sohn eines Küfermeisters, geboren am 26.9.1889. Mit 7 Jahren verliert Hannah Arendt sowohl den Großvater als auch den Vater, der an den Spätfolgen der Syphilis stirbt. Die Mutter ermöglicht ihr den Besuch eines Mädchengymnasiums in Königsberg. Mit dem Abitur in der Tasche zieht sie 1924 in die Universitätsstadt Marburg. Dort kreuzt sich ihr Lebensweg mit dem von Martin Heidegger, in Freiburg Schüler von Edmund Husserl, seit 1923 in Marburg Dozent für Philosophie. Im Februar 1925 beginnt die heimliche und heftige Affäre zwischen der Studentin und dem seit 8 Jahren verheirateten Dozenten, der zwei Söhne hat und auf keinen Fall seine Karriere und seine Ehe gefährden will. Im Sommer 1925 verlässt Hannah Marburg, um in Heidelberg bei Karl Jaspers zu studieren, doch erst im Jahr ihrer Promotion 1928 zieht sich Heidegger endgültig aus der Liebesbeziehung zurück. Hannah heiratet 1929 Günther Stern (später G. Anders). Mit einem Stipendium der »Notgemeinschaft deutscher Wissenschaftler« übersteht sie die schwere Zeit der Weltwirtschaftskrise und flüchtet vor den Nationalsozialisten 1933 über Paris nach New York. Auch weltanschaulich trennen sich ihre Wege. Hannah Arendt engagiert sich im amerikanischen Exil für den Zionismus, Martin Heidegger tritt in die NSDAP ein. 1950 kommt es zu einer Aussprache in Freiburg zwischen dem Ehepaar Heidegger und Hannah Arendt. 1951 erscheint das Buch, das sie berühmt machen wird: *Elemente und Ursprünge totaler Herrschaft*. In den folgenden Jahren reist Hannah Arendt mehrfach zu Vorträgen nach Europa und besucht den Eichmann-Prozess in Jerusalem. Mit Heidegger, der von 1945–1951 mit einem Lehrverbot belegt war, tauscht sie Briefe aus. 1967 schließlich treffen sie sich in Freiburg wieder, im Frühjahr 1969 folgt ein Besuch Hannah Arendts gemeinsam mit ihrem zweiten Mann Heinrich Blücher. Bis zu ihrem Tod am 4.12.1975 sehen Heidegger und Arendt sich zwar noch einige Male, eine wirkliche Aussprache über ihre unterschiedlichen philosophisch-politischen Standpunkte findet aber nicht mehr statt.

EMPFEHLUNG

Lesenswert:

Elisabeth Young-Bruehl: *Hannah Arendt. Leben und Werk.* Frankfurt 1986.

Rüdiger Safranski: *Ein Meister aus Deutschland. Heidegger und seine Zeit.* München 1994.

Elzbieta Ettinger: *Hannah Arendt, Martin Heidegger: Eine Geschichte.* Frankfurt 1998.

Hannah Arendt/Martin Heidegger: *Briefe 1925–1975.* München 1999.

WERTUNG

Der Philosophieprofessor und seine beste Studentin: er war verheiratet und musste sie verleugnen. Später gab es weitere Gründe für schmerzhafte Trennungen: Sie war Jüdin, er Nazi. Dennoch vergaßen sie einander nie und sahen sich wieder.

Liebe:	✪✪✪✪
Zusammenarbeit:	✪✪✪
Gleichberechtigung:	✪✪✪✪
Ruhm:	✪✪✪✪✪

Virginia Woolf und Vita Sackville-West

»Ich bete Virginia an ... Ich bin selten von jemandem so eingenommen gewesen, und ich glaube, sie hat mich gern. Zumindest hat sie mich nach Richmond eingeladen, wo sie wohnt. Ich habe richtig mein Herz verloren.«

■ Die englische Schriftstellerin Virginia Woolf (1882–1941), im Jahre 1932.

Im Jahre 1922 treffen die damals vierzigjährige Schriftstellerin Virginia Woolf und die zehn Jahre jüngere Dichterin Vita Sackville-West aufeinander. Zwei Frauen, die eben dabei sind, sich als Autorinnen durchzusetzen, die in ganz und gar unterschiedlichen Lebensumständen stecken, aber doch auch viel gemeinsam haben, trinken Tee zusammen, mögen sich, verspotten sich, hören einander zu, lachen einander aus – und verabreden sich aufs Neue. Es folgt eine Liebesbindung, die von Verehrung für die Arbeit und Persönlichkeit der jeweils anderen getragen, von Empfindlichkeiten, Eifersucht und Fluchtimpulsen unterbrochen und von leidenschaftlichen Ausbrüchen der Zuneigung und des sinnlichen Verlangens immer wieder neu geknüpft wird.

Virginia Woolf, geborene Stephen, entstammte einer gutbürgerlichen englischen Familie: Das zarte Mädchen war hochintelligent, hochsensibel und gesundheitlich äußerst labil. Mit neunundzwanzig Jahren heiratete sie den Literaten Leonard Woolf, einen jüdischen Sozialisten, dessen intellektuelle Partnerschaft und lebenspraktische Fürsorge ihr Sicherheit gaben. Das Ehepaar Woolf führte einen kleinen Verlag: Hogarth Press, in dem auch Vita Sackville-West publizierte. Mrs. Sackville-West entstammte dem englischen Hochadel, was der latent snobistischen Virginia außerordentlich gefiehl. Vitas Lebensführung war luxuriös; sie befehligte eine mehrköpfige Dienerschaft und zwei Söhne. Ihre erotischen Interessen richteten sich auf das eigene Geschlecht. Homosexuell war auch ihr Ehemann Harold; gleichwohl standen beide auf vertrautem Fuß miteinander und tauschten sich offen über ihre zahlreichen Abenteuer aus.

Vita war eine energische, kraftvolle Person und außerdem noch eine blendende Schönheit. Virginia war schüchtern, introvertiert, überempfindlich und alles andere als körperbewusst. Zwar konnte sie auch durch ihre hochgewachsene, schlanke Gestalt und das hübsche Gesicht mit den großen Augen bezaubern. Aber ihr Selbstbewusstsein kam nicht, wie bei Vita, aus dem Körper. Sie war eine Intellektuelle, deren Leidenschaft im Kopf saß, und wenn sie ausging, Gäste einlud oder sich sonst ins Leben stürzte, tat sie es, um mit Worten zu brillieren.

Lady Sackville-West hingegen brauchte nur ein Zimmer zu betreten – und schon dominierte sie die Szene. Virginia, weit entfernt davon, die Freundin um ihr Auftreten nur zu beneiden, bewundert deren »Präsenz und Schönheit«. Und Vita erkennt – vielleicht nicht ganz neidlos, aber doch offen und vorbehaltlos – Virginias intellektuelle Überlegenheit an. Jede begeistert sich für die Kräfte und Fähigkeiten, die der anderen innewohnen und die sie nun auch in sich selbst wachsen fühlt. Vita lernt von Virginia, was es heißt zu schreiben, sie hungert nach ihrem Lob, arbeitet, verzagt und schwingt sich wieder auf. Und Virginia lernt von Vita, was es heißt, Sinne zu haben, Hände, Lippen, Haut und ein Geschlecht. Mrs. Woolf hat sich ihrem Ehemann als sexuel-

■ Vita Sackville-West (1892–1962, auf einem Foto von 1922) lernt die zehn Jahre ältere Virginia Woolf 1924 kennen. Die energische, kraftvolle Schönheit enthüllt der introvertierten, vergeistigten Virginia die sinnliche Liebe.

■ Vita, fotografiert von Virginias Mann Leonard Woolf, 1928. Das Foto wurde zur Illustration von *Orlando* aufgenommen, dem erfolgreichen Roman von 1928, in dem Virginia Woolf der geliebten Vita ein Denkmal gesetzt hat.

■ Der Film *Wer hat Angst vor Virginia Woolf* mit Richard Burton und Liz Taylor, nach dem gleichnamigen Theaterstück von Edward Albee, bezieht sich nicht auf die Schriftstellerin; der Plot dreht sich um die subtilen Machtkämpfe zwischen Ehepartnern.

le Partnerin von Anfang an entzogen – der kennt ihre Angst vor der körperlichen Liebe und respektiert sie. Erst Vita erweckt Virginia zur Liebhaberin – weckt aber mit der Sinnlichkeit auch die Abgründe der Ängste; und so kommt es, dass die Liebesbegegnungen der beiden Frauen – soweit aus Tagebüchern und Korrespondenz ersichtlich – immer nur kurz, fast verstohlen ausfallen und längere Phasen der Distanz (bedingt auch durch Krankheiten und Reisen), des Zweifels aneinander und der unbefriedigten Sehnsucht sich dazwischenschieben. Virginia und Vita hatten es nicht leicht miteinander; die kraftvolle Vita blieb auf dem Felde der Sinnlichkeit und der Lebenslust die Überlegene, die geistvolle Virginia war als avantgardistische Schriftstellerin nicht zu überbieten – aber trotz des subkutanen Machtkampfes, der diese Beziehung wie die meisten Liebesgeschichten beschattete, gaben die beiden einander das Kostbarste, was Liebe schöpferischen Menschen geben kann: Kritik und Inspiration. Virginia Woolf konnte der Geliebten in ihrem schon zu Lebzeiten erfolgreichsten Werk von 1928 ein Denkmal setzen: Als »Orlando« durchwandert Vita vier Jahrhunderte und besitzt nacheinander beide Geschlechter. Sackville-West hat sich in dem schmeichelhaf-

■ Das Porträt einer hoch intelligenten und hoch sensiblen Frau.

»Vita kommt morgen zum Lunch, was ein großer Spaß sein wird und eine große Freude. Meine Beziehung mit ihr amüsiert mich: im Januar so glühend – und jetzt was? Auch gefällt mir ihre Präsenz und Schönheit. Bin ich in sie verliebt? Aber was ist Liebe?«

■ Virginia, fotografiert von Vita Sackville-West, 1928. Die Schriftstellerin litt an Wahnvorstellungen und psychotischen Ängsten. 1941 nahm sie sich das Leben.

■ Vita in ihrem Turmzimmer auf Schloss Sissinghurst, wo sie mit ihrem Ehemann lebt, 1936. Unten: Virginia auf der berühmten Porträtaufnahme von Gisèle Freund, 1939.

ten Portrait gern wieder erkannt, aber auch geahnt, wie weit Virginia durch die Schaffung dieser Romanfigur von ihr abgerückt war. Es kam ihr unheimlich vor, als eine Phantasiegestalt so bunt und lebensvoll zu sein – wo sie doch als wirkliche Frau existierte. »Ich will nicht nur als Astralleib geliebt werden«, gab sie zu bedenken. Aber es war zu spät. Die Liebesgeschichte hatte ihr heißes Stadium verlassen, und ungeachtet gelegentlichen Werbens von Vitas oder Virginias Seite blieb es bei freundschaftlichen Beziehungen und selteneren Kontakten.

Virginia Woolf, die unter schubweise auftretenden Wahnvorstellungen und psychotischen Ängsten litt, nahm sich 1941 das Leben – wahrscheinlich, um einem neuen Schub zuvorzukommen. Vita erreichte ein hohes Alter.

VIRGINIA WOOLF UND VITA SACKVILLE-WEST

LEBEN UND WERK

Adeline Virginia Stephen wird am 25.1.1882 in London geboren. Mit 13 Jahren verliert sie ihre Mutter Julia, 1904 stirbt auch der Vater Leslie Stephen. Sie zieht mit ihren Geschwistern in einen gemeinsamen Haushalt. Das Haus wird in den folgenden Jahren ein beliebter Treffpunkt für die jungen Literaten und Künstler der sogenannten »Bloomsbury Group«. Einer davon ist Leonard Woolf, den Virginia am 10.8.1912 heiratet. Sie schreibt seit 1904 für den *Guardian* und später für die Literaturbeilage der *Times*. Ihr erster Roman *Voyage out* erscheint 1915. Gemeinsam mit ihrem Mann gründet sie 1917 den Verlag »Hogarth Press«, der rasch zu einem der angesehensten englischen Verlage für junge avantgardistische Literatur und Lyrik wird. Bei »Hogarth Press« erscheint 1924 auch der Virginia gewidmete Roman *Verführer in Ecuador* von Vita Sackville-West. Vita hatte Virginia Woolf am 14.12.1922 kennen gelernt. Vita, eigentlich Victoria Mary, geboren am 9.3.1892, entstammt dem alten Adelsgeschlecht der Sackvilles und wächst auf dem riesigen südenglischen Schloss Knoles auf. Sie erhält hauptsächlich Privatunterricht. Schon mit 12 Jahren fängt sie an zu schreiben, historische Romane, Biographien und Gedichte, die zu ihrer Zeit gerne gelesen wurden. 1910 begegnet sie dem Diplomaten und Schriftsteller Harold George Nicolson, den sie Oktober 1913 heiratet und mit dem sie 2 Söhne hat. Die Ehe bot den homosexuellen Partnern Schutz vor gesellschaftlichen Anfeindungen und bestand trotz der Affären beider Partner bis ins hohe Alter. Die Liebesbeziehung zu Virginia Woolf, dokumentiert in Tagebüchern und zahlreichen Briefen, dauerte mit Unterbrechungen bis Ende der 1920er Jahre. Virginia Woolfs 1928 erschienener Roman *Orlando* ist dieser Liebe gewidmet und zeichnet Teile aus dem Leben Vitas nach. Durch die 1930er Jahre verbindet beide Frauen eine intensive Freundschaft bis zum Selbstmord Virginia Woolfs am 28.3.1941. Virginia litt zeitlebens unter ihrer labilen Psyche, die nicht zuletzt durch Missbrauchserfahrungen in ihrer frühen Jugend mitverursacht wurde. In späteren Jahren verdiente sich Vita Sackville-West durch die Gestaltung des Gartens von Schloss Sissinghurst nach Plänen ihres Mannes einen herausragenden Ruf als Gartenarchitektin. Sie veröffentlichte Bücher über ihre Gartenleidenschaft und starb am 2.6.1962 auf ihrem Schloss.

EMPFEHLUNG

Lesenswert:

Geliebtes Wesen …: Briefe von Vita Sackville-West an Virginia Woolf. Hrsg. von Louise DeSalvo. Frankfurt 1995.

Susanne Amrain: *So geheim und so vertraut: Virginia Woolf und Vita Sackville-West.* Frankfurt 1994.

Virginia Woolf: *Orlando: Eine Biographie.* Frankfurt 1990.

Sehenswert:

Mrs. Dalloway. Regie: Marleen Gorris, mit Vanessa Redgrave. Großbritannien 1997.

Orlando. Regie: Sally Potter, mit Tilda Swinton als Orlando. Großbritannien 1992.

Hörenswert:

Virginia Woolf: *Orlando.* Gelesen von Laura Paton, gekürzte Fassung, Audio Books 1994. 2 Audio-CDs.

Besichtigenswert:

Sissinghurst Castle und seine Gärten in Kent, Großbritannien.

WERTUNG

Sie hatten eine Affäre, in der sich Erregung, Glück und Verhängnis mischten. Sie waren zu verschieden, um sich nicht zu lieben, und zu ähnlich, um sich nicht abzustoßen.

Liebe:	✪✪✪
Leidenschaft:	✪✪✪✪
Skandal:	✪✪✪✪
Gesell. Anerkennung zu ihrer Zeit:	✪

Bonnie und Clyde

»Seit ich Dich kenne, hat sich mein Leben verändert.
Wir toben durch die Welt, unaufhaltsam wie ein Wirbelwind.
Wir brechen die Regeln, die nicht für uns gemacht sind.
Wir stellen alles auf den Kopf, wenn uns was nicht passt.
Wir gehen den Weg, den wir wollen.
Wir tun alles, was normale Menschen nicht tun.
Welt, nimm Dich in acht, wenn wir kommen.
Leute, legt Euch nicht mit uns an, sonst habt ihr jetzt schon verloren.«

Amerika in den 30er Jahren: große Depression, Arbeitslosigkeit, die kleinen Leute nagen am Hungertuch, die großen Bosse stoßen sich gesund. Nicht nur der Glaube an die unbegrenzten Möglichkeiten der Neuen Welt wankt, auch die Moral: Wer kann, bringt sein Schäfchen ins Trockene und kümmert sich nicht um den Nächsten.

In Zeiten wie dieser ist Robin Hood und wer so handelt wie er keineswegs ein hoffnungsloser Sozialromantiker – sondern der Held der Stunde: Umverteilung von oben nach unten, und zwar durch jemanden, der immer unten war – das ist plötzlich rechtens, denn es ist gerecht. Opfer gehören dazu, es gibt ihrer ohnehin genug.

In diese Stimmung des »Rette-sich-wer-kann« versetzte der Filmemacher Arthur Penn das Kinopublikum im Jahre 1967; seine Gangsterballade *Bonnie und Clyde* führte ein Pärchen vor, das aus Armut, Geltungssucht, Verzweiflung und Liebe um sich schoss, und obwohl sie bei Lichte besehen bloß gemeine Räuber und Mörder waren, die beiden schießwütigen Youngsters, hielt das Publikum ihnen atemlos die Stange und hoffte auf ihr Überleben. Der »symphatische« Verbrecher, diese

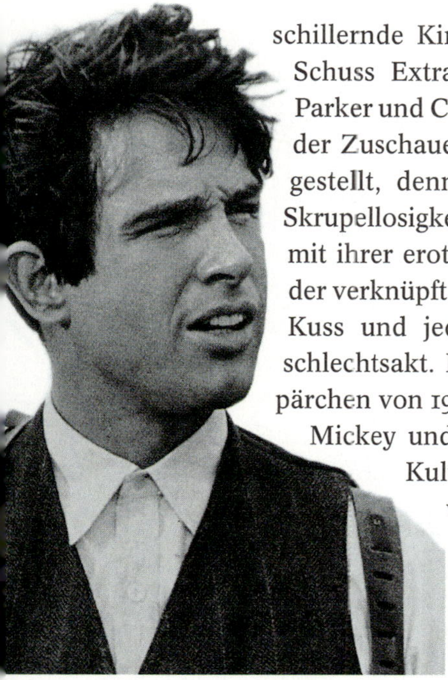

schillernde Kinofigur, ist immer für einen Schuss Extraspannung gut. Bei Bonnie Parker und Clyde Barrow wurde die Moral der Zuschauer auf eine zusätzliche Probe gestellt, denn die Aggressivität und die Skrupellosigkeit des Paares war erkennbar mit ihrer erotischen Faszination füreinander verknüpft. Jeder Schuss stand für einen Kuss und jedes Blutbad für einen Geschlechtsakt. Insofern ist das Bankräuberpärchen von 1967 der direkte Vorläufer von Mickey und Mallory aus Oliver Stones Kultfilm *Natural Born Killers* von 1996.

Ballerei und Blut als Metapher für Sex? Ist das nicht ein bißchen überinterpretiert? O nein, Arthur Penn legt großen Wert darauf, dass seine Metapher von allen verstanden wird; er geht sogar so weit, seinen Helden Clyde mit Impotenz zu schlagen, damit die ersten Überfälle, die er vor den bewundernden Augen der schönen Bonnie vollführt, unmittelbar den Platz des Koitus einnehmen können. Es wäre aber zu plump, Clydes kriminelle Karriere bloß als Kompensation für nicht vollzogene sexuelle Akte aufzufassen; die 1930er Jahre und die große Depression sind da schon einschlägiger. Im übrigen würde der Film auch funktionieren, wenn Bonnies und Clydes Liebesleben von keiner Hemmung getrübt wäre – gegen Schluss des Films überwindet Clyde ja auch sein Handicap und gibt Bonnie alles, was sie braucht. Er will sie sogar heiraten; und auf ihre Frage, was er anders machen würde, wenn er noch mal von vorn beginnen könnte, antwortet er trocken: Er würde dann mit ihr nicht dort wohnen wollen, »wo wir unsere Dinger abziehen«. Er würde also immer weiter schießen.

Das »Dinger-Abziehen« – bei Bonnie und Clyde sind das Banküberfälle – ersetzt die Sexualität nicht; es spiegelt sie und gibt ihr einen angemessenen Rahmen, einen stimmigen Bezug. Liebe und Begehren, sie sind genauso wild, wunderbar, animalisch und asozial wie ein Überfall, genauso spannend, außerordentlich und töd-

■ Das berühmteste Gangsterpaar des amerikanischen Südwestens. Die historischen Bonnie Parker und Clyde Barrow (um 1930) und Bonnie und Clyde in dem gleichnamigen Film von Arthur Penn aus dem Jahre 1967 mit Faye Dunaway und Warren Beatty.

■ Der Revolver als Wunderwaffe in Jahren wirtschaftlicher Depression. Bonnie alias Faye Dunaway beim Einkauf.

lich. Tödlich? Ja – nicht unmittelbar natürlich, aber die Leidenschaft verfügt über eine Kraft, die zur allerletzten Konsequenz antreibt und selbst den Anschlag auf das Leben nicht scheut. Bonnie und Clyde, Mickey und Mallory würden das so nie sagen – aber sie spüren es und agieren es aus. Wenn Clyde in die Bank stürmt und schießt, beweist er Bonnie seine Kraft; wenn er einem armen Teufel, dem das Haus weggepfändet wurde, stolz erklärt: »Wir rauben Banken aus!«, beweist er seiner »Süßen« seine Solidarität mit den Entrechteten, und wenn er seine Tricks und Taktiken durchprobiert, die beiden immer wieder das Entkommen sichern, beweist er ihr seine Intelligenz. Die Kriminalität ist ein Lebensmilieu, eine Bühne, ein Kontext, der dem eines – heimlichen – Liebespaares sehr verwandt ist: Man muss

■ Das berühmt-berüchtigte Verbrecherpaar der 1930er Jahre raubte Banken aus und führte die Polizei an der Nase herum. Zwischendurch ließ es sich in entsprechender Pose fotografieren und schickte die Fotos an Zeitungen.

sich verstecken, sich aufeinander verlassen, sich voreinander beweisen. Man hat Geheimnisse. Man tut sich weh. Man tröstet sich. Nicht zufällig spielen etwa 50 Prozent der Unterhaltungsfilme neben der Legalität.

Sind Bonnie und Clyde ein heimliches Liebespaar? Nein. Sie brennt zwar mit ihm durch, ist aber längst erwachsen, und später besuchen beide ihre Mutter. Er zieht seinen großen Bruder samt Frau in das Abenteuer der Bankräuberei; selbst die spießige Schwägerin genießt schließlich den zwiespältigen Ruhm, den ihr die Zugehörigkeit zur »Barrow-Bande« einträgt.

Auch hierin ist Penns Gangsterpaar ein Vorläufer von Oliver Stones *Natural Born Killers*: Durch das Medienecho werden die Gesetzesbrecher in ihrer kriminellen Energie bestätigt und bestärkt. Sie sonnen sich in ihrer Popularität und wissen auch genau, woher die stammt: aus der tiefen Sehnsucht all der apathischen Menschentiere draußen im Lande, einmal ohne Rücksicht auf Verluste tun zu können, was ihnen passt; sich das Geld, das sie nicht haben, einfach zu holen, die Bullen einfach niederzustrecken und sich der geheimen Sympathie aller Ver-

■ Jeder Schuss steht für einen Kuss, jedes Blutbad für einen Geschlechtsakt. Verbrechen und Erotik sind untrennbar miteinander verknüpft.

■ Der Preis der Lust. Am Ende siegt das Prinzip der Ordnung.

Bonnie Parker und Clyde Barrow hat es wirklich gegeben. Sie bretterten in geklauten Autos durch den Süden Amerikas, raubten, stahlen, schonten aber die kleinen Leute. Als sie von der Polizei schließlich gestellt werden, schießen die Beamten, die offenbar wirklich an die Unverwundbarkeit des legendären Paares geglaubt haben, ein ganzes Schock Magazine auf sie leer. Der durchsiebte Wagen soll heute noch als Museumsstück zu bestaunen sein.

lierer sicher zu sein ... Zynische Medienjongleure und Sensationsreporter sind dazu gar nicht nötig. In Penns Film werden Bonnie und Clyde am Schluss in eine Falle gelockt. Selten zuvor haben beide so entspannt und fröhlich ausgesehen. Warren Beatty, der den Clyde spielt, lächelt zutraulich, und Faye Dunaway, die bezaubernde blonde Bonnie, denkt sich gerade ein neues Gedicht aus. Und dann prasselt der Kugelhagel los. Beide haben kaum die Chance, zu begreifen, was passiert. Penn zeigt in Zeitlupe, wie ihre toten Körper wieder und wieder unter den Einschüssen hochzucken, es ist ein bizarrer Tanz. Auch das ist historisch.

Natürlich müssen die Verbrecher bestraft werden, Liebe hin oder her. Das verlangt die Ordnung, verlangt die Dramaturgie des Gangsterfilms. Durch die groteske Maßlosigkeit der Exekution jedoch desavouiert Penn – ganz wie einst die Wirklichkeit – das Prinzip der Ordnung und stellt sich indirekt auf die Seite seiner Outlaws und ihrer Liebe.

■ Ballerei und Blut als Metapher für Sex. Oliver Stones Kultfilm *Natural Born Killers* aus dem Jahre 1996 ist der radikale Nachfolger von *Bonnie und Clyde*.

BONNIE UND CLYDE

LEBEN UND WERK

Die zahlreichen Filme und Geschichten um Bonnie und Clyde beruhen auf der Lebensgeschichte des amerikanischen Gangsterpärchens Bonnie Parker und Clyde Barrow, um die es viele Mythen und wenige gesicherte Informationen gibt. Wahr ist aber so viel: Bonnie Parker wurde am 1.10.1910 als Tochter eines Arbeiters in Rowena (Texas) geboren. Clyde Barrow, geboren am 21.3.1909, stammte ebenfalls aus ärmlichen Verhältnissen, sein Vater arbeitete auf einer Baumwollfarm, später als Tankwart in Dallas, Texas. Bonnie verließ mit 16 Jahren die Schule, heiratete ihre Jugendliebe Roy Thornton, der aber bald darauf hinter Gittern verschwand. Ihren Lebensunterhalt verdiente sie als Kellnerin. Clyde fiel der Polizei schon früh durch kleinere Diebstähle auf. Keine Seltenheit in einer Zeit wirtschaftlicher Depression, in der hohe Arbeitslosigkeit zum Alltag amerikanischer Jugendlicher gehörte. Erstmals getroffen haben sollen sie sich während eines Krankenbesuchs bei einer gemeinsamen Freundin, Bonnie war gerade 19 Jahre alt. Nach einem Gefängnisaufenthalt Clydes begingen sie 1932 erstmals gemeinsam einen Autodiebstahl und anschließend zahlreiche kleinere Überfälle und Diebstähle. Im November 1932 überfielen sie die erste Bank. Ständig verfolgt von der Polizei, erschossen sie bei ihren Überfällen mehrere Menschen. Ein Zurück in die Legalität gab es von da an nicht mehr. Inzwischen waren Clydes aus dem Gefängnis geflohener Bruder Buck und seine Freundin zu ihnen gestoßen, und seitdem wurde nur noch von den Taten der »Barrow-Bande« geredet. Nachdem es ihnen gelang, sich im Juli 1933 aus einem von Spezialeinheiten umstellten Haus zu befreien, überschlugen sich die Medien in ihrer Berichterstattung. Das trug wesentlich zum späteren Mythos des Pärchens bei. Tatsächlich wurde Buck bei der Schießerei tödlich verletzt, seine Freundin im Anschluss verhaftet. Bonny, Clyde und ein drittes Bandenmitglied entkamen nur knapp den Kugeln. Am 23.5.1934 gelang es schließlich den Verfolgern, die beiden in einen Hinterhalt zu locken. Diesmal entkamen sie den Gewehrsalven nicht und starben in ihrem von mehr als 150 Einschüssen getroffenen 8-Zylinder-Ford. Wohl in der Vorahnung ihres nahenden Todes hatte Bonnie noch Anfang Mai ihrer Mutter ein Gedicht übergeben mit dem vielsagenden Titel: *The Story of Bonnie and Clyde*.

EMPFEHLUNG

Lesenswert:
David Lapham: *Stray Bullets*. SW-Comics, Teil 4: Bonnie und Clyde, 1997.

Sehenswert:
Bonnie and Clyde. Regie: Arthur Penn, mit Warren Beatty, Faye Dunaway, Gene Hackman u. a. USA 1999.

Natural Born Killers. Regie: Oliver Stone, mit Woody Harrelson, Juliette Lewis, Robert Downey Jnr., Tommy Lee Jones, u.a. USA 1994.

Hörenswert:
Serge Gainsbourg: *Bonnie and Clyde*. Audio-CD.

WERTUNG

Sie schossen sich den Weg frei – auch einer in des anderen Herz. Das Gangsterpaar genoss Ruhm und Freiheit, eine kurze, blutige Zeit lang.

Liebe:	✪✪✪✪✪
Gefahr:	✪✪✪✪✪
Zusammenarbeit:	✪✪✪✪✪
Glück:	✪✪✪

Salvador Dalí und Gala

> *»Ein Kuss besiegelte meine neue Zukunft! Gala wurde das Salz meines Lebens, das Härtebad meiner Persönlichkeit, mein Leuchtfeuer, meine Doppelgängerin – ICH.«*

Als im Jahre 1929 der junge spanische Maler Salvador Dalí und Gala Eluard, die Ehefrau des französischen Dichters Paul Eluard, aufeinandertreffen, geht ein Feuerwerk los: Verführung, Verstellung, Verzweiflung, Verrücktheit. Zu Beginn ist er eingeschüchtert von ihrer damenhaften Überlegenheit, ihrer erotischen Ausstrahlung, ihrer aggressiven Dominanz. Aber all das reizt ihn auch. Sie guckt ihn nur von der Seite an: ein affiger junger Fant, der überall um Aufmerksamkeit buhlt und behauptet, er könne malen. Aber die Stimmung schlägt bald um. Sie erkennt seine Begabung, er respektiert ihren Kunstverstand: Gespräche über Malerei, Spaziergänge unter spanischer Sonne und die instinktive Gewissheit, füreinander bestimmt zu sein, schaffen ein Klima der Vertrautheit und der Erregung. Bald fällt der Satz: »Wir werden uns nie trennen.« Und so sollte es kommen.

■ Salvador Dalí (1904–1989) und Gala (1894–1982) während der Dreharbeiten zu *Die wundersame Geschichte von der Spitzenklöpplerin und dem Rhinozeros*, 1957. Die wundersame Geschichte des jungen und noch unbekannten Malers Dalí und der verheirateten, zehn Jahre älteren Gala beginnt 1929 und endet mit dem Tod Galas.

Gala wird als Helena Dimitrievna Diakonova 1894 in Russland geboren; als junges Mädchen lernt sie nach einer Kur in der Schweiz Paul Eluard kennen und beschließt, bei ihm zu bleiben. Die beiden

heiraten. Er tauft sie Gala. Sie hat selbst keine künstlerischen Ambitionen, interessiert sich aber außerordentlich und in jeder Hinsicht für die Welt der Künste: ästhetisch, menschlich, geschäftlich. Sie und ihr Mann stoßen zur Gruppe der Surrealisten um André Breton, die sich neue Impulse für den schöpferischen Prozess aus den irrationalen Zonen des Traumes und der Trance versprechen. Sexualität ist hier ständiges Thema. Auch erwarten die Mitglieder der Gruppe voneinander, dass sie im Widerstand gegen Tradition und Konvention leben und schaffen. Gala ist fast die einzige Frau, die sich in diesem männerdominierten Zirkel behauptet. Sie ist es auch, die ihren neuen Freund und Günstling, den jungen Dalí, mit den Surrealisten zusammenbringt, seine Karriere managt, ihn in Paris durchsetzt und später in den USA zum »Mr. Surrealism« ausrufen lässt.

■ Ist Gala auf Dalís *Selbstbildnis mit Gala* nicht im Verhältnis zum Künstler etwas klein geraten? Schließlich ist sie Geliebte, Muse, Modell, Beraterin und Managerin des Surrealisten. Er betrachtet sie als zentralen Bestandteil seines Selbst.

Dalí stammt aus Katalonien im Nordosten Spaniens, er fühlt sich früh als Genie. Genauso viel schöpferische Energie wie auf sein bildnerisches Werk verwandte er auf die Inszenierung seiner Person: Er war immer auch Reklametafel für seine Malerei, und für nicht weniger wichtig als seine Bilder hielt er sein Ich, das Dalí-Sein, wobei er Gala einschloss: Er malte sie wieder und wieder; auch auf Bildnissen, die ganz andere Motive zeigen, ist irgendwo eine Gala versteckt – ja, man konnte weder Werke von Dalí betrachten, mit Dalí oder von ihm reden, den Meister besuchen oder einladen, ohne dass Gala mit von der Partie war. Sie entsprach, darin stimmen alle Biographen überein, dem Urbild der Muse: eine schöne Frau, verführerisch, erotisch, offen für alle denkbaren Projektionen, dabei energisch, praktisch, geschäftstüchtig und gescheit. Ein ideales Paar mithin, die beiden:

■ Gala ist Dalís liebstes Modell. Und sie ist seine Muse. Sollte Dalí in *Leda Atomica* (1949) die Bedeutung Galas für sein Schaffen dargestellt haben? In Gestalt eines Schwans vereinigt sich Zeus-Dalí mit Leda-Gala, und Produkt dieser fruchtbaren Verbindung ist die Kunst. Das Foto unten aus den 1940er Jahren zeigt das Verhältnis der beiden gleichzeitig als Kampf und Abhängigkeit.

der Maler und sein Modell, beide aufeinander angewiesen und glücklich mit ihren Rollen.

Wirklich soo glücklich? Immerhin musste Gala sich von ihrem Mann Paul Eluard trennen, um Dalí zu heiraten; sie ließ auch eine Tochter in Paris zurück. Eluard und sie blieben einander freundschaftlich verbunden, aber es ist dennoch schwer vorstellbar, dass Galas Wechsel zu Dalí ganz ohne Turbulenzen abging. Ferner war sie zehn Jahre älter als ihr »kleiner Dalí« – wie sollte sie nicht fürchten, ihn einmal zu verlieren? Als die beiden ihr gemeinsames Leben begannen, besaß Dalí keinen Pfennig. Er hatte es trotz seiner dreisten Selbstvermarktung nicht geschafft, etwas Geld zurückzulegen, und er und Gala lebten anfangs nur von Luft und Liebe. So ganz leicht also war es nicht – aber glücklich waren beide offenbar trotzdem. Er hat sie angebetet, gemalt, besungen, gepriesen, sie ihm die Steine aus dem Weg geräumt, ihn ermutigt, inspiriert und in die erotische Erregung versetzt, die er für sein Schaffen brauchte.

Was die sexuelle Beziehung des Paares Gala–Dalí betrifft, so überbieten sich die Biographen mit den wildesten Spekulationen. Das ist kein Wunder, denn das exzentrische Naturell Dalís

und die hoch erotische, promiskuitive Veranlagung Galas brachten das Thema Körper, Sex, Ekstase und Perversion ständig aufs Tapet. Dalí äußerte sich sehr freimütig über seine voyeuristischen Neigungen, aber er hustete auf die Tatsachen und ordnete die Details stets so, wie sie gerade in die wechselnde Beleuchtung seiner provokanten Selbstinszenierung hineinpassten. Gala war im Gegensatz zu ihm äußerst diskret; obwohl selbstbewusst und sexuell aggressiv, spielte sie sich doch nie in den Vordergrund und überließ Dalí die öffentliche Bühne. »Das Geheimnis meiner Geheimnisse«, soll sie einmal gesagt haben, »ist, dass ich sie nicht verrate.« Also ist es kein Wunder, dass die Legenden über Salvadors und Galas Liebesleben einander total widersprechen: Da heißt es einerseits, sie seien täglich übereinander hergefallen, andererseits, sie hätten nur ein einziges Mal miteinander geschlafen. Salvador selbst hat so oft betont, dass ihm der anale Sex lieber sei als alles andere, dass man – Selbstinszenierung hin oder her – ihm wohl glauben darf. Schöne Hinterteile reizten ihn enorm, und das allerschönste hatte natürlich Gala. Eine homoerotische Neigung des Malers ist verbürgt – sie offen einzugestehen wäre im Macholand Spanien ein Tabubruch gewesen. Mit dem Dichter Garcia Lorca verband Dalí eine Freundschaft, die homosexuelle Akte einschloss, mit Luis Buñuel gemeinsame Arbeit an experimentellen Filmen, zum Beispiel *Ein andalusischer Hund*. Gala blieb der Mittelpunkt seines Lebens. »Ich liebe sie mehr als meine Mutter, mehr als meinen Vater, mehr als Picasso und mehr als das Geld«, hat er einmal gesagt. Gala erwiderte seine Liebe und widmete ihrem Mann und seinem Genie ihre ganze Existenz.

Dalí, hoch neurotisch, furchtsam und immer darauf aus zu schockieren, erschrak zutiefst, als der spanische Bürgerkrieg losbrach. Er schlug sich – mit Worten – auf die Seite Francos, war sich auch nicht zu schade, in Hitler ein interessantes Phänomen zu sehen, und schloss später, während der Franco-Dik-

■ *Gala mit Hummer*, 1949. Der Hummer auf dem Kopf, das Flugzeug aus der Nase. Immer wieder macht Dalí Gala zum Zentrum seiner surrealistischen Kompositionen.

■ Dalí und Gala führen eine öffentliche, exzentrische Existenz, aber ihr Liebesleben bleibt letztlich ein Geheimnis.

■ Als Gala beinah neunzigjährig stirbt, ist Dalí nicht mehr zum künstlerischen Schaffen fähig. Er magert immer mehr ab, und fünf Jahre nach dem Tod seiner geliebten Muse erliegt er einem Herzversagen.

tatur, enge Freundschaft mit dem Caudillo. Diese Parteinahme kostete ihn viele Freunde, darunter die Surrealisten und Picasso. Aber sie schmälerte seinen weltweiten künstlerischen Ruhm kaum. Und als Freundin und Mitmensch genügte ihm Gala. Als die vergötterte Gattin und Muse knapp neunzigjährig stirbt, ist er vor Schmerz außer sich. »Es gibt keinen Dalí mehr. Alles ist vorbei.«

SALVADOR DALÍ UND GALA

LEBEN UND WERK

Salvador Dalí, mit vollem Namen Salvador Felipe Jacinto Dalí, wird am 11. 5. 1904 in Figueras, einem kleinen Ort in Nordspanien, geboren. Er erhält den Namen seines als Baby verstorbenen Bruders; das machte die Entwicklung einer eigenen Identität für ihn schwierig, wie er 1961 selbst sagt. Der Vater, von Beruf Notar, richtet ihm schon früh ein Atelier ein. Er studiert Kunst in Madrid, wird jedoch im Examen von der Hochschule verwiesen, da er sich weigert, die Fragen der prüfenden Professoren zu beantworten. Er hält sich für sehr viel intelligenter als seine Prüfer. Nach einer ersten Ausstellung in Barcelona 1925 macht ihn 1928 der mit Luis Buñuel gemeinsam gedrehte surrealistische Film *Ein andalusischer Hund* in der Pariser Künstlerszene bekannt. Im August 1929 besuchen ihn einige Pariser Surrealisten in Spanien, unter ihnen auch Paul Eluard und dessen Frau Gala. Als Helena Dimitrievna Diakonova wird sie wahrscheinlich am 26. 8. 1894 (hier gibt es unterschiedliche Angaben) in Kazan in Russland geboren. 1913 lernt sie in einem Schweizer Sanatorium Paul Grindel, der sich später Eluard nennt, kennen. Sie heiratet ihn im Februar 1917 und bekommt 1918 eine Tochter, Cécile. Paul liebt seine Frau über alles, trotz der zahlreichen Affären, die sie während ihrer Ehe hat. Nach der ersten Begegnung mit Dalí im Sommer 1929 kehrt Gala nicht mehr zu Eluard zurück. Sie lebt fortan mit Dalí zusammen. 1931 entsteht das Bild, das ihn als Surrealisten berühmt macht, *Beständigkeit der Erinnerung*. Das Bild mit den »weichen Uhren« ist charakteristisch für Dalís traumhaft-symbolische Bildwelt. Im selben Jahr entsteht ein erstes Porträt Galas im Postkartenformat. Von da an ist sie untrennbar mit seinem Werk verbunden. Nach der Scheidung von Eluard 1932 heiraten Dalí und Gala im Oktober 1934 in Paris vor dem spanischen Konsul. Während des 2. Weltkrieges lebt das Paar in den USA. Dort wird Dalí zum gefeierten »Mister Surrealism«. Seine Frau kümmert sich intensiv um die gemeinsamen geschäftlichen Interessen. Zurück in Spanien, gerät Dalí nach dem Krieg durch seine Sympathie für den Diktator Franco, aber auch durch seine Praxis, Blätter blanko zu signieren, was zahllose Fälschungen ermöglicht, in die Kritik. Als Gala am 10. 6. 82 stirbt, sucht Dalí Trost in seiner Arbeit. Am 23. 1. 1988 stirbt er im Alter von beinahe 84 Jahren.

EMPFEHLUNG

Lesenswert:

Herbert Genzmer: *Salvador und Gala Dalí*. Berlin 1998.

Dominique Bona: *Gala, ein Leben*. Frankfurt 1996.

Salvador Dalí: *Das geheime Leben des Salvador Dalí*. München 1984.

Besichtigenswert:

Das Museo Dalí in Barcelona.

WERTUNG

Der extrovertierte Maler und seine clevere Managerin, die zugleich seine Muse, seine Geliebte und seine bessere Hälfte war: Dali fühlte sich ohne sie halbiert und mit ihr vollkommen.

Liebe:	✪✪✪✪✪
Sex:	✪✪✪✪
Zusammenarbeit:	✪✪✪✪✪
Ruhm:	✪✪✪✪✪

Jean-Paul Sartre und Simone de Beauvoir

»In meinem Leben habe ich einen unbestreitbaren Erfolg zu verzeichnen: meine Beziehung zu Sartre. In mehr als 30 Jahren sind wir nur einen Abend uneins eingeschlafen. Das langjährige Beisammensein hat keineswegs das Interesse verringert, das wir an unseren Gesprächen haben.«

Das Literatenpaar vom Montparnasse hatte eine enorme Ausstrahlung in ganz Europa: ein Mann und eine Frau, beide erfolgreich mit Essays und Romanen, beide von hoher Autorität in Fragen der intellektuellen Redlichkeit und des politischen Engagements, beide nahezu gleichwertig als Schriftsteller und Meinungsmacher – und dann noch in Liebe verbunden, ohne die sonst üblichen Spannungen der Konkurrenz, der Eifersucht und des Kampfes um die Dominanz. Stattdessen liebevoll-gelassen, solidarisch einander unterstützend, manchmal verschiedener Meinung, stets einig in den Zielen.

■ Existenzialist in Wort und Tat. Der französische Philosoph und Schriftsteller Jean-Paul Sartre (1905–1980).

Als Jean-Paul Sartre und Simone de Beauvoir gestorben waren, stürzte sich die Öffentlichkeit auf hinterlassene Briefe und private Aufzeichnungen, um das Denkmal des harmonischen Musterpaares zum Einsturz zu bringen. Man fand auch dies und das: Es hatte Krisen gegeben, große Schwierigkeiten bei der Integration Dritter in die Beziehung, Verlustängste, Ausbruchsgedanken, Zorn. Aber letzten Endes blieben alle Irritationen vorübergehende und schwach nachwirkende Ereignisse, und das intellektuelle Traumpaar des 20. Jahrhunderts heißt immer noch und wohl für ewig: Jean-Paul Sartre und Simone de Beauvoir.

Der Grund liegt weniger darin, dass die beiden prominent waren und ein Leben lang als Partner zueinander standen, als in dieser einmaligen Leistung: der Verknüpfung von Liebe und Freiheit, von Bindung und Unabhängigkeit, von Treue und Autonomie. Als Simone und Jean-Paul sich 1929 auf der Universität kennen und lieben lernten – sie war einundzwanzig, er vierundzwanzig Jahre alt –, schlossen sie zunächst einen Pakt auf Zeit. Zwei Jahre wollten sie zusammenbleiben, danach weitersehen. Sie erstrebten bewusst räumliche Trennungen – nicht um ihre Liebe zu prüfen, sondern um die Chancen zu erhöhen, auch andere Bekanntschaften zu schließen. Aber schon vor dem Ablauf der »Probezeit« wussten sie, dass sie zusammengehörten. »Du bist für mich die notwendige Beziehung«, sagte Sartre zu seiner Gefährtin, »alle anderen sind zufällig.« Auf diese »zufälligen« Nebenbeziehungen wollte er keineswegs verzichten, und er tat es auch nicht. Ihr billigte er gleiche Freiheit zu, und sie nahm sie sich. Dass die Dritten ihre Bindung nicht zerstörten, lag wohl an deren Tiefe und Besonderheit: Als die zwei ihren Pakt schlossen, schworen sie einander lebenslange Aufrichtigkeit, und wahrscheinlich haben sie diesen Schwur auch annähernd gehalten. Aber was ist das, Aufrichtigkeit? Wer sie für sich in Anspruch nimmt, gibt vor, die Wahrheit zu kennen. Wer aber kann das schon guten Gewissens tun?

■ Simone de Beauvoir (1908–1986). Die Tochter aus gutem Hause schreibt 1949 die Bibel der Frauenbewegung: *Das andere Geschlecht*.

■ Freiheit trotz Liebe. Das intellektuelle Traumpaar des 20. Jahrhunderts prägt das Ideal einer Beziehung, die Bindung und Unabhängigkeit miteinander verbindet. Die Aufnahme zeigt Simone de Beauvoir und Jean-Paul Sartre 1960 während eines Urlaubs in Rio de Janeiro.

Simone de Beauvoir und Sartre hatten dieselben Probleme mit der Formulierung der »Wahrheit« wie andere Paare auch, aber sie hatten einen Vorteil: Sie wussten, dass es sich bei diesem Problem um das philosophische Ur-Rätsel par excellence handelt; und da sie beide Philosophen waren und die Debatte und der Gedankenaustausch die Medien ihres Zusammenseins, hatten sie größere Chancen, Lösungen zu finden, als der Rest der Welt.

»Ohne sie«, erklärte Sartre, *»würde ich nicht dieselben Erfahrungen machen. Ohne daß ich mit ihr darüber gesprochen hätte, wären sie unspezifischer. Eine Geste, die ich beschreibe, eine Lebenssituation, die ich analysiere – sie bekommen ihre Präzision, ihre realistische Exaktheit durch die Erfahrungsintensität Simone de Beauvoirs.«*

Sie hatten auch mehr Mut zur Radikalität der Ehrlichkeit und zum sozialen Experiment, denn sie konnten, was sie erlebten und fühlten, in ihre Philosophie, den »Existenzialismus« (bei dem es zentral um die Frage der Freiheit und um den Selbstentwurf des Einzelnen ging), eintragen und so Arbeit und Leben stets verschränken. Sie wuchsen aneinander, auch und gerade in Krisen.

Das Paar entstammte dem Bürgertum – eine Klasse, deren Überheblichkeit die zwei ihr Leben lang geißelten. Sartre wuchs vaterlos auf, Beauvoir wurde durch eine streng katholische Erziehung geprägt, gegen deren Enge sie früh rebellierte. Als Studienkollegen arbeiteten beide sich an der Frage ab, worin Freiheit für den Einzelnen bestehe, für sich realisierten sie ihre Freiheit, indem sie sich füreinander entschieden, ohne zu heiraten, ohne auf sexueller Treue zu bestehen und ohne einen gemeinsamen Hausstand sowie Kinder ins Auge zu fassen. Von der Ehe wollten sie nichts wissen, nicht einmal vom Zusammenwohnen; sie haben nie aufgehört, sich zu siezen. Aber sie lebten in Paris stets nah beieinander, besprachen alles, was für ihr Gefühlsleben, ihre Gedankenwelt und ihre Arbeit wichtig war, und unterstützten einander unverbrüchlich mit Rat und Tat. Ihr Vertrauen und ihre Vertrautheit wuchsen mit den Jahren und Jahr-

zehnten, und schließlich wurden sie überall in einem Atemzug genannt.

Dennoch galt Sartre als der bedeutendere Denker, und es war für Simone de Beauvoir keineswegs einfach, neben ihm zu bestehen. Sie verliebte sich in ihn, weil sie spürte, dass er ihr geistig überlegen war. Ihre Selbstachtung verbot es ihr, im Schatten eines brillanten Mannes zu verkümmern – also musste sie sich mit ihm messen und zugleich eigene Stile und Ziele entwickeln, um mit ihm zusammenbleiben zu können. Das war vor allem in der ersten Zeit nicht leicht für sie. Aber sie biss sich durch – zumal Sartre eine Partnerin wollte, die ihn herausforderte und beeinflusste.

Beide begannen ihre berufliche Laufbahn als Lehrer, wollten sich aber als Schriftsteller durchsetzen. Nach den ersten Erfolgen am Theater und auf dem Buchmarkt – er mit den Drama *Die Fliegen*, sie mit dem Roman *Sie kam und blieb* – können sie das Lehramt aufgeben und ganz fürs Schreiben leben. Der Weltkrieg und später die Dekolonisation, vor allem der Algerienkrieg, vertreiben das Individuum aus dem Mittelpunkt ihres Denkens: Sie

■ Der existenzialistische Begriff der Freiheit hatte sich an ihrem Verhältnis zu beweisen, nicht immer aber stimmen Wirklichkeit und Ideal überein. Das Paar 1965 in Rom.

werden politisch. Beide engagieren sich auf der Linken. Und Simone sieht plötzlich, wenn sie über sich selber nachdenkt, nicht mehr nur die Frau mit dem besonderen Wissensdurst, mit dem Privileg, studieren und auf das Ehefrauenlos verzichten zu dürfen, sondern sie sieht das weibliche Geschlecht als Ganzes, sieht alle Frauen. Ihr dämmert, dass nicht jede die Chance hat, sich so zu entscheiden wie sie. Sie erkennt, dass es Herrschaft gibt und ein Machtgefälle zwischen Mann und Frau, das von den Einzelnen nicht durch bloße Willensentscheidung verneint oder umgekehrt werden kann. Und sie geht hin und verfasst *Das andere Geschlecht*, neben Betty Friedans *Weiblichkeitswahn* die Bibel der Neuen Frauenbewegung und darüber hinaus ein kulturgeschichtliches Werk, mit dem sich die Beauvoir in die Weltliteratur einschreibt. Jean-Paul Sartre hat mit *Das Sein und das Nichts* sein philosophisches, mit *Der Idiot der Familie* sein literaturtheoretisches Credo formuliert. Das Hauswesen dieses Paares war seine literarische Arbeit, und die Kinder, das waren die Werke.

Sartre war es, der Simone de Beauvoir dazu antrieb, *Das andere Geschlecht* zu schreiben, und ihre Gedanken und Wahrnehmungsweisen finden sich, wie Sartre selbst betonte, überall in seinem Werk.

■ Sartre erneuert die Rolle des politisch denkenden und handelnden Intellektuellen wieder. Simone de Beauvoir engagiert sich für die Frauenbewegung. Das Paar 1970 mit einem Journalisten in einem Pariser Café.

JEAN-PAUL SARTRE UND SIMONE DE BEAUVOIR

LEBEN UND WERK

Jean-Paul Sartre, geboren am 21.6.1905, verliert schon früh seinen Vater und wächst bis zum 12. Lebensjahr bei den Großeltern auf. Er lernt sehr früh lesen und verschlingt, was er in der Bibliothek des Großvaters findet kann. Nach der erneuten Heirat der Mutter macht er sein Abitur 1922 in Paris, wo die Familie inzwischen lebt. Während seines Studiums an der Elitehochschule École Normale Supérieure wird er kurz nach Ostern 1929 Simone de Beauvoir vorgestellt, die an ihrer Diplomarbeit über Leibniz arbeitet. Am 9.1.1908 in einem gutbürgerlichen Pariser Elternhaus geboren, erhält sie wie ihre zwei Jahre jüngere Schwester eine katholische Erziehung. Nach dem Abitur beschließt sie mit Billigung des Vaters, Lehrerin zu werden, und studiert an der Sorbonne in Paris Philosophie. Die »Agrégation«, die sie zur Lehre an Gymnasien und Universitäten berechtigt, besteht sie im Jahr 1929 als Zweitbeste des Jahrgangs nach Sartre. Aus ihrer zunächst auf zwei Jahre festgelegten Beziehung – Sartre wollte nach Tokio – wurde in der Folgezeit trotz längerer Zeiten der räumlichen Trennung eine intensive lebenslange Freundschaft. Zunächst arbeiten beide als Lehrer an wechselnden Schulen. Nach den Erfolgen seiner teilweise während des Krieges erschienenen Bücher *Der Ekel*, *Die Fliegen* und seines umfassenden existenzphilosophischen Werkes *Das Sein und das Nichts*, widmet er sich ab 1945 ausschließlich dem Schreiben, gründet gemeinsam mit Simone die Zeitschrift *Les temps modernes*, die zum Sprachrohr des Existenzialismus wird. Simone hat den Lehrberuf ebenfalls aufgegeben, schreibt Romane, reist 1947 erstmals in die USA und dokumentiert ihre Erfahrungen literarisch. Ihr Werk *Das andere Geschlecht* (1949, dt. 1951) wird richtungweisend für die Frauenbewegung. Für *Die Mandarins von Paris* erhält Simone den »Prix Goncourt«. Politisch vertreten die beiden eine unabhängige sozialistische Position. Sartre lehnt 1964 den Literaturnobelpreis ab und löst damit einen Skandal aus. Er stirbt am 15.4. 1980. Simone de Beauvoir verarbeitet ihren Weg zur Emanzipation in einer dreibändigen Biographie. Sie stirbt sechs Jahre nach Sartre am 4.4.1986.

EMPFEHLUNG

Lesenswert:
Axel Madsen: *Jean Paul Sartre und Simone de Beauvoir. Die Geschichte einer ungewöhnlichen Liebe.* Reinbek b. Hamburg 1982

Simone de Beauvoir: *Das andere Geschlecht: Sitte und Sexus der Frau.* Neuausgabe, Reinbek b. Hamburg 2000.

Jean-Paul Sartre: *Das Sein und das Nichts: Versuch einer phänomenologischen Ontologie.* Hrsg. von Traugott König. Reinbek b. Hamburg 1993.

Sehenswert:
Das Spiel ist aus (Les jeux sont faits). Regie: Jean Delannoy, Drehbuch: Jean-Paul Sartre. Frankreich 1947.

Hörenswert:
Walter van Rossum: *Simone de Beauvoir und Jean-Paul Sartre: Die Kunst der Nähe.* Gelesen von Juliane Bartel und Otto Sander, 1998. Audiocassette.

Besichtigenswert:
Das gemeinsame Grab auf dem Friedhof Montparnasse in Paris.

WERTUNG

Sie waren das intellektuelle Traumpaar der Nachkriegszeit: geistvoll, interessant, ehe- und kinderlos – und doch einander lebenslang loyal ergeben. Ein Modell für Frauen? Für einige: ja.

Liebe:	✪✪✪✪✪
Zusammenarbeit:	✪✪✪✪✪
Beständigkeit:	✪✪✪✪
Vorbild:	✪✪✪
Treue:	✪

Anaïs Nin und Henry Miller

»Ich singe! Ich singe! ... Ich habe Henry Miller kennengelernt. Ich erblickte einen Mann, der mir gefiel, einen Mann, der liebenswert war, nicht erdrückend, sondern stark, einen menschlichen Mann, der voll Sensibilität alles wahrnahm. Er ist wie ich.«

■ Anaïs Nin (1903–1976) um 1932, dem Jahr, in dem die Liebesbeziehung mit Henry Miller beginnt.

Er war überhaupt nicht wie sie. Während Anaïs im roten Samtkleid vornehm speiste, redete er wie ein Wasserfall, mit vollem Mund, den er sich »mit seinen fettglänzenden Proletenfingern« abwischte, wie ihr Ehemann leicht angewidert, aber doch beruhigt vermerkte: »Je genauer ich sie beobachte, desto überzeugter bin ich, daß sich nichts zwischen ihnen abspielen wird.« Es ist der 1. Dezember 1931, und der Gatte sollte sich gründlich täuschen. Zu Mittag gegessen wird in Louveciennes, einem Vorort von Paris, dort, in der Rue Monbouisson Nr. 2, wohnt das Ehepaar Anaïs und Hugo Guiler. Sie ist französisch-spanischer Herkunft, er stammt aus Schottland. Als Repräsentant der National City Bank bekleidet Hugo in Paris eine leitende Stellung, bezieht ein ansehnliches Gehalt und kann es sich leisten, Gäste nach Hause einzuladen. Er tut es gerne, weil er ein geselliger, jovialer Mensch ist, vor allem aber wegen seiner Frau, die er vergöttert. Anaïs ist jung, schön und eine Künstlerin, die sich schnell langweilt. Sie will interessante Leute kennenlernen, am liebsten verrückte Typen, die auf Konventionen pfeifen und wilde Ideen hegen: Maler, Musiker, Schriftsteller.

Gerade hat Anaïs selbst ihr erstes Buch vollendet, eine Studie über den englischen Romancier D. H. Lawrence, der mit *Lady Chatterley's Lover* das Skandal-Buch der 1920er Jahre schrieb und eine mystische Philosophie vom wahren Leben ausrief, in dem Eros die Hauptrolle spielt. So etwas findet Anaïs beeindruckend, solche Leute will sie treffen. Und hat ihr Mann nicht neulich von einem Amerikaner erzählt, der bei einem Freund Hugos auf der Matratze schläft? Der tags wie ein Penner herumläuft, in den Bars am Montparnasse sitzt, keinen Pfennig in der Tasche, und an Romanen schreibt, die sich kein Verleger zu drucken traut, weil sie so obszön sind? Hugo, bitte, lad ihn ein! Wie wär's mit morgen? Hugo lächelt und sagt ja.

Als Henry Miller und Anaïs Nin einander bei jenem Diner begegnen, ist er vierzig Jahre alt, sie wird neunundzwanzig. Seit bald zwei Jahren lebt Henry in Paris, das ihm mehr behagt als New York, wo er geboren und in ärmlichen Verhältnissen aufgewachsen ist. In New York ist kein Platz für Verlierer, in Paris ist man als sozial Gestrandeter wenigstens Bohemien und gehört zum Stadtbild. Und der »écrivain«, der Schriftsteller, genießt selbst dann Respekt, wenn er nichts veröffentlicht. Henry fühlt sich als Autor, seitdem er fünfzehn ist, aber erst mit dreißig kündigt er den letzten seiner zahllosen Jobs, beschließt feierlich, nie wieder eine feste Stelle anzunehmen und endlich ein richtiger Schriftsteller zu sein. Vorzuweisen hat er so gut wie nichts: ein paar Zeitungsartikel, einige Gedichte, die er auf eigene Kosten drucken ließ und auf der Straße verscheuert, zwei unveröffentlichte Romane liegen in seiner Schublade. Dabei ist er schon verheiratet, doch diese erste Frau hat bereits gelernt, dass mit Henry als Familien-Mensch und Ernährer nicht zu rechnen ist, alle anderen Frauen Henry Millers werden dieselbe Erfahrung machen.

In den Dancing Halls von Brooklyn trifft Henry seine zweite Frau, June Smith: Eine extravagante, atemberaubende Schönheit, die als »Taxi-Girl« arbeitet, das heißt, für Geld mit betuchten Herren tanzt. Geprägt von Sex, Streit und Exzessen beginnt eine »amour fou«, die später zur Weltliteratur wird. June ist die rätselhafte, erotomane Mona/Mara aus Henrys autobiographischen Romanen, sie ist die »große Möse«, die unersättlich jeden Mann verschlingt. Beständig gibt es Ausbrüche, Szenen, Rasereien, oft grundlos, manch-

■ Henry Miller (1891–1980), 1932. Der New Yorker, der in Paris das exzentrische Leben eines Bohemiens führt, ist vierzig, als er 1931 die elf Jahre jüngere Anaïs Nin kennen lernt. Er entdeckt in ihr eine Seelenverwandte, spürt in ihr die gleiche Gier nach dem Leben. Vier Monate nach ihrem Kennenlernen sind sie ein Liebespaar.

mal aus Eifersucht, wenn ein Verehrer Junes verdächtig hohe Gagen zahlt. Nach einer gemeinsamen Europa-Reise kehrt er alleine nach Paris zurück, June wünscht ihm aus der Ferne die Pest an den Hals.

Anaïs Nin bedeutet für Henry eine völlig neue Welt. Zunächst wahrt er Distanz, er spürt den Klassenunterschied und misstraut Anaïs' Schwärmerei für seine Arbeiten, die er ihr schickt. Dann liest er ihr Buch und ist begeistert. Eine Frau, die ähnlich fühlt und denkt, gierig nach einem Leben ist, an dem sie sich berauschen kann, und schön ist sie dazu! Zwar eher klein und zierlich von Gestalt, aber mit wunderbaren großen Augen, hohen Jochbögen und einem sinnlichen Mund – jetzt ist Henry verliebt, und er will sie haben.

Nach vier Monaten und einer Sturzflut von feurigen Briefen ist es im März 1932 soweit: In einem heruntergekommenen Hotelzimmer, in dem Henry haust, finden sich das New Yorker Raubein und die Pariser Dame, und sie treiben es, bis die Fetzen fliegen. Ab jetzt veranstalten sie regelmäßig »literarische Fickfeste«, wie Henry es unverblümt ausdrückt, sie fallen übereinander her, wann und wo es nur geht, und Anaïs wird zur gelehrigen Schülerin im »black lace-laboratory« eines Forschers, dessen erotische Instinkte voll entwickelt sind.

■ Die glühende Leidenschaft zu dem New Yorker Raubein lässt die Pariser Dame alle Hüllen der Konvention abwerfen. Die beiden treiben es, dass die Fetzen fliegen. Nebenbei üben sie sich gemeinsam in literarischer Pornografie.

»Anaïs, ich will Dich haben. Ich möchte Dich ausziehen, Dich ein bißchen vulgarisieren. Ich möchte Dich besitzen, Dich benutzen, ich möchte Dich ficken, ich möchte Dir einiges beibringen. Vielleicht möchte ich Dich sogar ein bißchen demütigen. Warum sinke ich nicht einfach auf die Knie und verehre Dich? Ich kann es nicht. Ich liebe Dich lachend. Gefällt Dir das?« Und ob ihr das gefällt!

Zusammen üben sie sich in literarischer Pornographie, und Anaïs lernt schnell. Als die beiden einmal eine unverhoffte Woche für sich sein können, Hugo ist auf Geschäftsreise, annonciert sie das Programm: »Ich möchte wieder das heftige Pumpen in mir spüren, das rasende, glühende Blut, den langsamen, liebkosenden Rhythmus und das plötzlich heftige Stoßen, die Raserei in den Pausen, in denen ich Regentropfengeräusche höre ... wie es in meinen Mund schießt, Henry. Oh Henry, ich möchte mit Dir so wilde Dinge tun, daß ich nicht weiß, wie ich sie sagen soll.« Ein volles Jahr wird das so gehen, eine Zeit wundervoller Leidenschaft, aber auch ein Jahr, in dem Henry ihr allein 900 (!) Briefe schreibt, daneben seinen Roman *Wendekreis des Krebses* abschließt, der ihm später den Weltruhm bringen wird. Anaïs hat ebenfalls den Mut gefasst, eine wirkliche Schriftstellerin zu werden, wagt sich an Erzählungen und Romane. Für beide ist die Literatur wesentlich für ihre Liebe, jede Begegnung ist immer auch ein intellektuelles Rendezvous zweier Geister, die sich gegenseitig inspirieren. »Gleich hinterher reden wir über unsere Schreibkunst«, notiert Anaïs einmal diskret in ihr Tagebuch. Auch Henry ist für diese Gespräche dankbar. Noch 1944, als er seine ersten Erfolge bereits hinter sich hat und der Weltruhm an die Tür klopft, schreibt er: »Sie war und ist für mich noch immer der großartigste Mensch, den ich kenne – einer, den man wahrhaftig eine treue Seele nennen kann. Ich verdanke ihr alles.« Da sind die beiden schon auseinander. Was mehr an ihr liegt als an ihm.

Henry träumt vom gemeinsamen Dasein, von romantischer Armut zu zweit. Anaïs denkt keine Sekunde daran. Selbst in den Phasen glühendster Leidenschaft ist sie nicht bereit, ihren Ehemann zu verlassen. Neben Ekstase sucht sie auch Ruhe und Verlässlichkeit. Mit sicherem Gespür weiß Anaïs, dass Henry ein Mann für die Liebe, aber nicht für das Leben ist, und klug und unerbittlich verhindert sie jeden Versuch Henrys, ihr Verhältnis öffentlich zu machen. Bis heute ist unklar, ob Hugo etwas wusste. Es ist

■ Während Henry Miller von einem romantischen Leben zu zweit träumt, ist Anaïs Nin zu keiner Zeit bereit, das bürgerliche Leben an der Seite ihres Ehemannes aufzugeben. Ein Jahr währt die stürmische Liaison, die beider literarisches Schaffen stark beeinflusst. Freundschaftlich verbunden bleiben sie bis ins Alter.

sehr wahrscheinlich, aber er schweigt, aus Liebe, vielleicht auch aus Taktgefühl. Der Abschied kommt nicht plötzlich, er zieht sich über Jahre hin, in denen beide ihre verschiedenen literarischen Wege gehen, neue Liebschaften auftauchen – Henry heiratet noch dreimal – und der Krieg sie dann auch räumlich trennt. Aber sie bleiben Freunde, stets gehen Briefe hin und her, und es erfüllt sich, was Anaïs bereits kurz nach Beginn der Affäre ihrem Tagebuch anvertraut hat: »Henry ist für immer in meinem Wesen, selbst während ich so vernünftig das Ende unserer Liebe erwarte. Ich sehe die Freundschaft dennoch fortbestehen, ein fast lebenslanges Band. Diesen Eindruck habe ich heute: daß Henry viele Jahre ein Teil meines Lebens sein wird, auch wenn er vielleicht nur für ein paar Monate mein Geliebter ist.«

■ Henry Miller während eines Urlaubs in Paris mit seiner vierten Ehefrau Eve und seinen Kindern Valentina und Tony. Paris ist für Miller der Ort seiner antibürgerlichen Träume.

ANAÏS NIN UND HENRY MILLER

LEBEN UND WERK

Anaïs Nin wird am 21. 2. 1903 als Tochter des spanischen Komponisten Joaquin Nin und der Sängerin Rosa Culmell in der Nähe von Paris geboren. Bedingt durch die Engagements des Vaters wechselt die Familie häufig die Wohnorte. Der Weggang des Vaters, der die Familie 1912 verlässt, wird zum prägenden Erlebnis für seine Tochter. Auf der Überfahrt nach New York schreibt sie am 26. 7. 1914 ihren ersten Tagebucheintrag. Mit 35 000 handschriftlichen Originalseiten wird das Tagebuch zur bestimmenden literarischen Form und Forum der Selbstanalyse in ihrem Leben werden. Nach kurzem Studium heiratet sie 1923 den späteren Filmemacher und Graphiker Hugh (Hugo) Guiler (1898–1985), mit dem sie im Dezember 1924 nach Paris übersiedelt. Im Dezember 1931 lernt sie den damals noch unbekannten Autor Henry Miller kennen, im März 1932 werden sie ein Liebespaar. Henry Miller, geboren am 26. 12. 1891, war 1930 mit 10 Dollar in der Tasche nach Europa aufgebrochen. Seine letzte Arbeitsstelle bei einem Botendienst hatte er 1924 aufgegeben, um sich ganz dem Schreiben zu widmen. Verheiratet ist er in zweiter Ehe mit June Edith Smith, mit der Anaïs ebenfalls kurzzeitig ein Verhältnis hat. Die erotische Dimension der Beziehung von Anaïs zu Henry und June war vor Veröffentlichung des ungekürzten Tagebuchabschnitts Mitte der 1980er Jahre nur zu ahnen. In der Zeit ihrer intensiven Beziehung vollendet Miller sein Buch *Wendekreis des Krebses*, das 1934 in Frankreich erscheint. In den USA ist das wegen Pornographie bis 1964 verbotene, illegal eingeschmuggelte Buch ein heimlicher Bestseller. Anaïs Nin kehrt 1939 nach New York zurück. Nachdem sie 1947 eine Beziehung zu Robert Pole begonnen hat, lebt sie zum Teil mit ihm an der Westküste, zum Teil in New York mit ihrem Ehemann Hugo, von dem sie sich zeitlebens nicht trennt. Die Veröffentlichung ihrer ersten Tagebücher 1966 verschafft ihr Weltruhm. Nach einem lang andauernden Krebsleiden stirbt sie schließlich am 14. 1. 1977 in Los Angeles. Henry Miller, der in den 1960er Jahren mit seinem Stil die literarische »Beat-Generation« beeinflusst, widmet sich in den letzten Jahren seines Lebens der Malerei. Er stirbt am 7. 6. 1980 in Pacific Palisades, Kalifornien.

EMPFEHLUNG

Lesenswert:
Anaïs Nin/Henry Miller: *Briefe der Leidenschaft* 1932–1953. München 1992.

Anaïs Nin: *Intimes Tagebuch. Henry, June und ich*. München 1989.

Henry Miller: *Wendekreis des Krebses*. Roman, Hamburg 1998.

Sehenswert:
Henry und June. Regie: Philip Kaufman, mit Fred Ward, Uma Thurman u. a., USA 1990. Videocassette.

Stille Tage in Clichy. Regie: Claude Chabrol, nach dem Roman von Henry Miller, mit Andrew McCarthy, Nigel Havers, Barbara de Rossi, u. a., Frankreich/Italien/BRD 1989. Videocassette.

Hörenswert:
Anaïs Nin: *Wir steuern den Kurs unserer Ehe nur mit Liebe*. Die frühen Tagebücher 1923–27, gelesen von Gaby Dohm. AudioBooks, 1999.

Henry Miller: *Lachen, Liebe, Nächte …* . Gelesen von Hans M. Rehberg. Hamburg 1990. Audiocassette.

WERTUNG

Die Dame und der Skandalautor – eine Affäre mit literarischen Folgen, inspiriert von der Erotik und der Ähnlichkeit ihrer schriftstellerischen Absichten.

Liebe:	✪✪✪✪
Erotik:	✪✪✪✪✪
Zusammenarbeit:	✪✪✪✪
Geheimnis:	✪✪✪

Edward VIII. und Wallis Simpson

»Liebling, ich würde Dich gern sehen, anfassen, in meinem eigenen Haus sein, ich wäre gern verheiratet, und zwar mit Dir.«

Das ist ein Wort. Ihr Wort. Es ist das Ja-Wort, das Wallis Simpson ihm gibt. Doch bevor er ihr antworten kann, heißt es für ihn erst einmal: Nein! Denn er ist Edward VIII., ungekrönter König von England. Nicht dass er ihr einen Korb geben will. Ganz im Gegenteil. »Mit jeder Minute, die vergeht, liebe ich Dich mehr, und Du fehlst mir sehr, mein Herz.« Aber als Edward VIII., also als Hoheit, muss er nicht nur sich selber fragen, sondern auch Politik und Öffentlichkeit konsultieren, ob er sie heiraten darf. Als er noch Prinz war, interessierte man sich nur am Rande für ihn und seine Geschichten. Sein erstes Treffen mit Wallis Simpson lag einige Jahre zurück; im Januar 1931 haben sie sich in einem typischen englischen Ambiente getroffen: bei der Jagd. Sie

■ Wallis Simpson (1896–1986) und Edward VIII. (1894–1972) 1937 in Frankreich. Ohne Rücksicht auf Land, Thron und Leute wird der englische König der dritte Ehemann der Amerikanerin. Um sie heiraten zu können, dankt er im Dezember 1936 ab.

hat ihn, und nicht nur ihn, wahrscheinlich auf Anhieb beeindruckt. »Funkelnd war ihre Rede, funkelnd waren auch ihre von Cartier ganz up-to-date gefassten Juwelen. Eine sehr anziehende und intelligente, sehr amerikanische Frau« hat sie ein Zeitgenosse beschrieben. Nach einiger Zeit gehören sie und ihr Mann zu den ständigen Gästen in Fort Belvedere, dem Wohnsitz des Prinzen. Zwar kann das Ehepaar den luxuriösen Lebenswandel nur mühsam begleichen, aber kritisch wird es erst, als aus Wallis' Freundschaft zum Prinzen mehr werden will.
»Wallis, könnte es sein, dass der Prinz in dich verliebt ist?« Aber ja, hat sie geantwortet. Sie ist sich ihrer Lage durchaus bewusst. »Alles das verlangt ein gewisses Maß an Feingefühl für eine neue Romanze vor meinem vierzigsten Geburtstag.« Ja, sie war intelligent; auch in Dingen der Liebe. Anfänglich will sie »beide Männer behalten«. Doch allmählich gelangen Wallis und Edward über die Romanze hinaus. Ihr Ehemann geht. Und noch immer haben Politik und Öffentlichkeit kein ernsthaftes Interesse an der Affäre.
Das sollte sich schlagartig ändern, als König George V. im Januar 1936 stirbt. Denn nunmehr ist Wallis' Geliebter König geworden. Nicht irgendein König, nein, er ist König von England, einer Weltmacht. Und die Welt stürzt von einer Krise zur nächsten. Italien, Deutschland und Rußland werden von bedrohlichen Diktatoren regiert; man spricht immer öfter von Krieg; im Inneren findet die Wirtschaftkrise kein Ende. Eine Identifikationsfigur wäre für Großbritannien also nicht schlecht, und Edward ist bestens geeignet. Er wird von den einfachen Leuten geschätzt. Im Ersten Weltkrieg erlebte er das Schlachten nicht nur aus der Ferne. Als König mischt er sich bei einer Inspektionsreise auf dem riesigen Unterdeck des Flugzeugträgers Courageous unter die gemeinen Matrosen und hält

■ Wallis und Edward an ihrem Hochzeitstag, dem 3.6.1937, im Schloss Candé in Frankreich.

eine Rede, die in einer »Szene wildester und spontanster Begeisterung« endet. Aber eins ist nach seinen Erfahrungen ebenfalls klar: Einen weiteren Krieg will er mit aller Macht der Krone zu verhindern versuchen.

■ » Eine sehr anziehende und intelligente, sehr amerikanische Frau.« Wallis imitiert einen Cha-Cha-Cha, 1959.

Doch als König ist er von Politik und Öffentlichkeit abhängig. Geld und Glorie verlangen Tribut. Zu dieser Frau, zu Wallis Simpson, geborene Warfield, sagt die Regierung unmissverständlich: Nein. Nicht weil sie intelligent, nicht weil sie schon vierzig, auch nicht, weil sie eine womöglich monarchiefeindliche Amerikanerin ist – aber sie ist eine geschiedene Spencer. Edward wäre nicht etwa ihr zweiter; er wäre ihr dritter Mann. Und ihre erste gescheiterte Ehe liegt keine zehn Jahre zurück; die zweite ist nicht einmal geschieden. Edward ist das egal. Und das Volk wurde niemals gefragt.

Zunächst ist die rechtliche Lage von Vorteil. Denn weil sie noch Ehefrau ist, kann er sie fürs Erste gar nicht heiraten. Pragmatiker wie Winston Churchill raten daher zum Abwarten. Doch die Mühlen der Justiz mahlen diesmal schnell. Sie wird geschieden, Politik und Liebe und Öffentlichkeit geraten schwer aneinander. Indessen hat der König seinen Entschluss gefasst: Ohne Rücksicht auf Land, Thron und Leute wird er ihr dritter Ehemann werden. Am 10. Dezember 1936 dankt er ab, noch in dieser Nacht verlässt er auf einem Zerstörer sein Land, um seine Liebste zu treffen. Am 3. Juni 1937 werden Wallis' Wünsche wahr: Edward und sie werden getraut. Doch ihr Glück fand auch weiterhin im Blitzlicht der Öffentlichkeit statt. Und nicht nur die Presse verfolgte sie, auch die staatlichen Hofberichterstatter. Hitler zeigte Interesse, weil er durch Edward VIII. Einfluss in England erhoffte. Ribbentrop hatte, als Botschafter Deutschlands in London, Wallis Simpson im gesellschaftlichen Rahmen getroffen. Edward schickte wenige Tage vor Beginn des Zweiten Weltkriegs ein Telegramm an Hitler, um seiner Hoffnung auf Frieden Ausdruck zu verleihen. Als amtie-

Am Abend seiner Abdankung spricht er im Rundfunk: *»Doch muß man mir glauben, wenn ich sage, daß ich es für unmöglich halte, die schwere Bürde der Verantwortung auf mich zu nehmen und die Pflichten, die mir als König obliegen, zu erfüllen ohne die Hilfe und Unterstützung der Frau, die ich liebe.«*

■ Auch nach der spektakulären Abdankung Edwards VIII. bleiben der Herzog und die Herzogin von Windsor im Blitzlicht der Öffentlichkeit. Die Aufnahme zeigt Wallis und Edward in Palm Beach, USA, im Jahre 1951.

render König hätte er vielleicht etwas ausrichten können. Doch so wohl kaum.

Edward diente im Krieg zunächst als Verbindungsoffizier der Briten in Frankreich und floh nach dem Sieg der Deutschen über Frankreich nach Spanien. Über Lissabon ist das Paar auf die Bahamas und dann, nach Kriegsende, wieder nach Frankreich gereist. Dort wurden sie glücklich.

Edward an Wallis: »Ich brauche nichts zu bedauern. Ich tue es auch nicht. Ich weiß nur eines, dass ich ohne dich nicht sein kann.«

■ Ohne Reue. Edward konnte ohne Wallis nicht sein. Das Paar im Todesjahr des Herzogs, 1972.

EDWARD VIII. UND WALLIS SIMPSON

LEBEN UND WERK

Die Frau, wegen der Edward VIII., Prince of Wales, auf den Königsthron verzichtet hat, wird am 19.6.1896 in Baltimore geboren und auf den Namen Bessie Wallis Warfield getauft. 5 Monate nach ihrer Geburt stirbt ihr Vater. Von da an ist die junge Mutter Alice mit ihrem Kind auf die wohlwollende Unterstützung der reichen Verwandtschaft angewiesen. Wallis, wie sie sich inzwischen nennt, besucht das Gymnasium in Oldfields und lernt mit 20 Jahren ihren ersten Mann, den jungen Marineflieger Winfield Spencer, kennen. Die beiden heiraten am 8.11.1916, doch der Alkoholismus und die Eifersucht ihres Mannes führen zur Scheidung am 10.12.1927. Ihrem zweiten Mann Ernest Simpson, einem Schiffsmakler, folgt sie nach London. Rasch findet sie mit ihrer unverkrampften amerikanisch geprägten Gastfreundlichkeit Anschluss an die vornehme Londoner Society. So begegnet Wallis Simpson am 10.1.1931 während eines Jagdausflugs Prinz Edward VIII. Geboren am 23.6.1894, lebte Edward das streng reglementierte Leben eines englischen Thronfolgers. Mit 12 kommt er in die Seekadettenschule und studiert später mit wenig Ehrgeiz in Oxford. Nach seiner Teilnahme am 1. Weltkrieg unternimmt er 5 Jahre lang zahlreiche Reisen durch das Machtgebiet Englands. Beim Volk gilt er als sozial engagiert, besucht, ungewöhnlich für einen Prinzen, die notleidenden Bergarbeiter und kümmert sich um ihre Belange. Nach der ersten Begegnung werden die Simpsons zu ständigen Gäste des Prinzen. Nach dem Tod von George V. im Januar 1936 tritt Prinz Edward die Thronfolge an. Wallis Simpson hat die Scheidung von Ernest eingereicht, der Gerichtstermin ist auf den 27.10.1936 festgesetzt. Im Dezember entscheidet sich Edward endgültig für die Heirat mit Wallis. Daraufhin erhöht sich der Druck konservativer Kreise, und er dankt am 10.12.1936 als König ab. Am folgenden Abend überträgt die BBC weltweit seine berühmt gewordene Rede an das englische Volk. Nach der Hochzeit, die am 3.6.1937 ohne Beteiligung der Königsfamilie in Frankreich gefeiert wird, lebt das Paar im Ausland. Erst im Februar 1952 nimmt Edward anlässlich des Begräbnisses seines Bruders wieder an einer Zeremonie des britischen Königshauses teil. Edward stirbt am 28.5.1972 in Paris an Kehlkopfkrebs. Gemeinsam mit seiner am 24.4.1986 verstorbenen Frau liegt er auf Schloss Windsor begraben.

EMPFEHLUNG

Lesenswert:
Alain Decaux: *Eduard VIII. und Wallis Simpson: Triumph der Liebe über die Politik?* Düsseldorf 1996.

Sehenswert:
Edward on Edward. Englische Dokumentation über das Leben Edwards VIII. Großbritannien 1996. Videocassette.

WERTUNG

Sowas ist selten: ein (britischer) Thronfolger, der Macht und Glanz verschmäht, um die Prinzessin seines Herzens zu heiraten. Und diese bürgerliche Frau war auch noch eine mehrfach verheiratete, freche Amerikanerin ...
Es war eben Liebe. Für beide.

Liebe:	✪✪✪✪✪
Skandal:	✪✪✪✪✪
Wartezeit:	✪✪✪✪✪
Ruhm:	✪✪✪✪✪
Gesell. Anerkennung zu ihrer Zeit:	✪✪

Jean Cocteau und Jean Marais

»Mein Jeannot, wie kann ich dir für diese Wunder danken? Für jenen Stern, unter dem du wandelst und der ein richtiger Stern ist neben meinem nur geschriebenen. Vielleicht ist mein Stern ein Zeichen für deinen, und diese beiden formen unseren gemeinsamen Stern.«

Im Jahre 1937 sucht Jean Cocteau einen Darsteller für seinen Ödipus. Er findet Jean Marais. Der junge Schauspieler ist erst dreiundzwanzig, er hat wenig Erfahrung, hat seine Ausbildung nicht abgeschlossen, und seine ungeschulte Stimme trägt nicht. Aber das ist alles egal. Marais ist für Cocteau der schönste Mann, den er je gesehen hat: eine strahlende Gottheit, groß, blond und makellos gebaut, mit einem Gesicht wie aus einem glücklichen Traum. Cocteau gibt dem Anfänger eine Chance. Er führt selbst Regie und arbeitet täglich mit ihm. Bald hat »tout Paris« einen neuen Bühnenstar und die Klatschpresse neuen Stoff.

■ Der französische Schauspieler Jean Marais (1913–1998), um 1954.

Wie die Liebesgeschichte zwischen den beiden Männern begann, schildert Marais in seinen Erinnerungen: Cocteau ruft ihn eines Abends an und sagt: »Kommen Sie schnell, es ist etwas Schreckliches passiert.« Marais stürzt zu seinem Regisseur in dessen Hotel und erwägt unterwegs die Eventualitäten. Ein Theaterbrand? Ein Unfall? Cocteau wartet an der Tür, er bittet den jungen Mann herein. »Etwas Entsetzliches. Ich bin in Sie verliebt.«

Der schöne homosexuelle Marais ist Avancen von Kollegen und Mentoren gewohnt, er kann damit umgehen. Aber dies ist etwas anderes. Er achtet den Dramatiker nicht nur, er verehrt ihn und bewundert seine Kunst mit der ganzen Begeisterung seiner Jugend. Er liebt ihn nicht, aber er wagt es auch nicht, ihn vor den Kopf zu stoßen. Also kommt er

■ Der Dichter und Filmregisseur Jean Cocteau (1889–1963) sieht in dem vierundzwanzig Jahre jüngeren Marais eine strahlende Gottheit. Der Schauspieler geht auf das Liebeswerben seines Mentors zunächst nur aus Karrieregründen ein. Dann aber zieht der charismatische Cocteau den jungen Mann in seinen Bann.

■ Cocteau macht den unausgebildeten und unerfahrenen Marais zu einem gefeierten Schauspieler. Der Schüler und Geliebte spielt große Rollen, die sein Lehrmeister und Liebhaber eigens für ihn entwirft, wie hier in *La belle et la bête* (Es war einmal ...) aus dem Jahre 1946.

ihm entgegen und schwindelt ihm etwas vor; nicht nur aus Zartgefühl, auch aus Berechnung, denn wer könnte seine Karriere so fördern wie Jean Cocteau! Freimütig nennt Marais sich selbst einen Opportunisten. Aber nun geschieht das Wunder, dass aus der gespielten Zärtlichkeit echte Leidenschaft, aus der rücksichtsvollen Zuwendung wirkliche Liebe wird. Cocteau zieht den jungen Marais ganz in seinen Bann. Der fünfundzwanzig Jahre ältere Dichter zählt zu den faszinierendsten Erscheinungen der Pariser Kulturszene, er ist in allen Künsten zu Hause, hat mit dem Komponisten Eric Satie gearbeitet, ist mit Picasso befreundet, lässt seine Stücke von Coco Chanel ausstatten und gewinnt für sein avantgardistisches Theater- und Filmschaffen regelmäßig die interessantesten und ehrgeizigsten Pariser Schauspieler, unter ihnen Gérard Philippe, Jeanne Moreau und Maria Casarès. Und nun soll »Jeannot« Marais dazugehören, soll große Rollen spielen, die Cocteau ihm auf den Leib schreibt. Karrierehoffnung und Liebe werden nach und nach untrennbar. Jeannot lernt von Jean, was Poesie ist, was Rausch ist, Passion und Ausdruck. Er schenkt seinem Lehrmeister sein Herz und eine tiefe Dankbarkeit, die ein Leben lang vorhält.

Cocteau hat trotz seiner Vielseitigkeit in der Pariser Theater- und Filmwelt einen schweren Stand. Er experimentiert gern und pflegt bei seinem Theater ein wildes Pathos, das viele Kritiker abstößt. Seine der antiken Mythologie entlehnten überlebensgroßen Schicksalsdramen, in die er komplizierte Spiele mit Symbolen und Mehrdeutigkeiten einflicht, überzeugen nicht durchweg. Und

■ Cocteau in einem Beichtstuhl, Venedig 1947.

Cocteau hat auf seinen Freund Marais unzählige Gelegenheitsgedichte verfasst. So unfertig diese rasch hingeworfene Lyrik oft klingt – sie spricht immer klar und deutlich von der großen erotischen Erfüllung, die »Jeannot« für den Dichter war:

Deine Liebe gibt mir
Jugend und Schönheit wieder,
Und dein Dolch tötet
Immer nur eine einzige Seite.

Engel, der mich zweiteilt,
Edles Herz, unmenschlicher Leib!
Ich kann mich nicht verteidigen,
Denn meine Waffe bist du.

Meine Tür und mein Fenster
Waren der Sonne verschlossen.
Jetzt durchdringt sie mich,
Und ich bin Göttern gleich.

er lässt sich weder einordnen noch festlegen. Heute schreibt er die Story für ein Ballett, morgen ein Poem, und dann arbeitet er endlos an Grafiken und Bühnenbildentwürfen. Seine Opiumsucht, von der er lebenslang nicht loskommt, zehrt an seiner Gesundheit und an seinen Finanzen. Er ist keineswegs auf den Erfolg abonniert, und es ist nicht leicht, mit ihm zu leben. Jean Marais aber bezieht mit ihm eine gemeinsame Wohnung und hält stets zu ihm – auch nachdem er seinen Plan, den Freund von der Sucht zu heilen, hat aufgeben müssen. Marais' Karriere entwickelt sich kometengleich – er spielt nur noch Hauptrollen, im Film und im Theater, er glänzt als Tragöde in den Dramen Racines, als wildes Tier in *La belle et la bête* und als Orphée bei Cocteau. Zwar mäkelt die Kritik wegen seiner flachen Stimme, und Seitenhiebe auf sein Privatleben bleiben nicht aus, aber das Publikum liebt ihn, und die jungen Mädchen warten in Scharen am Bühneneingang. Marais malt auch – und als er später zu Geld kommt, hat er in seinen Häusern stets ein großes Atelier.

Schon zu Beginn ihrer Beziehung hat Cocteau einmal, aus plötzlicher Verzweiflung über die Unausweichlichkeit eines Endes

■ Jean Marais in der Titelrolle von *Orphée*, Cocteaus wohl bekanntestem und charakteristischstem Film aus dem Jahre 1950. Marais spielt den Dichter, der mehrere Spiegelwelten durchlaufen, mehrere Tode sterben muss, um in die Ewigkeit einzugehen.

■ Jean Cocteau (hier in einem Pariser Café, 1953) ist eine der faszinierendsten Gestalten des damaligen Pariser Kulturlebens. Er ist mit allen Künsten und den bedeutendsten Künstlern vertraut. Bei den Kritikern jedoch machte er sich mit seinen Theaterstücken und Filmen nicht nur Freunde. 1948 verfilmt er sein Theaterstück *Les parents terribles* mit Jean Marais in der Hauptrolle (unten).

dieser Liebe zwischen Jung und Alt, versucht, seine Leidenschaft in Väterlichkeit zu überführen und seinen »herrlichen Engel« nur noch zu umsorgen. Natürlich hat er es nicht durchgehalten, und Jeannot hat ihn ausgelacht. Aber es kommt der Tag, an dem sich Marais neu verliebt, in einen jungen Tänzer. Marais und Cocteau bringen das Kunststück fertig, ihre Trennung mit Takt und Trauer durchzustehen und sich die freundschaftliche Zuneigung für alle Zukunft zu bewahren. Stets sucht einer des anderen Rat und Gesellschaft, sie haben wirklich einen »gemeinsamen Stern«. Beide Männer adoptieren als reifere Herren junge Söhne, Waisen, die allein in der Welt standen und denen sie nun Zugang verschaffen zur Welt des Theaters, der Dichtkunst, der Malerei und des Lebens zwischen Premieren, Tourneen und Skandalen.

JEAN COCTEAU UND JEAN MARAIS

LEBEN UND WERK

Jean Cocteau wird am 5.7.1889 als drittes Kind einer großbürgerlichen Pariser Familie geboren. Nach dem Selbstmord seines Vaters 1898 wächst er vornehmlich unter dem Einfluss seiner Mutter und seines Großvaters auf. Er ist noch nicht ganz 20 Jahre alt, als er 1908 mit seinen Gedichten das Pariser Publikum begeistert. Sein erster Gedichtband *La lampe d'Aladin* erscheint 1909 und wird ein Erfolg. Bald gehört er fest zum Kreis der namhaften Pariser Künstler, Musiker und Literaten um Picasso, Modigliani, Gide und Satie, mit denen er nach dem 1. Weltkrieg zusammenarbeitet. Den frühen Tod seines Freundes Raymond Radiguet 1923 versucht Cocteau durch Opiumkonsum zu bewältigen. Trotz mehrerer Klinikaufenthalte wird er im Lauf seines Lebens immer wieder rückfällig. Cocteau gilt als Multitalent, er legt sich nicht auf eine bestimmte Stilrichtung, geschweige denn auf eine Kunstform fest. Romane, Theaterstücke, Ballette, Lyrik, Essays, Filme, Zeichnungen, selbst Entwürfe für Wandteppiche gehören zu seinem umfangreichen Werk. Bei den Proben zu *Oedipe Roi* lernt Cocteau im Juli 1937 den jungen Schauspieler Jean Marais kennen. Marais (eigentl. Jean Alfred Villain-Marais) wird am 11.12.1913 als Sohn eines Tierarztes geboren. In seiner 1957 erschienenen Biographie *Mes quatre vérités* bezeichnet er seine Kindheit und Jugend als nicht glücklich, geprägt von schulischen Misserfolgen, Trennung der Eltern und sexuellem Missbrauch durch einen Freund der Mutter. Ab 1933 spielt er mehrere kleinere Rollen in Filmen und Theaterstücken, doch der Durchbruch als Schauspieler gelingt ihm erst an der Seite Jean Cocteaus. Nach dem 2. Weltkrieg drehen die beiden Freunde die großen Filme des französischen Nachkriegskinos. Den Anfang macht 1946 der wunderbar poetische Film *La belle et la bête* (Es war einmal ...) mit Jean Marais in einer Doppelrolle als »die Bestie« und »Avenant«. 1948 folgt *Les enfants terribles* und 1950 *Orphée*, eine parodistisch anmutende Variante des klassischen Stoffes mit Marais als Orpheus. Seit 1948 wohnt Jean Marais nicht mehr mit Cocteau zusammen, die enge Freundschaft jedoch endet erst mit Cocteaus Tod am 11.10.1963. Bis 1997 steht Jean Marais noch auf der Bühne. Neben seinen Auftritten als Schauspieler hinterlässt der am 8.11.1998 Verstorbene auch sein weniger bekanntes Werk als Maler, Designer und Töpfer.

EMPFEHLUNG

Lesenswert:

Jean Cocteau: *Briefe an Jean Marais.* Hamburg 1989.

Jean Cocteau: *Ich war im Paradies. Liebesgedichte an Jean Marais.* Bielefeld 1988.

Sehenswert:

Les parents terribles (Nein, diese Eltern). Regie: Jean Cocteau, mit Jean Marais, Yvonne de Bray, u. a. Frankreich 1948.

Orphée (Orpheus). Regie: Jean Cocteau, mit Jean Marais, Marie Déa, u. a. Frankreich 1950.

La belle et la bête (dt. Es war einmal ...). Regie: Jean Cocteau, mit Jean Marais (Die Bestie/Avenant) und Josette Day (Die Schöne). Frankreich 1946.

Hörenswert:

Jean Cocteau, Poèmes, dits par l'auteur. Audio-CD.

WERTUNG

Der alternde Dichter verliebte sich in den bildschönen jungen Schauspieler, und anfangs glaubten beide nicht, dass eine Erwiderung dieses großen Gefühls möglich sein würde. Aber sie sollten sich täuschen. Der Alte gewann den Schönen durch seinen Geist und seine Kunst – und zwar ganz und gar.

Liebe:	✪✪✪✪✪
Erotik:	✪✪✪✪✪
Skandal:	✪✪✪
Ruhm:	✪✪✪✪✪
Zusammenarbeit:	✪✪✪✪

Rhett Butler und Scarlett O'Hara

»Ich liebe dich nicht mehr als du mich. Und wenn ich es täte, du wärest die allerletzte, der ich es sagte. Gott sei dem Manne gnädig, der dich einmal wirklich liebt. Du brächest ihm das Herz, mein Liebling, du grausames, gefährliches Raubtier.«

Natürlich liebt er sie mehr als sie ihn, und sie wird ihm das Herz brechen. Er hat ihr, endlich, einen Heiratsantrag gemacht. Sie hat ihm gerade gestanden, dass sie ihn nicht liebt und ihn nur heiraten wird, weil er reich ist. »Herrgott«, fährt er ungeduldig auf. »Kannst du denn immer nur an Geld denken?«

»Allerdings«, erwidert sie freimütig und blickt ihn mit harten Augen an. »Gott ist mein Zeuge, ich habe nicht die Absicht, je im Leben wieder ohne Geld dazustehen.« Scarlett O'Hara will nie wieder arm sein, nie wieder hungern. Sie ist erst Anfang zwanzig, aber hinter ihr liegen bereits ein Krieg, zwei Ehen und zwei Schwangerschaften. Vor ihr liegt eine stürmische dritte Ehe, die scheitern wird.

Es sind die 60er Jahre des 19. Jahrhunderts. Der Süden der Vereinigten Staaten hat den Bürgerkrieg verloren, die feine Oberschicht Georgias, der auch Scarlett O'Hara und Rhett Butler angehören, kämpft ums Überleben und um ihre Ehre, sie will lieber in Armut sterben als Geschäfte mit dem Feind, den Yankees, machen. Scarlett ist dieser Edelmut fremd. Sie schert sich längst nicht mehr um Konventionen, und Rhett hat es noch nie getan. Beide sind stark, leidenschaftlich, skrupellos – und Außenseiter. Sie passen perfekt zusammen. Rhett weiß es, Scarlett wird es erst erkennen, wenn es zu spät ist.

■ Ein legendäres Paar. An der Besetzung der Hauptrollen für die Verfilmung von Margaret Mitchells Südstaaten-Epos *Vom Winde verweht* nahm die internationale Öffentlichkeit regen Anteil. Nach langwierigem Casting wurde Vivien Leigh (1913–1967) für die Rolle der Scarlett entdeckt, Clarke Gable (1901–1960) stand für die Rolle des Rhett Butler fast von Anfang an fest.

■ Auch eine, die die Männer anzieht wie die Motten das Licht. Doch ihr Herz gehört dem Schöngeist Ashley. Scarlett O'Hara im Kreise ihrer Verehrer. Szene aus der Verfilmung von *Vom Winde verweht* aus dem Jahre 1939 in der Regie von Victor Fleming.

Als sie sich das erste Mal begegnen, ist sie gerade siebzehn, er schon vierunddreißig. Es ist Frühling, die Baumwollfelder im Norden Georgias sind frisch gepflügt, die reichen Familien haben sich auf Twelve Oaks eingefunden, der Plantage der Wilkes. Am Abend dieses Tages wird der Krieg beginnen. Noch ahnt niemand etwas. Scarlett vergnügt sich mit ihren zahlreichen Verehrern, aber sie will nur einen: Ashley, den schmucken Sohn der Wilkes, der so ganz anders ist als sie und den sie nie verstehen wird. Er interessiert sich für Musik, er liest Bücher, er ist ein Träumer. Heiraten will er Melanie, seine Cousine. Scarlett ist entsetzt: Wie kann er ihr, der umschwärmten Schönheit, diese unscheinbare Person vorziehen! Noch bevor die Verlobung bekannt gegeben wird, stellt sie Ashley im Salon und gesteht ihm ihre Liebe.

Ashley weist sie zurück, verlässt den Raum, und sie wirft aus Wut eine Vase an die Wand. Fast hätte sie Rhett getroffen, der, versteckt hinter einem Sessel, die Szene belauscht hat – und entzückt ist. »Sie sind kein Gentleman«, wirft ihm Scarlett vor. Und er kontert: »Und sie keine Dame. Aber Damen haben keinen Reiz für mich. Sie haben nie den Mut oder den Mangel an Kinderstube, zu sagen, was sie denken.« Typisch Rhett: Er schätzt Frauen, die für das, was sie haben wollen, kämpfen, auch wenn sie dabei die Regeln verletzen müssen. Er erkennt in Scarlett so-

■ Liebes- und Kriegswirren. Derweil sich Rhett und Scarlett suchen und verfehlen, bekämpfen sich die Nord- und Südstaatler.

■ Die Verführungskunst Rhett Butlers hat bei Scarlett nur bedingt Erfolg. Zum Lachen aber bringt er sie allemal.

■ Der Spott ist seine Waffe. Butler führt Ashley vor, den Mann, den Scarlett liebt.

fort eine verwandte Seele. Schon die erste Begegnung legt den Tonfall für alle weiteren fest: unverblümt und unverschämt, ein ewiger Kampf – bis hinein in die Ehe. Jetzt jedoch ist Scarlett weit entfernt davon, das Kompliment zu verstehen, das in seinen Worten steckt. Sie verlässt empört den Raum und sinnt auf Rache – an Ashley. Zwei Wochen später heiratet sie einen jungen Mann, den sie kaum kennt, zwei Monate darauf ist sie Witwe. Ihr Mann ist eines der ersten Opfer des Krieges.

Scarlett verlässt Tara, die Plantage ihres Vaters, und zieht nach Atlanta. Eine Stadt, die fast so jung ist wie sie selbst und die ihr entspricht: quirlig, aufstrebend und voll von energischen Leuten, die ihre Ellbogen zu gebrauchen wissen. Hier, in Atlanta, trifft sie Rhett wieder. Rhett, der Blockadebrecher, der Kriegsgewinnler, der Gesinnungslump. Er verleitet sie, die trauernde Witwe, zum Tanzen; ein Skandal in diesen Zeiten. Er schenkt ihr Hüte aus Paris, bringt sie zum Lachen – und zur Weißglut mit seinem spöttischen Tonfall, der sie stets im Ungewissen lässt, ob sein Werben um sie ernst gemeint ist oder nicht. Rhett ist anders als alle Männer, die sie kennt und die sich allzu leicht manipulieren lassen. Rhett spielt mit ihr: Seine Liebeserklärun-

■ Sehnsucht nach Erhabenheit. Scarletts Liebe zu dem schöngeistigen Träumer Ashley bleibt unerhört.

gen sind stets von ätzendem Sarkasmus begleitet, immer lässt er sich ein Hintertürchen offen, denn er weiß: Wenn er nur ein Zugeständnis macht, nur eine Schwäche offenbart, wenn er ihr rückhaltlos seine Liebe gesteht, dann wird Scarlett ihn ebenso verachten, wie sie insgeheim alle Männer verachtet. Außer Ashley, den sie immer noch liebt.

Die Yankees erobern Atlanta, und Scarlett muss fliehen. Sie schlägt sich nach Tara durch. Aber dort ist nichts mehr, wie es war: Die Plantage ist zerstört, die Mutter gestorben, der Vater verrückt, die Schwestern krank. Scarlett lässt sich nicht unterkriegen. Sie schuftet, um ihre Familie zu ernähren. Das reicht nicht. Um Tara zu retten, braucht sie Geld. Dafür geht sie eine zweite Ehe ein – mit einem betuchten Langweiler, der eigentlich ihrer Schwester versprochen war. Als auch dieser Mann umkommt – er fällt bei einem Schusswechsel mit Yankee-»Gesindel« – ist der Weg für Rhett und Scarlett frei. Sie heiraten, aber sie hören auch jetzt nicht auf, miteinander zu kämpfen. Scarlett kann ihr Herz, das Ashley gehört, nicht verschenken; das Töchterchen, das beide hätte binden können, stirbt bei einem Unfall. Trotz ihres Reichtums sind die Butlers arme Teufel. Beide betäuben sich mit Alkohol, und wenn sie einander über den Weg laufen, piesacken, beleidigen und quälen sie sich. Zum Schluss verlässt er sie. Als sie begreift, dass es ernst ist, begreift sie auch, dass er ihr etwas bedeutet. Sie sagt es ihm. Er kommentiert trocken: »Dein Pech« – im Film sind das seine letzten Worte –, und geht hinaus in den Nebel. Die letzten Worte im Buch gehören Scarlett: »Morgen ist schließlich auch noch ein Tag.«

Margaret Mitchells Roman *Vom Winde verweht* (1936) und der zweiteilige Film aus den Selznick-Studios (1939), beide verdanken ihre Unsterblichkeit einer Liebesgeschichte, die keine ist, weil das Paar nicht wirklich zueinander findet. Rhett und Scarlett

■ Selten sind die innigen Umarmungen. Das Paar spielt Katz und Maus, um sich manchmal zu finden. Nur im Kampf gegeneinander mit den Waffen des Spotts und der beißenden Ironie gelingen Momente der Annäherung.

verkörpern Amerika: den Materialismus und die Tatkraft seiner Menschen, aber auch ihre Sentimentalität und ihre Sehnsucht nach einer höheren Sphäre. Nach der Niederlage des Südens sind auch seine aristokratischen Werte abgeräumt: Ärmel hochkrempeln ist jetzt angesagt. Doch die Sehnsucht nach »mehr«, nach einer zweckfreien Schönheit bleibt. Scarlett kann keinen Mann lieben, der so ist wie sie, so selbstsüchtig und zielstrebig. Sie sucht das ganz Andere und verzehrt sich hoffnungslos nach dem Schöngeist Ashley. Bei Rhett ist es andersherum: Ihn langweilen »Damen«, seine Traumfrau soll aus demselben Holz geschnitzt sein wie er: berechnend, aber auch mutig und ehrlich. Doch ist Rhett auf seine Art genauso romantisch wie Scarlett: Er bewundert die edle, sanfte Melanie und hält lebenslange Freundschaft mit der Kokotte Bell.

Ein amerikanischer Verlag hat es im Jahre 1995 tasächlich gewagt, eine »Fortsetzung« von *Gone with the Wind* bei einer im Süden heimischen Schriftstellerin (M. Mitchell war längst gestorben) in Auftrag zu geben. In diesem »Zweiten Band« finden Held und Heldin nach neuerlichen Irrwegen endlich zueinander. Dieses Unternehmen kann man nur als Gangsterstück bezeichnen – obwohl es dank massiver Werbung ökonomisch erfolgreich war. Aber der Zauber des Romans lebt nun mal auch von seinem offenen Schluss. Der Leser darf phantasieren: Wird Scarlett Rhett zurückerobern? Wenn man diese offene Tür durch einen »Zweiten Band« zuschlägt, tut man der Autorin und ihren Figuren posthum Gewalt an.

Die Unausweichlichkeit, mit der Rhett und Scarlett einander verfehlen, gibt dem Unterhaltungsroman ein Stück tragischer Tiefe. Und sie spricht indirekt von der Unerfüllbarkeit des amerikanischen Traumes: Der verwegene Pragmatismus, der diesem Traum die Kraft gibt, wird nie an eine »höhere Sphäre« rühren. Und das Bedürfnis nach Erhabenheit, das in Scarletts Verlangen nach Ashley zum Ausdruck kommt, wird sich nie mit dem nüchternen Profitkalkül der Yankee-Seele vereinen lassen. So muss der amerikanische Traum ewig weitergehen, weil er dazu verdammt ist, Traum zu bleiben. Ganz wie Rhetts Verlangen nach Scarletts Herz – Hand und Körper gibt sie ihm ja – und Scarletts Sehnsucht nach Vornehmheit.

■ Die Unerfüllbarkeit des amerikanischen Traums. Zwei Kämpfer, die aus dem gleichen Holz geschnitzt sind, sich aber unausweichlich verfehlen müssen.

RHETT BUTLER UND SCARLETT O'HARA

LEBEN UND WERK

10 Jahre, von 1926 bis 1936, schreibt Margaret Mitchell (1900–1949) an ihrem monumentalen Südstaaten-Epos. Das Buch sollte der einzige Roman der für das *Atlanta Journal* schreibenden Journalistin bleiben. *Gone with the Wind* erscheint 1936 und wird ein außerordentlicher Erfolg. Trotz zahlreicher anderer Bücher, die das Amerika des »Old South« behandeln, werden im ersten halben Jahr nach Erscheinen über eine halbe Million Exemplare verkauft. Bis heute fand das in 27 Sprachen übersetzte Buch 30 Millionen Leser. 1937 erhält die Verfasserin den angesehenen Pulitzer-Preis. Das Buch erscheint im selben Jahr in Deutschland und erreicht auch dort bis zu seinem Verbot im Jahr 1941 360 000 Exemplare. David O. Selznick, unabhängiger Produzent in Hollywood, kauft kurz nach Erscheinen des Buches die Filmrechte. Sidney Howards Arbeit am Drehbuch zieht sich bis Ende 1937 hin. Inzwischen schien sich ganz Amerika für die Besetzung der Hauptrollen zu interessieren. Im August 1938 unterzeichnet Clark Gable (1901–1960) den Vertrag für die Rolle des Rhett. Für die Rolle der Scarlett werden 1 400 junge Bewerberinnen gecastet. Zu Beginn der Dreharbeiten im Dezember 1938 ist die Rolle noch nicht besetzt, man dreht den Brand Atlantas mit einem Double. An diesem Drehtag ist die englische Schauspielerin Vivien Leigh (1913–1967) auf dem Produktionsgelände. David O. Selznick ist von ihr begeistert, Scarlett ist gefunden. Im Januar 1939 werden die Verträge unterzeichnet. Der Film stellt für damalige Verhältnisse ein gigantisches Unternehmen dar. Alle Schauplätze werden im Studio nachgebaut, 2 868 Kostüme und 1 230 Uniformen müssen geschneidert werden, an »tierischen« Darstellern werden mehr als 1 000 Pferde, 375 Hunde, hunderte Maultiere, Ochsen, Kühe, Schweine und Hühner benötigt. Am Ende haben 3 Regisseure am Set gearbeitet, der Kameramann ist ausgetauscht, das Drehbuch erneut umgeschrieben worden. Doch der Kraftakt gelingt, David O. Selznick produziert den für lange Zeit erfolgreichsten Film Hollywoods; 300 Millionen Zuschauer weltweit sehen den Film. 1940 wird er mit 10 Oscars ausgezeichnet. Margaret Mitchell hat mit ihrem Roman den Grundstein gelegt für eine Legende, deren Anziehungskraft ungebrochen fortwirkt, wie die zahlreichen Fan-Seiten im Internet zeigen.

EMPFEHLUNG

Lesenswert:
Margaret Mitchell: *Vom Winde verweht*. Roman, Vorw. v. Eva Demski. Hildesheim 1996.

Das »Vom Winde verweht«-Kochbuch. Weingarten 1994.

Sehenswert:
Gone with the Wind, mit Vivian Leigh, Clark Gable, u. a. Originalfassung, USA 1939. GM / UA / Turner Homevideo.

Hörenswert: *Gone with the Wind*, von Max Steiner (Originalsoundtrack), 1997. Audio-CD.

Besichtigenswert:
Das Margaret-Mitchell-Museum in Atlanta, Georgia, USA.

WERTUNG

Der Glücksritter liebt die Powerfrau – aber diese hängt ihr Herz an einen Schöngeist und läuft an ihrem Glück vorbei. Eine tragische Verkennung, aber das Ende ist offen.

Liebe:	✪✪✪
Wartezeit:	✪✪✪✪
Tragik:	✪✪✪✪
Gesell. Anerkennung zu ihrer Zeit:	✪✪✪

Rick Blaine und Ilsa Lund

»Ich seh dir in die Augen, Kleines.« Kein Satz aus einem Film ist so berühmt wie dieser. Und wenn Humphrey Bogart es ausspricht, schnell, innig und doch fast beiläufig, wünscht sich jede Frau, Ingrid Bergman zu sein.

■ »Ich seh dir in die Augen, Kleines.« Humphrey Bogart (1899–1957) als Rick …

Casablanca, der Lieblingsfilm Amerikas, wurde 1942 von Michael Curtiz gedreht, die Vorlage war ein Theaterstück. Der Film gehörte zu den scharfen Waffen einer Propaganda der Lächerlichkeit, die das patriotische und humane Hollywood gegen die Nazis in Stellung brachte. Noch heute weitet es jedem aufrechten Menschen das Herz, wenn in Ricks Café Américain die Franzosen, deren Heimatland von den Deutschen besetzt ist, die Marseillaise anstimmen und sich gesanglich gegen die ebenfalls schmetternden Nazis durchsetzen – während Rick, der immer bestrebt ist, sich aus politischem Streit herauszuhalten, nichts unternimmt – und damit riskiert, dass sein Lokal geschlossen wird. Und zeigt, wo er steht: nämlich auf der Seite der aufrechten Menschen, der Freiheit und der Liebe.

Der Liebe? Ja, Rick sorgt dafür, dass ein junges Paar aus Casablanca flüchten kann, ohne dass das Mädchen den üblichen Preis an Capitain Renault – unvergessen in dieser Rolle: Claude Rains – zahlen muss. Rick ist gütig und gerecht, obgleich verschlossen und zynisch, denn in seinem Herzen brennt eine

Wunde, die einst die Liebe dort schlug, wovon aber nur er selbst und sein schwarzer Pianist Sam etwas wissen ...

Rick hat Ilsa in Paris gewonnen und verloren; in Casablanca wird er noch einmal zu ihr sagen: »Ich seh dir in die Augen, Kleines.« Bei diesem Film ist nie zu entscheiden, ob die Liebesgeschichte die politische Handlung stützt oder die politische Handlung nur die Folie für die Liebesgeschichte ist. Jeder und jede kann den Film nach seiner oder ihrer individuellen Neigung interpretieren.

Der Amerikaner Rick Blaine geht von Paris nach Casablanca und eröffnet da einen Nachtclub, der bald zur Drehscheibe für Flüchtlinge aller Couleur wird. Hier treffen sich Exilanten aus ganz Europa, aber auch Schieber und Kriegsgewinnler. Erlaubt ist fast alles, sogar das Glücksspiel – nur das Lied *As Time Goes By*, das Rick mit Ilsa verbindet, darf nicht gespielt werden. Und auf einmal ertönt es doch, wütend stürzt Rick auf Sam zu. Der dreht nur Kopf und Blick in eine gewisse Richtung: Sie da hat das Lied gewünscht. Ilsa ist da, hier in seinem Lokal, an der Seite eines prominenten Flüchtlings, und Rick braucht eine ordentliche Menge Alkohol, bevor er sich dem Wiedersehen stellen kann.

Ilsa erzählt ihre Geschichte. Als halbes Kind noch heiratete die Schwedin Victor Laszlo, der heute den konspirativen Untergrund gegen Hitler organisiert. Als sie Rick traf, musste sie glauben, dass ihr Mann tot sei, denn er war gefangen und ins KZ verschleppt worden. Aber sprechen konnte und durfte sie nicht darüber – die Geheimhaltung ging und geht so weit, dass niemand wusste

■ ... und Ingrid Bergman (1915–1957) als Ilsa in *Casablanca*, dem legendären Liebesfilm von Michael Curtiz aus dem Jahre 1942.

■ Die Frau zwischen zwei Männern – Entscheidung zwischen Liebe und politischem Widerstand. Ilsa wird ihrem Mann Victor, dem Widerstandskämpfer, der sie braucht, folgen und Rick zurücklassen.

und weiß, dass sie verheiratet ist. Just als die Deutschen in Paris einmarschierten und sie mit Rick flüchten wollte, tauchte Victor auf: Er brauchte sie. Was hätte sie tun sollen? Der Kinobesucher weiß: Ihr Herz hat immer Rick gehört. Wird er sie ver-

EIN MÄNNER- ODER EIN FRAUENFILM?

In diesem Film nehmen Krieg, Flucht, Heldentum und Männerfreundschaft einen breiten Raum ein, ein typischer Männerfilm. Im Zentrum des Films aber steht das Geheimnis, das mit Ricks blutendem Herzen zu tun hat, steht eine Liebesgeschichte, die vor Jahren in Paris begann und jetzt in Casablanca ihre Fortsetzung finden soll; ein Film, der zeigt, dass das Wichtigste im Leben eines Mannes eben doch die Liebe bleibt: ein typischer Frauenfilm. *Casablanca* ist also unbedingt für beide Geschlechter gleich attraktiv.

stehen? Wird er ihr und Laszlo helfen? Er denkt nicht daran. Er hält sich da raus. Er spielt eine Rolle für Capitain Renault. In Wirklichkeit steht er wieder auf der Seite der aufrechten Menschen und erreicht es, dass Victor ausfliegen kann.

Ilsa, die gehofft hatte, bei Rick bleiben zu können, wird Victor wie stets begleiten. In dieser letzten großen Szene des Films wirft ihr Hut einen Schatten über ihr Gesicht, dennoch erkennt man ihre Tränen. Rick überzeugt sie: Die freie Welt braucht Laszlos Tatkraft, und was ist er ohne sie? Der Edelmut siegt über das Gefühl, die Freiheitsliebe über die Eifersucht, die Pflicht über die Sehnsucht. Als das Flugzeug abhebt und Bogart und Rains in die neblige Nacht hinauswandern, weiß man: Ilsa und Rick werden sich wiedersehen. Einmal wird der Krieg zu Ende sein, Untergrund und Heldentum wird man nicht mehr brauchen, und dann ... Eine so schöne Liebe muss sich erfüllen. Ein gewisser Michael Walsh besaß 1998 die Frechheit, *Casablanca* als Roman

■ Vor Ricks Nachtclub und die berühmteste Abschiedsszene aller Zeiten.

Casablanca erhielt einen Oscar als bester Film und Humphrey Bogart seine erste Nominierung. Mit »Rick« wuchs er endlich aus dem Zyniker-Klischee heraus, zeigte Herz und Verletzlichkeit. Ingrid Bergman erscheint vielleicht ein bisschen zu entsagungsvoll, aber in den Rückblendesequenzen, wenn sie mit Bogart Paris genießt, entfaltet sie ihren unerreichten weiblichen Zauber.

mit Happy End fortzuschreiben – das Paar stolpert durch den Zweiten Weltkrieg, die Nebenfiguren kommen um, und am Ende gibt's eine Hochzeit. Das war der äußerst unsympathische Versuch, den Appeal des *Casablanca*-Paares auf dem Buchmarkt auszubeuten, und er war glücklicherweise nicht besonders erfolgreich.

■ Eine so schöne Liebe muss sich doch erfüllen – vielleicht ja nach dem Krieg.

RICK BLAINE UND ILSA LUND

LEBEN UND WERK

Bei Drehbeginn von *Casablanca* am 25. Mai 1942 liegt das Drehbuch nur in einem Rohentwurf von Howard Koch und den Brüdern Epstein vor. Dieser Entwurf basiert auf einem Bühnenstück von Murray Burnett und Joan Alison. Ilsa Lund heißt darin Lois Meredith und ist eine rücksichtslose, oberflächliche Amerikanerin. Rick Blaine verlässt ihretwegen seine Frau und zwei Kinder. Für den Film musste diese Vorlage in weiten Teilen verändert werden. Bei Drehbeginn ist der Schluss noch nicht geschrieben, die Charaktere stehen jedoch fest. Aus der Amerikanerin ist die Schwedin Ilsa Lund geworden. Richard Blaine, ein 37-jähriger Amerikaner, im Film nur Rick genannt, bekommt eine politisch korrekte Biographie. 1935 hat er Waffen ins italienisch besetzte Äthiopien geschmuggelt und 1936 im Spanischen Bürgerkrieg auf Seiten der Republikaner gekämpft. Von dort geht er 1938 nach Paris, wo er sich im Juni 1940 in Ilsa Lund, die Frau eines vermeintlich toten Widerstandskämpfers, verliebt. Vor dem Einmarsch der deutschen Truppen in Paris am 14. 6. 1940 flüchtet er über Marseille nach Casablanca. Die Filmhandlung beginnt dort im Dezember 1941; Rick hat inzwischen einen Nachtclub eröffnet. Für die Rolle des Rick war ursprünglich Ronald Reagan im Gespräch. Doch der Produzent Hal B. Wallis entscheidet sich für Humphrey Bogart (1899–1957). Da die Rolle der Ilsa von einer Europäerin gespielt werden soll, engagiert Wallis Ingrid Bergman (1915–1982). Als Regisseur wird der aus Ungarn stammende Michael Curtiz gewonnen, der für Hollywood schon über 100 Filme gedreht hat. In den Kinos wird der Film ein kommerzieller Erfolg und spielt weit mehr als seine 950 000 $ Produktionskosten ein. Neben dem Oscar als bester Film erhält Michael Curtiz einen Oscar für die beste Regie. Der dritte Oscar geht an die Drehbuchverfasser. In Deutschland kommt der Film 1952 um 20 Minuten gekürzt in die Kinos, alle Szenen mit Major Strasser sind geschnitten worden, Victor Laszlo wird vom Widerstandskämpfer zum Atomphysiker. Den Kultstatus erreicht *Casablanca* in Deutschland erst durch die überarbeitete Fernsehfassung. Der Film erfährt zahlreiche Remakes. Während allerdings die colorierte Fassung bei Puristen auf Ablehnung stößt, kann Woody Allen mit *Play it again, Sam* (1972) zahlreiche Freunde gewinnen.

EMPFEHLUNG

Lesenswert:
Casablanca – As time goes by ...: Mythos und Legende eines Kultfilms. Aus dem Amerikanischen von Maja Ueberle-Pfaff. München 1992.

Sehenswert:
Casablanca. Regie: Michael Curtiz, mit Humphrey Bogart und Ingrid Bergman, USA 1942. DVD-Video.

Play it again, Sam. Regie: Woody Allen, mit Woody Allen, Diane Keaton und Jerry Lacy als Humphrey Bogart. USA 1972.

Hörenswert:
Murray Burnett/Joan Alison: *Casablanca.* Sprecher: Humphrey Bogart, Ingrid Bergman, Paul Henreid, München, 1996. Audiocassette.

WERTUNG

So schön kann Liebe sein und so flüchtig. Der Krieg reißt den smarten Amerikaner und die wunderbare Schwedin auseinander, aber im Herzen des Kinopublikums gehören sie einander für immer.

Liebe: ✪✪✪✪✪
Erotik: ✪✪✪✪
Geheimnis: ✪✪✪✪✪
Gefahr: ✪✪✪✪✪
Sympathiewert: ✪✪✪✪✪

Evita Duarte und Juan Perón

»Mein angebeteter Schatz:
erst in der Trennung von dem geliebten Menschen vermögen wir unsere Liebe zu ermessen. An dem Tag, als ich von Dir gerissen wurde, habe ich mehr gelitten, als Du Dir vorstellen kannst, und bis jetzt hat mein trauriges Herz keine Ruhe gefunden.«

Oberst Juan Perón war, als er dies schrieb, gerade als Arbeitsminister, Kriegsminister und Vizepräsident Argentiniens gestürzt worden; er war drauf und dran, sich aus dem gefährlichen politischen Geschäft zurückzuziehen und auf dem Lande ein »geruhsames Leben« zu führen. Seine Geliebte, die Schauspielerin Evita Duarte, sollte ihn begleiten. Und nun, wo das Privatleben lockte, brauchte er auch keine Rücksichten mehr zu nehmen und konnte sie endlich heiraten.

Es kam anders: Zwar ehelichte der fünfzigjährige Perón die nur halb so alte Evita, aber aus dem Ruhestand wurde nichts. Teils angetrieben durch seine ungewöhnlich energische Frau, teils emporgehoben durch die Sympathie des Volkes, das auf den Straßen seinen Namen schrie, kehrte Perón an die Macht zurück, und diesmal war es die Ganze: Mit einem Programm sozialer Reformen brachte er die Besitzlosen und die Gewerkschaften hinter sich und etablierte sich als Staatspräsident mit diktatorischen Vollmachten für die Epoche von 1946 bis 1955. Seine Gattin Evita, vom Volk verehrt wie eine Heilige, unterstützte ihn dabei. Aber wer war sie, die elfenhafte, weißhäutige, blondgefärbte Erscheinung an seiner Seite?

Evita, uneheliche Tochter einer Haushälterin, kam aus der tiefsten Provinz und war mit fünfzehn nach Buenos Aires gegangen, um da ihr Glück zu machen. Es war eine große Zeit des amerikanischen Kinos und des Radios, über-

Was war der Perónismus? Manche Historiker charakterisieren ihn als Spielart des Faschismus, und in der Tat gehörte Mussolini zu Peróns Vorbildern. Man kann wohl dem Regime nur gerecht werden, wenn man es aus der Geschichte Argentiniens versteht. Das arme, bäurische Land baute eine Industrie auf; eine Arbeiterklasse entstand, die an den Rändern der Städte im Elend lebte. Eine konsequente Entwicklungspolitik war nötig – und möglich, denn der Staat hat am Zweiten Weltkrieg gut verdient. Das Volk, in der Mehrheit immer noch dem Lande verhaftet und farbig, wünschte einen starken Mann. Perón gehörte zum Militär, er war stark, derb, karrierebewusst und volksnah, uns so erschien er dem Volk als der Richtige.

all wurden neue Gesichter und Stimmen gebraucht, und so rechnete Eva sich Chancen aus. Sie besaß keine besondere Begabung, aber die begehrte schlanke Figur, eine Perlmutterhaut und eine enorme Durchsetzungsfähigkeit. Damit erlangte sie Zutritt zur Welt der Bühne. Zwar blieben bedeutende Rollen aus, aber beim Radio verdiente sie ihr eigenes Geld - und hier lernte sie sehr wahrscheinlich Oberst Perón kennen.

Die argentinische Politikerklasse hatte traditionell gute Verbindungen nach Deutschland, und die rissen auch nicht ab, als Hitler die Macht ergriff. Fasziniert beobachtete man in Buenos Aires, wie die Nazis das Radio als Propagandainstrument einsetzten, und so lag es nahe, dass sich der Arbeitsminister bei den großen Sendern der Hauptstadt umsah. Als er die zierliche Eva Duarte dann auf einer großen Wohltätigkeitsveranstaltung wiedertrifft, ist der verwitwete Oberst in ihrem Bann. Sehr junge Mädchen hatten es ihm seit jeher angetan; Evita ist zwar schon vierundzwanzig, aber sie strahlt süße Jugend aus und verfügt im Unterschied zu des Obersten erster Frau über einen eigenen Kopf. Obwohl dem schlichten, geradlinigen Perón Evitas Stärke manchmal auch ein bisschen unheimlich ist, fasziniert sie ihn doch. Als sie ihn fragt, ob er die Nacht mit ihr verbringen will, zögert er keine Sekunde. Sie

■ Die schöne Schauspielerin Evita Duarte (1919–1952) zieht den über fünfundzwanzig Jahre älteren Juan Perón (1895–1974) ebenso in ihren Bann wie das argentinische Volk. Die Argentinier verehren die spätere Gattin des Staatspräsidenten wie eine Heilige.

■ Evita spricht am 17.10.1950 vom Balkon des Regierungsgebäudes in Buenos Aires zum Volk. Links neben ihr Juan Perón. Durch Evita gelangt der Staatspräsident auf den Gipfel der Macht.

wirft das Mädchen, mit dem er zusammengelebt hat, aus seiner Wohnung, und er lässt sie gewähren. Aber sie zu heiraten traut er sich nicht – ihre Herkunft ist gar zu wenig präsentabel. Dann erfolgt sein Sturz und die Einsicht, dass er ohne sie nicht leben mag. Er reicht ihr die Hand, und er führt sie und sie führt ihn auf den Gipfel der Macht.

Juan Perón begriff sehr schnell, dass die nicht standesgemäße Frau an seiner Seite ein mächtiger Aktivposten im politischen Poker war. Das Volk vergötterte sie! Einer feinen Dame aus der Oberschicht hätte es niemals diese Liebe und Ehrerbietung entgegengebracht. Bewies Evita, die von ganz unten kam, doch allen, dass der Aufstieg möglich und nicht notwendig mit einer Verleugnung der eigenen Wurzeln verbunden ist.

Die Präsidentengattin wurde zwar zu einer eleganten Frau, aber sie vergaß das Volk nicht: Sie arbeitete, sammelte und organisierte Tag und Nacht für die Armen. Die Antiperonisten haben nie aufgehört, hierin einen populistischen Propagandaschachzug zu sehen, und ansatzweise hatten sie damit auch recht – aber

Evitas Aktivitäten für die Waisen, die Obdachlosen und die Kranken kamen von Herzen. Und die Leute auf der Straße, die Beschenkten, Geretteten und Geheilten, fühlten den Unterschied. Sie merkten, dass Evitas Einsatz einem echten Bedürfnis entsprach: Sie wollte helfen.

Sie hatte nicht vergessen, wie es ist, mittellos zu sein, und jetzt, wo sie endlich in der Lage war, Not zu lindern, tat sie es. Allerdings wusste sie auch, dass ein einzelner Mensch viel vermag, wenn er bereit ist zu kämpfen. Ihre eigene Laufbahn zeigte das. So erwies Evita ihre Wohltaten nie ohne die Botschaft: Bettele nicht, Volk von Argentinien, sondern fordere! Warte nicht ab, sondern greif zu! Die Lethargie der Menschen erbitterte sie. Sie achtete darauf, vor ihrem Volk großmütig, liebevoll und barmherzig zu erscheinen. Hinter den Kulissen ihrer großen Auftritte aber tobte und zürnte sie mit der ganzen Wucht ihres Temperaments: über die Passivität der Armen, die Inkompetenz der Verwaltung, die Phantasielosigkeit ihrer Mitarbeiter. Selbst Perón fürchtete ihre scharfe Zunge und ihre Kraftausdrücke.

Im Jahre 1947 kam es zu diplomatischen Erfolgen Argentiniens bei den Großmächten, das Land war Mitglied der Vereinten Nationen geworden und bewegte sich selbstbewusster in der internationalen Arena. Da kam eine Einladung vom spanischen Diktator Franco ungelegen. Perón aber wollte das »Mutterland« auch nicht düpieren – so verfiel man auf die Idee, Evita auf eine Art diplomatischer Tournee nach Europa zu schicken.

Diese Reise machte die argentinische Präsi-

■ Evita in den 1940er Jahren. Selbst ihr Mann fürchtet ihr Temperament und ihre scharfe Zunge.

■ Perón und Evita während einer Massendemonstration in Buenos Aires, auf der argentinische Arbeiter die Wiederwahl des Präsidenten fordern. Perón zögert zunächst aus Standesgründen, die uneheliche Tochter einer Haushälterin zu heiraten. Dann aber erweist sich Evitas Herkunft als Machtkapital. Die Präsidentengattin bleibt ihren Wurzeln verbunden und setzt sich unermüdlich für die Belange des einfachen Volkes ein.

Aus einem Brief an Juan:
»Ich reise mit großem Bedauern ab, denn fern von Dir kann ich nicht leben; ich liebe Dich so sehr, daß es schon an Götzenverehrung grenzt.«
Das stimmte wohl; Evita hat sich stets als erste Mitarbeiterin ihres Mannes empfunden und alle ihre politischen Verdienste – darunter das Frauenwahlrecht – ihm gutgeschrieben, hat alle ihre Reden mit »... *ich bin nur eine Frau*« eingeleitet. Aber das kam an. Die argentinischen Frauen wären durch eine weibliche Führungspersönlichkeit, die Unabhängigkeit ausgestrahlt hätte, überfordert gewesen, und die Männer erst recht.

dentengattin weltberühmt. Wenn sie auch nicht überall auf Anhieb den richtigen Ton traf, so überzeugte sie doch als Vertreterin eines modernen und sozialen Argentinien in Madrid, Paris, Zürich und Lissabon, in Rom hatte sie eine Audienz beim Papst. Nach diesem Erfolg konnten ihr auch die glühendsten Neider und Opponenten die Achtung nicht versagen.

Als Evita mit dreiunddreißig Jahren an Krebs starb, hatte das Präsidentenpaar sich auseinander gelebt.

Evitas Leichnam wurde einbalsamiert und verschwand in den Wirren nach Peróns Sturz. Lange Zeit wusste niemand, wo er war, bis er nach aufwendigen Recherchen auf einem Mailänder Friedhof gefunden wurde. Inzwischen ist er nach Argentinien zurückgeschafft worden und ruht in der Gruft eines ihrer Schwäger. Die Odyssee dieser Mumie ist ein Krimi für sich.

Perón verlor die Macht bald nach ihrem Tod, gewann sie achtzehn Jahre später, 1973, noch einmal für kurze Zeit zurück. Der Versuch, seine dritte Ehefrau, Maria Estela, zu einer Art Nachfolge-Evita aufzubauen, misslang.

■ Evita und Perón nehmen Ovationen von Arbeitern entgegen (1951). Bald nach Evitas frühem Krebstod verliert Perón die Macht. Vergeblich versucht er, seine dritte Ehefrau zu einer Nachfolge-Evita zu machen.

EVITA DUARTE UND JUAN PERÓN

LEBEN UND WERK

Maria Eva Duarte, später von ihren Anhängern liebevoll »Evita« genannt, wird am 7.5.1919 in einem kleinen Ort in der Pampas als uneheliches fünftes Kind des Großgrundbesitzers Duarte und seiner Haushälterin Juana Ibaguren geboren. Um der ländlichen Armut zu entkommen, beschließt die 14-Jährige, in Buenos Aires Schauspielerin zu werden. 1934/35 bekommt sie einige kleinere Rollen am Theater, 1937 erstmals auch Filmrollen. 1942 erhält sie durch den Einfluss eines Seifenfabrikanten eine Stelle bei Radio Argentina. Bei einer Show zugunsten der Opfer des Erdbebens vom 15.1.1944 gewinnt sie die Gunst von Oberst Juan Domingo Perón. Perón, auf dem Landgut seines Vaters am 8.10.1895 geboren, hat zu diesem Zeitpunkt eine glänzende militärische Karriere hinter sich. Er besuchte die Kadettenanstalt und später die Militärhochschule in Buenos Aires, ging 1936 als Militärattaché nach Berlin, später nach Rom. Nach dem Putsch vom 4.6.1943 gehört er zur Staatsführung. Durch umfassende Reformen für die Arbeiterschaft drängt er den Einfluss der linken Parteien zurück und etabliert gleichzeitig perónistische Gewerkschaften. Ab 1944 wird Eva Duarte zur wichtigsten Beraterin ihres Geliebten. Nach seinem von Gegnern in den eigenen Reihen erzwungenen Rücktritt und seiner Verhaftung im Oktober 1945 organisiert Eva den Widerstand des einfachen Volkes und erzwingt seine Freilassung. Am 18.10.1945 heiraten Perón und Eva Duarte. Den von blutigen Auseinandersetzungen geprägten Wahlkampf gewinnt Perón im Juni 1946 und wird Staatspräsident. Seine Frau ist im Hintergrund an der Durchsetzung seiner an der Arbeiterschaft orientierten, zugleich nationalistischen Politik entscheidend beteiligt. Sie setzt das Frauenwahlrecht durch und gründet eine Sozialstiftung. Weltweite Beachtung findet Evita Perón bei ihrer Reise nach Europa 1947. Auf Druck der Militärs verzichtet sie 1951 auf die Kandidatur zur Vizepräsidentin. Im November wird sie erfolglos an Krebs operiert und stirbt am 26.7.1952. Ihr Leichnam verschwindet 1955 und taucht erst 1971 in Mailand wieder auf. Peróns Sturz 1955 spiegelt seinen Machtverlust nach dem Tod seiner Frau wider. Er kehrt aus dem spanischen Exil im September 1973 noch einmal an die Macht zurück, stirbt jedoch bald darauf am 1.7.1974. Seine dritte Frau Isabel Perón, geb. Martinez, tritt seine Nachfolge an.

EMPFEHLUNG

Lesenswert:

John Barnes: *Evita Perón: Macht und Mythos.* München 1997.

Tomas E. Martinez: *Santa Evita.* Roman, Frankfurt 1996.

Evita, Bilder eines Lebens: Fotoband von Fernando D. Garcia, Alejandro Labado und Enrique C. Vazquez; Essay von Matilde Sanchez. Berlin 1997.

Sehenswert:

Evita. Regie: Alan Parker, mit Madonna, Antonio Banderas, Jonathan Pryce, u. a. USA 1996. Videocassette, O. m. U.

Hörenswert:

Evita. Musical in der Londoner Aufführung von Andrew Lloyd Webber und Tim Rice, 1999. Audio-CD.

WERTUNG

Der zwielichtige Diktator und die Frau mit Vergangenheit: eine politische Ehe, abgesegnet von der tiefen Sympathie des Volkes.

Liebe:	✪✪✪
Zusammenarbeit:	✪✪✪✪✪
Ruhm:	✪✪✪✪✪
Gleichberechtigung:	✪✪✪

Ingrid Bergman und Roberto Rossellini

»Ich habe Ihre Filme gesehen und bewundere sie sehr. Wenn Sie eine schwedische Schauspielerin suchen, die Englisch und Deutsch kann ... auf Italienisch aber nur »ti amo«, *bin ich bereit zu kommen und einen Film mit Ihnen zu machen.*«

Ingrid Bergman verliebte sich in Roberto Rossellini, als sie im Jahre 1948 seinen Film *Rom, offene Stadt* sah. Das war Kino mit Echtheitsgarantie: klar, mutig, ehrlich – keine synthetische Illusion wie all ihre Hollywoodfilme und der Typ, den sie selbst als Star verkörperte. Sicher, Amerika war gut zu ihr gewesen. Es hatte aus einer schüchternen Anfängerin die große Bergman gemacht, die zu den Top Ten der Filmwirtschaft gehörte und Spitzengagen bezog. Aber die schöne Schwedin mit der natürlich-fraulichen Ausstrahlung, der das Publikum in aller Welt zu Füßen lag, hatte das Gefühl, künstlerisch festzustecken. Sie war dreiunddreißig, und ihr Image als Sauberfrau und Herzensdame fing an, sie zu langweilen. Das, was die italienischen Neorealisten machten, faszinierte sie weit mehr.

■ Keine bloße Affäre. Die schwedische Schauspielerin Ingrid Bergman (1915–1982) und der italienische Regisseur Roberto Rossellini (1906–1977).

■ Ingrid Bergman hat Hollywood satt und interessiert sich für den Neorealismus. Die Schauspielerin mit dem Neorealisten Rossellini während der Biennale in Venedig, 1950.

Rossellini reagierte mit Neugier auf ihre Anfrage; die beiden trafen sich in Paris, als der Hollywoodstar dort drehte, und verabredeten ein Projekt: *Stromboli*. Der Film sollte auf einer kleinen Vulkaninsel nahe Sizilien spielen, mit dem Feuer speienden Berg in der Hauptrolle. Ingrid war das Mädchen Karin, das von weither in die feindliche Bergwelt kommt und den Kampf mit der Natur des Landes und der Menschen aufnehmen muss.

Eigentlich war diese Rolle für Anna Magnani vorgesehen, die damals mit Rossellini zusammenlebte. Der italienische Regisseur war ein Lebemann und künstlerischer Purist; er konnte keine Kompromisse schließen und verließ sich ganz auf die Improvisation. Das ging so weit, dass er keine Drehbücher akzeptierte. Er entwickelte alles aus dem Augenblick. Das galt auch für sein Privatleben. Die Frau der Stunde hieß Ingrid Bergman, Anna Magnani musste gehen. Eine Ehefrau, von der er schon länger getrennt lebte, störte nicht weiter. Unglücklicherweise war die Bergman auch verheiratet, und sie hatte eine Tochter im zarten Alter von elf Jahren. Als sie ihre Sachen pack-

In der Wüstenei, zu der die europäischen Länder nach dem verheerenden Krieg geworden waren, konnten die europäischen Filmemacher gar nicht anders, als hart an die Realitäten heranzugehen und einen ebenso kaltblütigen wie aufwühlenden Filmstil zu entwickeln, und Ingrid Bergman hatte das Gefühl, sie müsse dabei sein.

■ Am 25.10.1951 beginnen in den frühen Morgenstunden die Dreharbeiten zu Rossellinis Film *Europa 51*. Ingrid Bergman spielt darin die weibliche Hauptrolle. Es ist ihr erster Film nach der Geburt des Sohnes Robertino.

te, um gegen den Rat ihres Mannes und ihrer Kollegen nach Rom zu fliegen, wusste sie, dass ein neues Leben auf sie wartete. Sie liebte wie noch nie zuvor und war bereit, vieles für diese Liebe zu opfern. Dass Tochter Pia dazugehören würde, ahnte sie wohl nicht. Und noch einen Verlust konnte sie kaum voraussehen: den ihrer Beliebtheit in aller Welt. Als sie ins Flugzeug stieg, gab sie, ohne es zu wissen, alles auf, was ihr bisheriges Leben ausgemacht und was sie sich hart erarbeitet hatte: ihre Hollywood-Karriere, ihre große Popularität vor allem beim amerikanischen Publikum, ihre Ehe und ihre Tochter. Als sie aus dem Flugzeug ausstieg, warteten Rossellini, seine Freunde, seine Familie, die italienische Sonne und Lebenslust – und die Weltpresse. Ingrid Bergman wurde wie eine Königin empfangen. Sie sollte ein neues Land erobern: Italien. Dessen besten Teil, Rossellinis Herz, hielt sie schon besetzt.

Auch für Roberto war Ingrid keine bloße Affäre, sondern die große Leidenschaft. Der Frauenheld sah keine andere an, er wich nicht von Ingrids Seite und entwickelte seine Filmprojekte nur noch im Hinblick auf sie. Die Bergman war jetzt der Star seiner Filme und seines Lebens, und sie sollte endlich erfahren, was wahre Filmkunst ist und wie sehr die amerikanische Traumfabrik mit ihrer Abhängigkeit vom Massengeschmack sie vorher unterfordert hatte.

In *Stromboli* spielte sie ohne Schminke und bei natürlichem Licht. Das Mädchen Karin ist im Film schwanger, Ingrid Bergman war es im Leben auch. *Stromboli* und der kleine Robertino kamen in etwa zur gleichen Zeit auf die Welt, und beide schockierten das Publikum – auf ihre Weise.

Der Film *Stromboli* fiel durch. Mit großer Verspätung erkannte die Kritik seine avantgardistischen Qualitäten. Und Ingrids Sohn von Rossellini war ein Zeichen dafür, dass der Star nicht beabsichtigte, in die USA zurückzukehren und seine Hollywood-Karriere fortzusetzen. Ganz Amerika verurteilte sie. Wie konnte eine mütterliche Frau, deren Herzenswärme so echt schien wie ihr dichtes blondes Haar, so etwas tun! Davonlaufen mit einem Latin Lover, ein außereheliches Kind in die Welt set-

zen und die legitime Tochter einfach aufgeben ... Kaum je hat ein Massenpublikum seinem Superstar so gegrollt, ihn aus so großer Höhe so tief fallen lassen. Ingrid Bergman wurde zur Unperson. Sogar hochrangige Politiker äußerten sich wütend und abschätzig über sie. Petter Lindström, ihr Noch-Ehemann, unterband den Kontakt zwischen Mutter und Tochter. Es sollte sechs Jahre dauern, bis Ingrid und Pia sich wieder sahen. So war die erste Zeit des Glücks mit Roberto für Ingrid Bergman zugleich eine Zeit quälenden Schmerzes.

Mit allerlei Tricks gelingt es dem Paar, seine alten Ehen zu lösen, um heiraten zu können. Zwillinge werden geboren: Isotta und Isabella. Das römische Familienleben mit den Bambini, dem begeisterten Vater und Kinderfreund Roberto, vielen illustren Gästen, darunter Gregory Peck, William Wyler und Jean Renoir, gibt Ingrid Halt und Lebensmut. Eins fehlt ihr: der Beruf. Sie ist immer eine äußerst belastbare und disziplinierte Arbeiterin gewesen und kann sich auf Rossellinis Sprunghaftigkeit nicht ein-

■ Der Stoff, aus dem Konflikte sind. Die Bergman ist eine Vollblutschauspielerin, Rossellini ein familienbegeisterter italienischer Macho, der seine Frau am liebsten daheim bei den Kindern sähe.

■ *Stromboli* von 1950 ist der erste Film, den Roberto Rossellini mit Ingrid Bergman dreht. Er wird, wie alle späteren gemeinsamen Projekte, kein Publikumserfolg. Die Aufnahme zeigt die Bergman mit Mario Vitale in einer der dramatischsten Szenen des Films.

■ Ingrid Bergman mit ihren Kindern Robertino und den Zwillingen Isotta und Isabella im Winterurlaub im italienischen Cortina d'Ampezzo.

stellen. Die beiden machen noch ein paar Filme zusammen, von denen keiner Beachtung findet. Der Traum von einer erneuerten italienischen Filmkunst, die sich mit dem amerikanischen Starwesen verträgt, ist ausgeträumt.

Die Familie braucht Geld. Rossellini hat nichts mehr, er ist ein Verschwender und unfähig zu wirtschaften. Da kommen Anfragen aus Amerika: Ob die Bergman nicht vielleicht doch wieder in einer Hollywood-Produktion mitwirken würde?

Aus Paris trifft ein Theaterangebot ein. Ingrid sagt ja, Roberto nein. Die Spannungen zwischen den beiden nehmen zu. Aber schließlich gibt die Geldfrage den Ausschlag. Damit sie ihren Kindern Schuhe kaufen kann, steigt die Bergman in Paris auf die Bühne. Und hat Erfolg. Dann dreht sie *Anastasia* und gewinnt einen Oscar. Rossellini ist nicht fähig, seine Frau ziehen und spielen zu lassen und das, was sie macht, zu akzeptieren. Seine Ausfälle gegen den »amerikanischen Kommerz« werden immer kränkender. Im Grunde ist er ein italienischer Macho, der seine Frau daheim im Kreise ihrer Kinder wissen will und nicht erträgt, dass sie arbeitet. Die Vollblutschauspielerin Ingrid Bergman konnte diese Rolle eine Zeitlang ausfüllen – aber dann musste sie neue Angebote annehmen.

Nach siebenjähriger Ehe geht das Paar auseinander. Die Kinder bringen sie immer wieder zusammen. Robertos siebzigsten Geburtstag feiern sie gemeinsam – beide sind mittlerweile zum dritten Mal verheiratet – im Großfamilienrahmen, total italienisch.

INGRID BERGMAN UND ROBERTO ROSSELLINI

LEBEN UND WERK

Ingrid Bergman, geboren am 29.8.1915, wuchs nach dem frühen Tod ihrer Eltern in der Familie des Onkels auf. Sie setzt ihren Berufswunsch, Schauspielerin, beim Onkel durch und wird ab 1933 an der Königlichen Schauspielschule in Stockholm ausgebildet. Bereits 1934 ist sie auf der schwedischen Kinoleinwand zu sehen. Ihr Mann, der Zahnarzt Petter Lindström, den sie am 10.7.1937 geheiratet hat, unterstützt ihre Karriere. So geht die junge Mutter im Mai 1939 auf Einladung des Hollywood-Produzenten David O. Selznick in die USA, ihre am 20.9.1938 geborene Tochter Pia ist beim Vater gut aufgehoben. Ihr Image ist das der ungeschminkten »Frau von nebenan«, deren natürliche Ausstrahlung aus innerster Seele kommt. In das Bild passt die glückliche, wenn auch kriegsbedingte Zusammenführung der Familie 1940 in den USA. Mit ihren Filmen ist Ingrid Bergman außerordentlich beliebt beim Publikum. 1948 sieht sie den Film *Rom, offene Stadt* von Roberto Rossellini und ist tief berührt. Rossellini, geboren am 8.5.1906, stammt aus einer wohlhabenden römischen Architektenfamilie. Der Tod seines Vaters 1931 setzt seinem sorglosen Leben ein rasches Ende, von nun an ist er für die Familie verantwortlich. Er arbeitet beim Film, macht ab 1939 eigene Filme und wird zum Begründer des italienischen »Neorealismus«. Seit dem 26.9.1936 ist er mit Marcella De Marquis verheiratet, lebt jedoch getrennt von ihr. Als Bergman Interesse zeigt, mit ihm zu drehen, konzipiert er für sie *Stromboli*; im März 1949 fliegt sie nach Rom. Der Bruch mit ihrer Vergangenheit, ihre Heirat am 24.5.1950 und die 3 Kinder mit Rossellini lösen in den USA einen Skandal aus, der in einer einstündigen Schmährede im US-Senat gipfelt. Ihre gemeinsamen Filme werden kein kommerzieller Erfolg, die Berufsschauspielerin Bergman kommt mit der Art ihres Ehemannes, Filme zu machen, nicht zurecht. Am 8.11.1957 geben sie die Scheidung bekannt. Ingrid Bergman kann an ihre früheren Erfolge anknüpfen, erhält für ihre Rolle als Zarentochter Anastasia den Oscar. Sie heiratet 1958 noch einmal. Über die gemeinsamen Kinder bleibt sie, zuerst im Streit, später freundschaftlich, mit Roberto Rossellini verbunden. Sie stirbt an Krebs am 29.8.1982 in London. Rossellini war schon 5 Jahre zuvor, am 3.6.1977, an einem Herzinfarkt verstorben.

EMPFEHLUNG

Lesenswert:

Renate Möhrmann: *Ingrid Bergman und Roberto Rossellini: Eine Liebes- und Beutegeschichte*. Berlin 1999.

Ingrid Bergman/Alan Burgess: *Mein Leben*. Frankfurt 1980.

Roberto Rossellini, mit Beiträgen von Rainer Gansera u.a. München 1987.

Sehenswert:

Rom, offene Stadt. Regie: Roberto Rossellini, mit Aldo Fabrizzi, Anna Magnani, Marcello Pagliero, u.a. Italien 1945.

Stromboli. Regie: Roberto Rossellini, mit Ingrid Bergman, Mario Vitale, u.a. Italien 1950.

WERTUNG

Sie war der Liebling des amerikanischen Kinopublikums, und dass sie dieses Publikum und ihre Familie verließ, um einen europäischen Kunstfilmer zu heiraten, verzieh man ihr nie. Oder doch reichlich spät.

Liebe:	✪✪✪✪✪
Leidenschaft:	✪✪✪✪✪
Skandal:	✪✪✪✪✪
Ruhm:	✪✪✪✪✪
Gesell. Anerkennung zu ihrer Zeit:	✪

Martin Luther King und Coretta Scott King

»Sie besitzen alles, was ich mir seit jeher von der Frau meiner Wahl erwarte. Es sind nur vier Dinge, und Sie besitzen sie: Charakter, Intelligenz, Persönlichkeit und Schönheit.«

■ Die Frau mit der schönsten Stimme und der Mann mit den schönsten Augen: Coretta Scott King (geb. 1927) und Martin Luther King (1929–968) 1964 in Oslo, wo dem schwarzen Bürgerrechtler der Friedensnobelpreis verliehen wird.

Für Martin Luther King war von Anfang an klar: die und keine andere. Miss Coretta Scott sah die Welt wie er, sie war mutig und zuversichtlich, sie hatte das strahlendste Lächeln, und sie sang wie ein Engel. Und Coretta brauchte ihrerseits nicht lange, um zu erkennen, dass Martin für sie der Richtige war. Er war klug, er war zuverlässig, er war großherzig – und er hatte die schönsten Augen. Eine Weile hat die junge Gesangsstudentin geschwankt. Martin hatte gerade sein Theologiestudium abgeschlossen, danach wollte er seine Doktorarbeit schreiben, und er strebte eine Pfarrstelle an. Als Pastorenfrau würde sie schwer-

■ König Olaf V. von Norwegen und Kronprinz Harald gratulieren Martin Luther King zum Friedensnobelpreis. Rechts neben King steht Coretta.

lich zugleich ihre Laufbahn als Sängerin verfolgen können. Sie trennte sich von diesen Zukunftsplänen, gab ihrem Liebsten die Hand und heiratete ihn im Juni 1953.

Kennen gelernt haben sich Martin und Coretta in Boston, wo sie denselben Debattierklub besuchten. Sie stammten beide aus dem Süden: er aus Georgia, sie aus Alabama. Die Kings waren Geistliche, schon in der dritten Generation, Vater Scott war Landwirt. Beide Familien hatten sich unter schwierigen Bedingungen hochgearbeitet, um ihren Kindern ein Studium und eine bessere Zukunft zu ermöglichen. Schwarz sein bedeutete damals arm sein und Schlimmeres. Die Sklavenbefreiung hundert Jahre zuvor war auf halbem Weg stecken geblieben. Diskriminierung von Schwarzen erschien so selbstverständlich, dass die amerikanische Gesellschaft sie kaum wahrnahm. Schwarze durften nicht in denselben Cafés, Kinos, Bussen, Bädern und auf denselben Bänken Platz nehmen wie Weiße, häufig gab es für sie extra abgetrennte Bereiche, und sie wurden von Kellnern und Busfahrern gewohnheitsmäßig gedemütigt – ganz zu schweigen von Behördenangestellten, Polizisten und Richtern. Die »nor-

■ Gemeinsamer Kampf für die Rechte der Schwarzen. Martin Luther King und Coretta Scott King führen am 26.3.1965 eine Demonstration von Bürgerrechtlern in Montgomery an.

malen« Schulen und Universitäten waren ihnen verschlossen, sie besaßen kein Wahlrecht, und die meisten prestigeträchtigen Berufe waren unerreichbar für sie. Der Klub in Boston, in dem Martin Luther King und Coretta Scott sich kennen gelernt hatten, war für Schwarze und Weiße offen, und das war eine Ausnahme, die den konservativen Freunden der Rassentrennung außerordentlich missfiel.

Der Bostoner Klub war nicht der einzige Stein des Anstoßes für das weiße Establishment zwischen Memphis und Chicago. Die schwarze Bevölkerung Amerikas hatte erste Schritte unternommen, auch die restlichen Ketten aus der Zeit der Sklaverei abzuwerfen: die Bürgerrechtsbewegung – Civil Rights Movement – formierte sich. Die Nachkommen der Sklaven forderten gleiche Rechte, und sie begaben sich auf einen langen Marsch, um diese Rechte durchzusetzen. Dr. Martin Luther King stieg zum anerkannten Führer der Bewegung auf, und er blieb an ihrer Spitze das, was er auch von Berufs wegen war: ein Prediger von großer Ausstrahlung und Überzeugungskraft, der die mobilisierten Massen unweigerlich mitriss. Das galt nicht nur bezüglich des Zieles: gleiche Rechte, sondern auch und vor allem bezüglich der Mittel: absolute Gewaltlosigkeit. Obwohl den Schwarzen bei ihren Märschen, Aktionen und Kampagnen mit Gewalt bis hin zum Totschlag von Seiten der Polizei und des Ku-Klux-Klan begegnet wurde, reagierten sie, von wenigen Ausnahmen abgesehen, gewaltfrei und geduldig, wenngleich in der Sache hartnäckig. Das war das Verdienst Kings, der die Bewegung mit dem Geist des Christentums und den Prinzipien Mahatma Gandhis erfüllte. Die Bürgerrechtler errangen Erfolge. Präsident Kennedy brachte durch Antidiskriminierungsgesetze die schwarze Bevölkerung hinter sich, und es gibt Vermutungen, dass es der auf Rassentrennung bedachte weiße Widerstand war, der Martin Luther Kings Ermordung in Auftrag gab.

■ Das Ehepaar King mit zwei Bürgerrechtlerinnen bei einem Gang durch die Slums von Atlanta, 1966. Auf ihren Transparenten fordern sie die Freilassung von Hector Black, einem Kämpfer gegen die Armut in den USA.

Coretta King war ohne Pause an der Seite ihres Mannes, wenn es galt, auf der Straße, bei Kongressen und »Sit ins«, in der Kirche und auf politischen Versammlungen für die Befreiung ihres Volkes zu kämpfen. Wie oft sie wohl mit ihrer schönen Stimme *We shall overcome* gesungen hat? Sie begleitete ihren Mann auch zu ehrenvollen Anlässen – so 1964 nach Oslo, wo King den Friedensnobelpreis in Empfang nahm. Sozusagen zwischendurch gebar sie ihre Kinder: zuerst die Tochter Yolanda, dann die Söhne Martin Luther und Dexter, zum Schluss die kleine Bernice. Die Kinder waren ein großes Glück für das Ehepaar King, und sie hinderten Coretta niemals daran, ihrem Mann zur

■ Martin Luther King mit Jesse Jackson (links) und Reverend Abernathy (rechts) auf dem Balkon des Motels in Memphis, wo er am nächsten Tag, dem 4.4.1968, erschossen wird.

■ Beisetzung des ermordeten Martin Luther King am 9.4.1968. Coretta wird den gewaltfreien Kampf ihres Mannes fortsetzen.

Seite zu stehen und für die Bewegung zu arbeiten. Über seine Rede anlässlich des großen Marsches auf Washington berichtet sie: »An diesem Tage war es uns, als kämen seine Worte von einem höheren Ort, als sprächen sie durch ihn hindurch zu den beladenen Menschen vor ihm. Der Himmel tat sich auf, und wir alle schienen verwandelt.«

King hat geahnt, dass er nicht lange leben würde. Immer wieder wurden Anschläge auf ihn und seine Familie verübt. Im April 1968 schaffte es in Memphis ein gedungener Killer, Martin Luther King zu erschießen. 1986 wurde der Geburtstag des großen Bürgerrechtlers zum nationalen Feiertag erklärt.

MARTIN LUTHER KING UND CORETTA SCOTT KING

LEBEN UND WERK

Coretta King, geb. Scott, wird am 27.4.1927 in einem kleinen Ort in Alabama geboren. Ihr hart arbeitender Vater ermöglicht ihr eine Ausbildung an der Lincoln-Oberschule in Marion, Alabama. Mittels eines Stipendiums studiert sie mit 17 Jahren am Antioch-College Musik und Pädagogik. Als schwarze Grundschullehrerin hat sie an weißen Schulen jedoch wenig Chancen auf eine Anstellung. So entscheidet sie sich für eine Laufbahn als Konzertsängerin und studiert dafür ab 1951 am Konservatorium in Boston. Im Februar 1952 lernt sie den Theologiestudenten Martin Luther King jr. kennen. Nach Studienabschluss und Hochzeit am 18.6.1953 ziehen sie gemeinsam nach Montgomery. Mit seiner dortigen Stelle als Gemeindepfarrer führt der am 15.1.1929 geborene Martin Luther eine Familientradition fort. Während seines 1948 begonnenen Studiums beschäftigte sich der begabte Student ausführlich mit dem gewaltlosen Kampf Gandhis, Vorbild für sein eigenes politisches Handeln. Im Dezember 1955 organisiert er den Busboykott von Montgomery. Nach über einem Jahr wird die Aufhebung der Rassentrennung in Bussen höchstrichterlich angeordnet. Der persönliche Preis für die zahlreichen gewaltfreien Sit-ins, Demonstrationen und Reden der Folgejahre ist hoch. Nach dem Bombenanschlag auf sein Haus am 30.1.1956 leben Coretta und die vier Kinder Yolanda (geb. 1955), Martin (1957), Dexter (1962) und Bernice (1963) unter ständiger Bedrohung durch weiße Rassisten. Nach seiner berühmten Rede »Ich habe einen Traum« vom 28.8.1968 erhält Martin Luther King für seinen Einsatz in der Bürgerrechtsbewegung am 10.12.1964 den Friedensnobelpreis. Doch mit der Ermordung John F. Kennedys am 22.11.1963 hatte die Bewegung ihren wichtigsten Fürsprecher in der Regierung verloren. Es kommt immer häufiger zu Rassenunruhen. Tagelange Ausschreitungen folgen der Ermordung Martin Luther Kings durch den Auftragskiller James Earl Ray am 4.4.1968. Davon unbeirrt setzt Coretta den gewaltfreien Kampf ihres Mannes fort. Sie wird Leiterin des »Zentrums für gewaltfreien sozialen Wandel« in Alabama und erhält für ihre Arbeit zahlreiche Auszeichnungen. Seit 1986 ehrt ein Nationalfeiertag am dritten Montag im Januar die Verdienste Martin Luther Kings.

EMPFEHLUNG

Lesenswert:

Martin Luther King: *Ich habe einen Traum*. Hrsg. von Hans-Eckehard Bahr und Heinrich W. Grosse. Würzburg 1999.

Coretta Scott King: *Mein Leben mit Martin Luther King*. Gütersloh 1985.

Arnulf Zitelmann: *Keiner dreht mich um: Die Lebensgeschichte des Martin Luther King*. Weinheim 1999.

Sehenswert:

Martin Luther King, jr. From Montgomery to Memphis. Stuttgart 1994. Videocassette.

Hörenswert:

Nicolas Flagello: *The Passion Of Martin Luther King* / Joseph Schwantner: *New Morning For The World (1982)* für Sprecher und Orchester, 1995. Audio-CD.

WERTUNG

Zu den größten Revolutionen des vergangenen Jahrhunderts gehört der Aufstand der Schwarzen in den USA, und deren größter Führer hatte eine Frau an seiner Seite, die seinen Weg unbeirrt mitging.

Liebe:	✪✪✪✪✪
Familienfreuden:	✪✪✪✪✪
Gleichberechtigung:	✪✪✪
Tragik:	✪✪✪✪✪

Lolita und Humbert Humbert

»Lolita, Licht meines Lebens, Feuer meiner Lenden. Meine Sünde, meine Seele. Lo-li-ta: die Zungenspitze macht drei Sprünge den Gaumen hinab und tippt bei Drei gegen die Zähne. Lo. Li. Ta.«

■ Stanley Kubrick verfilmt 1961 Nabokovs Roman *Lolita*, in dem James Mason den knapp vierzigjährigen Schriftsteller Humbert Humbert spielt, der dem zwölfjährigen Nymphchen Lolita verfällt – mit tragischem Ausgang.

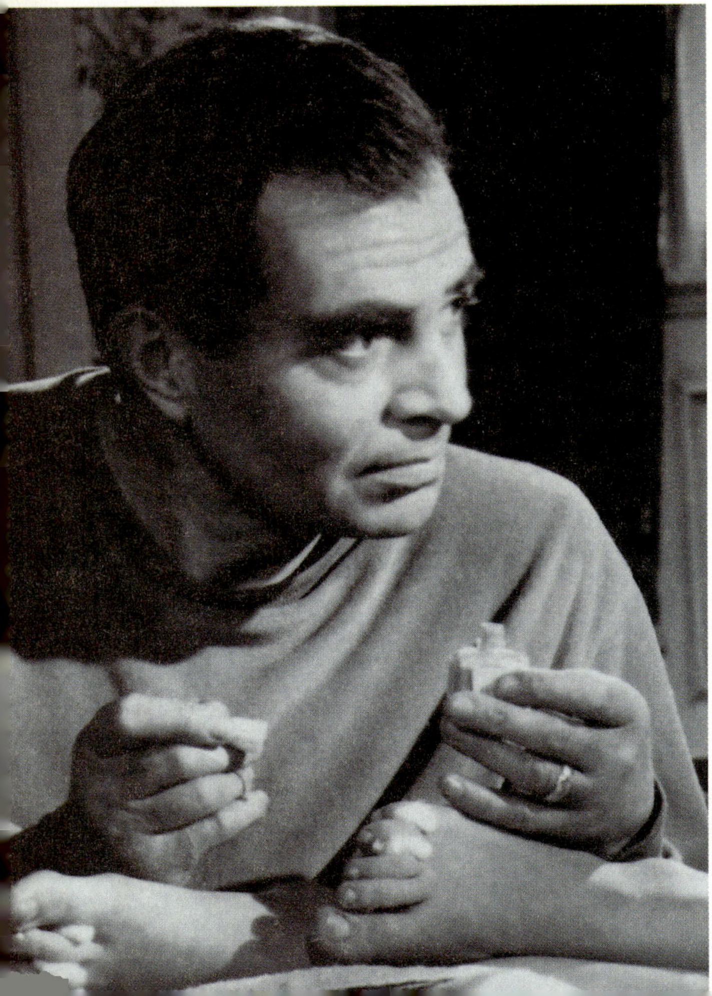

Gibt es ein drittes Geschlecht? O ja, sagt Humbert Humbert. Er ist knapp vierzig, ein europäischer Literat, der in Amerika von einer geerbten Rente lebt und sich, was Erotik betrifft, nicht für Frauen interessiert. Aber auch nicht für Männer. Sein Verlangen gilt den ganz jungen Dingern, die keine Kinder mehr sind, aber auch noch keine voll erblühten Jungfrauen. Er liebt Mädchen zwischen neun und vierzehn; jedoch ist nicht allein die grüne Jugend wichtig. Es muss eine gewisse Frühreife hinzukommen, ein instinktives Wissen um die Verführungskraft knospender Weiblichkeit, die sich noch in der Jungenhaftigkeit gefällt. Humbert beschreibt dieses Mädchenwunder als »Mischung aus zarter, träumerischer Kindlichkeit und einer Art koboldhafter Vulgarität«. Er nennt solche Zauberwesen »Nymphchen«. Es gibt sie gar nicht mal so oft in der Generation der Neun- bis Vierzehnjährigen; ach, wie plump, artig und unhübsch sind die meisten. Doch ab und an, zum Beispiel auf dem Spielplatz, stürmt aus dem Nichts ein Nymphchen hervor, stützt seinen Fuß auf eine Bank und erregt, während es seinen Rollschuh festschnallt und dabei ein Stück Schenkel blitzen lässt, den dasitzenden Mr. Humbert so nachhaltig, dass der beide Hände gegen seinen Schoß pressen muss. Sie gehören gar nicht zur Spezies Mensch, die Nymphchen, sagt Humbert Humbert. Vielmehr sind sie Abgesandte eines Reichs herzloser Dämonen, dazu bestimmt, Männer wie ihn um den Verstand zu bringen.

Humbert geht nach Neuengland, und er sucht eine Bleibe. Per Empfehlung landet er bei Mrs. Charlotte Haze, einer gewöhnlichen Frau, die ihm samt Haus sofort missfällt. Aber dann, »ohne die geringste Warnung, hob sich eine blaue Meereswelle unter meinem Herzen, und auf einer Matte in einem Teich von Sonne, halbnackt, knieend und sich auf den Knien herwendend, hockte ein Mädchen und sah mich über dunkle Brillengläser forschend an.« Mrs. Haze hat eine zwölfjährige Tochter: Dolores, genannt Lolita.

Mr. Humbert nimmt das Zimmer, er nimmt Charlotte Haze zur Frau, und als die bei einem Unfall stirbt, ist der Weg zu Lolita frei.

■ Sue Lyon in der Rolle der Kindfrau Lolita, die Humbert Humbert in einer betörenden Mischung aus Naivität und Verworfenheit um den Finger wickelt.

Wer ist sie? Wir lernen sie nur aus Humberts Perspektive kennen, der die Geschichte erzählt. Die kleine Miss Haze ist ein ziemlich normales amerikanisches Mädchen an der Schwelle zum Teenageralter, bockig, albern, oberflächlich und verspielt. Vielleicht ist sie ein bisschen frühreifer und abgebrühter als der Durchschnitt ihrer Altersgruppe, aber das merkt Humbert nicht sofort. Er sieht in ihr die Erfüllung eines Traums, das Nymphchen, wie es sein soll: knabenhaft, kokett, bildhübsch, frech. Und als er sie endlich im Arm hält, entdeckt er, dass sie längst keine Jungfrau mehr ist.

Humbert Humbert erzählt seine und Lolitas Geschichte aus der Rückschau: während er im Gefängnis auf seinen Prozess wartet. Er ist wegen Mordes angeklagt. Nachdem ihm Lolita mit einem anderen davongelaufen ist, hat Humbert versucht, ohne sie zu leben, sie aber schließlich wieder getroffen und den Rivalen erschossen. Obschon er seine Schuld nicht beschönigt, liest sich seine Beichte doch als Plädoyer: Er sucht Verständnis. Denn er, der Mörder, der Verführer, der Kinderschänder, hat in einer Hinsicht ein reines Gewissen: Er hat Lolita geliebt, weit über die Zeit hinaus, in der sie ihn als Nymphchen bezauberte. Er hat ihr sein Leben und Streben, sein ganzes Dasein zum Opfer gebracht.

■ Das Kind in der Frau, die Frau im Kinde. Humbert Humbert bringt diesem schillernden Geschöpf des »dritten Geschlechts« sein ganzes Dasein zum Opfer.

Und sie? Nach dem Tod ihrer Mutter hatte sie niemanden als ihren Stiefvater; und als sie sah, wie sehr Humbert Humbert sie begehrte, war sie ihm zu Willen, halb spielerisch, halb erpresserisch, auf verstohlen-verschworene Weise. Sie machte mit, aber sie liebte diesen komischen alten Knaben nicht, ja, sie mochte ihn nicht einmal. Sie versuchte mit ihm auszukommen, solange sie ihn brauchte, und als sich die Gelegenheit bot, wechselte sie den Beschützer.

■ Der verunsichernde Blick einer Frau. Lolita (Dominique Swain) in einer Verfilmung von Adrian Lyne aus dem Jahre 1997.

Lolita ist ein passives, fröhliches, anspruchsloses Mädchen; sie will nicht viel vom Leben, nur das Übliche: einen guten Mann, ein Auskommen, ein paar Extras. Für Humbert und seine verbotene Leidenschaft hat sie kein Verständnis. Aber da sie im Grunde eine gutmütige Natur ist, möchte sie nicht, dass er ihretwegen leidet. Also kommt sie ihm ent-

Vladimir Nabokov, ein russischer Schriftsteller, der nach seiner Emigration auf Englisch schrieb, veröffentlichte den Roman *Lolita* 1955. Frühe Vorwürfe wegen Pornographie sind inzwischen veraltet; das Buch gilt als Meisterwerk und wird immer noch verschlungen. Was macht seinen Reiz aus? *Lolita* ist eine schwüle, schwarze, tragische Liebesgeschichte. Ein Mann verfällt einem Mädchen und geht daran zugrunde. Zuvor aber schenkt er – durch die Kunst Vladimir Nabokovs – der Welt eine großartige Charakteristik des »dritten Geschlechts«, der Nymphchen.

■ Das Nymphchen als aktive Verführerin ...

■ ... die dem älteren Mann, Humbert (Jeremy Irons), überlegen ist und ihn bedroht.

gegen, soweit sie es vermag. Und dann ist da noch dies: Lolita ist der laszive sinnliche Typ, sie ist amoralisch und stolz auf das Verlangen, das sie weckt. Und deshalb trifft sie sich mit Humbert immer wieder im wortlosen Bezirk der Lust, in dem sie sich ganz einig sind.

Tragisch ist das Paar, weil Humbert Humbert über das bloße Begehren und die Vergötzung des Nymphchens hinausgeht und der kleinen Dolores Haze seine Liebe schenkt. Das hätte man nicht von ihm gedacht, von ihm, dem kalten Ästheten. Aber so ist das mit der Besessenheit: wenn sie jedes Maß überschreitet, reißt sie alles mit, auch das Herz.

LOLITA UND HUMBERT HUMBERT

LEBEN UND WERK

Der Autor von *Lolita* Vladimir Vladimirowitsch Nabokov, geboren am 22. oder 23.4.1899 in Petersburg, ist mit seiner virtuosen Erzählkunst sicherlich einer der wichtigsten russischen Dichter des 20. Jahrhunderts. Nebenbei war er ein sehr guter Schachspieler und mit Erfolg noch auf einem völlig anderen Gebiet tätig: als Schmetterlingsforscher. Dreisprachig aufgewachsen in einer reichen russischen Adelsfamilie, schrieb er seine ersten 9 Romane in Russisch, 8 weitere in Englisch. Er lebte nach seinem Cambridge-Studium ab 1923 im Exil in Berlin. Nachdem er 1937 das nationalsozialistische Deutschland verlassen hatte und nach Frankreich gegangen war, folgte 1940 seine Emigration in die USA. Dort schrieb er den inzwischen in mindestens 27 Sprachen übersetzten modernen Klassiker der Weltliteratur *Lolita*. Die Handlung spielt in den 1940er Jahren in Amerika. Wegen des brisanten Themas der pädophilen heimlichen Liebe eines 37-jährigen französischen Literaturwissenschaftlers zu einem 12-jährigen amerikanischen Mädchen war in den USA kein Verlag bereit, das Buch zu veröffentlichen. Die »literarische Zeitbombe« (Nabokov) erschien 1955 kaum beachtet bei dem kleinen französischen Verlag Olympia Press, der dafür bekannt war, zensurbedrohte literarische Werke zu veröffentlichen. Als Graham Greene 1956 das Buch als »besten Roman des vergangenen Jahres« bezeichnete, wurde der Verkauf zunächst untersagt, das Verbot später jedoch per Gerichtsbeschluss aufgehoben. Die amerikanische Öffentlichkeit bekam es erst 1958 zu lesen, nachdem das Einfuhrverbot aufgehoben worden war. Die enorme Publizität, die sich an dem angeblich pornographischen Inhalt des Buches festmachte, wird dem literarischen Gehalt nicht gerecht. Das Buch enthält nicht nur zahlreiche Bezüge auf andere Werke und Stoffe der Literaturgeschichte, es parodiert auch damalige Strömungen in der amerikanischen Gesellschaft. Die erste Verfilmung durch Stanley Kubrick 1962, für die Nabokov das Drehbuch schrieb, wurde mit James Mason und Peter Sellers in den männlichen Hauptrollen trotz erneuter öffentlicher Kritik ein Kinoerfolg. Auch die zweite Verfilmung durch Adrian Lyne wurde 1998 vor dem Hintergrund der in den 1990er Jahren an die Öffentlichkeit gelangten Fälle sexuellen Kindesmissbrauchs heftig diskutiert. Nabokov lebte bis zu seinem Tod am 2.7.1977 in der Schweiz.

EMPFEHLUNG

Lesenswert:
Vladimir Nabokov: *Lolita*. Reinbek b. Hamburg 1989.

Sehenswert:
Lolita. Regie: Stanley Kubrick, mit James Mason, Sue Lyon, u. a. USA 1962.

Lolita. Regie: Adrian Lyne, mit Jeremy Irons und Dominique Swain, u. a. USA 1998.

Hörenswert:
Vladimir Nabokov: *Lolita*. Hörspielbearbeitung und Regie: Walter Adler; Sprecher: Ulrich Matthes, Natalie Spinell-Beck, Leslie Malton, u. a., 1999. 2 Audio-CDs.

WERTUNG

Er war ihr verfallen, sie ihm ausgeliefert – »amour fou« eines angejahrten Herrn zu einer grünen Göre. Die literarische Fassung dieses Falls von Pädophilie hat Weltrang und etablierte das »Nymphchen«, die verführerische Kindfrau, als »drittes Geschlecht«.

Liebe:	✪✪✪
Sex:	✪✪✪
Leidenschaft:	✪✪✪✪
Skandal:	✪✪✪✪✪
Ruhm:	✪✪✪✪✪

Marilyn Monroe und Arthur Miller

»Beim Abschied küsste ich sie auf die Wange, und sie holte überrascht Luft. Ich begann über ihre übertriebene Reaktion zu lachen, bis die Ernsthaftigkeit in ihren Augen mich erschreckte und ich mein Lachen bedauerte.«

Manchmal stimmt es doch, dass sich Gegensätze anziehen. Die Presse schrieb vom »Kopf und Körper« (Eierkopf und Sanduhr), die sich vereinigen. Arthur Miller ist seit sechzehn Jahren verheiratet und hat zwei Kinder, als er Marilyn Monroe begegnet – in Hollywood. Nach Jahren des Misserfolgs ist er endlich auf dem Broadway im kalten New York erfolgreich und will sich nun im sonnigen Hollywood umsehen. Die Filmstadt ist aufregend und verwirrend für ihn, eine ganz neue Welt. Für den Moralisten Arthur Miller ist sie das Sündenbabel schlechthin. Ihn peinigt das Gefühl, bisher nichts anderes getan zu haben, als zu arbeiten. Etwas stimmte nicht in seinem Leben. Vielleicht hatte er zu jung geheiratet.

Miller ist fünfunddreißig Jahre alt, Marilyn vierundzwanzig, als sie sich treffen. Er ist von schlanker, hochgewachsener Gestalt, hat schiefe Zähne und große Ohren. Er trägt eine Brille, die Marilyn an ihm so mag. Durch seine Humorlosigkeit wirkt er sehr ernsthaft. Und er ist auch schüchtern. So schüchtern, dass er »eine hübsche Frau nicht verführerisch umarmt, sondern nur abgewandt von der Seite und ganz freundschaftlich.« Gerade diese Schüchternheit erscheint auf Marilyn als die Sicherheit, die ihr selbst fehlt. Sie braucht jemanden, den sie bewundern kann. Der sie akzeptiert, wie sie ist, und zu ihr steht – und sie beschützt.

Arthur Miller ist Schriftsteller und Bühnenautor. Kritik und Publikum sind von seinem neuen Stück *Der Tod eines Handlungsreisenden* begeistert, obwohl es von Verlierern erzählt und die Hohlheit des »American Way of Life« bloßstellt. Mit den Ge-

scheiterten kann der Autor sich gut identifizieren, denn er wuchs in Harlem auf – in der großen Depression nach dem Börsensturz 1929. Als Jugendlicher lungert er wie die anderen auf der Straße herum. Aber in seiner jüdischen Familie ist es friedlich und bequem; dort fühlt er sich geborgen. Die Millers sind zwar einigermaßen wohlhabend, müssen sich nun aber doch einschränken. Im Gegensatz zu seinen schwarzen Freunden wird er sich ein Studium leisten können; auch wenn er hinzuverdienen muss. Nach einem gescheiterten Versuch als Sänger verdingt er sich als LKW-Fahrer, Tellerwäscher oder Lagerarbeiter. Auch hier erfährt er sich als Außenseiter, der zwar schuften kann, aber in den Pausen Bücher liest. Er leidet darunter, dass er nicht dazugehört, nicht dieselbe Sprache spricht und ihm dadurch manches geheimnisvoll erscheint. Seine Position ist die des Beobachters, das Leben findet woanders statt. Er möchte mitspielen und »fürchtet die Bedeutungslosigkeit mehr als den

■ »Kopf und Körper« vereinigen sich. Der Schriftsteller Arthur Miller (geb. 1915) hat das Gefühl, bisher im Leben etwas versäumt zu haben, die Schauspielerin Marilyn Monroe (1926–1962) liebt die Sicherheit, die Miller ausstrahlt. Das ungleiche Paar heiratet 1956.

■ Auf der Suche nach einem Zuhause. Marilyn, die ihren Vater nicht kannte und die Mutter früh verlor, nennt Arthur liebevoll »Daddy«. Väterliche Liebe findet sie bei ihrem Schwiegervater Isidore (unten mit seiner Frau).

Tod«. Nur beim Schreiben ist er ein »Macher«. Hier kann er »seine Flügel ausbreiten« und auch immer etwas über sich herausfinden – denn natürlich beobachtet er sich auch selbst. So vermag er das Unaussprechliche in Worte zu bringen, und »wenn es gut war, ließ es mich erröten«. Sein Vater kann weder lesen noch schreiben, deshalb achtet seine Mutter sehr darauf, dass er lernt, mit Worten umzugehen.

Marilyn hat keine Familie; sie steht unbehaust in der Welt. Ihr Vater war gar nicht mehr da, als sie geboren wurde. Die Mutter, krank und verwirrt, verließ sie auch bald. Sie wird zwischen Pflegefamilien und Waisenhäusern herumgereicht. Zu Kindern und anderen schutzbedürftigen Wesen fühlt sie sich ein Leben lang hingezogen, hier kennt sie sich aus. Sie wird immer wieder nach einem Elternersatz suchen, zumindest nach einer Vaterfigur, bei der sie sich geborgen fühlt. Als sie Miller kennen lernt, bestehen ihre Erfahrungen mit Männern aus einer Reihe abgebrochener Vater-Tochter-Beziehungen. Und später wird sie auch Miller liebevoll Daddy nennen.

Marilyn verhält sich nach Möglichkeit so, dass sie Mitleid erregt; für sie ist das Liebe. Ihre Weiblichkeit, ihre üppige Figur rufen bei Männern ganz andere Gefühle wach; das genießt sie durchaus, aber nicht aufgrund eines natürlichen Stolzes, sondern weil sie alle Arten von Beachtung braucht. Und da sie ihres Aussehens wegen beachtet wird, zieht sie ihre Selbstbestätigung aus ihrer Erscheinung. Das führt so weit, dass sie sich vor Phototerminen regelmäßig übergibt, um schlanker auszusehen. Ein Selbstbewusstsein, das sich innerer Stärke verdankt, konnte sie nicht entwickeln. Diese Mischung: hilfesuchende Kindlichkeit gepaart mit einem überwältigenden Sex-Appeal, machte sie so erfolgreich. Dabei besaß sie durchaus Humor, Schlagfertigkeit und eine »unbewaffnete Haltung dem Leben gegenüber«, um die Arthur sie beneidete. Und sie, der »Körper«, liebt den »Kopf«. Sie hofft, an seiner Seite endlich als Schauspielerin ernst genommen zu werden.

■ Arthurs Schüchternheit hält Marilyn für Sicherheit.

Er liebte sie auch – ausgerechnet vor dem Ausschuss für Unamerikanische Umtriebe machte er ihr einen Heiratsantrag. Es war die Hexenjagd des Senators McCarthy während des Kalten Krieges. Miller hatte in den vierziger Jahren ein paar Mal am Schriftstellertreffen der Kommunistischen Partei teilgenommen. Er wollte seinen Pass zurückhaben (der allen Beschuldigten abgenommen wurde), damit er nach England reisen könne, »um mit der Frau zusammenzusein, die dann meine Ehefrau sein wird. Ich werde Marilyn Monroe ... heiraten.« Marilyn verfolgte die Anhörung vor dem Fernseher in New York. Ihr Kommentar: »Es war wahnsinnig nett von ihm, mir seine Pläne mitzuteilen.«

Sie heiraten im Juni 1956. »Now is forever«, lässt er in die Ringe gravieren. Doch damit ist es nicht weit her; schon nach drei Wochen notiert er in sein Tagebuch, dass es vor allem Mitleid sei, was er für sie empfinde. Weil sie

■ Schon bald werden die Eheleute erkennen, dass sie wenig miteinander anfangen können.

stets ihre Hoffnungen in ihre Partner projiziert, bricht auch für sie eine Welt zusammen. Sie arbeiten gemeinsam für den Film *The Misfits* – er schreibt das Drehbuch und für sie die Hauptrolle Roslyn, eine Frau mit eigenem Kopf. Auch dabei entdecken sie, wie wenig sie sich verstehen.

Ein herzliches Verhältnis entwickelt Marilyn zu ihrem Schwiegervater Isidore: Er liebt sie wie eine Tochter; sie nennt ihn Dad. Es ist eine Seelenverwandtschaft. Miller lernt daraus: Mit den Augen Marilyns sieht er seinen Vater neu und nimmt vielleicht das erste Mal dessen intuitive Intelligenz wahr. Jedenfalls liest er ihm später seine neuesten Stücke als Erstem vor.

Die Ehe Miller/Monroe rutscht in die finale Krise, als Marilyn die zweite Fehlgeburt erleidet. Sie ist es inzwischen gewohnt, ihre Gefühle der Hilflosigkeit und Einsamkeit mit Tabletten und Alkohol zu betäuben. Und so gibt sie sich die Schuld – und steigert ihren Konsum. Der Graben zwischen den Eheleuten wird immer tiefer. In *Some like it hot* singt sie *I'm through with love, I'll never fall again* – und so hat sie sich dann wohl auch gefühlt. Sie werden am 11.11.1961 geschieden. Er heiratet bald wieder. Am 5. August 1962 stirbt sie im Schlaf an einer Überdosis Tabletten. Sie ist erst sechsunddreißig Jahre. Er lehnt es ab, zu ihrer Beerdigung zu kommen.

■ Eine Mischung aus hilfesuchender Kindlichkeit und Sex-Appeal: das Geheimnis von Marilyns Erfolg. Lebenslang erfolglos jedoch bleibt sie in ihrer Suche nach Geborgenheit. Am 5. 8. 1962 stirbt sie an einer Überdosis Schlaftabletten.

MARILYN MONROE UND ARTHUR MILLER

LEBEN UND WERK

Den Künstlernamen Marilyn Monroe trägt die Schauspielerin erst nach ihrem ersten Filmvertrag im August 1946. Geboren wird sie am 1.6.1926 als Norma Jeane Mortenson, ihre Mutter Gladys gibt den Namen des tatsächlichen Vaters bei der Geburt nicht an. Die unverheiratete Mutter gibt die Tochter zu Pflegeeltern, es beginnt eine Odyssee durch verschiedene Heime und weitere Pflegefamilien, bis Marilyn am 19.6.1942 ihren ersten Mann Jim Dougherty heiratet. Noch während des Krieges wird sie als Fotomodell entdeckt und lässt sich, um bessere Chancen auf eine Filmrolle zu haben, am 13.9.1946 von ihrem Mann scheiden. Insgesamt spielte sie in 29 Filmen, anfangs nur unbedeutende Nebenrollen, bis sie in *Niagara* (1953) eine Hauptrolle erhält. Arthur Miller hatte auf ihre erste Annäherung 1951, zu der Zeit war er verheirateter Vater zweier Kinder, noch ablehnend reagiert. Ihm war 1949 mit dem Stück *Tod eines Handlungsreisenden* der Durchbruch bei Kritik und Publikum gelungen. Geboren am 17.10.1915 als Sohn eines Textilfabrikanten jüdischer Herkunft, ist seine Jugend geprägt von den Auswirkungen der Weltwirtschaftskrise in Folge des Börsenkrachs von 1929. Das Studium 1934–38 verdient er sich mit Gelegenheitsjobs. Seine Theaterstücke kreisen häufig um das Thema der Zerstörung des Menschen durch die Regeln einer profitorientierten Gesellschaft. 1955 trifft er Marilyn Monroe wieder. Sie hat inzwischen ihre eigene Firma gegründet und nimmt Schauspielunterricht in New York. Diesmal beginnen die beiden eine Liebesaffäre, Miller lässt sich scheiden, und sie heiraten am 29.6.1956. Doch die Ehe wird nicht glücklich. Auch mit seiner Hilfe gelingt es Marilyn Monroe nicht, sich aus einem Gespinst von falschen Freunden, Versagensängsten vor Dreharbeiten und ihrer Tablettenabhängigkeit zu lösen. Nach den Dreharbeiten zu dem Film *The Misfits* (Nicht gesellschaftsfähig), der 1961 nach einer Vorlage Arthur Millers entsteht, gehen die beiden getrennte Wege. Arthur Miller heiratet schon bald nach der Scheidung Inge Morath. Marilyn Monroe stirbt am 5.8.1962 an einer Überdosis Schlaftabletten, wenige Tage vor ihrer geplanten zweiten Heirat mit Joe DiMaggio, der ihr noch über 20 Jahre lang jede Woche Blumen ans Grab bringen lässt.

EMPFEHLUNG

Lesenswert:

Barbara Leaming: *Marilyn Monroe. Die Biographie jenseits des Mythos.* Mit Audio-CD. München 1999.

Donald Spoto: *Marilyn Monroe. Die Biographie.* München 1995.

Arthur Miller: *Zeitkurven. Ein Leben.* Frankfurt 1999.

Arthur Miller, Serge Toubiana: *The Misfits* (Nicht gesellschaftsfähig). Die Entstehungsgeschichte eines Films, von Magnum-Fotografen dokumentiert: Eve Arnold, Cornell Capa, Henri Cartier-Bresson, Bruce Davidson, Elliott Erwitt, Ernst Haas, Erich Hartmann, Inge Morath. München 2000.

Sehenswert:

Marilyn Monroe: Hollywood-Göttin und Sex-Symbol. Portrait einer Legende, 1996. Videocassette.

Nicht gesellschaftsfähig (The Misfits). Regie: John Huston, mit Marilyn Monroe, Clark Gable, Montgomery Clift, u. a. USA 1961.

Besichtigenswert:

Das Grab von Marilyn Monroe auf dem Westwood Village Memorial Park in Westwood, Los Angeles.

WERTUNG

Das Traumpaar Amerikas: Geist und Erotik endlich vereint. Aber es ging schrecklich schief.

Liebe:	✪✪✪
Zusammenarbeit:	✪✪✪
Sympathiewert:	✪✪✪✪✪
Ruhm:	✪✪✪✪✪

Ingeborg Bachmann und Max Frisch

»Im Morgengrauen vor Jahren ... genau um diese graue Morgenstunde«, heißt es bei ihm, begann ihre Liebe; und etwas genauer bei ihr: am 3. Juli 1958.

■ Liebe in schwierigen Zeiten. Der Schweizer Schriftsteller Max Frisch (1911–1991) im Jahre 1964.

Er, Max Frisch, ein namhafter Schriftsteller aus der Schweiz, will in Paris mit ihr, Ingeborg Bachmann, einer noch wenig bekannten Lyrikerin aus Österreich, die Aufführung eines seiner Stücke besuchen. »Statt ins Theater gingen wir zu unserem ersten Abendessen«, erinnert er sich. »Die ersten Küsse auf einer öffentlichen Bank, dann in die Hallen, wo es den ersten Kaffee gibt: am Nebentisch die Metzger mit den blutigen Schürzen, diese zu plumpe Warnung.« Es ist ein Tag, den Liebende sich merken, den sie als ihren Jahrestag feiern, aber für Ingeborg Bachmann ist es ein Tag, »an dem ich mich nicht gewehrt habe und etwas geschehen ließ«. Und auch für Max Frisch steht das Morgengrauen nicht nur für den beginnenden Morgen nach einer gemeinsamen Nacht, sondern für ein beginnendes Grauen. Sie lieben sich, und ihre Liebe ist schwierig.

Denn sie lieben in schwierigen Zeiten. Das Ende des Zweiten Weltkriegs liegt noch keine fünfzehn Jahre zurück; der nächste Krieg scheint täglich möglich zu sein. »Es ist immer Krieg«, fasst sie die Stimmung zusammen: »Hier ist immer Gewalt. Hier ist immer Kampf. Es ist der ewige Krieg.« Während die Davongekommenen die Trümmer beiseite räumen und es kaum fassen können, dass das Leben weitergeht, ringen sie zugleich um einen Neubeginn: Auch die alte Moral soll abdanken, die Lebenslänglichkeit der

Ehe wird ebenso infrage gestellt wie die Rollenteilung von Mann und Frau, wie Treue und Religion. Einstweilen geschieht dies vorwiegend in den Milieus der Künstler und Intellektuellen. Wer hier als Liebespaar zusammenkommt, muss und will mit den Traditionen brechen – aber es gibt noch keine neuen Muster, an die man sich halten könnte. Während früher Liebespaare, vor allem solche, die ihre Bindung nicht legalisieren konnten oder wollten, gegen äußere Widerstände ankämpfen mussten, kommen die Schwierigkeiten jetzt von innen. Der »ewige Krieg«, von dem Bachmann spricht, ist der Krieg der Geschlechter, der Feind ist der Freund, die Geliebte ist die Gegnerin.

■ »Es ist der ewige Krieg.« Die österreichische Schriftstellerin Ingeborg Bachmann (1926–1973) im Jahre 1959.

»Eine Woche in Zürich als Liebespaar und aus klarer Erkenntnis der erste Abschied.« Frischs Worte sind deutlich. Kaum sind sie auseinander, vermissen sie sich. »Fort von ihr oder zu ihr?« Es beginnt das Hin und Her von Liebenden, die sich der Freiheit gewachsen zeigen müssen – das ist alles neu, vor allem für sie als Frau. »Ihre Freiheit gehört zu ihrem Glanz.« Frisch begleitet die Freundin nach Frankfurt, wo sie eine Vorlesung hält. Da »sitze ich und halte ihren Mantel auf meinen Knien. Die nächsten Male will sie allein nach Frankfurt fahren.« Sie besteht auf einer Freiheit, die der Zeitgeist ihr verspricht, mit der aber beide kaum das tun können, was man mit Freiheit tun soll, nämlich sie genießen. Bachmann demonstriert ihre Freiheit. Sie will nicht weniger riskieren, weil sie eine Frau ist. Schon mit ihrer Studienfachwahl »Philosophie« und einer Arbeit über den Erzlogiker Wittgenstein ist sie in eine Männer-

FREIHEIT UND LIEBE SIND EIN SELTSAMES PAAR

Vorderhand darf die Bachmann probieren, wie und wo und mit wem es ihr besser gefällt, aber »die Eifersucht ist der Preis von meiner Seite«, schreibt er, »ich bezahle ihn voll.« Dann wieder zeigt sie ihm ihre innerste Seite, auch ihren Geburtsort Klagenfurt. »Ich bin (so sagt sie) der erste Mann, dem sie das zeigt, und sie zeigt mich der Familie.« Sie leben zusammen in Rom. Er bittet um ihre Hand, schriftlich. Sie antwortet nicht. »Wir leben sieben Monate zusammen, dann werde ich krank«, schreibt er. Werden Verliebte aneinander krank oder vielleicht an ihrer Freiheit? »Ich habe sie weggeschickt, Sommer 1959, und kurz darauf werde ich gesund. (Bald) weiß ich, daß ich nicht leben will ohne sie.«

domäne vorgedrungen. Als sie 1962 endgültig auseinandergehen, ist der Krieg der Geschlechter voll entbrannt. Zuvor tobte er mehr im Privaten. Briefe und Tagebücher haben sie füreinander geschrieben oder heimlich gelesen und manchmal verbrannt. Sie besteht zum Schluss auf der förmlichen Anrede »Sie«. Jetzt haben beide ihre Kämpfe in die öffentlichen Räume verlagert. Und als Schriftsteller, als bekannte zumal, finden beide eifrige Hörer und Leser. Schon während ihrer Liebesgeschichte haben die Zeitungen über eine mögliche Heirat berichtet. Nunmehr berichten beide selber über ihre Geschichte.

■ Nicht mit- und nicht ohne einander. Im Juli 1958 verabreden sich Max Frisch und Ingeborg Bachmann in Paris zu einer Aufführung von Frischs *Biedermann und die Brandstifter*. Statt ins Theater gehen sie essen und werden ein Liebespaar. Der Kampf zwischen Nähe und Distanz, Liebe und Freiheit beginnt.

Er webt ihre gemeinsame Zeit in einen seiner Romane ein. Sie fühlt sich zum »Fall« degradiert; wehrt sich dagegen. Ingeborg Bachmann hat das Schreiben als Machtkampf verstanden und gegen Max Frisch verloren. Jahrelang veröffentlicht sie wenig, zeitweise nichts. Ihn bewegt zwar die Liebe, bis er sie »Hörigkeit« nennt, doch sie behindert ihn nicht bei der Arbeit. Also hat er sie behindert, hat sie als Frau ausgenutzt, wie alle Männer, weil er weiß, »wie man Platz nimmt in einem anderen Leben«. Nutzlos, auf Besserung zu hoffen. Denn »der Mann wechselt nur die Partnerin, verändert nie sein Verhalten, denn sein krankes System ist unfehlbar, er wiederholt sich, er hat sich wiederholt, er wird sich wiederholen«. Ihre Liebesgeschichte wird zur Geschichte, die man aus ihren Büchern herauslesen kann. Ingeborg Bachmann hat es den Lesern nicht einfach gemacht. Sie hat seinen Namen verschleiert. Man darf also rätseln, ob er mit diesem oder mit jenem Unhold gemeint ist. Max Frisch hat die Geschichte dagegen deutlich beschrieben und ihren Namen genannt. Was jedoch beide kaum einmal klar aussprechen, das ist der Grund, der Sinn, der Inhalt ihrer Liebe. Überall wird nur von Problemen geschrieben. Nirgends vom Glück. – Ein Zeichen der Zeit? Liegt es daran, dass beide alles nur im Rückblick, vom Ende her gesehen, beschreiben? »Das Ende haben wir nicht gut bestanden, beide nicht«, schreibt er. Wurde ihre Liebesgeschichte in der Erinnerung herabgesetzt, schlechter gemacht, als sie tatsächlich

■ »Ihre Freiheit gehört zu ihrem Glanz.« Die Liebe empfindet Ingeborg als einen Angriff auf ihre Unabhängigkeit. Sie fühlt sich behindert, ausgenutzt.

■ Anfangs fechten Ingeborg Bachmann und Max Frisch ihren Liebeskampf mit sich aus, dann tragen sie ihn nach außen, in die Literatur. Die Dichterin verschlüsselt, der Schriftsteller beschreibt deutlich, nennt ihren Namen. Ingeborg Bachmann fühlt sich zum »Fall« degradiert.

war? Oder war es ganz anders? Eine berühmte Bemerkung von Wittgenstein lautet: »Wovon man nicht sprechen kann, darüber muss man schweigen.« Vielleicht haben der Schriftsteller und die Dichterin sich einfach nur an diesen Satz gehalten und das Glück und die Freuden, die doch die Kehrseite all der Qualen gewesen sein müssen, durch einvernehmliches Stillesein geschützt.

■ Über das Glück ihrer Liebe schweigen Bachmann und Frisch. Was nicht heißt, dass es solches nicht gab. Max Frisch auf einer Aufnahme vom September 1989.

INGEBORG BACHMANN UND MAX FRISCH

LEBEN UND WERK

Ingeborg Bachmann kommt am 25. 6. 1926 als erstes Kind von Matthias und Olga Bachmann zur Welt. Schon während ihrer Gymnasialzeit entstehen erste Gedichte. Ab 1945 studiert sie Philosophie und promoviert 1950. Danach arbeitet sie beim Wiener Rundfunksender »Rot-Weiß-Rot«, wo 1952 ihr erstes Hörspiel gesendet wird. Im Mai liest sie auf einer Tagung der »Gruppe 47«, einem Forum junger Literaten, die mit ihren Werken den Weg der deutschen Nachkriegsliteratur wesentlich mit bestimmen werden. 1953 erhält sie den Literaturpreis der »Gruppe 47« für den Gedichtband *Die gestundete Zeit*. Von 1953 bis 1957 wohnt sie mit Unterbrechungen in Rom. 1957 erhält sie den Bremer Literaturpreis. Der Komponist Hans Werner Henze, für den sie mehrere Libretti geschrieben hat, holt sie 1958 nach München. Am 29. 5. 1958 sendet der Bayerische Rundfunk das Hörspiel *Der gute Gott von Manhattan*, durch das Max Frisch auf sie aufmerksam wird. Der Architektensohn Frisch wird am 15. 5. 1911 in Zürich geboren. Als studierter Architekt unterhält er neben seiner literarischen Arbeit bis 1955 ein Architekturbüro. Anlässlich der *Biedermann*-Aufführung trifft er Ingeborg Bachmann am 3. 7. 1958 in Paris. Mit Unterbrechungen lebt das Paar bis Mai 1959 in Zürich. Max Frisch macht Ingeborg Bachmann im Herbst 1959 einen schriftlichen Heiratsantrag, auf den sie nicht eingeht. Im Sommer war Frisch von seiner ersten Frau Charlotte, mit der er drei Kinder hat, nach 17 Jahren Ehe geschieden worden. 1960 ziehen Ingeborg Bachmann und Max Frisch nach Rom. Im Anschluss an ihre Trennung Ende 1962 und ein letztes Treffen 1963 verarbeitet Frisch die Beziehung im 1964 erscheinenen Roman *Mein Name sei Gantenbein*, was Ingeborg Bachmann tief verletzt. Sehr viel verschlüsselter finden sich Spuren der Beziehung auch in ihrem Roman *Malina* (1971), der das Scheitern einer Frau an ihrem egozentrischen Partner zum Thema hat. Die Folgen eines nächtlichen Brandunfalls vom 25. auf den 26. 9. 1979 führen am 17. 10. 1979 zu ihrem Tod. Ihr zu Ehren verleiht ihre Heimatstadt Klagenfurt alljährlich den »Ingeborg-Bachmann-Preis« für das beste noch unveröffentlichte Manuskript. Max Frisch heiratet 1968 noch einmal, für seine Bücher erhält er zahlreiche Preise und Ehrungen. Er stirbt im Alter von fast 90 Jahren am 4. 4. 1991 in Zürich.

EMPFEHLUNG

Lesenswert:
Max Frisch: *Mein Name sei Gantenbein*. Roman, Frankfurt 1975.

Ingeborg Bachmann: *Malina*. Roman, 10. Auflage. Frankfurt 1991.

Sehenswert:
Malina. Regie: Werner Schroeter, mit Isabelle Huppert u. a. BRD 1991.

Hörenswert:
Ingeborg Bachmann: *Der gute Gott von Manhattan*. Regie: Gert Westphal, Sprecher: Charles Regnier, Martin Benrath, Gustl Halenke u. a. München 1995. Audiocassette.

WERTUNG

Eine kurze, schwierige Liebe in einer Zeit, die nichts so lassen will, wie es war, und noch nicht weiß, wie es werden soll. Diese Lage ist besser für die Literatur als für das Leben.

Liebe:	✪✪✪
Zusammenarbeit:	✪
Konflikte:	✪✪✪✪✪
Ruhm:	✪✪✪✪

Winnie und Nelson Mandela

»Was Du vielleicht nicht weißt, ist, wie oft ich an Dich denke und mir im Geist all das vorstelle, was Dich körperlich und seelisch ausmacht – die Form Deiner Stirn, Deiner Schultern und Glieder, die liebevollen Bemerkungen, die täglich von Dir kamen ... Manchmal ist es eine wundervolle Erfahrung, die kostbaren Momente noch einmal zu durchdenken, die wir gemeinsam erlebt haben. Ich erinnere mich sogar an einen Tag, als Du hochschwanger mit Zindzi warst und große Mühe hattest, Dir die Zehennägel zu schneiden.«

Dieser Brief Nelson Mandelas an seine Frau Winnie klingt, als habe das Paar so etwas wie ein beschauliches Familienleben genossen, in dem der Ehemann seiner Frau lächelnd bei der Körperpflege zuguckt. Aber dem war nicht so. Sie kannten nur Augenblicke der Vertrautheit, ein paar gemeinsame Tage und Nächte – und schon lebten wieder beide auf eigene Gefahr: im »Bann«, im Gefängnis, im Untergrund, im Ausland – jedenfalls getrennt vom andern, verbunden nur durch Gedanken, Briefe und das gemeinsame Ziel: ein freies Südafrika.

Der »Bann« war eine Beschneidung der Freiheit: Man durfte nicht ausgehen, keine Kontakte knüpfen, nicht arbeiten, mit niemandem reden – es war wie Knast, nur dass der Staat die Gefängnisunterbringung sparte.

Nicht einmal ihre Hochzeit haben sie richtig feiern können: Zwar wurden sie 1958 ordnungsgemäß im Haus der Braut getraut, aber die anschließende Zeremonie im Haus des Bräutigams, die nach Bantu-Brauch zwingend dazugehört, entfiel. Es blieb keine Zeit.

Nelson musste zurück nach Johannesburg zum Hochverratsprozess. Jahrelang bewahrte Winnie die zweite Hälfte ihres Hochzeitskuchens auf – in der Hoffnung, irgendwann noch ihre Eheschließung zu komplettieren. Im Hochverratsprozess fungierte Nelson Mandela nicht etwa als Anwalt – er war Anwalt, hatte seine Kanzlei aber schließen müssen – nein, er stand vor Gericht, seit zwei Jahren schon, zusammen mit 155 anderen Funktionären des ANC, des Afrikanischen Nationalkongresses, einer Organisation zur Befreiung Südafrikas von weißer Vorherrschaft. Die Lage der Ureinwohner im Apartheidsstaat war unerträglich geworden. Nicht nur, dass die Schwarzen praktisch rechtlos waren, nicht wählen, kein Land erwerben und kein Vermögen bilden konnten – sie wurden im Alltag auf vielfältige Weise gedemütigt und schikaniert, aus Läden herausgeworfen, in öffentlichen Gebäuden zum Benutzen von Hintereingängen genötigt und von Bürgersteigen gedrängt, wenn Weiße des Wegs kamen. Aber das Schlimmste war die Armut: Die wirtschaftliche Lage sah kritisch aus, viele Familien in den Townships hungerten, und täglich formierten sich Trauerzüge, die an Unterernährung gestorbene Kleinkinder auf die Friedhöfe trugen.

■ Nelson (geb. 1918) und Winnie Mandela (geb. 1934) an ihrem Hochzeitstag, dem 14. 7. 1958. Die Feier nach der Trauung entfällt, da Nelson Mandela als ANC-Funktionär im Hochverratsprozess vor Gericht erscheinen muss.

Nelson Mandela, er gehört zu dem Volk der Khosa, wuchs als Häuptlingssohn in einem intakten Clan auf. Als die Weißen seinen Vater enteigneten, musste er arbeiten, war aber zu ehrgeizig und wissbegierig, um nicht zur Schule und zur Universität zu gehen. Er belegte Jura, heiratete ein Mädchen aus seiner Heimat. Es war ein Wunder, dass er überhaupt eine Kanzlei fand, die ihn, den Schwarzen, als Praktikanten annahm. Die Unterdrückung seines Volkes sprang ihm täglich in die Augen, empörte seinen Stolz und untergrub seine Loyalität zu dem Staat, in dem er lebte. Mandela las marxistische Schriften, informierte sich über die Aktionen Gandhis, diskutierte heimlich mit Kommunisten und offen mit den, in seinen Augen, viel zu gemäßigten Mitgliedern des ANC. Er und seine Freunde lehrten die Or-

■ Nelson Mandela gratuliert Winnie nach ihrer Wahl in das Exekutivkomitee des ANC am 21.12.1994.

■ Nelson und Winnie Mandela auf der Hochzeit von Tochter Zindzi im Oktober 1992. Das Paar hatte sich im April des gleichen Jahres getrennt. Das Aufwachsen der beiden gemeinsamen Töchter konnte Nelson Mandela kaum miterleben. Jahrelang hatte er im Untergrund gearbeitet, dann fast drei Jahrzehnte lang im Gefängnis gesessen.

ganisation legale und illegale Widerstandsformen, vom zivilen Ungehorsam über den Streik bis zur Sabotage. Der ANC wurde Mandelas Leben und er das Herz des ANC. Als er seine Hochzeit unterbrechen musste, um vor Gericht zu erscheinen, war der ANC illegal und das Regime in Pretoria, das einer harten Linie folgte und weder Zugeständnisse noch Verhandlungen anbot, entschlossen, die Organisation zu »enthaupten«, also ihre Führer einzusperren.

Mandela hatte sich von seiner ersten Frau scheiden lassen, als er, der unentwegte Freiheitskämpfer, mit ansehen musste, wie sie sich den Zeugen Jehovas zuwandte und seiner Arbeit die Unterstützung versagte.

Er lernte die sehr viel jüngere Winnie in einer Klinik kennen, wo sie als Sozialarbeiterin beschäftigt war und er um Unterstützung für den ANC einkam. Er war damals schon eine prominente Persönlichkeit und muss sich in die reizvolle Winnie, eigentlich: Nomzamo Winnifred, Knall auf Fall verliebt haben – während sie nicht wusste, wie ihr geschah. »Eines Tages hielt Nelson plötzlich den Wagen am Straßenrand an und sagte: Weißt Du, da ist eine Frau, die Kleider schneidert, die wird Dein Hochzeitskleid machen. Wie viele Brautjungfern möchtest Du? Ich schwöre bei den Göttern Afrikas, so sagte Nelson zu mir, dass wir heiraten werden.«

Im so genannten Hochverratsprozess wurden alle Angeklagten freigesprochen; Mandela tauchte sofort in den Untergrund ab. In den folgenden Jahren bereiste er Afrika und auch England, immer »under cover«, immer angewiesen auf die Hilfe von Gesinnungsgenossen, darunter viele Weiße. Die Botschaft, die er mit nach Hause bringt, ist eindeutig: In aller Welt befürwortet man den Kampf der Schwarzen Südafrikas um die Abschaffung der Apartheid.

Inzwischen haben die Mandelas zwei kleine Töchter. Wenn Nelson seine Familie sehen will, muss auch dies im Geheimen geschehen. Manchmal ist er so phantastisch verkleidet, dass nicht einmal Winnie ihn erkennt. Er kann ja nicht einfach kommen und gehen, wie er will, denn die Geheimpolizei liegt auf der Lauer. Trotzdem, erzählt Winnie, »habe ich ständig auf das Klopfen an meinem Fenster gewartet, dieses geradezu heilige Klopfen«.

■ Alle Welt jubelt! Nelson Mandela ist frei! Nach siebenundzwanzig Jahren Haft wird Nelson Mandela 1990 aus dem Gefängnis entlassen. Ein steiniger Weg im Kampf um die Gleichberechtigung der Schwarzen steht indes erst noch bevor. Den beschreitet das Paar auf getrennten Wegen.

Mandela hat sich viel mit Gandhi und dessen Lehre beschäftigt, sich aber nicht von der Gewaltfreiheit als Methode des Widerstands überzeugen lassen. Also folgert er mit vielen seiner Mitstreiter: Der ANC braucht einen »bewaffneten Arm«. Bei Rivonia wird das militärische Hauptquartier der Bewegung eingerichtet, unter höchster Geheimhaltung, und Mandela wird der Kommandant dieser Schattenarmee. Er liest sogar Clausewitz, dessen Satz vom Krieg als »Fortsetzung der Politik mit anderen Mitteln« ihn beeindruckt. Just als sich ein Vorgefühl des Sieges in ihm einstellen will und seine Organisation ihre Schlagkraft in erfolgreichen Aktionen erprobt, wird er entdeckt und verhaftet. Bald darauf fliegt auch der konspirative Militärstützpunkt auf – Mandelas Führerschaft lässt sich nicht verschleiern. Er wird 1964 – mit seinen »compatriots« – zu lebenslänglicher Haft verurteilt. Siebenundzwanzig Jahre wird er im Gefängnis verbringen, den größten Teil der Zeit auf der berüchtigten Gefangeneninsel Robben Island vor Kapstadt. Erst sechs Monate nach Haftantritt darf seine Frau ihn das erste Mal besuchen.

■ Am 13. 4. 1992 verkündet Nelson Mandela die Trennung von seiner Frau Winnie. In den Jahren der Unterdrückung und des Leidens hatte das Paar zu konträren Auffassungen über die Formen des Kampfes gefunden. Nelson verlor niemals den Glauben an die Möglichkeiten der Diplomatie und des Dialogs mit dem Gegner, während Winnie den Weg der Rache einschlug.

Auch Winnie Mandela ist mehrmals vor Gericht gestellt, ins Gefängnis geworfen und »gebannt« worden – und zwar ohne Rückendeckung durch einen Ehemann, dafür mit zwei kleinen Kindern. Schlimmer aber war für Winnie die Einzelhaft: Die habe sie zerbrochen, bekennt sie. Während ihr Mann, der 1990 als prominentester Langzeithäftling der Welt frei kam, immer die Fassung behielt und sogar imstande war, mit Präsident Botha, dem Haupt der verhassten Regierung, eine Konferenz zu führen, gab Winnie die politische Vernunft auf und überließ sich einer verständlichen, aber verderblichen Rache-Raserei. Sie befürwortete Formen von Lynchjustiz und umgab sich mit Schlägern, die den Tod eines Jungen zu verantworten haben. Diese Entgleisungen brachten Nelson und Winnie auseinander. Als Mandela 1994 – was für ein Triumph! – Präsident wird, lebt er schon von Winnie getrennt.

Nelson und Winnie Mandela wurden 1996 geschieden. Winnie setzt ihren politischen Aktivismus fort. Nelson findet in Graça Machel, der Witwe des 1986 bei einem Flugzeugabsturz ums Leben gekommenen Präsidenten von Mosambik, eine dritte Lebensgefährtin.

WINNIE UND NELSON MANDELA

LEBEN UND WERK

Nelson Rolihlahla Dalibhunga Mandela wird am 18.7.1918 als Häuptlingssohn im Dorf Mvezo im Distrikt Umtata/Transkei geboren. Er verliert mit 9 Jahren seinen Vater. Bis 1934 besucht er eine Missionsschule, danach die höhere Schule der Methodisten in Healdtown. Sein an der Universität von Fort Hare begonnenes Jurastudium beendet er 1942 an der Universität von Johannesburg. Er heiratet 1944 Eveline Mandela; die Ehe wird 1955 geschieden. Gemeinsam mit politischen Freunden gründet er 1944 die Jugendliga des Afrikanischen Nationalkongresses (ANC). 1952 wird er deren Präsident und eröffnet mit Oliver Tambo die erste von Schwarzen geführte Anwaltspraxis in Johannesburg. Im Dezember des Jahres wird er unter »Bannbefehl« gestellt, arbeitet jedoch weiter illegal am politischen Widerstand gegen das Apartheidssystem. 1957 lernt er Winnifred Nomzamo Madikizela kennen. Die erste schwarze Sozialarbeiterin Südafrikas wurde 1934 als Tochter eines Lehrerehepaars in Bizana geboren. Sie studiert ab 1953 Sozialarbeit in Johannesburg und tritt 1958 dem ANC bei. Im selben Jahr heiratet sie Nelson Mandela. Nach dem Massaker von Sharpeville 1961, bei dem es 69 Tote gab, beschließt der ANC den militärischen Kampf gegen die Regierung. Nach einer Auslandsreise 1962 wird Mandela schließlich mit anderen Führern des ANC festgenommen und am 12.7.1964 zu lebenslanger Haft verurteilt. Winnie Mandela darf ihren Mann nur zweimal im Jahr besuchen, 1987 sieht er erstmals seine beiden Töchter und seine Enkel wieder. Winnie Mandela kämpft weiterhin aktiv gegen die Apartheid, 1969/70 kommt sie selbst in Haft, erhält Berufsverbot und wird 1977–85 unter Bann gestellt. Unter massivem Druck der Weltöffentlichkeit hebt schließlich Präsident Frederik W. de Klerk das Verbot des ANC auf und entlässt Nelson Mandela am 11.2.1990. Nach den ersten freien Wahlen vom 26.–29.4.1994 wird der 1993 mit dem Nobelpreis ausgezeichnete Mandela am 9.5.1994 zum Staatspräsidenten gewählt. Nach der Verurteilung seiner Frau wegen der Mitschuld am Tod eines schwarzen Jugendlichen hatte sich Nelson im April 1992 von ihr getrennt. Im Alter von 80 Jahren heiratet er, von Winnie im März 1996 geschieden, am 18.7.1998 die Präsidentenwitwe Graça Machel aus Mosambik.

EMPFEHLUNG

Lesenswert:

Winnie Mandela: *Ein Stück von meiner Seele ging mit ihm.* Hrsg. von Anne Benjamin. Frankfurt 1984.

Nelson Mandela: *Der lange Weg zur Freiheit.* Autobiografie, 1994.

Sehenswert:

Mandela: Son of Africa, Father of a Nation. Regie: Angus Gibson und Jo Menell. Südafrika 1996.

Mandela and de Klerk. Regie: Joseph Sargent, mit Sidney Poitier, Michael Caine, u.a. Großbritannien 1997.

Cry Freedom. Regie: Richard Attenborough, mit Kevin Kline, Penelope Wilton, Denzel Washington, u.a. Großbritannien 1987.

WERTUNG

Das Ende der Apartheid in Südafrika erforderte einen gewaltigen Kampf – und gewaltige Kämpfer. So einer war Mandela; dass all die Risiken und Entbehrungen schließlich seine Ehe zerstörten, ist kein Wunder. Ein Wunder ist eher, dass sie so lange hielt.

Liebe:	✪✪✪✪✪
Gefahr:	✪✪✪✪✪
Konflikte:	✪✪✪✪✪
Zusammenarbeit:	✪✪✪

Jack und Jackie Kennedy

> *»Er fand Liebe*
> *aber niemals Frieden*
> *denn er mußte suchen*
> *das goldene Vlies.«*
> GEDICHT VON JACKIE FÜR JACK

■ Ein Paar, das zu repräsentieren weiß: Jacqueline (1929–1994) und John F. Kennedy (1917–1963) mit Tochter Caroline, 1960.

Beide waren äußerst ehrgeizig. Er immerhin wusste, was er wollte: Präsident werden. Sie wusste nur, was sie nicht wollte: Hausfrau sein. Als es sich dann aber fügte, dass sie die First Lady wurde, machte sie das Beste draus. An der Wiege gesungen hatte man es ihr nicht.

Genausowenig wie ihm. John Fitzgerald Kennedy entstammte einer Familie, die zwar betucht war, aber nicht zur eigentlichen informellen Führungsschicht, den White Anglosaxon Protestants, den WASPs, gehörte. Seine Vorfahren waren mittellose irisch-katholische Einwanderer, aber schon sein Großvater war aufgestiegen, sein Vater hatte es als Bankier in Boston zu einem Millionenvermögen gebracht. Er und seine Geschwister erhielten die beste Erziehung. Und wenn sie auch in die allerfeinsten Clubs nicht aufgenommen wurden, stand einer militärisch-politischen Karriere mit Spitzenambitionen nichts im Wege. Trotz des Einflusses der britisch orientierten Oberschicht blieb Amerika Amerika. Und das hieß: Es gab auch Außenseitern eine Chance. Im Zweifelsfalle stellte es Kampfeslust über Her-

kunft. Also hatte John F., verdienter Offizier im Zweiten Weltkrieg, gute Chancen.
Das wusste Jacqueline Lee Bouvier, als sie ihn im Jahre 1951 auf einer Party kennen lernte. Ihre Vorfahren waren aus Frankreich eingewandert, führten aber keineswegs, wie die Bouviers gern vorgaben, ein Adelswappen, sondern waren schlichte Handwerker gewesen. Mütterlicherseits war auch Jacqueline Irin, und wie John F. war sie katholisch. Ein WASP-Hintergrund war auch bei ihr nicht auszumachen, aber sie war reizvoll, intelligent, kultiviert und mehrsprachig. Mit ihr konnte ein Präsident in spe sich sehen lassen. Also rief John F. am Morgen nach der Party bei Jacqueline an, um aus dem ersten Flirt mehr zu machen.

■ Achten stets darauf, gut ins Bild zu kommen. Auch das so genannte Privatleben ist Teil der gekonnten Inszenierung. Jack und Jackie beim Sichten der Pressefotos von ihrer Hochzeit.

Das klingt kalt – als sei alles in der Geschichte von Jack und Jackie Kennedy Kalkül und Karriereplanung gewesen. Und ganz so war es auch wieder nicht – aber den Anstrich einer arrangierten Ehe, wie sie im vormodernen Europa unter Adeligen üblich war und auch im besseren Bürgertum vorkam, hat die Verbindung Jacqueline und John F. von Anfang an gehabt und stets behalten. Der Normalmensch von heute kann mit einer Vernunftehe nichts mehr anfangen; wenn er sich bindet, will er lieben, je leidenschaftlicher, desto besser. Doch für den Präsidenten der Vereinigten Staaten und seine Gattin war die alte aristokratische Formel von der Ehe als Vertrag keine schlechte Idee. Im Falle Kennedy jedenfalls hat es erstaunlich gut funktioniert.

John F. wollte eigentlich nicht heiraten. Er war ein Frauenheld und liebte es, eine Schöne zu umwerben. Nach der Eroberung verlor er bald das Interesse. Also hatte er ständig einen ganzen Schwarm von Mädels und Mätressen um sich, darunter auch Frauen, die ihm nahe kamen und die er schätzen lernte, sogar eine echte Spionin war dabei. Mit dieser Praxis des Don-Juanismus brach John F. Kennedy nie, auch nicht, nachdem er Jackie im Jahre 1953 geheiratet hatte.

Die hübsche, dunkelhaarige Jackie, viel bewundert wegen ihrer Eleganz, war ihrem Mann in mancherlei Hinsicht sehr ähnlich. Sie war vielleicht ein wenig mehr in ihn verliebt als er in sie – aber die große Leidenschaft war es für beide nicht. Doch sie konnten so tun, als ob. Beide waren perfekte Darsteller ihrer politischen Rollen, waren äußerst begabt im Schauspielern und Repräsentieren, im Auftreten und Eindruckmachen. Jacqueline genoss ihre Rolle, denn sie hatte, was sie wollte: Macht. Die hatte auch er gewollt – und gekriegt, dank der Millionenunterstützung im Wahlkampf vonseiten der eigenen Familie und vieler sympathisierender Lobbies und Clans – einschließlich der Mafia.

■ Links: Jack und Jackie auf einem Sightseeing-Walk in legerer Freizeitkleidung, 1953.

Jackie ertrug die unzähligen Affären ihres Mannes mit Gleichmut – wahrscheinlich wusste sie, dass ihr Platz an seiner Seite nie in Frage stand. Als die beiden heiraten, ist John F. noch Senator; man rechnet mit diesem ebenso intelligenten wie weltoffenen und charmanten Demokraten. Als Kandidat für die Vizepräsidentschaft unterliegt er zunächst, siegt aber dann im Kampf um das höchste Amt knapp gegen Richard Nixon. Am 20. Januar 1961 wird er als 35. Präsident der USA vereidigt.

■ Perfekte Darsteller ihrer politischen Rollen. Der Ehevertrag funktioniert außerordentlich gut: Sie hat die Macht, die sie wollte, und erträgt dafür gleichmütig die unzähligen Affären ihres Mannes. Und er hat eine attraktive, charmante und kultivierte First Lady an seiner Seite. Das Ehepaar auf einer Aufnahme von 1960.

Das Paar Jacqueline und John F. Kennedy hat um diese Zeit schon eine dreijährige Tochter – Caroline, die fast zeitgleich mit dem Einzug ins Weiße Haus einen kleinen Bruder, John F. junior, bekommt. So distanziert Kennedy als Gatte und Liebhaber immer blieb – seine Kinder hat er zärtlich geliebt, vor allem die Tochter bedeutete ihm viel. Die Eheleute achteten darauf, dass »Hoffotografen« zugegen waren, wenn der Präsident zum Beispiel mit Caroline spielte.

Der strahlende junge Präsident war in Wahrheit ein kranker Mann. Er litt unter der Addisonschen Krankheit, unter Gonorrhoe und unter einem Rückenschaden; mehrere schmerz-

■ John F. Kennedy mit Jackie nach der Amtseinführung zum Präsidenten am 20.1.1961.

■ Am 22.11.1963 wird Kennedy während einer Grußtour durch Dallas von Lee Harvey Oswald erschossen. Jackie sitzt neben ihm im Wagen.

hafte Operationen waren nötig, um seine Bewegungsfähigkeit zu erhalten. Die First Lady ihrerseits hatte zwei Fehlgeburten, und ein kleiner Sohn wurde nur wenige Tage alt. In diesen harten Zeiten stand das Paar einander zur Seite und entwickelte schließlich die menschliche Nähe, die seine ursprünglichen Gefühle kaum hatten aufkommen lassen. Auch die politischen Turbulenzen: Schweinebucht-Desaster, Kuba-Krise, Aufstände der Schwarzen, standen sie gemeinsam durch. Und in jener Limousine, auf die am 22. November 1963 der Attentäter Oswald schoss, befand sich selbstverständlich auch Jacqueline. Sie habe, heißt es, zu dieser Grußtour durch die Straßen von Dallas keine Lust gehabt. Aber sie wusste, was sie dem Amt ihres Mannes und ihrer Rolle an seiner Seite schuldig war. Das letzte, was John F. Kennedy sah, bevor die tödliche Kugel ihn traf, war Jacquelines Gesicht.

JACK UND JACKIE KENNEDY

LEBEN UND WERK

Der spätere Präsident der USA John Fitzgerald Kennedy wird als zweiter Sohn des Bankiers Joseph P. Kennedy und seiner Frau Rose am 29. 5. 1917 geboren. Seine schulischen Leistungen sind eher durchschnittlich, seine Abschlussarbeit an der Universität in Harvard 1940 über die »Appeasement«-Politik gegenüber Adolf Hitler findet jedoch große Beachtung. Am 2. Weltkrieg nimmt er als Marineoffizier teil. Nach dem Krieg wird er 1946 für die Demokratische Partei in den Kongress gewählt. Die bei ihm 1947 diagnostizierte seltene »Addisonsche Krankheit«, eine Funktionsstörung der Nebennierenrinde, wird geheim gehalten, um seine politische Karriere nicht zu gefährden. In Washington lernt John F. Kennedy 1951 seine spätere Frau, die am 28. 8. 1929 geborene Fotojournalistin Jacqueline Lee Bouvier, kennen. Die Katholikin französischer Herkunft hat eine ausgezeichnete Ausbildung an der Frauenuniversität Vassar, der Pariser Sorbonne und der George-Washington-Universität erhalten. Sie spricht fließend Spanisch und Französisch. Am 12. 9. 1953 werden »Jack und Jackie«, wie sie allgemein genannt werden, getraut. Als erstes von 3 Kindern kommt Caroline 1957 zur Welt, 1960 folgt John junior, der zweite Sohn Patrick lebt 1963 nur wenige Tage. Mit einem knappen Vorsprung vor Richard Nixon wird Kennedy am 8. 11. 1960 zum Präsidenten der USA gewählt. Außenpolitisch beweist er Kompetenz und Weitsicht, indem er die Berlin- und die Kuba-Krise von 1961/62 bewältigt und danach den Grundstein für die Entspannungspolitik mit der Sowjetunion legt. Dem steht die militärische Unterstützung Südvietnams seit 1961 gegenüber, die die USA in den verlustreichen Vietnamkrieg verwickelt. Seine innenpolitischen Bürgerrechtsreformen zugunsten der Schwarzen werden erst 1964 nach seinem Tod verwirklicht. Die Hintergründe des Attentats auf John F. Kennedy am 22. 11. 1963 in Dallas/Texas durch Lee Harvey Oswald sind trotz zweier umfangreicher Untersuchungen nicht endgültig geklärt. Jacqueline Kennedy zieht sich nach dem Mordanschlag aus der Öffentlichkeit zurück. Sie heiratet 1968 den 29 Jahre älteren griechischen Reeder Onassis. Nach dessen Tod 1975 kehrt sie nach New York zurück und arbeitet für einen Verlag als Herausgeberin und Lektorin bis zu ihrem Krebstod am 19. 5. 1994.

EMPFEHLUNG

Lesenswert:

Lester David: *Jackie Kennedy. Sie prägte eine Epoche.* München 1994.

Alan Posener: *John F. und Jacqueline Kennedy.* Berlin 1997.

Jim Garrison: *Wer erschoss John F. Kennedy? Auf der Spur der Mörder von Dallas.* Bergisch Gladbach 1992.

Edward Klein: *Jack & Jackie. Die Kennedys, Traumpaar im Zentrum der Macht.* Berlin 1997.

Sehenswert:

Tatort Dallas (JFK). Regie: Oliver Stone, mit Kevin Costner, Sissy Spacek, Joe Pesci, Tommy Lee Jones, u. a. USA 1991.

Besichtigenswert:

Führungen im Weißen Haus in Washington, D. C., bei denen die von Jackie Kennedy veranlassten Umbauten und Veränderungen genau erläutert werden.

WERTUNG

Leben und Repräsentation, Fühlen und So-tun-als-ob, Sein und Schein vermischen sich bei diesem politischen Paar ständig. Sie machten gute Figur und waren einander auch wirklich gut.

Liebe:	✪✪✪
Zusammenarbeit:	✪✪✪✪
Familienfreuden:	✪✪✪
Ruhm:	✪✪✪✪✪

Elizabeth Taylor und Richard Burton

»Sie war, wie ich fand, die selbstverliebteste, schönste, fernste Frau, die ich je gesehen hatte. Ihre Brüste waren apokalyptisch, sie würden noch ganze Reiche zu Fall bringen, bevor sie verwelkten. Ihr Körper war wirklich ein Wunderwerk der Gestaltung.«

Im Jahre 1962 entstand in Rom der amerikanische Mammutfilm *Kleopatra* – er brach, was Ausstattung, Staraufgebot und Kosten betraf, alle Rekorde. In der Titelrolle glänzte Elizabeth Taylor, gerade dreißig Jahre alt, in vierter Ehe verheiratet, Mutter von drei Kindern und eben von einer schweren Krankheit genesen. Als Antonius hatte man Richard Burton gewonnen – einen britischen Theaterschauspieler, der über wenig Erfahrung mit dem Film verfügte, auf den Hollywood-Kommerz herabsah und die Rolle nur angenommen hatte, weil er Geld brauchte. Der amerikanische Superstar und der walisische Querkopf waren einander vor ein paar Jahren schon einmal begegnet; damals hatte Burton in sein Tagebuch die Sätze von der »schönsten Frau« und den »apokalyptischen Brüsten« notiert. Jetzt arbeiteten sie zusammen.

Beide waren temperamentvoll, ehrgeizig und aufrichtig. Sie unterstützten sich bei der Arbeit, aber sie sagten sich auch unbequeme Wahrheiten. In den Pausen kippten sie Drinks. Gleich nach dem ersten Tag konnten sie einander nicht mehr aus den Augen lassen. Es war die reinste Magie. Taylors offene, vulgäre, nur durch ihre Schönheit gebändigte Erotik haute Burton einfach um; die Intelligenz, die Arroganz und Verletzlichkeit Richards trafen Elizabeth mitten ins Herz. Richard Burton wurde 1925 als zwölftes von dreizehn Kindern geboren; er hatte sich zur schauspielerischen Elite durchgebissen und mehr mit Shakespeare im Sinn als mit den Schmachtfetzen aus Hollywood. Er war ein zartfühlender, intelligenter Mensch, treu, warmherzig und stolz auf seine intakte Familie, mit seiner Frau Sybil und seinen zwei Töchtern. Aber zu seinem Charakter gehörten auch ein ausgeprägtes Freiheitsverlangen, Verführbarkeit durch Ruhm und Glanz und der heiße Wunsch, allen schönen Frauen zu gefallen. Weil sich derart disparate Bedürfnisse nicht vereinen lassen, brauchte Burton lebenslang den Alkohol, um seine Versagensängste und Schuldgefühle zu betäuben.

Während der Liebesszenen zwischen Richard und Elizabeth in *Kleopatra* hielt die gesamte Crew den Atem an. Man wusste: Das war nicht nur Theater. Das Leben hatte den Film eingeholt und Antonius und Kleopatra zu einem wirklichen Paar gemacht.

Elizabeth Taylor, geboren 1932, war ein Kinderstar gewesen und hatte schon mit sechzehn in Liebhaberinnenrollen geglänzt. Ihre ambitionierte Mutter hatte die Karriere vorbereitet, geplant und überwacht. Was es hieß, Kind zu sein, groß zu werden, für sich selber einzustehen – das hatte Elizabeth nie erfahren, weil immer andere für sie die Weichen stellten, immer alle sie bewunderten, ihr zujubelten und sie auf Rosen betteten. Karriereknicks hatte sie kaum gekannt – ihr Leben war ein Kitschfilm zwischen Filmkulissen, ohne bedrohlichen, aber auch befreienden Realitätskontakt. Ihre vielen Ehen dienten dazu, diesen Kontakt, vermittelt über einen Mann, herzustellen; und mit einem, dem Produzenten Mike Todd, gelang es auch. Todd verwöhnte sie wie alle anderen, aber er war stark genug, nicht in Abhängigkeit von ihr, von ihrem vielen Geld und ihrem Erfolg zu geraten, er konnte sich als Autorität ihr gegenüber behaupten und ihr auch zeigen, wo es lang ging – und genau das hatte sie sich immer gewünscht. Doch Todd starb nach nur einem Jahr Ehe bei einem Flugzeugabsturz. Elizabeth war wieder allein – und das konnte sie nicht ertragen. Sie warf sich dem Nächstbesten an den Hals, dem Sänger Eddie Fisher. Glücklos ver-

■ Der amerikanische Superstar Elizabeth Taylor (geb. 1932) und der walisische Querkopf Richard Burton (1925–1984) begegnen sich 1962 bei den Dreharbeiten zu *Cleopatra*. Die große Leidenschaft entbrennt.

heiratet mit einem Mann, der sie langweilte, traf sie in Rom ein, um *Kleopatra* zu drehen. Aus Verzweiflung wurde sie erst einmal krank. Hohläugig und abgemagert, aber fantastisch kostümiert und geschminkt, stand sie schließlich als Königin von Ägypten im Studio. Und als Antonius zu ihr trat, wusste sie: Er ist es.

■ (Alb-)Traumpaar Hollywoods. Liz Taylor und Richard Burton heiraten 1964. Für die Frau mit den »apokalyptischen Brüsten« ist der Waliser der vierte Ehemann – und der sechste. 1974 lässt sich das Paar scheiden, heiratet bald darauf von neuem und lässt sich dann wieder scheiden.

Es war für beide die große Leidenschaft, und das blieb so bis zu Burtons Tod im Jahre 1984 – obwohl sie zu der Zeit längst geschieden und neu gebunden waren. Für Taylor war Burton, für Burton war Taylor die Liebe des Lebens, der Mensch, der alles bedeutet, alles berührt, alles vom anderen weiß. Dabei verstanden sie sich nicht besonders gut. Er konnte seine Spottlust nicht zügeln, und sie nicht ihre Neigung zu ordinärem Gekeife. Ihre Ehe, die erst nach zweijährigem »Konkubinat« geschlossen wurde – sie ließ sich für ihn sofort von Fisher scheiden, er zögerte lange, bevor er Sybil aufgab –, war bekannter für Kräche, Hassausbrüche und Alkoholexzesse als für Zärtlichkeit und Respekt. Aber der Kampf – auch der körperliche, er ging bis zur Schlägerei – gehörte für beide zur amourösen Strategie, das war ihr Stil, und es bedeutete anfangs nicht, dass ihre Gefühle darunter litten. Trotz wüster Schimpforgien, übler Beleidigungen,

hässlicher Konkurrenzkämpfe und qualvoller Besäufnisse liebten die beiden einander mehr als alles in der Welt: sie wussten es, und auch die Öffentlichkeit, die pausenlos über sie herfiel, war sich darüber im Grunde klar.
Taylor und Burton haben mehrere Filme miteinander gedreht, von denen *Wer hat Angst vor Virginia Woolf?* aus dem Jahre 1965 der berühmteste und beste ist. Ähnlich wie einst bei *Kleopatra* konnte man auch bei diesem Drama des in Hassliebe entbrannten Ehepaares Martha und George das private Gefühlsleben von Burton und Taylor wiederfinden: Waren sie einst als ägyptisch-römische Potentaten wie in einem Zauberbann aufeinander zugeschritten, so enthüllte *Wer hat Angst vor Virginia Woolf?* die zerstörerische Seite der Leidenschaft und die erniedrigenden Folgen der gegenseitigen Kontrolle. Martha: »Ich werd's dir zeigen, mein Schatz.« George: »Sei vorsichtig, Martha, ich reiß' dich in Stücke.« Martha: »Du bist nicht Mann's genug – dazu fehlt dir der Mumm.« George: »Totaler Krieg?« Martha: »Total!«
Auch als Kate und Petrucchio in *Der Widerspenstigen Zähmung* standen sie zusammen vor der Kamera – es war ihre eigene Produktion –, und hier konnte Taylor zeigen, dass sie dank Burton zur Shakespeare-Schauspielerin gereift war. Und er konnte beweisen, wie viel er von seiner Frau für die Aktion vor der Kamera gelernt hatte. »Sie hat mir Feinheiten beim Filmemachen beigebracht, von denen ich überhaupt nicht wusste, dass es sie gab.« Vor allem aber konnten sie eines tun: miteinander kämpfen, raufen, schreien und toben wie die Kesselflicker, ohne dass das Publikum nur einen Augenblick an der Tiefe ihrer Liebe

■ Taylor und Burton 1970 in Monte Carlo.

■ Besäufnisse zuhauf. Der Alkohol dient der Beziehung zugleich als Kitt und Sprengstoff.

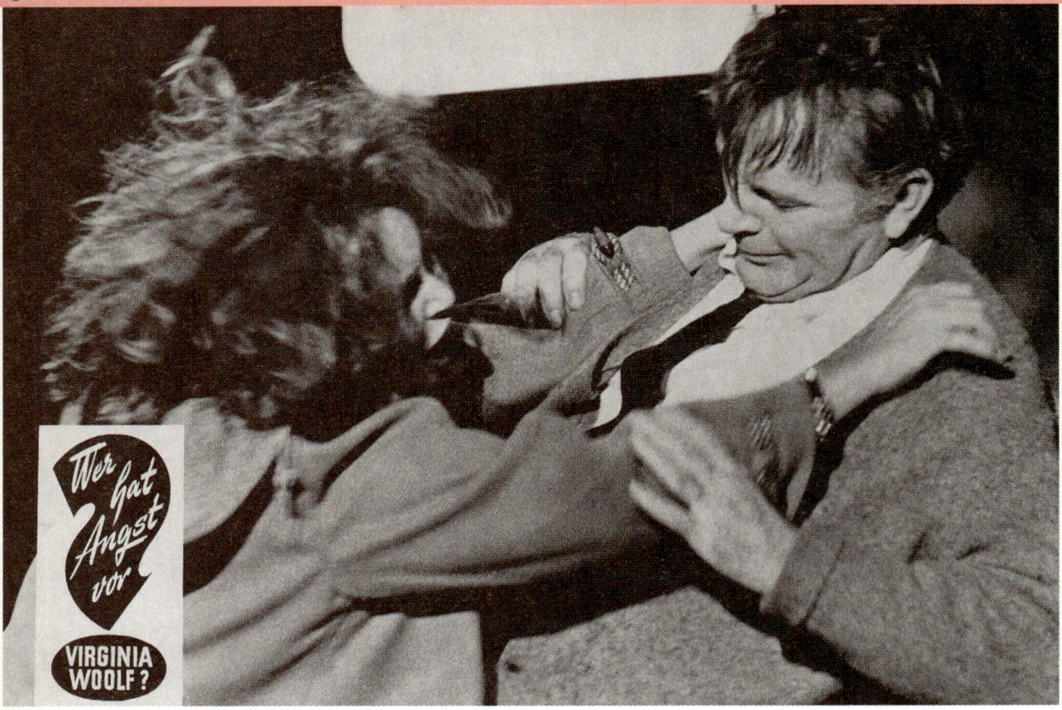

■ Kampf als Metapher für die Liebe. Mike Nichols' gefeierter Film *Wer hat Angst vor Virginia Woolf?* aus dem Jahre 1966 zeigt die zerstörerische Seite der Leidenschaft. Die Hauptdarsteller Elizabeth Taylor und Richard Burton spielen nichts als sich selbst.

zweifelte. Wie in Shakespeares *Der Widerspenstigen Zähmung* war auch bei Burton und Taylor der Kampf eine Metapher für die Liebe.

So explosiv die Temperamente der beiden sich in der Mischung – und vielleicht überhaupt in der Liebe – erwiesen, so freundlich, einfühlsam und aufopferungsvoll waren sie zu ihren Kindern und Freunden, zu Kollegen und Hausangestellten. Alle bezeugen ihre Wärme, Geduld und Menschlichkeit, wenn sie sich um andere und nicht umeinander kümmerten.

■ Auf den Krieg folgt die Versöhnung, auf die Versöhnung der Krieg. Die Leidenschaft endet erst mit Burtons Tod, 1984.

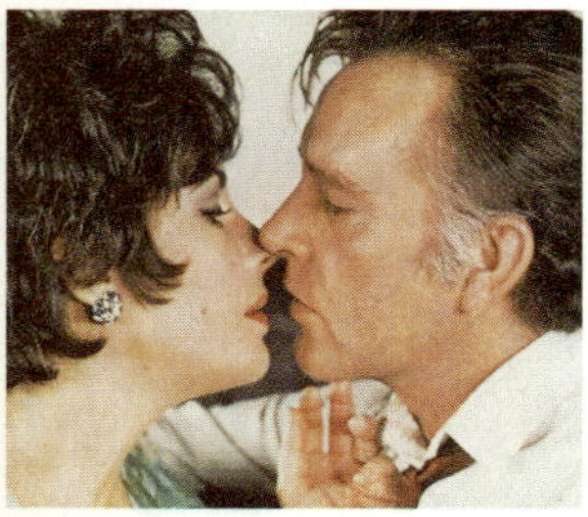

In der Ehe flogen fast nur noch die Fetzen, das Barometer tendierte gefährlich in Richtung Hass. 1974 ließen sie sich scheiden; beide hatten schon neue Liaisons angefangen. Aber so schnell kamen sie doch nicht voneinander los. Sie heirateten bald noch einmal: »Wow!«, rief die Presse, »Sturm hat Drang geehelicht, und jetzt ist die Welt wieder in Ordnung.« Aber es war nicht von Dauer. Die zweite Scheidung folgte nach zehn Monaten. »Wir lieben uns«, sagte Elizabeth, »aber wir können nicht miteinander leben.«

ELIZABETH TAYLOR UND RICHARD BURTON

LEBEN UND WERK

Elizabeth (»Liz«) Rosemond Taylor wird am 27. 2. 1932 in London als Tochter eines amerikanischen Kunsthändlers und seiner Frau, einer Schauspielerin, geboren. Schon früh fördert die Mutter das Talent ihrer Tochter. Nach der kriegsbedingten Rückkehr nach Los Angeles erhält Elizabeth 1942 ihre erste kleine Filmrolle. Erfolge als Kinderstar hat sie 1943 in *Lassie Come Home* (Heimweh) und 1944 mit der Hauptrolle in *National Velvet* (Kleines Mädchen, großes Herz). Mit *Giants* (Giganten) gelingt ihr 1956 an der Seite von James Dean ein nahtloser Übergang vom Teenager-Star zur jungen romantischen Schauspielerin. Von da an kann sie sich die Rollen aussuchen. Privat muss sie im März 1958 mit dem tragischen Tod ihres Mannes Michael Todd fertig werden, der bei einem Flugzeugabsturz stirbt. Nachdem sie zuvor mehrfach nominiert war, erhält sie 1960 für die Rolle eines Callgirls in *Butterfield 8* (Telefon Butterfield 8) den begehrten Oscar. Richard Burton, den sie 1962 bei den Dreharbeiten zu *Kleopatra* kennen gelernt hat, wird am 15. 3. 1964 ihr vierter Ehemann. Richard Walter Jenkins, zweitjüngster Sohn eines Bergarbeiters, wird am 10. 11. 1925 geboren. Aus Dankbarkeit gegenüber seinem Lehrer Philipp Burton, der dem Arbeitersohn ein Oxford-Stipendium verschafft hatte, nimmt er später dessen Namen an. Anfang der 1950er Jahre macht er sich einen Namen als bekannter Shakespeare-Darsteller und als Sprecher in über 600 Radiosendungen. Mit seiner Hauptrolle in dem Hollywood-Film *Meine Cousine Rachel* gelingt ihm 1952 auch der Durchbruch beim Film. Aus seiner langjährigen Ehe mit Sybil Williams, von der er sich 1963 wegen der leidenschaftlichen Liebe zu Liz scheiden lässt, gehen zwei Töchter hervor. Das Paar Taylor/Burton liefert nicht nur der Boulevardpresse vor und während ihrer Ehe eine Menge Schlagzeilen, es ist auch in zehn Spielfilmen zu sehen. Bis heute noch sehenswert sind neben *Kleopatra* das oscarprämierte Werk *Wer hat Angst vor Virginia Woolf?* (1966) und die Verfilmung von Shakespeares *Der Widerspenstigen Zähmung* (1967). Im Jahr vor Burtons Tod am 5. 8. 1984 stehen sie ein letztes Mal gemeinsam in der Broadway-Komödie *Private Lives* auf der Bühne. Seit dem Tod ihrers geschätzten Kollegen Rock Hudson 1985 engagiert sich Elisabeth Taylor in der AIDS-Hilfe. Zum Millenniumswechsel wird sie von der britischen Königin mit dem Titel »Dame« geehrt.

EMPFEHLUNG

Lesenswert:

Melvyn Bragg: *Richard Burton: Die Biographie.* Rastatt 1988.

Donald Spoto: *Elizabeth Taylor. Ein leidenschaftliches Leben.* Biografie, Berlin 1996.

Sehenswert:

Cleopatra (Kleopatra). Regie: Joseph L. Mankiewicz, mit Elizabeth Taylor, Richard Burton, Michael York, u. a. USA 1963.

Wer hat Angst vor Virginia Woolf? Regie: Mike Nichols, mit Elizabeth Taylor und Richard Burton. USA 1966. Videocassette.

Der Widerspenstigen Zähmung. Regie: Franco Zeffirelli, mit Elizabeth Taylor, Richard Burton, Rex Harrison, u. a. Italien/ USA 1967.

WERTUNG

Ein Paar, bei dem ständig die Fetzen flogen und die Gläser klirrten: Sie konnten ohne einander nicht sein, aber nicht miteinander leben. Immerhin kam so großes Kino zustande.

Liebe:	✽✽✽✽✽
Sex:	✽✽✽✽✽
Leidenschaft:	✽✽✽✽✽
Konflikte:	✽✽✽✽✽✽
Zusammenarbeit:	✽✽✽✽

John Lennon und Yoko Ono

»Frau, ich weiß, du verstehst/ das kleine Kind im Mann/ Bitte denk daran/ Mein Leben liegt in deinen Händen/ Und Frau, halte mich fest/ In deinem Herzen verborgen/ Egal wie groß die Entfernung ist/ Nichts wird uns trennen können/ Schließlich steht es/ In den Sternen geschrieben.«

Über diesen im November 1980 erschienen Song *Woman* sagte John Lennon zwei Tage vor seinem gewaltsamen Tod in einem BBC-Radiointerview: »Besser als in diesem Song kann ich es nicht ausdrücken, was ich über Frauen denke und fühle. Er ist für Yoko, aber er ist allen Frauen gewidmet.«

Als Mitte der 1950er Jahre Elvis Presley und der Rock'n Roll in das Leben von John Lennon traten, bekam es Brennpunkt und Richtung. Das rebellische Jahrzehnt, das folgte, war eine Ära der Gewalt: Vietnamkrieg, Kalter Krieg, Rassenunruhen, Attentate. Es war aber auch die Zeit einer enormen kreativen Energie in den Künsten, vor allem in Musik, Dichtung, Mode und Film. Und die Beatles waren auf dem Höhepunkt ihres Schaffens die Superstars der Popmusik. John Lennon war ein geistreicher, gut aussehender Mann mit einer spitzen Zunge; witzig, zynisch und immer originell. Er hatte den Mut zur Wahrhaftigkeit, auch wenn sie unpopulär war, und damit schockierte er nicht nur Spießer, sondern auch Freunde. Sein poetisches Talent machte aus ihm einen der besten und erfolgreichsten Songschreiber des 20. Jahrhunderts. Seine Lieder haben immer Tiefgang; seine Texte sind oft sehr persönlich. Er schrieb viel über seine Ängste, Träume und Wünsche.

Als sich die japanische Konzeptkünstlerin Yoko Ono und der britische Popmusiker

■ Mit Hartnäckigkeit angelt sich die japanische Konzeptkünstlerin Yoko Ono (geb. 1933) den Beatle John Lennon (1940–1980). Ihre Hochzeit 1969 zelebrieren sie als öffentliche »Bed-Ins«.

John Lennon in der Londoner Avantgarde-Galerie Indica zum ersten Mal begegneten, ahnte keiner von beiden, dass daraus die große Liebe werden würde. Doch irgendwie fühlte sich John, der damals meistens bekifft war, von Yokos Avantgarde-Künstler-Welt und ihrem Sinn für subversiven Humor angezogen und besuchte sie in ihrer Wohnung am Regents Park. Es war dann aber Yoko Onos Hartnäckigkeit, die es fertig brachte, Johns Leben umzukrempeln.

Der war seit fünf Jahren mit Cynthia Powell verheiratet. Es wird berichtet, dass Yoko einmal – im August 1967 – in den mit psychedelischen Farben bemalten Rolls Royce der Lennons sprang und sich zwischen John und Cynthia quetschte. Das Ehepaar war viel zu verblüfft, um zu protestieren. Yoko begnügte sich nicht damit, ihrem Auserwählten mit Anrufen nachzustellen und ihn mit Briefen zu überhäufen, sie stand auch bei Wind und Wetter vor seiner Villa in Kenwood bei London inmitten der üblichen Traube weiblicher Beatles-Fans und hoffte auf ein paar Worte mit John. Im Mai 1968 wurde Yokos Beharrlichkeit belohnt: Während Cynthia zu einem Urlaub nach Indien gereist war, lud er Yoko in sein Haus ein, und die beiden verbrachten ihre erste gemeinsame Nacht. Am nächsten Morgen soll John zu einem langjährigen Schulfreund gesagt haben: »Das ist es. Darauf habe ich mein Leben lang gewartet.« Und er bat den Freund, ein neues Haus für ihn und Yoko zu suchen.

Der Komponist Leonard Bernstein hat einmal gesagt: *»Lennons Musik wird bestimmt solange bestehen wie die Werke von Brahms, Beethoven und Bach.«*

Unter den Beatles war John der intellektuelle Rebell, der unruhige Geist, ständig auf der Suche nach etwas Neuem. Yoko war eine Person von Format und für John genau die Frau, die er brauchte, um aus dem eingefahrenen Beatles- und Ehetrott des Londoner Vorortes auszubrechen. Sie drängte John dazu, mehr zu wagen, mehr zu ma-

■ Die Beziehung John Lennons zu der dominanten Yoko Ono sprengt den Zusammenhalt der Beatles (Foto um 1964).

chen, »doppelt so viel«, und das faszinierte John. Ono, deren Anerkennung als Künstlerin durch ihre Beziehung zu Lennon wuchs, war für John nicht nur »meine Lehrerin«, wie er sagte, sondern auch eine Mutterfigur, eine Liebesgöttin und einiges mehr: Mother Superior nennt der frisch verliebte John seine Yoko in *Happiness Is A Warm Gun*, das die »Fab Four« im Sommer 1968 für das *Weiße Album* mit einspielten. Und John brach dabei ein unausgesprochenes Gesetz: Niemand außer den vier Musikern und einem kleinen Kreis vertrauter Mitarbeiter durfte je im Studio anwesend sein. John bestand darauf, Yoko von nun an immer an seiner Seite zu haben. Nach der offiziellen Auflösung der Beatles im April 1970 wurde Ono von der Presse dafür haftbar gemacht. Richtig ist wohl, dass es Lennon selbst war, der den Rückzug aus der Gruppe anstrebte, allerdings bildete Ono eindeutig den Katalysator.

John und Yoko, zwei eigenwillige Künstler in einer revolutionären Zeit, hatten sich gefunden und strebten ins Rampenlicht. Zunächst produzierten sie zusammen die LP *Two Virgins*, eine Ansammlung experimenteller Klänge, mit einem Cover, das ein Nacktfoto des Paares zeigt. Für Yoko war es Kunst, für John Provokation und für die Öffentlichkeit ein Skandal. Wegen des Nacktcovers durfte die Platte nur in braunem Packpapier

■ Die Firma John & Yoko. John will Yoko immer an seiner Seite haben.

verkauft werden. Ein Jahr später heirateten John und Yoko in Gibraltar und verbrachten ihre Flitterwochen als für Presse, Freunde und Prominente öffentliche »Bed-Ins« in Amsterdam, Wien und Toronto. Mit diesen Happenings und zwei Lennon-Songs, *The Ballad Of John And Yoko* und *Give Peace A Chance,* machte sich das Paar Lennon – Ono weltbekannt. Sie waren jetzt mehr als ein Paar: ein Symbol für »love, peace and art«.

1971 verlassen sie England und gehen nach New York. Dort führen sie ihr gemeinsames Engagement in einer Vielzahl von Kampagnen fort: Demonstrationen und Benefizkonzerten für Frieden, unterdrückte Minderheiten und politisch Verfolgte. Das veranlasst die US-Regierung unter Nixon sogar, Lennon durch das FBI bespitzeln zu lassen. Auch Drogen wie Haschisch, LSD, Kokain und zeitweilig sogar Heroin spielen ihre Rolle im Leben des Künstlerpaares.

■ »Make love, not war!« Das Paar engagiert sich auf Demonstrationen und Benefizkonzerten für Frieden und politische Gerechtigkeit.

Als er anfängt, sich nach New Yorker Barbesuchen auf Affären einzulassen, kriselt es in der Beziehung. Schließlich schmeißt Yoko John aus ihrer gemeinsamen Zehn-Zimmer-Wohnung im Dakota Building am Central Park. Lennon geht für einige Monate nach Kalifornien, trifft dort alte Saufkumpane und lässt mit ihnen zusammen noch mal so richtig die Sau raus. »Ein verlorenes Wochenende« nennt John später diese Zeit in Hollywood, aber er schafft es, eine weitere LP aufzunehmen: *Rock'n Roll*, ein Album voll klassischer Coversongs aus der frühen Rockära, mit dem er noch einmal sein großes Talent als Rocksänger unter Beweis stellt. Dann geht er zurück nach New York, doch Yoko lässt ihn nicht zu sich, noch nicht. In dieser Zeit entsteht innerhalb weniger Wochen die Lennon-LP *Walls And Bridges*. Nach sechzehn Monaten, im Januar 1975, sind die beiden wieder vereint und erklären: Die Trennung hat nicht funktioniert. John und Yoko konnten sich streiten,

> *»Wir waren die Hofnarren der Jugendbewegung. Wir betrachteten es als unsere Pflicht, so lange Friedensaktivitäten zu entwickeln, bis etwas passieren würde. Wir standen in der Tradition von Gandhi, nur eben mit einem Sinn für Humor«,* sagt John später über die erste Zeit in New York.

■ John Lennon ist gerade mal vierzig, als er 1980 von einem Wahnsinnigen niedergeschossen wird.

belügen, anschreien, verletzen, aber sie hatten auch die seltene Fähigkeit, sich immer wieder zu versöhnen.

Kurz darauf ist Yoko schwanger; sie bringt im Oktober 1975 den Sohn Sean zur Welt. John wird Hausmann, backt Brot und widmet sich ganz seinem Kind. Yoko kümmert sich ums Business. Fünf Jahre lang leben sie zurückgezogen in New York, unternehmen aber auch lange Reisen, unter anderem nach Japan in Yokos Heimat.

Lennon über sich als Hausmann: »Alle diese Jahre, wo ich mich bemühte, hart zu sein, der Rocker, der Frauenheld, der Säufer – diese Jahre brachten mich fast um. Und es ist eine Erleichterung, das nicht mehr machen zu müssen. Also ich mag es, wenn bekannt wird, dass ich ein Baby pflege. Ich bin stolz darauf.«

1980 geht das Ehepaar noch einmal ins Studio, um eine LP aufzunehmen. *Double Fantasy* erscheint im November und wird ein erfolgreiches Comeback. Wie schon bei *Some Time In New York City* singt Ono auch auf *Double Fantasy* einige eigene Lieder. Als beide am Abend des 8. Dezember nach Hause kommen und die Halle des Dakota Building betreten, wird John Lennon mit fünf Kugeln von einem Verrückten erschossen.

■ Gedenkstätte »Strawberry Fields« im Central Park.

JOHN LENNON UND YOKO ONO

LEBEN UND WERK

John Winston Lennon, geboren am 9.10.1940, kam schon früh in die Obhut seiner Tante Mimi Smith, nachdem sein Vater die Familie verlassen hatte. Für den sensiblen John gab es wenig Abwechslung im eher rückständigen Liverpool der 1950er Jahre. 1955 gründete er seine erste Band, die Quarrymen, bei deren Auftritt auf einem Gartenfest sich im Juli '57 John Lennon und Paul McCartney das erste Mal begegneten. 1958 verliert John auch seine Mutter durch einen Unfall, was ihn in eine monatelange Krise stürzt. Im Juli 1960 nutzt John mit seiner inzwischen in Beatles umbenannten Gruppe die Chance zu Auftritten in Hamburg. Damit beginnt der Aufstieg der Gruppe zur Poplegende. John heiratet am 23.8.1962 Cynthia Powell, die ein Kind von ihm erwartet. Zu dieser Zeit hatte sich Yoko Ono, geboren am 18.2.1933 als Tochter einer vornehmen japanischen Familie in New York, schon einen Namen mit ihrer der Fluxus-Bewegung nahestehenden konzeptuellen Kunst gemacht. Für eine Frau aus traditioneller japanischer Sicht eine untragbare Rolle. Sie wird enterbt und von ihrer Familie verleugnet. Im November 1966 trifft sie in ihrer Londoner Ausstellung *Unfinished paintings and objects* das erste Mal auf John Lennon, der vom Humor ihrer Werke sofort begeistert ist. Im Mai 1968 werden Yoko und John ein Liebespaar, und im November lässt er sich scheiden, um sie am 20.3.1969 in Gibraltar zu heiraten. In den Folgemonaten sorgt das Paar mit weltweit als öffentliche »Bed-ins« inszenierten Flitterwochen für Aufsehen. Nach dem Ende der Beatles 1970, für das vor allem Yoko von Johns Fans sehr angefeindet wurde, erscheinen mehrere gemeinsame Musik-LPs des Paares. 1971 übersiedeln die beiden nach New York. John wird aufgrund seines politischen Engagements mehrfach mit Ausweisung bedroht. Erst nach zähem Ringen erhält er 1976 eine Green Card. Nach der zeitweisen Trennung von seiner Frau 1974 wird an Johns Geburtstag 1975 Sean Ono Lennon geboren. Anlass genug für John, sich fünf Jahre ausschließlich um seinen Sohn zu kümmern. Am 8. Dezember 1980 wird John Lennon vor seiner Wohnung von dem 35-Jährigen Mark D. Chapman erschossen. Yoko Ono lebt heute in New York, verwaltet Johns Erbe und arbeitet weiter als Künstlerin.

EMPFEHLUNG

Lesenswert:
James Woodall: *John Lennon und Yoko Ono. Zwei Rebellen, eine Poplegende.* Berlin 1997.

Sehenswert:
John Lennon: Imagine. Regie: Andrew Solt. Dokumentarfilm, USA 1988.

Hörenswert:
John Lennon / Yoko Ono: *Some Times in New York City.* Audio-CD.

John Lennon / Yoko Ono: *Double Fantasy.* Audio-CD.

Besichtigenswert:
Das Dakota Building in New York.

WERTUNG

Der Rockmusiker und die Konzeptkünstlerin mochten sich sofort, und nach der ersten Nacht wussten sie: Wir sind füreinander bestimmt.

Liebe:	*****
Sex:	*****
Familienfreuden:	*****
Zusammenarbeit:	****
Treue:	***

Petra Kelly und Gert Bastian

»Ich wünsche mir eine kinder- und frauenfreundliche zivile Gesellschaft, wo die Menschen einander zutiefst respektieren und solidarisch zueinander sind. Ich wünsche mir ein langes, fruchtbares, schöpferisches Zusammenleben und -wirken mit meinem Lebensgefährten Gert Bastian«.

Einer der letzten Texte, den Petra Kelly, wenige Wochen vor ihrem Tod, für ein Buch zum Thema Frauen geschrieben hat. Die Pazifistin Kelly wuchs in Deutschland und den USA auf. Sie studierte Politische Wissenschaften in Washington und beteiligte sich in den rebellischen 1960ern an Demonstrationen gegen Rassismus und den Vietnamkrieg. – In Deutschland arbeitete sie für den Bundesverband der Bürgerinitiativen Umweltschutz. Als Die Grünen sich formieren, ist Kelly auch dabei: erst als Spitzenkandidatin bei der Wahl zum Europäischen Parlament, dann als Mitglied des Deutschen Bundestages, dem sie bis 1990 angehören wird.

■ Die Grünen-Politikerin Petra Kelly (1947–1992) und der Ex-General Gert Bastian (1923–1992).

Der Abenteurer Gert Bastian war mit achtzehn Jahren unter Hitlers Fahnen in den Zweiten Weltkrieg gezogen. 1956, als die BRD wieder eine eigene Bundeswehr haben darf, treibt es den Oberleutnant zurück in die Kasernen. Er bringt es bis zum Generalmajor und Kommandeur einer Panzerdivision. Doch die gesellschaftspolitischen Veränderungen in den 1960er und 70er Jahren gehen nicht spurlos an ihm vorbei. 1979 fällt er zum ersten Mal auf, weil er sich kritisch zu dem von der NATO geforderten Nachrüstungsbeschluss der SPD/FDP-Regierung äußert. Zu einem Buch mit dem Titel *Mörder in Uniform* schreibt er ein Vorwort. 1980 nimmt er im Alter von siebenundfünfzig Jahren vorzeitig seinen Abschied, um bald darauf zu einer Gallionsfigur der Friedensbewegung aufzusteigen. Seinem *Krefelder Appell: Der Atomtod bedroht uns alle – keine Atomraketen in Europa*, in dem er die Bundesregierung auffordert, ihre Zustimmung zur Nachrüstung zurückzuziehen, schließen sich über zwei Millionen Sympathisanten an.

■ Die nach außen hin selbstbewusst und kämpferisch wirkende Petra Kelly (Foto von 1982) ist in ihrem Innersten labil, ängstlich und schutzbedürftig. Die »Heldenverehrerin« bevorzugt ältere Männer.

Kurz vor diesem Appell begegnen sich Petra Kelly und der Ex-General zum ersten Mal, auf einer Diskussionsveranstaltung zum Thema Frauen und Militär. Obwohl sie eigentlich einer Meinung sind und sich mögen, fallen sie übereinander her. Gert entspricht genau Petras Wunsch-Männerbild: Die »Heldenverehrerin« hat stets ältere Männer bevorzugt; nichts besticht sie so wie Zivilcourage und Nonkonformismus. Charmeur und »Weiberheld« Gert fühlt sich von der herausfordernden Petra angezogen und lädt sie zu sich nach Krefeld ein. Das ist der Beginn einer spannungsvollen Beziehung. Beide lassen es langsam angehen und verheimlichen anfangs ihre Affäre, denn sie hat einen Freund, er eine Ehefrau. Es dauert über zwei Jahre, bis Bastian im März 1983 zu Kelly ins Reihenhaus nach Bonn-Tannenbusch zieht.

Was folgt, sind Jahre gemeinsamer Aktionen beim Kampf für Umwelt, Frieden und Menschenrechte in einer Zweisamkeit, die keine Trennung von Freizeit und Arbeit, von Politik und Liebe kennt. Reisen rund um die Welt, Kundgebungen, Demonstrationen, Parlamentsdebatten, Pressekonferenzen, Kongresse, große Auftritte mit Prominenten wie Gorbatschow, Honecker, dem Dalai Lama oder auch Willi Brandt prägen das Leben von Kelly und Bastian. Ihr normaler Arbeitstag beträgt zwischen zwölf und sechzehn Stunden, selbst am Wochenende. Obwohl auch Bastian in der Öffentlichkeit bekannt ist, erreicht er nicht die große Popularität von Kelly.

Einen Teil ihrer Zeit widmet die arbeitswütige Petra dem Feminismus. Sie findet, dass es an der Zeit sei, die Männer ins Haus zu stecken und »dass wir Frauen das Recht haben, unglaublich viel nachzuholen«. Ob bewusst oder unbewusst, Petra Kelly macht Ernst damit, indem sie ihren Lebensgefährten völlig mit Beschlag belegt. Die Medien lassen es sich nicht nehmen, über Bastians Rolle mit Wörtern wie »Laufbursche« zu lästern. In der Tat wird der General a. D. im Laufe der Zeit auch zum Beschützer und Lebenshelfer seiner Partnerin. Kelly, die in der Öffentlichkeit als souveräne und selbstbewusste Frau erscheint, ist in Wirklichkeit labil und verletzlich; sie, die inzwischen zu einer Art Jeanne d'Arc der Grünen-Bewegung mutiert ist, leidet unter Phobien und hat Angst vor dem Alleinsein. Doch so sehr sich Bastian auch anstrengt, um seiner Gefährtin zu helfen und das Verhältnis nicht zu belasten: Es wird nicht besser, denn sie wird immer abhängiger von ihm.

Das Feuer der körperlichen Liebe ist mit den Jahren abgekühlt und Mitte der 1980er ganz erloschen. Kelly dazu in einem Interview: »Wir sind geistig verliebt ineinander. Ich gehe um fünf ins Bett, und Gert steht um fünf auf. Wie sollen wir uns da überhaupt noch lieben? Am Tage haben wir auch keine Zeit, da machen wir Politik.«

Dann kommt das Jahr 1992. Seit einem Autounfall, bei dem sein Schienbein zertrümmert wurde, muss Bastian an Krücken gehen. Als er während der

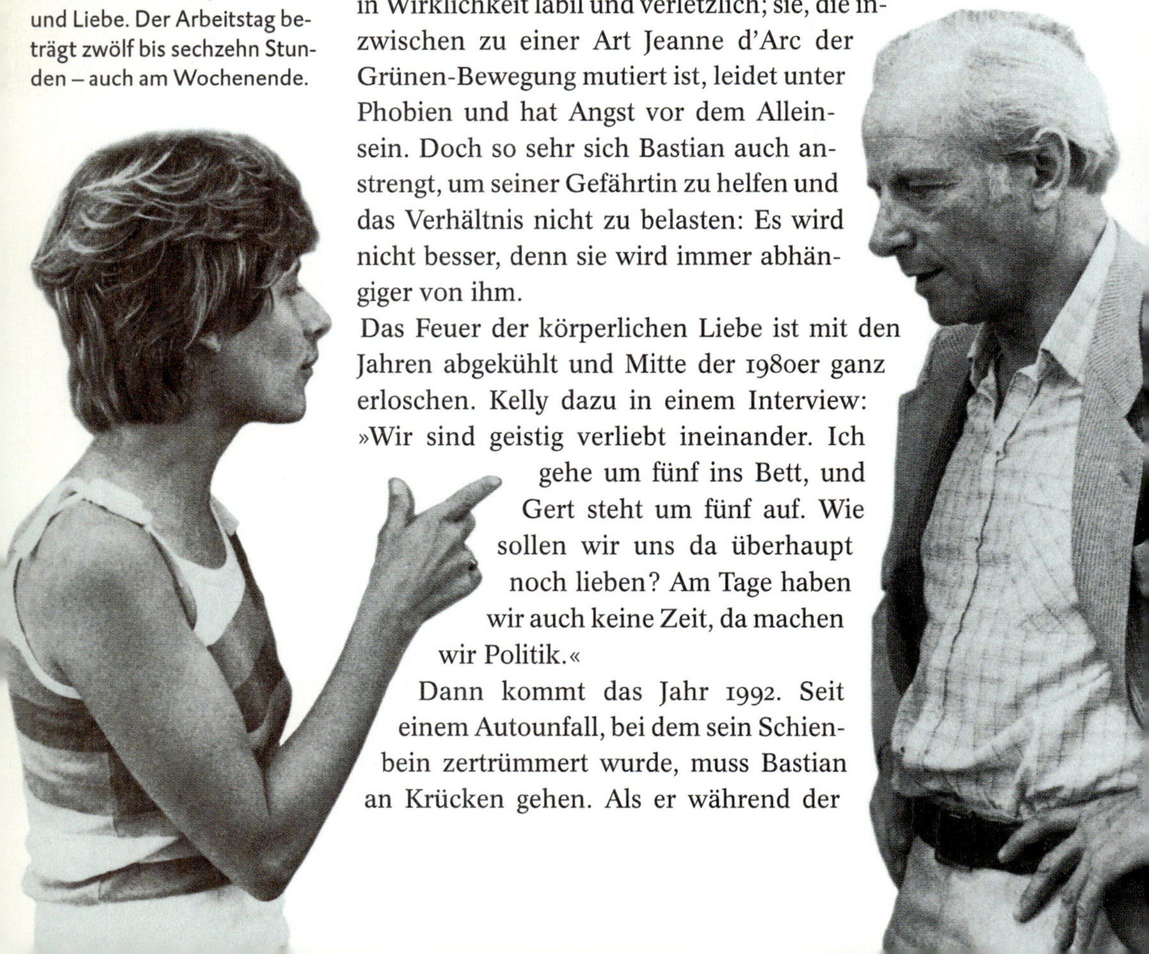

■ »Wie sollen wir uns da überhaupt noch lieben?« Das Paar kennt keine Trennung von Freizeit und Arbeit, von Politik und Liebe. Der Arbeitstag beträgt zwölf bis sechzehn Stunden – auch am Wochenende.

Genesungsphase im Rollstuhl von Petra und deren Freundin durch einen Park geschoben wird, sagt er resignierend: »Ein General im Rollstuhl, geschoben von zwei Frauen ...« Der große Friedenskünder, der er einmal war, der Don Juan von gestern, fühlt sich erschöpft und gedemütigt, fast lebensmüde. Ein Freund erinnert sich an eine Aussage von Bastian Anfang 1991, während des Golfkrieges: »Gert hatte Petra vorgeschlagen, doch aus Protest gegen den Krieg zusammen ihr Leben im Bombenhagel zu riskieren und dort notfalls für die gute Sache gemeinsam zu sterben. Petra lehnte empört ab.«

Am Vormittag des 1. Oktober 1992 sitzt Gert Bastian an seiner Schreibmaschine und tippt einen Brief. Petra Kelly liegt währenddessen im Bett des Schlafzimmers. Mitten im Satz, ja sogar mitten im Wort hört Bastian auf zu schreiben, geht zu einem Bücherschrank, wo er eine Schachtel mit einer Pistole versteckt hat. Er nimmt die »Derringer«, betritt das Schlafzimmer, hält sie der schlafenden Petra an den Kopf und drückt ab; sie ist auf der Stelle tot. Dann geht er in den Flur, lehnt sich stehend an die Wand. Seinen Blick auf die offene Tür des Schlaf-

■ Ein Doppelselbstmord? Petra Kellys Abhängigkeit von Gert Bastian wächst. Der väterliche Lebensgefährte kann ihr Schutz- und Hilfebedürfnis nicht mehr erfüllen. Die Aufnahme zeigt das Paar am 18.9.1992, kaum zwei Wochen bevor Bastian sich und Kelly erschießen wird.

■ Petra Kelly und Gert Bastian im Juli 1992 auf einer Demonstration der Grünen gegen den Weltwirtschaftsgipfel in München. Der Ex-General muss seit einem Autounfall an Krücken gehen. Er fühlt sich erschöpft und gedemütigt.

zimmers gerichtet, hält er sich die Pistole von oben auf seinen Kopf und schießt. Auch er ist sofort tot.

Ob es sich genau so abgespielt hat, lässt sich mit absoluter Gewissheit nicht sagen. Doch die polizeilichen Ermittlungen und die Spurensicherung legen eine hohe Wahrscheinlichkeit für diesen Hergang nahe. Erst achtzehn Tage später werden die beiden gefunden. Es gibt keinen Abschiedsbrief, keine Erklärung, weder von Bastian noch von Kelly. Die sich überschlagende Presse und später sogar die Staatsanwaltschaft sprechen vorschnell von einem »Doppelselbstmord«. Es existiert jedoch kein Hinweis, der darauf deutet, dass Kelly freiwillig aus dem Leben scheiden wollte. Im Gegenteil, sie hatte Pläne über Pläne. Auch wenn es nicht gut in das Bild zweier Friedensaktivisten passt – es bleibt eigentlich kaum ein Zweifel: Petra Kelly wurde im Alter von fünfundvierzig Jahren von Gert Bastian getötet.

Über das Warum darf man spekulieren. Vieles spricht dafür, dass der Neunundsechzigjährige das übergroße Schutz- und Hilfsbedürfnis seiner Freundin nicht mehr erfüllen konnte. Aber er konnte sich auch nicht von ihr lösen. Also nahm er sie mit in den Tod.

PETRA KELLY UND GERT BASTIAN

LEBEN UND WERK

Petra Karin Lehmann wird am 29.11.1947 im schwäbischen Günzburg geboren. Die ersten zwölf Jahre ihres Lebens sind geprägt durch die enge Bindung an die junge Oma, die nach der Trennung der Eltern zur Ersatzmutter für sie wird, sowie durch den Besuch des dortigen katholischen Mädcheninternats. 1959 folgt die Familie dem Stiefvater John E. Kelly, einem amerikanischer Offizier, in die USA, wo Petra Kelly als 18-Jährige ein Politikstudium mit dem Berufsziel Diplomatin an der Washingtoner Universität beginnt. Geprägt von der aufkommenden Frauenbewegung engagiert sie sich 1967 im Studentenrat. In Amsterdam beschließt sie 1970/71 ihr Studium und arbeitet im Anschluss bis 1983 bei der Europäischen Gemeinschaft in Brüssel. Sie engagiert sich als Gründungsmitglied in der Partei der Grünen und dort leidenschaftlich für die Ökologie- und Friedensbewegung. Am 1.11.1980 begegnen sich Gert Bastian und Petra Kelly bei einer Diskussionsveranstaltung über Frauen und Militär. Gert Bastian, verheiratet, 2 Kinder, mit 57 Jahren aus der Bundeswehr ausgeschieden, tritt als »Friedensgeneral« gegen den Nato-Nachrüstungsbeschluss auf. Der am 26.3.1923 geborene Bastian hatte seit 1956 eine steile Karriere in der Bundeswehr gemacht. 1979 kann er den auf Drängen des Natopartners USA erfolgten Beschluss zum atomaren Overkill nicht mehr mittragen. In den Folgejahren machen er und Petra Kelly gemeinsam Politik für die Grünen, deren Bundestagsfraktion Kelly bis 1990 angehört. Nach dem Wahlsieg der Grünen 1983 zieht Bastian in die Wohnung von Petra Kelly und wird zu ihrem ständigen Begleiter. 1982 erhält sie den Alternativen Friedensnobelpreis, in der Folge ist sie eine häufig ins Ausland eingeladene Gesprächspartnerin und Referentin. Allein 1987 reisen beide nach Spanien, Frankreich, zweimal nach Moskau, Ostberlin, Los Angeles, Den Haag und nehmen zahlreiche Termine in Deutschland wahr. Im März 1989 beginnt Kelly – geduldet von Bastian – eine Beziehung mit dem tibetischen Arzt Palden Tawo. Im Herbst 1991 kehrt dieser zu seiner Familie zurück, ein schwerer Schlag für Petra Kelly. Bastian und Kelly geraten zunehmend an den Rand psychischer und körperlicher Belastbarkeit. Gert Bastian, der durch einen Unfall 1992 zudem gehbehindert ist, hält die krisenhafte Entwicklung der Beziehung nicht mehr aus. Er erschießt am 1.10.1992 zuerst die schlafende Petra Kelly und dann sich selbst.

EMPFEHLUNG

Lesenswert:

Alice Schwarzer: *Eine tödliche Liebe: Petra Kelly und Gert Bastian*. Köln 1993.

Petra Kelly: *Lebe, als müßtest Du heute sterben: Texte und Interviews*. 1997.

WERTUNG

Die Pazifistin und der General – ein prominentes Paar, das an Überforderung durch die öffentlichen Rollen und zu großer Nähe scheiterte.

Liebe:	✪✪✪✪✪
Zusammenarbeit:	✪✪✪✪✪
Gleichberechtigung:	✪✪✪✪✪
Konflikte:	✪✪✪✪✪
Gesell. Anerkennung zu ihrer Zeit:	✪✪✪

Jack Dawson und Rose Bucater

»Du musst mir diese Ehre erweisen … versprich mir, dass du überleben wirst … dass du nie aufgeben wirst, ganz gleich, was passiert … ganz gleich, wie hoffnungslos es ist. Versprich es mir jetzt und vergiss dieses Versprechen niemals.«

Als Jack dies zu Rose sagt, beginnt er schon zu erfrieren. Gleich wird er im Eiswasser des Atlantiks versinken, kurz nachdem er und Rose die berühmteste Schiffskatastrophe aller Zeiten miterlebt haben: den Untergang der Titanic. James Cameron verhalf mit einer fiktiven Liebesgeschichte dem überstrapazierten Filmstoff noch einmal zu einem unverhofften Erfolg, dem weltweit größten – für Cameron und für die Titanic. Wie war das überhaupt möglich?
Cameron hatte etwas geahnt: dass sein Publikum, ganz anders als die Filmwirtschaft, immer noch an die große Liebe glaubt und dass ihm Klassenhass und Katastrophe als Bezugsrahmen für eine »verbotene Liebe« hochwillkommen sind. Wie sieht es denn heute aus? Jeder darf alles. Ein siebzehnjähriges Mädchen wie Rose kann wählen, sie ist für sich selbst verantwortlich. Sie

■ Sensationeller Kinoerfolg. Einen guten Riecher beweist James Cameron, als er 1998 die berühmte Geschichte vom Untergang mit der fiktiven Love-Story von Jack und Rose verbindet. Leonardo DiCaprio und Kate Winslet werden durch *Titanic* zu Superstars.

lässt sich nichts vormachen. Erste Erfahrungen hat sie schon hinter sich, sie ist ernüchtert, bevor sie noch berauscht ist. Und die Liebesgeschichten im Kino und in der TV-Serie, die einer solchen Wirklichkeit abgelauscht sind, sie erschüttern niemanden, sie tun nicht weh, und sie greifen nicht ans Herz. Große Tragödien gibt es nicht mehr. Und über der kleinen erotischen Komödie, die ihren Platz eingenommen hat, steht als Motto der unbefriedigende Satz: Männer und Frauen passen nicht zusammen.

Um dieses Motto zu inszenieren, greifen die Filmemacher in die Trickkiste der verrückten Zufälle und grotesken Verwicklungen, irgendwas muss es doch geben, das den Liebenden das Leben schwer macht und sie entzweit, und wenn's die pure Blindheit des Pärchens selber ist, das nicht begreifen will, was das Schicksal mit ihm vorhat. Und so entstehen all die Filme mit Meg Ryan, Sandra Bullock oder Katja Riemann, bei denen das Publikum einschläft. Und während es schläft, attestieren Soziologen der geschlechtsreifen Jugend, dass eine neue alte Sehnsucht in ihr gewachsen ist: der Traum von der großen Liebe und von der Gefahr, die sie bedroht ...

■ Macht sich unmöglich in der Society: Die Tochter aus besten Kreisen findet Gefallen an dem mittellosen Künstler aus der dritten Klasse.

■ Ein Mädchen der Gegenwart. So wie Kate Winslet als Rose gab sich wohl zu Anfang des Jahrhunderts keine höhere Tochter.

■ Wo die Liebe nicht hinfällt: Rose soll einen reichen, aber herzlosen älteren Mann heiraten.

■ Starke Jugend. Jack und Rose haben einen Anspruch an ihr Leben, den sie niemals verraten werden.

Solche Stoffe stehen unter Kitsch-Verdacht. Cameron aber schlug nach bei Shakespeare, bei *Romeo und Julia*, und wusste es bald besser. Überwältigende äußere Hindernisse würde er brauchen und einen tragischen Schicksalsschlag, um endlich wieder von den ganz großen Gefühlen erzählen zu können. Der Untergang der Titanic war gerade grandios genug – und er hatte noch weitere Vorteile: seine mythische Dimension und seine Popularität. Jeder kennt die Geschichte, jeder weiß, dass dieser stolze Riesendampfer sinken wird – darum hängt der Zuschauer doppelt so wehmütig am Lächeln der Liebenden, gewährt er einen doppelt so großen Kredit in Sachen Kitsch und den Mut dazu. Bezahlt er doch seine Bereitschaft, mit dieser wundersamen Liebe mitzugehen, teuer genug: Er muss ein Ende in Kauf nehmen, das »Romeo und Julia« auf der Titanic auseinander reißt, ihr Glück zerstört, den Jüngling tötet und Rose mit der Aufgabe allein lässt, »nie aufzugeben«.

Ähnlich wie bei Romeo und Julia bezieht die Geschichte von der jungen Frau aus besten Kreisen, die einem ebenso reichen wie herzlosen Mann versprochen ist und sich unvermittelt in einen armen Künstler aus der dritten Klasse verliebt, ihre Spannung zunächst aus dem Widerstand der Familie. Rose macht sich in der ganzen »Society« unmöglich, aber das ist ihr schon egal. Sie möchte ihr vorbestimmtes Leben ändern und Tänzerin oder Schauspielerin werden. Nicht umsonst versah Cameron sie mit dem Symbol des Schmetterlings. Jack Dawson aus Chippewa Falls, der seine Eltern bei einem Feuer verlor, entwarf Cameron nach dem Vorbild des Schriftstellers Jack London: ein Abenteurer und Künstler, der zur Handelsmarine geht, um die Welt zu sehen und sich in seinem »wurzellosen Dasein« wohlfühlt. Beide also, Jack und Rose, sind ganz und gar historische Figuren. Und trotzdem so frisch und herzerwärmend populär? Neben der einfallsreichen Inszenierung liegt das Geheimnis ihres Erfolges in einer ganz dezenten Aktualisierung. Roses Anspruch an ihr Leben ist im Grunde von heute. So wie Kate Winslet als Rose lachte und tanzte wohl Anfang des Jahrhunderts keine höhere Tochter. Und Leonardo DiCaprio als Jack gibt mit seiner jugendlich-

kindlichen Erscheinung den perfekten Traumboy der 1990er. Er ist offen, mutig, besitzt eine gehörige Portion Draufgängertum und ist dabei trotzdem so richtig nett; und dann ist er auch noch ein Künstler! Kaum zu überbieten. Auch die Sprache des Paares, ihre Gesten und Blicke, sind pure, freche Gegenwart. – Aber ist es nur das? Warum haben wir mitgelacht mit den beiden, mitgefroren, mitgeweint? Vielleicht weil es nicht nur um sie ging, sondern um das Gefühl, das sie verband – und das den Schiffbruch überlebte. Sieger bleibt die große Liebe selbst. Eine Liebe, die sich über Klassenschranken hinwegsetzt und selbst über den Tod. Die Jugendlichen heute sind frei, sie brauchen nicht mehr Roses Rücksicht zu nehmen und so viel Widerstandskraft wie sie aufzubieten, um ihrem Herzen zu folgen. Sie brauchen auch nicht mehr, wie Jack, Demütigungen einzustecken und List anzuwenden, um an ihr Ziel zu gelangen. Und

■ Der Künstler und sein Modell. Jack Dawson zeigt Rose seine Zeichnungen. Danach wird er die Angebetete nackt zeichnen – ein symbolischer Geschlechtsakt.

■ »Nie aufgeben«, den Traum zu verwirklichen. Die Liebe übersteht die Katastrophe – und den Tod.

■ Die alte Rose erzählt ihr Leben. Sie hat ihr Versprechen gehalten, hat gelebt, wovon sie mit Jack geträumt hat.

doch fasziniert gerade sie das zentrale Thema der Geschichte von Jack und Rose: festhalten, »nie aufgeben«, den Traum verwirklichen, aber dabei den eigenen Weg gehen. Sie wollen es besser machen als ihre Eltern, die geschieden als trostlose Singles ihr Dasein fristen. Und wenn die alte Rose am Schluss einschläft und wir auf den Photos aus ihrem Leben sehen, dass sie all das, wovon sie mit Jack geträumt hat, wirklich in die Tat umgesetzt hat, erkennen wir, dass sie ihr Leben gelebt hat, aber nicht nur für sich - auch für ihn. Die Rettung - das ist der andere, der Geliebte. Jetzt kann sie entschlafen, von dieser Welt gehen. Wieder eins werden mit ihm. Sie hat ihr Versprechen gehalten. In ihrem Leben, das weiterging, hat sie ihre Liebe gelebt. Darin erscheint ein Begriff von Treue, der in dem polarisierten Weltbild zwischen konservativem Eheleben und wilder Promiskuität keinen Platz hat. Auch wir werden Roses Versprechen nicht vergessen. Und gleichzeitig wissen wir: Männer und Frauen - die passen eben doch zusammen.

JACK DAWSON UND ROSE BUCATER

LEBEN UND WERK

Seit James Camerons Film *Titanic* finden sich auf dem Grab des in Halifax beigesetzten 23-jährigen Titanic-Opfers J. Dawson immer wieder frische Blumen, das »J.« steht für James, ein Besatzungsmitglied der Titanic. Weder für Jack Dawson (gespielt von Leonardo DiCaprio) noch für Rose DeWitt Bucater (gespielt von Kate Winslet) stand also eine reale Person Pate. Ihre Biographien sind fiktiv und der Tragik der Film-Romanze entsprechend gestaltet. Jack, der 20-jährige Künstler aus Chippewa Falls, verliert seine Eltern mit 15 Jahren und schlägt sich nach einem Job als Holzfäller mit Porträtmalen durch. Er gelangt als Weltenbummler nach Paris, wo er Künstler wird. Die Kluft zwischen dem Dritte-Klasse-Passagier Jack und der jungen Frau aus der ersten Klasse ist groß. Die intelligente und hübsche Rose entstammt einer der angesehensten Familien Philadelphias, dazu erzogen, im Stil der viktorianischen Tradition ihr Lebensglück in einer reichen Heirat zu suchen. Mit 17 wird sie daher mit dem älteren Stahlerben Caledon Hockley verlobt. Ihre Rebellion gegen die ehrgeizigen Pläne der Mutter Ruth ist vorprogrammiert, die Bühne bereit für das Drama ihrer Liebe zu Jack Dawson. Einige andere Filmfiguren haben jedoch reale Vorbilder. So war die resolute Molly Brown (Margret Tobin) an Bord der wirklichen Titanic und erhielt wegen ihres heldenhaften Einsatzes für die Passagiere im Rettungsboot 6 den Spitznamen »Die unsinkbare Molly«. Auch J. Bruce Ismay, Thomas Andrews und die Gräfin Rothes befanden sich auf dem Schiff und später unter den 706 geretteten Passagieren. Die jüngste Überlebende, Millvina Dean, lebt im Juli 1999 87-jährig in Southampton, Großbritannien. Die Tragödie, bei der über 1500 Menschen den Tod fanden, war auch schon vor Camerons Film Vorlage für mehrere Filme, unzählige Bücher und ein Broadway-Musical, doch keine dieser Adaptionen erreichte den Erfolg des mit 11 Oscars ausgezeichneten Films.

EMPFEHLUNG

Lesenswert:
James Camerons Titanic. Vorwort von James Cameron, Text von Ed W. Marsh. München 1998.

Paula Parisi: *James Cameron und ›Titanic‹: Die Inside-Story*. Nürnberg 1998.

Ken Marshall: *Ken Marshalls Titanic*. Vorwort von James Cameron, Text v. Rick Archbold, 1998.

Sehenswert:
Titanic. Regie: James Cameron, mit Leonardo DiCaprio, Kate Winslet, Billy Zane u. a. USA 1997, Fox-Video, 1998. Videocassette oder DVD.

Das Geheimnis der Titanic: Eine Legende enthüllt ihre mysteriöse Vergangenheit. National Geographic Video, 1998. Videocassette.

Titanic. Regie: Jean Negulesco, mit Clifton Webb, Barbara Stanwyck, Audrey Dalton u. a. USA 1953, Fox-Video (Classics) 1998. Videocassette.

Hörenswert:
Titanic, a New Musical: Original Broadway cast recording, englische Version, Musik und Liedtexte von Maury Yeston, Buch von Peter Stone, 1997. Audio-CD und Begleitheft mit Texten.

WERTUNG

Das Liebespaar von der Titanic hat das Schiff, die alte Zeit und die Liebe vom Meersboden hochgeholt und dem Publikum in aller Welt neu geschenkt: trivial die Story, aber hinreißend.

Liebe:	✪✪✪✪✪
Dauer:	✪
Gefahr:	✪✪✪✪✪
Vorbild:	✪✪✪✪✪
Erotik:	✪✪✪✪

KLEINES GLOSSAR DER EROTIK

Affäre Französisch *affaire* bedeutet eigentlich nur »Angelegenheit, Geschäft«. Eine Liebesaffäre ist nie etwas Dauerhaftes wie ein Verhältnis, dennoch kann sie sehr ernsthaft, zuweilen auch tragisch sein.

Amour fou Das französische Wort bedeutet wörtlich »verrückte, wahnsinnige Liebe«. Die *amour fou* erwischt einen wie ein *coup de foudre*, ein Blitzschlag, und lässt einen nicht mehr los, ganz gleich, was passiert. Die *amour fou* bringt die von ihr Betroffenen meist in große Gefahr, weil sie ihr Recht gegen alle gesellschaftlichen Widerstände erzwingt. Der bewusste Wille der Liebenden ist gegen sie ohnmächtig.

Amouren L'amour, die Liebe, ist etwas Großartiges, doch in der Mehrzahl wird sie zu etwas Beiläufigem: »Man« hat oder hatte halt so seine Amouren.

Beischlaf Die Liebe, der Geschlechtsakt, findet meist im Liegen und im Bett statt, das ansonsten zum Schlafen da ist. Wer also nicht allzu direkt von Sex sprechen will, spricht deshalb bildlich davon, dass er mit der Geliebten oder dem Geliebten »schläft«. Das Substantiv »Beischlaf« hat etwas amtlich-juristisches, wie eine strafbare Handlung. Etwas poetischer klingt das ältere Wort »Beilager«.

Belami Das französische Wort heißt »schöner Freund« und meint den netten, jüngeren Liebhaber einer reiferen Frau (oder mehrerer solcher Frauen). Etwas weniger zärtlich lässt sich auch von einem »Gigolo« sprechen.

Bohemien Der *bohémien* gehört zur Bohème, die in Puccinis gleichnamiger Oper gefeiert wird. Gemeint ist damit das muntere Völkchen der armen Künstler, die weniger strenge erotische Sitten haben als die braven Bürger und deshalb von diesen beneidet werden. Das Wort *bohémiens* bedeutet eigentlich »Leute aus Böhmen« und bezeichnete zunächst die Zigeuner, die oft aus Böhmen kamen, bevor es auf die ebenso »unordentlich« lebenden Künstler umgemünzt wurde. Die große Zeit der Bohème war die Wende vom 19. zum 20. Jahrhundert.

Bonvivant Ein Lebemann, einer, der gut lebt – das bedeutet der französische Ausdruck wörtlich. Und zum guten Leben gehört – außer gutem Essen – vor allem auch ein lustvolles Sexualleben. Der Bonvivant ist die reifere Ausgabe des jugendlichen *Playboy*.

Buhlerin »Buhlen« ist ein altes Wort für begehren. Eine Buhlerin oder Buhle war eine Frau, die einen Mann oder Männer begehrt. Da eine Frau aber nicht zu begehren hatte, sondern sich allenfalls begehren lassen durfte, bekam »Buhlerin« den Beigeschmack von »Hure«.

Callgirl Das »Mädchen, das man anrufen kann« war eine moderne Prostituierte, zuerst in den USA, wo das Telefon schon früh weit verbreitet und Bordelle vielfach verboten waren.

Casanova Giacomo Casanova war ein italienischer Geistlicher, der in den freizügigen Jahren vor der Französischen Revolution durch ganz Europa abenteuerte und dabei anscheinend zahllose erotische Erlebnisse sammelte. Davon erzählt er jedenfalls in seinen Memoiren, die er zu seinem eigenen Vergnügen im Alter auf einem böhmischen Schloss niederschrieb. Ein Casanova ist einer, der wie sein Vorbild Liebschaften sammelt und auch gern damit prahlt.

Charmeur »Einer, der bezaubert«, das ist ein Charmeur. Eine Frau, wenn sie charmant, bezaubernd ist, ist dieses einfach so; ein Mann muss etwas dafür tun, er muss die Frauen aktiv bezaubern, »charmieren«.

Dame Eine Dame ist eigentlich die Herrin, die der französische Minnesänger anhimmelte, so wie der deutsche die Frau, die »Vrouwe«, was eigentlich auch »Herrin« heißt, während das ältere Wort für Frau »Weib« ist. Im Begriff der Dame schwingt immer etwas Erhabenes, Unnahbares mit.

Dandy Der Typ des Dandy wurde in der Mitte des 19. Jahrhunderts in London kreiert. Er war ein Snob, der sich stets vom Pöbel abzusetzen suchte, aber auch vom langweiligen Bürger. Er machte sein Leben zum Kunstwerk, nichts war ihm wichtiger als seine eigene erotische Anziehungskraft. Der berühmteste Dandy war der Dichter Oscar Wilde – übrigens ein bekennender Homosexueller. Die englischen Dandys waren immer etwas feiner und geistreicher als ihre kontinentalen Entsprechungen, die »Gecken« und »Stutzer«.

Dirne Eigentlich bedeutet »Dirne« nichts anderes als Mädchen – wie das brave bayrische »Dirndl«. Da aber Männer in jeder unverheirateten Frau, jedem Mädchen oft nur das mögliche Sexualobjekt sahen, das sie ebenso sehr begehrten wie verachteten, konnten junge Mädchen, »Dirnen«, für sie zur Hure und Huren zu Dirnen werden.

Don Juan war ein zwanghafter Frauensammler; sein Diener Leporello konnte sich die Liste der Amouren seines Herrn nur mit Hilfe des langen, ziehharmonikaartig gefalteten Blatts Papier merken, das nach ihm benannt ist. Mehr noch als ein »Casanova« gilt ein »Don Juan« als Inbegriff eines Libertin, dem jede Sexualmoral schnuppe ist. Mozart hat seinen Don Juan (Don Giovanni) allerdings nicht nur der gerechten Strafe zugeführt, sondern ihn zuvor als einen Mann charakterisiert, der auch Recht damit hat, wenn er aus seinem Leben alles herauszuholen versucht, was möglich ist.

Dreiecksverhältnis Es kommt vor, dass jemand nicht nur einen anderen Menschen, sondern zwei zugleich liebt. Wenn diese dann auch ein erotisches Verhältnis zueinander entwickeln, haben wir ein Dreiecksverhältnis. Dreiecksverhältnisse, in denen alle Beziehungen gleichgewichtig sind und auch sexuell ausgelebt werden, halten selten für längere Zeit. Meistens ist es einer der drei Partner, der das größte Interesse daran hat, mit zwei geliebten Personen zusammenzuleben, eine *ménage à trois*, einen Dreierhaushalt, zu führen. Die beiden anderen pflegen früher oder später aufeinander eifersüchtig zu werden. Dennoch haben erotisch mutige Menschen immer wieder versucht, in Dreiecksverhältnissen zu leben.

Ehe Die Ehe war zunächst einfach nur ein Vertrag: über Eigentums- und Erbverhältnisse und, wie der Philosoph Immanuel Kant formuliert, den »wechselseitigen Gebrauch der Geschlechtswerkzeuge«. Erst im späten 18. Jahrhundert wurde die Liebesehe zum gesellschaftlichen Ideal. Eine vollkommene Einheit von Liebe und Ehe, eine quasi vertraglich abgesicherte Verlässlichkeit der Liebe ist aber bis heute eine Utopie geblieben.

Eifersucht Wer liebt, will den Geliebten, die Geliebte ganz für sich haben. Und wenn der oder die andere nicht für den Liebenden oder die Liebende da ist, stellt sich sogleich die Eifersucht ein, das Gefühl der Angst vor dem Verlassensein oder -werden, das leicht zur Sucht wird und in Raserei ausarten kann. Da keine Liebe vor Eifersucht gefeit ist, suchen sich die Liebenden durch das Versprechen der Treue Entlastung zu schaffen. Doch ganz gebannt ist Eifersucht nie, solange die Liebe lebendig ist und damit die Angst, die geliebte Person zu verlieren.

Eros, die Liebe, war für die Griechen der ältesten Zeit ein schrecklicher Gott, ursprünglicher und mächtiger als die Götter des Olymp. In späterer Zeit neigten die Griechen dazu, ihn zu verharmlosen und einfach als hübschen Jüngling darzustellen. Noch später wurde er zum pausbäckigen nackten Kind mit Liebes-Pfeil und Bogen, und so stellten auch die Römer ihren Amor (Liebe) oder Cupido (Begehren) dar. Es ist, als wollten die Menschen einen Abwehrzauber gegen die Macht der Liebe und der sexuellen Leidenschaft ausüben, indem sie sie verkindlichten. Erst in neuerer Zeit ist »Eros« wieder zum Wort für die Urmacht der Liebe geworden. So spricht Sigmund Freud, der Begründer der modernen Seelenlehre, von Eros und Thanatos, Liebe und Tod, als den zwei großen Kräften, die das menschliche Leben bestimmen.

Erotik hat sich als Bezeichnung für das durchgesetzt, was sinnlicher ist als das große selbstlose Gefühl der Liebe und doch weit mehr umfasst als Sex. Erotisch geht es dort zu, wo es zwischen den Menschen knistert, wo das Kleid ein wenig von den Schultern der schönen Frau rutscht und die Dessous rascheln, wo die Mischung aus Schweißgeruch und gutem After-Shave den Mann unwiderstehlich macht.

Erotomane Der Erotomane ist ein Liebessüchtiger, der fortwährend sexuelle Erlebnisse und sexuelle Bestätigung braucht. Bei Frauen sprach man früher auch von Nymphomanie.

Eskapade Wörtlich verstanden ist die Eskapade eine Flucht. Sie ist eine Flucht aus dem (ehelichen) Alltag, ein erotisches Abenteuer.

Flirt Das englische Wort ist fest in den internationalen Sprachschatz eingegangen und hat im Deutschen das viel ungenauere »Liebelei« verdrängt. Früher machte der Mann der Frau »den Hof«, er warb um sie, um sie zu seiner Frau zu machen oder um sie in sein Bett zu bringen. Heute flirten Frauen und Männer gleichermaßen. Sie nehmen erotischen Kontakt zueinander auf, ohne zu wissen, was daraus entstehen wird. Oft bleibt es beim Flirt, oft aber auch wird aus dem Flirt ein erotisches Abenteuer oder auch eine Liebe und schließlich eine dauernde Beziehung.

Galan Er war ursprünglich ein Spanier, der seine »Gala«, seine besten Hofkleider, trug. Die Franzosen machten aus ihm einen nicht nur gut gekleideten, sondern auch »galanten« Mann, einen, der sich den Damen gegenüber (mit welchen Hintergedanken auch immer) stets zuvorkommend benimmt.

Geschäker, Schäkern, ist so etwas wie die geschichtliche Vorstufe des modernen Flirts. Schäkern ist eine erotische Neckerei. Weil die Moral der Gesellschaft es nicht zulässt, kann es mit Liebe und Sex nicht ernst werden; also werden Scherz und Lachen zum Ventil für die erotischen Gefühle.

Geschlecht Ebenso wie das lateinische *sexus* bedeutet Geschlecht eigentlich »Abteilung, Art«. So, wie es etwa verschiedene Adelsgeschlechter gibt. Doch die wichtigste Unterteilung der Menschheit ist die in weiblich und männlich. Das sind *die* Geschlechter. Und *geschlechtlich* ist das, was sie voneinander unterscheidet: Ihre jeweils besonderen *Geschlechtsteile*, aber auch ihre in manchen Dingen unterschiedliche Lebensweise. Der Unterschied der Geschlechter ist zunächst etwas Natürliches, aber der Unterschied der Lebensweisen, der Rollen, die die Geschlechter in ihrer Gesellschaft spielen, ist auch von der jeweiligen Kultur geprägt, und es ist sehr schwer, in jedem Falle zu sagen, welche »männliche« oder »weibliche« Eigenschaft naturgegeben oder gesellschaftlich bestimmt ist. Es ist der »kleine Unterschied«, aufgrund dessen die Geschlechter eine so große Anziehung aufeinander ausüben. Dies schließt keineswegs aus, dass auch Menschen desselben Geschlechts einander sexuell begehren. Denn jeder Mensch ist für jeden Menschen ein Anderer, dessen Verschiedenartigkeit das Begehren anstacheln und den Wunsch wecken kann, durch die *geschlechtliche Vereinigung* im *Geschlechtsakt* diese Verschiedenheit für einen Augenblick aufzuheben – was als *geschlechtliche (sexuelle)* Befriedigung erlebt wird.

Geschlechtsakt Welch ein schreckliches, aseptisches Wort für die vielleicht wichtigste Sache der Welt! Aber es gibt kein anderes ähnlich genaues Wort in der Hochsprache. »Beischlaf« lässt das Wesentliche aus, »Liebesakt« ist nicht dasselbe, denn der Geschlechtsakt setzt keine Liebe voraus. »Kopulation« ist ein noch medizinischerer Ausdruck und meint wie »Koitus« nur das Ineinanderbringen der Geschlechtsteile, was nur eine Phase des Geschlechtsakts ist. »Liebe machen« ist eine nicht brauchbare Übersetzung aus dem englischen *to make love* und dem französischen *faire l'amour.* – Sex ist eine Tabuzone, in die die Sprache bis heute nicht richtig Eingang gefunden hat.

Gespons Ein mit deutscher Vorsilbe versehenes romanisches Wort für Ehepartner, veraltet.

Gunstgewerblerin ▸ Hure

Hetäre Im alten Griechenland war die Hetäre eine käufliche »Gefährtin« der Männer. Keine wohlfeile Prostituierte, sondern eine zur Unterhaltung ihrer Kunden ausgebildete Frau, die den Männern oft reizvoller erschien als ihre Ehefrauen. Vergleichbar mit den Hetären des alten Griechenland sind die Geishas Japans und die geistreichen Kurtisanen der Renaissance- und Barockzeit.

Hochzeit Das Fest anlässlich der Heirat war und ist für viele Menschen wirklich eine »hohe Zeit«, der wichtigste Tag im Leben. Er endet traditionell mit der Hochzeitsnacht, in der »die Ehe vollzogen« wird. Erst nach dem Vollzug ist die Ehe nach der Tradition und heute noch nach dem Recht der katholischen Kirche gültig.

Hörner aufsetzen Eine Ehebrecherin setzt ihrem Mann die Hörner auf, macht ihn zum gehörnten Ehemann. Wer sich die Hörner aufsetzen lässt, ohne seine Frau zu bestrafen, ist in der traditionellen Gesellschaft der Lächerlichkeit preisgegeben. Aber vielleicht war das nicht immer so; Volkskundler vermuten, dass die Hörner ursprünglich die Mondsichel bedeuteten, die zu Fassnacht nur ganz schmal zu sehen ist, dem einen Tag im Jahr, an dem Männer und Frauen sich die Freiheit nahmen, die Ordnung der Ehe außer Kraft zu setzen.

Hure Dem Wortursprung nach ist die Hure einfach nur so etwas wie ein »Liebchen«, ein leichtes Mädchen also. Eine Hure war nicht zwangsläufig eine professionelle Prostituierte; auch eine junge Frau, die sich ohne Trauschein mit einem Mann einließ, ein »gefallenes Mädchen«, wurde als Hure bezeichnet. Im späten Mittelalter nannte man professionelle Huren noch ganz liebevoll »Hübschlerinnen«. Reiche Huren mit festen Kunden waren Kurtisanen. Später sprach man von »Dirnen« oder »Gunstgewerblerinnen«. Heute gilt »Prostituierte« als seriöse Bezeichnung für die Frauen, die dem »ältesten Gewerbe der Welt« nachgehen. Doch es ist nicht wertfrei, denn »sich prostituieren« heißt wörtlich »sich zum Verkauf ausstellen«. Deshalb haben moderne selbstbewusste Prostituierte das veraltet geglaubte Wort »Hure« als Berufsbezeichnung wieder entdeckt. Denn es enthält eigentlich keine moralische Wertung.

Koitus ► Geschlechtsakt

Koketterie Als kokett wird jemand bezeichnet, der beim Schäkern, beim Flirten bewusst seine Reize ins Spiel bringt. »Gefallsüchtig« wäre zuviel gesagt, aber mehr als ein bisschen Eitelkeit ist bei der Koketterie doch immer im Spiel. Meist ist es eine Frau, von der gesagt wird, sie kokettiere, aber ursprünglich galten eher die wie ein Hahn umherstolzierenden Männer als kokett, denn das Wort kommt vom Französischen *coq*, Hahn.

Kokotte Die Kokotte ist eigentlich ein »Hühnchen«. Leichte Mädchen werden bis heute als Hühner bezeichnet; aber wie »Kokotte« ist das nicht der böseste Ausdruck für eine Hure.

Konkubine Eine Konkubine teilt, dem wörtlichen Sinn nach, mit einem Mann das Bett. Gemeint ist eine Nebenfrau neben der offiziellen Ehefrau, eine ständige Geliebte. Konkubinen wurden oft von der Gesellschaft toleriert und waren und sind manchmal bis heute geradezu ein Symbol der Macht eines reichen Mannes.

Kopulation ► Geschlechtsakt

Kupplerin Wie die Kupplung eines Autos Motor und Getriebe miteinander verbindet, so verbindet, »verkuppelt« die Kupplerin ein Mädchen mit einem Liebhaber. Dies galt meist als verwerflich, zumal die Kupplerin nicht selten Geld für ihre Vermittlungstätigkeit nahm.

Kurtisane Das Wort, das eigentlich »Hofdame« bedeutet, signalisiert, dass die Kurtisane keine ganz gewöhnliche Frau ist. Sie ist die Geliebte eines großen Herrn oder mehrerer einflussreicher Männer und lässt sich von ihm oder von ihnen aushalten. Dafür bietet sie allerhand: kultivierten Sex und dazu Bildung und Lebensart. Das Wort kam in der Renaissance auf und wurde noch im frühen 19. Jahrhundert benutzt; mit der Liberalisierung der erotischen Sitten ist es antiquiert geworden.

Kuss Das Küssen ist immer ein Akt der Zärtlichkeit. In der Liebe stellt der Kuss oft die Vorstufe zu mehr dar: *And after many kisses, the Miss became a Misses*, reimen die Engländer, und die Franzosen sagen »umarmen« wenn sie »küssen« meinen und benutzen das traditionelle Wort für küssen, baiser, wenn sie den Geschlechtsakt meinen.

Ladykiller, »Frauentöter«, wird zuweilen, von seinen Geschlechtsgenossen mit Bewunderung und von den Frauen mit einem leisen Schauer, ein Mann genannt, der die Frauen gleich reihenweise »flachlegt«.

Lebemann ► Bonvivant

Liaison Wörtlich eine »Verbindung«, bedeutet Liaison eine nicht- oder außereheliche Beziehung, ein (Liebes-) Verhältnis.

Libertin Ein freier, ein freizügiger Mensch, das bedeutet das Wort eigentlich, und so möchte der Libertin gesehen werden. Da er sich seine Freiheiten vor allem auf sexuellem Gebiet nimmt, beschimpfen die meisten Mitmenschen ihn als einen Wüstling, und da er die Religion und jede daraus abgeleitete Moral für alten Plunder hält, sehen alle »braven« Leute in der Libertinage den Inbegriff der Gottlosigkeit. Die große Zeit der Libertins war das späte 18. und frühe 19. Jahrhundert.

Libido ► Lust

Lust Ein schönes Wort, denn es bedeutet zugleich Begehren (Lust haben) und Genuss (Lust empfinden). Beides gehört in der Erotik zusammen, macht sie stets zu einem dynamischen Prozess. Für Sigmund Freud, den Begründer der Psychoanalyse, war das »Lustprinzip« die Kraft schlechthin, die, auf welchen Umwegen auch immer, das menschliche Leben bestimmt. In der wissenschaftlichen Sprache wird im selben Sinne von »Libido« gesprochen.

Mätresse Eine Mätresse ist eine Geliebte, im Unterschied zur Ehefrau. Der Ausdruck stammt aus dem galanten 18. Jahrhundert und schmeichelt der Geliebten als der »Herrin«. In der Tat hat es immer wieder Mätressen gegeben, die bei ihren Liebhabern den Ton angegeben haben. Man denke nur an Madame Pompadour, die berühmteste Mätresse des 18. Jahrhunderts.

Menagé à trois ► Dreiecksverhältnis

Mesalliance Eine nicht standesgemäße Beziehung, im übertragenen Sinne jede Beziehung von Menschen, die nach dem Urteil der Gesellschaft nicht zueinander passen.

Playboy Ein lebenslustiger junger Mann, der durch ein reiches Erbe in die Lage versetzt worden ist, sein Leben als »Spiel« zu betrachten und es nur zu seinem Vergnügen zu leben, wobei die wichtigsten Vergnügungen die mit wechselnden Geliebten sind. Die große Zeit der Playboys waren die 50er-Jahre des 20. Jahrhunderts.

Prostituierte ► Hure

Rendezvous Eigentlich bedeutet das französische Wort nur »Verabredung«, im Deutschen war aber stets das meist heimliche »Stelldichein« von Liebenden gemeint. Heute ist das Heimliche weitgehend verschwunden und das Französische nicht mehr die Universalsprache der Erotik. So ist das *date* an die Stelle des Rendezvous getreten.

Ringwechsel Seit der Antike ist der Austausch von Ringen für Liebende ein wichtiger symbolischer Akt, der mit einem Treueversprechen einhergeht. Besonders bei der Verlobung und der

Hochzeit spielt der Ringwechsel eine große Rolle.

Romanze Ein romantisches Liebesverhältnis, eine Romanze, wird in der Regel zu einer ordentlichen Ehe oder zerbricht, oft auf tragische Weise. In dem Wort, das eigentlich soviel wie »romantische Ballade« heißt, schwingt mit, dass die Romanze kein Dauerzustand sein kann. Umso erstaunlicher ist es, wenn Liebende noch nach Jahren zärtlich verliebt erscheinen: eine »Dauerromanze« ist ein bewunderter Ausnahmefall.

Salonheld, Salonlöwe Der Mann, der im Salon, wo ihn die Töchter der besseren Familien unter dem Schutz und der Aufsicht von Müttern und Tanten empfingen, immer wieder die Herzen höher schlagen ließ, durch Charme, gutes Aussehen und gekonntes Auftreten, wurde von seinen Geschlechtsgenossen beneidet. Er war ein Salonlöwe. Darin klingt aber auch etwas aus dem Neid geborenes Abschätziges mit, denn dem Salonhelden wurde unterstellt, dass er auf dem Schlachtfeld des wirklichen Männerlebens keinen Helden abgeben würde.

Schäferstündchen Besonders in der galanten Zeit des Rokoko wurde die Liebe in endlosen »Schäferromanen« gefeiert, in denen die schöne Schäferin in lauschiger Natur verliebte Stunden allein mit ihrem Schäfer verbrachte. Und so wurde das »Schäferstündchen« zur Bezeichnung für meist heimliche Treffen Liebender, bei denen nach allgemeinem Verständnis Sex eine große Rolle spielt.

Schürzenjäger Der Schürzenjäger ist hinter Schürzen, also Frauen her. Genauer genommen hinter Frauen, die Schürzen tragen, das heißt, zum Dienstpersonal gehören. Ein Schürzenjäger war ursprünglich ein Mann aus besseren Kreisen, der sich gern einmal in die Küche begab, um mit den Küchenmädchen zu schäkern, oder versuchte, mit dem Zimmermädchen im Hotel anzubändeln.

Schwerenöter Die »schwere Not«, die der Schwerenöter heraufbeschwört, ist in erster Linie die seiner Eltern, die wegen seiner Eskapaden um den guten Ruf der Familie bangen, die unbezahlten Zechen bezahlen und die Ehre von Familien mit verführten Töchtern durch Geld und gute Worten wiederherstellen müssen.

Seitensprung Das verharmlosende Wort für Ehebruch dürfte wohl von den Ehebrechern oder Ehebrecherinnen selbst erfunden worden sein, die darum bemüht waren, ihren Gatten zu erklären, dass der kleine Seitensprung sie niemals von der ehelichen Hauptbahn ihres Lebens abbringen werde.

Sexualität ▸ Geschlecht

Sinnlichkeit Erotik ist eine Sache für alle Sinne, eine Sache der Sinnlichkeit. Der Begriff Sinnlichkeit umfasst zwar noch mehr als Sex und Erotik, aber weil er eben deshalb als weniger verfänglich gilt, wird er oft statt dieser Wörter benutzt, die häufig noch als tabu gelten. Und das hat auch etwas Gutes, denn es erinnert uns daran, dass guter Sex und Erotik alle Sinne angeht und damit den ganzen Menschen.

Strichmädchen »Auf dem Strich gehen« heißt eigentlich »umherstreichen«. Ein Strichmädchen ist also ein Straßenmädchen, oft ohne festen Wohnsitz, eine billige und leicht auszubeutende Hure. Dasselbe gilt für ihr selteneres männliches Gegenstück, den Strichjungen.

Stutzer ▸ Dandy

Sublimation Vor allem in der Psychoanalyse wird als Sublimation die Kulturleistung bezeichnet, den Geschlechtstrieb von seinem direkten Ziel, dem Geschlechtsakt, abzulenken und auf produktive Umwege zu schicken. Wer auf direktem Wege nicht zum Ziel kommt, kann zum Beispiel herrliche Liebesgedichte verfassen. Die ganze erotische Kultur unserer Gesellschaft, von den Liebesgedichten bis zur Kleidermode, lässt sich als Sublimierung sexueller Wünsche erklären.

Tändelei Eher eine griesgrämige alte Bezeichnung für einen Flirt. Dahinter steckt die Auffassung »Das ist doch alles eitler Tand!«, wertloses Zeug vom »Tandelmarkt«, dem Trödelmarkt.

Techtelmechtel Auch ein altes Wort für einen Flirt, eine Liebelei. Vielleicht kommt es vom italienischen *teco meco*, »ich mit dir, du mit mir«.

Tête-à-tête Verliebte stecken ihre Köpfe zusammen, und *Tête-à-tête*, ein anderes Wort für ein verliebtes Rendezvous, heißt wörtlich »Kopf an Kopf«.

Trauung Bei der Eheschließung werden die Partner einander »auf Treue« anvertraut. Ursprünglich war es die Frau, die dem Mann »angetraut« wurde: Er, der Stärkere, sollte auf sie Acht haben.

Treue Wer liebt, lebt auch immer in der Angst, den Geliebten oder die Geliebte zu verlieren. Liebende versichern einander deshalb immer wieder, dass sie einander immer lieben werden; sie versprechen einander die Treue. Sie geloben dies auch bei ihrer Verlobung und noch einmal bei der Trauung.

Verhältnis »Warum soll eine Frau kein Verhältnis haben?«, fragt Zarah Leander in einem Lied aus den 1930er-Jahren. Das nüchterne Wort passt in die Zeit zwischen den Weltkriegen, als Frauen begannen, sich dieselben Rechte zu nehmen wie die Männer, also auch das auf außereheliche Beziehungen, »Verhältnisse« eben.

Verlobung Die Verlobung ist das Versprechen, das sich zwei Liebende geben, einander treu zu bleiben, füreinander Mann und Frau sein zu wollen. Die Hochzeit ist nicht mehr als die Umsetzung dieses Versprechens in ein Rechtsgeschäft. Deshalb galt in manchen Gegenden zu manchen Zeiten die Verlobung auch als wichtiger im Vergleich zur Hochzeit.

Wollust Die größte Lust, die »Wohl-Lust« ist natürlich die sexuelle Lust. Und deshalb geißelten die Oberen der Christenheit die Wollust auch immer wieder als große Sünde.

Zuhälter Eigentlich ist der Zuhälter der Mann, der »zu ihr hält«. Seine Geliebte war seine »Zuhälterin«. Da sie beide nicht verheiratet waren, keine »ehrbare« Beziehung hatten, lag für den Bürger der Verdacht nahe, dass sie eine Hure und er der Mann war, der sie beschützte und einen Teil ihres Geldes einsteckte. Und so wird es auch gewesen sein, denn wie anders hätte ein nicht ehrbares Paar in der Zeit, als das Wort seine moderne Bedeutung erhielt, seinen Lebensunterhalt verdienen sollen?

PERSONENREGISTER

BILDNACHWEIS

Der Verlag dankt allen, die uns Bilder zur Verfügung gestellt haben für die freundliche Genehmigung zum Abdruck. Leider war es uns nicht in allen Fällen möglich, die Rechteinhaber ausfindig zu machen; alle Ansprüche bleiben gewahrt.

© AKG, Berlin: S. 9 unten, S. 10 oben, S. 11 oben, S. 13, S. 18 oben, unten, S. 20 oben links, oben rechts, unten, S. 22, S. 23 oben, unten, S. 24–26, S. 28, S. 29 oben, S. 30 oben, unten, S. 32 unten, S. 34, S. 35 oben, unten, S. 36, S. 41 oben, unten, S. 42–44, S. 48 rechts, S. 49 unten, S. 50, S. 52 links, rechts, S. 53–55, S. 56 unten, S. 58–61, S. 62 oben, mitte, unten, S. 64–68, S. 70–73, S. 74 oben, unten, S. 77, S. 79, S. 83 oben, unten, S. 84, S. 85, S. 86 unten, S. 94–96, S. 97 rechts, links, S. 98 oben, unten, S. 102 unten, S. 103 unten, S. 104 oben links, unten rechts, S. 107, S. 113, S. 115 oben, unten, S. 135 oben, unten, S. 136, S. 137 unten, S. 138 oben, unten, S. 142 oben, S. 143 oben, S. 152–155, S. 156 oben, S. 158–160, S. 162 oben, S. 167 oben, S. 168 oben, S. 172, S. 176, S. 182, S. 190 unten, S. 192, S. 198, S. 199, S. 200 unten, S. 210 oben, S. 208, S. 216, S. 222, S. 223 oben, S. 224, S. 226 oben, S. 247, S. 250, S. 255, S. 256 oben, unten rechts, unten links, S. 272, S. 274 · © 1992 by The Anaïs Nin Trust: S. 213 , 210, 211, 212 · © Arche Verlag, Zürich, aus » Gertrude Stein. Ein Leben in Bildern und Texten«: S. 170, S. 171 · © Arche Verlag, Zürich: S. 173 · © Archiv für Kunst und Geschichte, Berlin: S. 156 unten, S. 161, S. 288, S. 296 oben · © Archiv Gerstenberg, Wietze: S. 37, S. 40, S. 47, S. 56 oben, S. 88, S. 100, S. 142 unten, S. 162 unten · © B. Schott's Söhne, Mainz: S. 131 · © Bibliothèque nationale de France: Paris: S. 106, S. 204 · © Bournemouth Museums and Galleries: S. 109 oben · © British Museum, London: S. 108 oben · © Bundesarchiv, Berlin: S. 147, S. 149 oben rechts, unten rechts, S. 150 · © 1992 Demart Pro Arte B.V. / ADAGP, Paris, Éditions Hazan, Paris: S. 200 oben · © Deutsches Theatermuseum, München: S. 10 unten, S. 129, S. 130 · © Dorothee Pfeiffer, Göttingen: S. 165, S. 166, S. 167 unten · © dpa / AFP: S. 201 unten · © dpa Bildarchiv, Hamburg: S. 12 unten, S. 146, S. 184 oben, unten, S. 202, S. 205 unten, S. 206, S. 207, S. 214, S. 252–254, S. 278 unten, S. 279, S. 280, S. 289, S. 290, S. 291oben, unten, S. 292 unten, S. 294, S. 295, S. 296 unten, S. 297, S. 303 · © Filmbild Fundus Robert Fischer, München: S. 12 oben, S. 19 oben, unten, S. 32 oben, S. 38, S. 86 oben, S. 110, S. 174, S. 179, S. 188 unten, S. 193 oben, S. 194 oben, S. 195 oben, unten, S. 196, S. 223 unten, S. 225, S. 226, S. 228 links, rechts, S. 229 oben, unten, S. 230 oben, unten, S. 231 oben, unten, S. 232, S. 259–261, S. 262 oben, unten, S. 268 unten, S. 286 unten, S. 292 oben, S. 298 unten, S. 306, S. 307 oben, unten, S. 308 oben, unten, S. 310 oben, unten · © Finart & Print SA 6830 Chiasso (CH): S. 266 oben · © Freies Deutsches Hochstift – Frankfurter Goethe-Museum: S. 103 oben, S. 104 rechts · © German Hafner: S. 46, S. 48 links, S. 49 oben · © Historisches Bildarchiv: S. 128 oben, unten · © Interfoto Pressebild Agentur, München: S. 7, S. 8 oben, S. 31, S. 76, S. 78, S. 80, S. 109 unten, S. 112, S. 114, S. 116, S. 143 unten, S. 193 unten, S. 194 unten, S. 234–238, S. 246, S. 248–249 unten, S. 258, S. 264, S. 266–268 oben · © Martin Heidegger: S. 183 · © Martina Müller: S. 298 unten · © Montague Weekly, Esq.: S. 177 oben · © Museum Schloß Wiepersdorf: S. 101 · © National Portrait Gallery: S. 108 unten · © Nigel Nicolson: S. 9 oben, S. 187–188 oben, S. 189 unten, S. 190 oben · © Robert-Schumann-Haus, Zwickau: S. 118, S. 119 oben, unten, S. 120 oben, unten · © Sam Shaw: S. 265 · © Simone de Beauvoir (Privatbilder): S. 205 oben · © Stiftung Weimarer Klassik: S. 89 oben, S. 90, S. 92 · © Studienzentrum Karl-Marx-Haus, Trier: S. 122, S. 123 oben, unten, S. 124, S. 125 oben, unten, S. 126 · © Ullstein Bilderdienst: S. 6, S. 8 unten, S. 11 unten, S. 140, S. 141, S. 144, S. 148, S. 149 links, S. 164, S. 168 unten, S. 177 unten, S. 178, S. 180 oben, unten, S. 186, S. 189 oben, S. 217–220, S. 240–244, S. 270, S. 271, S. 273, S. 274 oben, S. 276–278 oben, S. 282–285, S. 286 oben, S. 300-302, S. 304 · © Ursula Edelmann. Freies Deutsches Hochstift – Frankfurter Goethe-Museum: S. 102 oben

IMPRESSUM

Die Deutsche Bibliothek – CIP-Einheitsaufnahme
Ein Titeldatensatz für diese Publikation ist bei
Der Deutschen Bibliothek erhältlich.

2. Auflage 2000

Gestaltung und Satz: typocepta, Wilhelm Schäfer, Köln
Satz aus der Berthold Concorde und der DTL Caspari
Druck und Bindung: Canale, Torino
Printed in Italy
ISBN 3-8067-2511-X